交通版高等学校交通工程专业规划教材

JIAOTONG GONGCHENG CAD
交通工程 CAD

蔡志理　编著
任其亮　主审

人民交通出版社股份有限公司
China Communications Press Co.,Ltd.

内 容 提 要

本书以 AutoCAD2010 为基础，从交通工程实际应用的角度出发，讲述了 AutoCAD 基础知识与基本操作，给出了多种类型的交通工程应用实例。全书共分9章，包括 AutoCAD2010 基础知识、二维交通图形的绘制、二维交通图形的编辑与图案填充、交通工程图的文字与尺寸标注、图层的创建与使用、图块与外部参照、设计中心与参数化工具、图形的打印与输出、交通工程绘图综合应用。

本书可作为全日制高等院校交通工程、交通设备及控制工程等专业的教材，也可供城市轨道交通、公路与城市道路等专业选用，还可供从事交通工程和市政工程的技术人员及自学者参考。

图书在版编目(CIP)数据

交通工程 CAD／蔡志理编著. 一北京：人民交通出版社股份有限公司，2014.8
交通版高等学校交通工程专业规划教材
ISBN 978-7-114-11509-7

Ⅰ.①交… Ⅱ.①蔡… Ⅲ.①交通工程—计算机辅助设计—AutoCAD 软件—高等学校—教材 Ⅳ.①U495

中国版本图书馆 CIP 数据核字(2014)第 144041 号

交通版高等学校交通工程专业规划教材
书　　名：交通工程 CAD
著 作 者：蔡志理
责任编辑：郭红蕊　李　娜
出版发行：人民交通出版社股份有限公司
地　　址：(100011)北京市朝阳区安定门外外馆斜街3号
网　　址：http：//www.ccpress.com.cn
销售电话：(010)59757973
总 经 销：人民交通出版社股份有限公司发行部
经　　销：各地新华书店
印　　刷：北京市密东印刷有限公司
开　　本：787×1092　1/16
印　　张：25.75
字　　数：560千
版　　次：2014年8月　第1版
印　　次：2023年8月　第7次印刷
书　　号：ISBN 978-7-114-11509-7
印　　数：15001—17000册
定　　价：48.00元

(有印刷、装订质量问题的图书由本公司负责调换)

交通版高等学校交通工程专业规划教材编审委员会

主 任 委 员：徐建闽（华南理工大学）
副主任委员：马健霄（南京林业大学）
　　　　　　　王明生（石家庄铁道大学）
　　　　　　　王建军（长安大学）
　　　　　　　吴　芳（兰州交通大学）
　　　　　　　李淑庆（重庆交通大学）
　　　　　　　张卫华（合肥工业大学）
　　　　　　　陈　峻（东南大学）
委　　　员：马昌喜（兰州交通大学）
　　　　　　　王卫杰（南京工业大学）
　　　　　　　龙科军（长沙理工大学）
　　　　　　　朱成明（河南理工大学）
　　　　　　　刘廷新（山东交通学院）
　　　　　　　刘博航（石家庄铁道大学）
　　　　　　　杜胜品（武汉科技大学）
　　　　　　　郑长江（河海大学）
　　　　　　　胡启洲（南京理工大学）
　　　　　　　常玉林（江苏大学）
　　　　　　　梁国华（长安大学）
　　　　　　　蒋阳升（西南交通大学）
　　　　　　　蒋惠园（武汉理工大学）
　　　　　　　韩宝睿（南京林业大学）
　　　　　　　靳　露（山东科技大学）
秘　书　长：张征宇（人民交通出版社股份有限公司）

（按姓氏笔画排序）

前 言

　　《交通工程CAD》是一本关于交通工程AutoCAD技术应用的实用性教材。该教材注重AutoCAD的技术应用与交通工程专业的紧密结合，符合交通强国建设对交通工程及相关专业综合型应用人才培养的需要，有利于培养和提升学生在交通工程领域中的AutoCAD技术综合应用能力。

　　本书以AutoCAD2010为基础，从交通工程实际应用的角度出发，讲述了AutoCAD基础知识与基本操作，给出了多种类型的交通工程应用实例。全书共分9章，包括AutoCAD2010的基础知识、二维交通图形的绘制、二维交通图形的编辑与图案填充、交通工程图的文字与尺寸标注、图层的创建与使用、图块与外部参照、设计中心与参数化工具、图形的打印与输出、交通工程绘图综合应用。

　　本书基于作者多年的交通工程CAD教学经验和应用实践编写而成，注重系统性与实用性相结合，实例教学与技能拓展相结合，力争做到内容充实、重点突出、通俗易懂、实例新颖，力求给读者一种全新的视角。在编写过程中，遵循"深入浅出、循序渐进、易学实用"的原则，一方面注重AutoCAD的基础知识和基本技能，另一方面强调紧密结合交通工程专业的实际应用，书中实例均源自交通工程设计实际案例。本书适用于30~48学时的交通工程CAD课程教学，可作为全日制高等院校交通工程、交通设备及控制工程等专业的教材，也可供城市轨道交通、公路与城市道路等专业选用，还可供从事交通工程和市政工程的技术人员及自学者参考。

　　全书由山东交通学院蔡志理教授编著，由重庆交通大学任其亮教授主审。在本书编写过程中，得到了煤炭工业济南设计研究院有限公司路桥分院院长李良沂高工（教授级）、山东省交通规划设计院总工李振江高工（教授级）、张军方工程师的大力支持与帮助，吉林大学邴其春博士、杨聚芬博士、段宇州博士等，长安大学韦凌翔硕士以及山东交通学院张宁硕士、吴洪伟硕士等对教材的编写提出了建议，山东交通学院孙晓胧、陈英东、杨丽平、张弛、周琦、马广露、咸凯、杨凯、李京蔓、宋祥娜、王琳粲、孙中艳、毕清君、司光祥、王鑫等参加了书稿的校对工作，在此表示衷心的感谢。同时，对本书参考文献中的书籍作者及所有对本书给予支持和帮助的老师和朋友们一并表示真挚的谢意！

　　鉴于作者水平有限，书中难免有疏漏或不妥之处，敬请读者批评指正。

作　者

2023年8月14日

目 录

第1章 AutoCAD2010 基础知识 1
- 1.1 启动 AutoCAD 2010 1
- 1.2 AutoCAD 2010 工作空间 2
- 1.3 图形文件管理 9
- 1.4 绘图环境设置 15
- 1.5 AutoCAD 命令调用方式与基本操作 21
- 1.6 视窗显示操作 25
- 1.7 精确绘图辅助功能设置 32
- 1.8 坐标系的使用 43
- 1.9 综合实例——简单的 AutoCAD 图形文件的创建 47
- 本章小结 49
- 练习与思考题 49

第2章 二维交通图形的绘制 51
- 2.1 绘制直线 51
- 2.2 绘制圆 62
- 2.3 绘制圆弧 70
- 2.4 绘制椭圆和椭圆弧 74
- 2.5 绘制矩形 77
- 2.6 绘制正多边形 80
- 2.7 绘制圆环 85
- 2.8 绘制修订云线 86
- 2.9 绘制样条曲线 88
- 2.10 绘制点对象 90
- 2.11 绘制多段线 95
- 2.12 绘制道路交通标线 98
- 2.13 二维交通工程图绘制实例 106
- 本章小结 112
- 练习与思考题 112

第3章 二维交通图形的编辑与图案填充 117

3.1 选择对象 ·· 117
3.2 使用夹点编辑图形 ·· 121
3.3 删除与复制 ··· 123
3.4 移动与旋转 ··· 127
3.5 镜像与阵列 ··· 132
3.6 偏移与缩放 ··· 138
3.7 拉长与拉伸 ··· 145
3.8 修剪与延伸 ··· 148
3.9 打断、合并与分解 ·· 153
3.10 倒角和圆角 ·· 155
3.11 编辑复杂图形对象 ·· 159
3.12 图案填充与面域 ··· 164
3.13 交通工程图形编辑实例 ·· 177
本章小结 ··· 184
练习与思考题 ·· 184

第4章 交通工程图的文字与尺寸标注 188
4.1 文字标注与编辑 ·· 188
4.2 尺寸标注与编辑 ·· 207
4.3 公差标注与编辑 ·· 238
本章小结 ··· 241
练习与思考题 ·· 241

第5章 图层的创建与使用 244
5.1 创建图层 ·· 244
5.2 设置图层特性 ··· 247
5.3 控制图层显示状态 ··· 250
5.4 编辑图层 ·· 251
5.5 保存与调用图层状态 ··· 254
5.6 图形特性控制 ··· 257
5.7 交通工程绘图中图层应用实例 ·· 260
本章小结 ··· 264
练习与思考题 ·· 264

第6章 图块与外部参照 265
6.1 创建图块 ·· 265
6.2 保存图块 ·· 269
6.3 插入图块 ·· 270
6.4 设置与使用图块属性 ··· 274
6.5 编辑图块 ·· 284
6.6 使用外部参照 ··· 286
6.7 交通工程图块与外部参照应用实例 ··· 291

本章小结 ·· 295
　　练习与思考题 ··· 295
第7章　设计中心与参数化工具 ·· 297
　　7.1　AutoCAD 设计中心 ·· 297
　　7.2　信息查询 ·· 300
　　7.3　几何约束 ·· 303
　　7.4　标注约束 ·· 309
　　7.5　参数化绘图的一般步骤 ··· 316
　　本章小结 ·· 317
　　练习与思考题 ··· 317
第8章　图形的打印与输出 ·· 318
　　8.1　模型空间与图纸空间 ·· 318
　　8.2　打印输出设置 ·· 319
　　8.3　在模型空间中打印输出图纸 ·· 338
　　8.4　在图纸空间中通过布局排版打印输出图纸 ····························· 340
　　8.5　图形文件发布与输出 ·· 353
　　8.6　数据交换与格式转换 ·· 357
　　本章小结 ·· 361
　　练习与思考题 ··· 361
第9章　交通工程绘图综合应用 ··· 363
　　9.1　道路交叉口及断面图绘制 ·· 363
　　9.2　道路交通标志结构图绘制 ·· 375
　　9.3　道路交通安全设施绘制 ··· 379
　　9.4　道路收费与服务设施绘制 ·· 387
　　9.5　机电设施设备图绘制 ·· 394
　　本章小结 ·· 398
参考文献 ··· 399

第1章　AutoCAD2010 基础知识

【本章学习目标】

本章主要讲述 AutoCAD2010 的启动、工作空间、图形文件管理、绘图环境设置、命令调用方式与基本操作、视窗显示操作、精确绘图辅助功能的设置及坐标系的使用等基础内容。通过本章的学习,应重点掌握以下内容:

(1) AutoCAD2010 的启动方法。
(2) AutoCAD2010 工作空间的基本组成与切换方式。
(3) 图形文件的新建、打开、保存、加密等基本操作。
(4) AutoCAD 绘图界限、颜色及绘图单位的设置。
(5) AutoCAD 命令的调用方式与基本操作。
(6) 视窗显示操作。
(7) 精确绘图辅助功能的设置与使用。
(8) 坐标系的使用。

AutoCAD 是美国 Autodesk 公司推出的一款功能强大的计算机辅助设计软件,它具有绘制二维图形和三维图形、标注图形、协同设计、图纸管理等功能,广泛应用于机械制造、建筑装饰、电子电器、航空航天以及交通工程等众多领域,备受用户的好评。

1.1　启动 AutoCAD 2010

启动 AutoCAD2010 常用以下 3 种方法:

1)通过【开始】菜单启动

单击【开始】菜单中的【所有程序】▶【Autodesk】▶【AutoCAD2010 – Simplified Chinese】▶【AutoCAD2010】命令,即可启动 AutoCAD 绘图软件。

2)通过桌面快捷方式启动

双击桌面上已经创建好的【AutoCAD 快捷图标】,也可启动该程序。

3)打开文件的同时启动程序

如果当前计算机中有".dwg"格式的 AutoCAD 文件,双击该文件,则在打开该图形文件的同时自动启动 AutoCAD 程序。

1.2 AutoCAD 2010 工作空间

启动 AutoCAD 后，系统进入的工作界面称为工作空间，如图 1-1 所示。它是用户使用的绘图区域、各种工具和功能面板的集合，是面向任务的绘图环境。

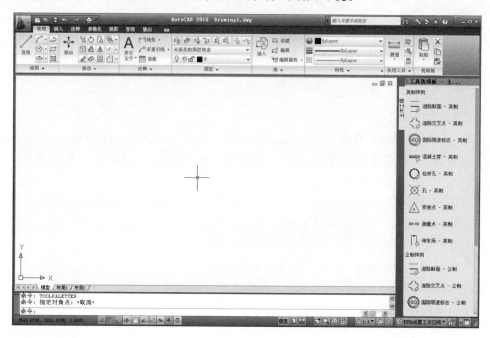

图 1-1　AutoCAD2010 默认的【初始设置工作空间】

1.2.1　工作空间的切换

AutoCAD 2010 为用户提供了"二维草图与注释"、"三维建模"和"AutoCAD 经典"3 种模式的工作空间，也允许用户根据所属行业的性质和个人喜好来自定义工作空间。当第一次启动 AutoCAD2010 时，系统默认进入【初始设置工作空间】，该工作空间在形式上与【二维草图与注释】空间基本相同。

如若需要在其他空间模式间相互切换，可选择以下两种方法。

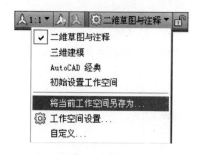

图 1-2　【切换工作空间】下拉式菜单

基本操作：

（1）在状态栏中，单击右侧的【切换工作空间】按钮 ，从弹出的下拉菜单中选择要切换的工作空间选项，如图 1-2 所示。

（2）单击菜单栏中【工具】▶【工作空间】命令，从弹出的子菜单中选择要切换的工作空间。

说明：在图 1-2 的下拉菜单中，若选择【工作空间设置】选项，则系统会弹出【工作空间设置】对话框，用户可在该对话框中对期望在菜单中显示的工作空间及显示顺序进行设置,如图1-3所示。

1.2.2 二维草图与注释空间

【二维草图与注释】工作空间主要用于绘制二维草图,是最常用的工作空间。该工作空间主要由应用程序菜单、快速访问工具栏、功能区选项卡、功能区面板、标题栏、菜单栏、绘图区、布局选项卡、命令窗口(文本窗口与命令行)和状态栏等组成,如图1-4所示。

图1-3 【工作空间设置】对话框

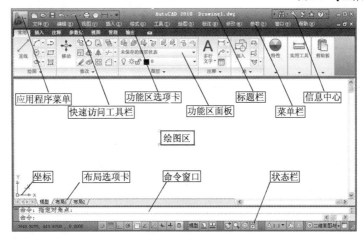

图1-4 【二维草图与注释】空间

与以前版本不同,AutoCAD2010【二维草图与注释】工作空间增加了功能面板区,为用户提供了常用的二维草图绘图及编辑的各种功能面板,其中包括常用、插入、注释、参数化、视图、管理和输出7个选项卡,每个选项卡中又包含有若干面板和工具按钮。例如,"常用"选项卡中就包含有绘图、修改、图层、注释、块、特性和实用工具等面板及工具,从而大大方便了用户的二维图形绘制。

1.2.3 三维建模空间

【三维建模】工作空间主要用于创建三维实体模型。该空间提供有常用的创建三维模型所需要的基本模型、网格、实体编辑、视图类型以及三维渲染等功能面板,其中包括常用、网格建模、渲染、插入、注释、视图、管理和输出8个选项卡。在功能区面板中集成了三维建模、视觉样式、光源、材质、渲染和导航等面板,从而为绘制与观察三维图形、创建动画、设置光源以及为三维对象添加材质等操作提供了便利的环境,如图1-5所示。

说明:三维与二维之间的操作有很大不同,主要区别是:在三维造型中,所创建的对象除了有长度和宽度外,还有高度。此外,在默认情况下"栅格"以网格的形式显示,增加了绘图的三维空间感。

1.2.4 AutoCAD 经典空间

【AutoCAD 经典】工作空间是 AutoCAD 早期版本的工作空间风格,突出实用性和可操作性,绘图窗口的空间宽阔。对习惯于 AutoCAD 传统界面的老用户来说,可以使用【AutoCAD 经典】工作空间,如图 1-6 所示。

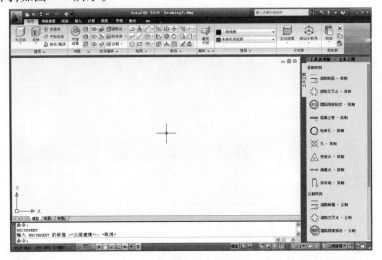

图 1-5 【三维建模】空间

图 1-6 【AutoCAD 经典】空间

1.2.5 自定义工作空间

如果用户需要依据个人的习惯和喜好设置绘图工作空间,或希望保持绘图工作空间的个性风格以便下次调用,可自定义工作空间。

【基本操作】:

(1)首先打开一种自己常用的工作空间,自行布置和摆放各种菜单、工具栏、选项板、面板、按钮的位置及显示形式,关闭不用的工具。

(2)在状态栏中单击【切换工作空间】按钮,在弹出的下拉菜单中选择【将当前工作空间另存为】命令,系统将打开【保存工作空间】对话框,如图 1-7 所示。

(3)在该对话框中输入要保存工作空间的名称,如"CAD 自定义空间",然后单击【保存】按钮,则 CAD 自定义空间创建完毕,后续需要时可直接切换调用。

图1-7 【保存工作空间】对话框

1.2.6 工作空间的基本组成

AutoCAD2010 为用户提供了 3 种工作空间,每一种工作空间的组成不尽相同,为了方便学习,下面归纳起来一并介绍。

1)标题栏

标题栏位于工作空间的最上方,用于显示软件的版本和当前已经打开的图形文件的名称。标题栏的组成从左到右依次为应用程序菜单、快速访问工具栏、标题、信息中心以及最小化按钮、最大化/还原按钮、关闭按钮,如图1-8 所示。

图1-8 AutoCAD2010 标题栏

(1)应用程序菜单。

【应用程序菜单】位于标题栏的最左端,是提供文件管理、图形发布以及选项设置的快捷路径方式。

单击【应用程序菜单】图标 ,可打开应用程序菜单的下拉菜单,如图1-9 所示。在该下拉菜单的左侧为菜单命令图标,包括新建、打开、保存、另存为、输出、打印、发布、发送、图形实用工具和关闭等功能;右侧显示的是"最近使用的文档"列表;右下方为"选项"设置按钮和"退出 AutoCAD"按钮。

(2)快速访问工具栏。

【快速访问工具栏】为用户提供了一些常用的操作及设置,方便用户快捷操作。它位于标题栏上应用程序菜单的右侧,系统默认提供有新建、打开、保存、打印、放弃和重做 6 个快速访问工具。如果用户需要添加或删除某些快捷按钮,可单击【快速访问工具栏】右端的下拉按钮 ,在弹出的下拉菜单中勾选或取消相应的选项即可。

(3)标题。

【标题】显示当前正在运行的程序名、图形文档位置及名称信息,第一次启动 AutoCAD 时默认文件名为"Drawing1.dwg"。

(4)信息中心组。

AutoCAD2010 在标题栏上新增加了搜索框、通信中心等按钮,它们与新功能专题研习、收藏夹和帮助等按钮共同组成信息中心,可以帮助用户同时搜索多个或单个文件及位置。利用【搜索框】可以快速搜索用户输入的指令并给出相关提示信息。

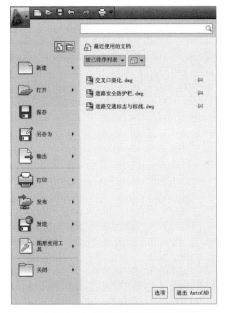

图1-9 【应用程序菜单】下拉菜单

(5)窗口控制按钮。

与一般的 Windows 应用程序类似,利用位于标题栏最右端的 3 个控制按钮,可以实现 AutoCAD2010 窗口的最小化、还原(或最大化)以及关闭等操作。

2)菜单栏

【菜单栏】是所有可使用菜单命令的集合。在传统的 AutoCAD 中,它位于标题栏的下面,主要包括文件、编辑、视图、插入、格式、工具、绘图、标注、修改、参数、窗口和帮助共 12 个主菜单项,如图 1-10 所示。单击每一个主菜单项都会弹出一个下拉菜单,点选其中的命令选项,即可执行相应的操作。

图 1-10　AutoCAD2010 菜单栏

提示:在 AutoCAD 2010 中,除了【AutoCAD 经典】工作空间外,其他工作空间都默认菜单栏被隐藏,而改用了【功能区面板】来集中显示命令。如果用户需要显示或调用菜单栏,可单击【快速访问工具栏】右端的下拉按钮,在弹出的下拉菜单中选择【显示菜单栏】选项;如果用户需要隐藏菜单栏,则可再次打开该下拉菜单,从中选择【隐藏菜单栏】选项。

说明:菜单操作有两种方法:一是使用鼠标逐级点选;二是使用键盘的"快捷键"或"组合快捷键"操作。用户也可以根据需要自行添加自定义菜单。

3)功能区选项卡和功能区面板

功能区选项卡和面板共同组成了功能区。功能区位于绘图窗口的上方,用于显示工作空间中基于任务的按钮和控件。

功能区通常由若干个选项卡组成,每个选项卡中包含有若干个面板,每个面板中又包含有多个分组放置的图标工具按钮。例如,在【二维草图和注释】工作空间中,功能区包含有常用、插入、注释、参数化、视图、管理和输出共 7 个选项卡,而"常用"选项卡中又包含有绘图、修改、注释、图层、块、特性、实用工具以及剪贴板等由多个图标工具按钮组成的分类面板,如图 1-11

所示。

图1-11 功能区面板

用户可以根据实际绘图需要,单击【选项卡】的标签以切换或展开不同的面板,再选择面板中的工具按钮即可执行相应的操作命令。

若需将选项卡最小化,或仅保留选项卡的名称,或重新显示面板,可连续点击【选项卡】右侧的三角形图标 进行循环切换。若希望以浮动方式显示功能区面板,可在选项卡标题右侧的空白区域右击鼠标,从弹出的快捷菜单中选择【浮动】命令。

提示:单击【功能区面板】下方的名称或下拉箭头,可展开折叠区域,弹出更多的工具按钮。例如,单击【修改】面板下方的名称,其展开后的效果如图1-12所示。

4)工具栏

【工具栏】是执行 AutoCAD 命令的另一种方式,它主要出现在【AutoCAD 经典】工作空间中,通常以长条状布设在绘图窗口的四周。工具栏具有多种形式,其中很多都是由图标命令按钮组成,单击这些按钮可执行相应的命令。默认情况下,标准、样式、绘图、修改、图层、特性和工作空间等工具栏处于显示状态,其他工具栏均处于隐藏状态。下面是几种最常用的 AutoCAD2010 工具栏,如图1-13所示。

图1-12 功能区【修改】面板展开后的效果

a)【标准】工具栏

b)【样式】工具栏

c)【绘图】工具栏

d)【修改】工具栏

图1-13 几个最常用的工具栏形式

在 AutoCAD2010 中,工具栏允许采用浮动布设方式,即用户可将其拖放到窗口中的任意位置处。用户也可以通过自定义方式来改变工具栏中的内容,以及隐藏或显示某些工具栏。

提示:【显示】或【隐藏】工具栏中的工具,可以通过以下两种方法:

● 单击菜单栏【工具】▶【工具栏】▶【AutoCAD】命令,在弹出的子菜单中点选要显示的工具栏选项,则该工具栏被显示;如果取消勾选,则该工具栏被隐藏。

●在任意一个工具栏上右击鼠标,从弹出的工具栏设置快捷菜单中选择要【显示】或【隐藏】工具栏选项。

5)快捷菜单

【快捷菜单】又称为"右键菜单"或"上下文相关菜单"。AutoCAD2010 除了功能区面板操作方式外,还可使用快捷菜单来快速启用相应的命令。当用户在绘图区域、工具栏、状态行、模型与布局选项卡以及一些对话框上右击鼠标时,系统就会自动弹出一个与 AutoCAD 的当前状态密切相关的快捷菜单,单击该快捷菜单中的命令即可快速、高效地执行相应的操作。其中两种常见的快捷菜单形式如图 1-14 所示。

a)【绘图区域】快捷菜单　　　　b)【对象捕捉】快捷菜单

图 1-14　两种不同的快捷菜单形式

提示:在操作状态和无操作状态两种情况下,同样在绘图窗口的空白处单击鼠标右键,所弹出的快捷菜单将各不相同。

6)绘图窗口

绘图窗口类似于手工绘图时的图纸,是用户绘图、编辑对象的工作区域。用户可以根据需要关闭绘图窗口周围及内部的各个工具栏,以增大绘图空间。当图纸比较大时,用户也可以通过单击窗口右侧或下方滚动条的箭头,或拖动滑块来移动图纸,以便显示查看的内容。

在绘图区域的左下角有一个坐标系图标,它表示当前使用的坐标系形式以及坐标方向。默认的坐标系为世界坐标系(WCS)。

绘图窗口下方设有【模型】和【布局1】、【布局2】选项卡,点选其标签可在模型空间和图纸空间之间相互切换。

7)文本窗口和命令行(命令窗口)

文本窗口和命令行(或称命令窗口)用于接收用户输入的命令和显示 AutoCAD 的提示信息。默认状态下,命令窗口位于绘图区的底部,用户可以将其拖动到屏幕的任意浮动位置,也可以利用光标拖动命令窗口和绘图窗口的分界线来调整其大小。

8)状态栏

状态栏位于程序窗口的最下方,用于显示系统的当前操作状态,如图 1-15 所示。其中,最左侧的数字部分显示的是当前光标的 X、Y、Z 坐标值;其右侧依次为一组辅助绘图工具,它是精确绘图必不可少的工具;导航工具用于图形平移、缩放显示,便于查看图形中的对象;注释工具可以显示注释比例及可见性;切换工作空间按钮便于用户切换不同的工作空间;锁定按钮用于锁定或解锁浮动工具栏、固定工具栏、浮动窗口或固定窗口在图形中的位置;最右侧的按钮是全屏显示按钮。状态栏可以通过系统变量"Statusbar"来控制显示或隐藏。

图1-15 状态栏

9)工具选项板

启动 AutoCAD2010 后,在默认状态下通常会在窗口的右侧显示【工具选项板】,如图1-16所示。利用该工具选项板,可以方便地对封闭区域填充图案,或将图形库中的图形(即图块)插入到当前图形。

用户也可以通过单击该选项板标题栏右上方的按钮 ,关闭该工具选项板。

提示:若要重新打开【工具选项板】,可单击菜单栏【工具】▶【选项板】▶【工具选项板】命令;若要切换到其他类型的工具选项板,可在选项板的右边框上右击鼠标,从弹出的快捷菜单中选择所需要的选项板。

图1-16 工具选项板

1.3 图形文件管理

图形文件管理是 AutoCAD 的基础操作,主要包括新建、打开、保存、另存为以及图形文件加密等内容。

1.3.1 新建图形文件

在创建一个新的图形文件时,用户可以利用已有的样板创建,也可以创建一个无样板的图形文件。无论哪一种方式,新建一个图形文件的基本方法相同,常用如下3种方法。

- 命令:在命令行中键入"new"命令▶【回车】。
- 图标:在【标准】工具栏中,或【快速访问工具栏】中,或【应用程序菜单】中单击【新建】图标按钮 。
- 菜单:在菜单中点选【文件】▶【新建】命令。

1)利用已有样板新建图形文件

所谓利用已有样板新建图形文件就是在新建一个图形文件的同时,调入由系统提供的样板文件或自己事先保存的样板文件作为新图形文件的绘图环境设置。

基本操作:

(1)执行上述3种方法之一,系统会自动打开【选择样板】对话框,如图1-17所示。

(2)单击对话框中【文件类型】选项栏,从弹出的下拉选项中选择"图形样板(*.dwt)"、"图形(*.dwg)"和"标准(*.dws)"3种文件类型之一。通常选取"图形样板"文件类型。

(3)单击【查找范围】选项栏,从中选定样板文件所在的文件夹。

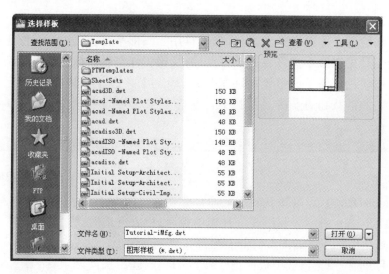

图 1-17 【选择样板】对话框

（4）在中部的列表文本框中点选所需的图形样板，系统会自动在右侧的预览区中显示该样板的缩略图，以便查看。

（5）当选定所需样板后，单击【打开】按钮，系统就会以该样板来创建新图形文件并进入该样板的绘图环境。

说明："图形样板"是指预先已经设定好图幅界线、图框、标题栏等内容的图纸样式。通常这些具有初始设置和预定义参数的图形或样式被保存在"Template（样板）"文件夹内，每次在新绘制图纸时可调用并在其基础上绘图。使用图形样板可以节省辅助绘图的时间，便于统一图纸格式。在【选择样板】对话框中，常用的基本样板图有如下 8 个。

- Acad.dwt（英制）：含有颜色相关的打印样式；
- Acad3D.dwt（英制）：含有颜色相关的打印样式的 3D 样板图；
- Acad-named plot styles.dwt（英制）：含有命名打印样式；
- Acad-named plot styles3D.dwt（英制）：含有命名打印样式的 3D 样板图；
- Acadiso.dwt（公制）：含有颜色相关的打印样式；
- Acadiso3D.dwt（公制）：含有颜色相关的打印样式的 3D 样板图；
- Acadiso-named plot styles.dwt（公制）：含有命名打印样式；
- Acadiso-named plot styles3D.dwt（公制）：含有命名打印样式的 3D 样板图。

此外，在 Template 目录下还有一些其他标准的样板图。然而，由于这些样板图都不符合我国技术制图的有关标准，因此通常需要用户自行创建标准的样本图集，这对于一个设计部门或一个项目组尤为必要。

2）创建无样板新图形文件

基本操作：

（1）执行上述 3 种方法之一，系统会自动打开【选择样板】对话框，如图 1-17 所示。

（2）单击对话框右下角【打开】按钮旁边的，从弹出的下拉菜单中点选"无样板选项—公制（M）"选项，即可创建一个公制式无样板新图形文件。

1.3.2 打开已有图形文件

打开图形文件分为打开完整的图形文件、以只读方式打开完整的图形文件、打开局部图形文件和以只读方式打开局部图形文件 4 种方式。打开已有图形文件也有如下 3 种方法。

- 命令:键入 open,或按快捷键"Ctrl + O"。
- 图标:在【标准】工具栏,或【快速访问工具栏】,或【应用程序菜单】中单击【打开】按钮 。
- 菜单:点选【文件】▶【打开】命令。

【基本操作】:

(1)执行上述 3 种方式之一,系统打开【选择文件】对话框,如图 1-18 所示。

图 1-18 【选择文件】对话框

(2)单击对话框中【文件类型】选项栏,从弹出的下拉选项中选择所需打开的文件类型,其中包括"图形(﹡.dwg)"、"标准(﹡.dws)"、"DXF(﹡.dxf)"和"图形样板(﹡.dwt)"等。

(3)单击【查找范围】选项栏,从中选定图形文件所在的文件夹。

(4)在列表文本框中点选所需的图形文件,系统会自动在右侧的预览区中显示该图形文件的缩略图,以便查看。

(5)当选定所需图形文件后,单击【打开】按钮。

提示:如果用户希望以只读或局部图形等方式来打开文件,可在图 1-18 所示的【选择文件】对话框中单击【打开】按钮右侧的下拉按钮 ,在弹出的下拉列表中选择相应的选项。

说明:如何替换找不到的原图字体。

当使用 AutoCAD2010 打开早期版本的图形文件时,经常会出现缺少字体库样式的情况,此时程序会自动弹出【指定字体样式】对话框。如果用户希望临时替换该缺少的字体样式,可在该对话框中选择大字体"chineset.shx"替换,或者单击【取消】按钮忽略该字体样式。如果用户希望用某种字体永久性替换找不到的原图字体,则可首先将要替换的字体样式复制为被替换的字体样式名,然后将其放置到【font】文件夹内。例如:当打开一幅图时,系统提示未找到字体"jd";若要用"hztxt.shx"替换它,则可去找 AutoCAD 字体文件夹【font】,把其中的"hztxt.shx"字库文件复制一份,重新命名为"jd.shx";再把"jd.shx"复制或移动到【font】文件夹内,这样重新打开此图即可。此后,当用户再次打开包含有"jd"这样计算机中没有的字体图形时,系统不会再提示用户去查找字体样式替换了。

1.3.3 保存图形文件

用户在绘图结束后或在绘图过程中,需要将当前的图形文件存盘,可采用如下 3 种方式。

- 命令:键入 save。
- 图标:单击【标准】工具栏中,或【快速访问工具栏】中,或【应用程序菜单】中【保存】按钮 。
- 菜单:单击【文件】▶【保存】命令。

基本操作:

(1)执行上述 3 种方式之一。如果当前图形文件尚未命名,系统会弹出【图形另存为】对话框,如图 1-19 所示;如果当前文件已被命名,则系统会以此名存盘而不会弹出此对话框。

图 1-19 【图形另存为】对话框

(2)单击对话框中的【保存于】选项栏和列表文本框,选择图形文件要保存的文件夹。

(3)在【文件名】选项栏中,输入要保存的图形文件名。

(4)在【文件类型】选项栏中,选择要保存的图形文件类型,其中包括".dwg"、".dwt"、".dws"、".dxf"等后缀类型,而".dwg"类型中又允许保存为先前的 AutoCAD R14/2000/2004/2007 等不同版本格式。默认的图形文件类型的后缀为当前版本的".dwg"。

(5)单击【保存】按钮,当前文件即被保存。

提示:如果需要将当前图形文件另存为其他文件名或文件类型,可选择菜单中【文件】▶

【另存为】命令,或单击应用程序菜单中的【另存为】按钮,则会弹出与图 1-19 相同的对话框,具体操作不再赘述。

说明:为了便于在 AutoCAD 早期版本中能够打开 AutoCAD2010 的图形文件,用户在保存图形文件时可按照上述步骤(4)将其保存为较早的格式类型。

1.3.4 图形文件加密

为了保证图形文件的安全,有时用户需要对图形文件进行加密设置,具体加密方法有如下两种。

1)利用【图形另存为】对话框中的【工具】按钮加密文件

基本操作:

(1)选择菜单中【文件】>【另存为】命令,或单击应用程序菜单中的【另存为】按钮,打开【图形另存为】对话框。

(2)单击该对话框右上角的【工具】按钮,在弹出的下拉菜单中选择【安全选项】命令,系统会弹出【安全选项】对话框,如图 1-20 所示。

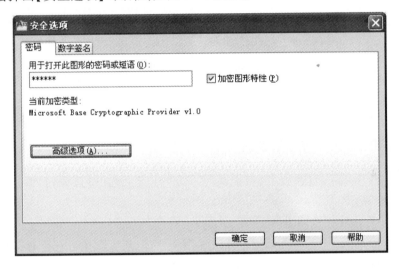

图 1-20 【安全选项】对话框

(3)单击【密码】选项卡,在【用于打开此图形的密码或短语】文本框中输入密码;如果勾选右侧的【加密图形特性】选项,则同时对缩略图加密。此外,还可以利用【数字签名】选项卡设置数字签名。

(4)完成上述选项后,单击【确定】按钮,系统又会弹出【确认密码】对话框,如图 1-21 所示。

(5)在该对话框的文本框中再次输入相同的密码,并单击【确定】按钮,系统会返回到【图形另存为】对话框。

(6)单击【图形另存为】对话框右下角的【保存】按钮,至此该图形被另存并加密成功。

2)利用【应用程序菜单】中的【选项】按钮加密文件

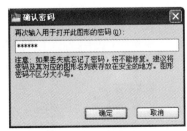

图 1-21 【确认密码】对话框

基本操作：

（1）单击【应用程序菜单】按钮，从弹出的下拉菜单中点选【选项】按钮，弹出【选项】对话框，如图1-22所示。

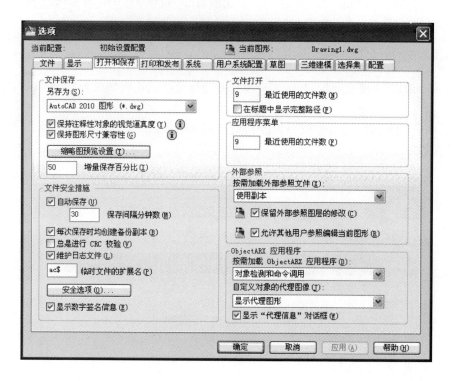

图1-22 【选项】对话框

（2）选择【打开和保存】选项卡，单击其左下方的【安全选项】按钮，打开【安全选项】对话框，如图1-20所示。

（3）其他操作步骤完全同上。

提示：文件加密后，当下一次试图打开该图形文件时，系统会弹出一个对话框，要求用户输入密码。如输入密码正确，则会打开图形文件，否则将无法打开。

1.3.5 获得帮助

AutoCAD2010提供了在线帮助功能，可随时调用AutoCAD的帮助文件来查询相关信息。具体有如下3种方式。

- 命令：键入help，或按键F1。
- 图标：单击【标准】工具栏中【帮助】按钮，或单击【标题栏】中【帮助】按钮。
- 菜单：单击【帮助】▶【帮助】选项。

基本操作：

执行上述3种方式之一，系统调用帮助命令，并弹出帮助窗口，如图1-23所示。用户可在该窗口中查询相关的信息。

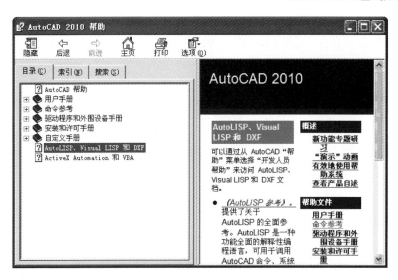

图1-23 【AutoCAD2010 帮助】对话框

1.4 绘图环境设置

在工程绘图之前,应首先进行 AutoCAD 绘图环境的必要设置,主要包括绘图界线、绘图区颜色、绘图单位、绘图比例以及参数选项等设置。

1.4.1 绘图界限设置

绘图界限又称为绘图范围,它用于限定绘图工作区和图纸边界。通常用户可用以下两种方式设置绘图界限。

- 命令:键入 limits 命令。
- 菜单:选择【格式】▶【图形界限】命令。

【基本操作】:

(1)执行上述任一操作后,启动设置绘图界限命令,系统将在命令行中依次显示如下交互信息。

命令:limits	(键入并执行设置绘图界限命令)
重新设置模型空间界限:	(系统提示信息)
指定左下角点或[开(ON)/关(OFF)]<0.0000,0.0000>:	[提示输入左下角坐标,回车默认为(0,0)]
指定右上角点 <420.0000,297.0000>:	[提示输入右上角坐标,回车默认(420,297)]

(2)用户可在提示信息下,依次输入边界角点值或选择默认值,之后系统将以此值为边界来设定绘图界限。

提示:若要查看绘图界限的设置情况,可点选状态栏中的【栅格显示】图标▦,则绘图范围将以栅格形式显示在屏幕上。

说明:在执行上述"limits"命令时,有"开(ON)"和"关(OFF)"两个选项。如果选择"开(ON)",将打开图形界限检查功能,此时不允许在图形界限之外结束一个对象操作,也不能使用"移动"或"复制"命令将位移点设到图形界限外,但可以指定两点绘圆,允许圆的一部分在图形界限之外。如果选择"关(OFF)",将禁止检查功能,此时允许在图形界限外绘图或指定点。默认为"关(OFF)"选项。

1.4.2 绘图区颜色设置

在默认情况下,AutoCAD2010 绘图区的颜色为黑色背景、白色光标。在实际绘图中,用户可根据需要通过【选项】对话框对其进行修改或设置,具体方法如下。

- 图标:单击应用程序菜单中【选项】按钮。
- 菜单:选择【工具】▶【选项】命令。

【基本操作】:

(1)执行上述任一操作后,系统将弹出【选项】对话框,如图 1-24 所示。

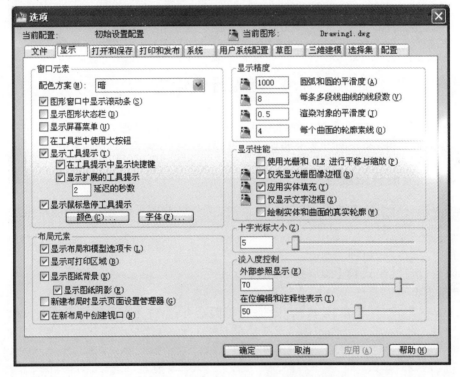

图 1-24 【选项】对话框—【显示】选项卡

(2)切换到【显示】选项卡,单击【颜色】按钮,弹出【图形窗口颜色】对话框,如图 1-25 所示。
(3)在【上下文】(背景)列表框中,选择【二维模型空间】选项,然后在【颜色】下拉列表框中选择某种颜色,如选择"白"选项。
(4)单击【应用并关闭】按钮,完成绘图区颜色的设置。

1.4.3 绘图单位设置

所谓设置绘图单位,实际上是指定义绘图时所使用的长度单位和角度单位的格式以及它们的精度。在 AutoCAD 中,屏幕上显示的只是图形单位。图形单位不能反映实际尺寸的大小,所以在绘图前必须基于要绘制图形的类型确定一个图形单位所代表的实际大小(如代表实际的1mm、1m,还是1km等),然后再据此创建实际大小的图形,这样也有利于通过缩放在度量衡系统之间进行图形转换。通常,如果绘制机械设计图,单位选用毫米;如果绘制建筑设计图,单位选用米;如果绘制城市规划图,单位选用百米或千米。

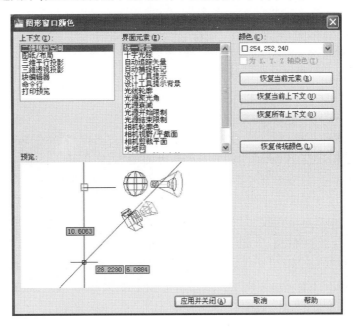

图1-25 【图形窗口颜色】对话框

例如,若要绘制一个机械零件图,要求以毫米为单位,所有尺寸都是整数,角度也是整数。于是,可以在绘图前设置长度类型为"小数",精度为0;设置角度类型为"十进制度数",精度也为0;缩放单位设置为毫米。

绘图单位的设置方法有以下3种。

- 命令:键入units。
- 图标:单击【应用程序菜单】▶【图形实用工具】▶【单位】。
- 菜单:选择菜单栏【格式】▶【单位】。

基本操作:

(1)执行上述操作之一,系统打开【图形单位】对话框,如图1-26所示。该对话框有长度、角度、插入时的缩放单位、输出样例和光源5种单位设置。

(2)【长度】选项组:用于设置长度单位的格式及精度。其中:

【类型】选项框:用于设置长度单位的格式。下拉列表框中有分数、工程、建筑、科学、小数5个选项,其中工程和建筑格式仅提供英尺(ft)和英寸(in)

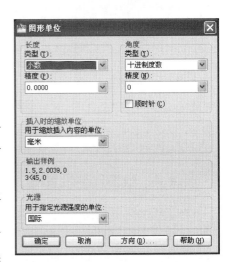

图1-26 【图形单位】对话框

显示,并假定每个图形单位表示1in,其他格式可表示任何真实单位。用户可从中选择一种适宜的类型,默认值为"小数"。

【精度】选项框:用于设置长度单位的精度,可设置线性值显示的小数位数或分数大小。

提示:在设置长度单位格式和精度的过程中,下方"输出样例"区域将同步显示有关内容。

(3)【角度】选项组:用于设置图形的角度单位、精度以及正方向。其中:

【类型】选项框:用于设置角度单位的格式。下拉列表框中有百分度、度/分/秒、弧度、勘测单位和十进制度数5个选项,默认值为"十进制度数"。

【精度】选项框:用于设置角度单位显示的小数位精度。

【顺时针】复选框:用于设定角度的正方向。勾选该复选框,表示顺时针方向为角度的正方向;取消勾选,则反之。默认逆时针方向为角度的正方向。

提示:在角度单位设置过程中,下方"输出样例"区域也将同步显示有关格式与精度。

说明:十进制度数以十进制数表示;百分度附带一个小写g后缀;弧度附带一个小写r后缀;度/分/秒格式中用d表示度,用′表示分,用″表示秒;勘测单位以方位表示角度,N表示正北,S表示正南,度/分/秒表示从正北或正南开始的偏角的大小,E表示正东,W表示正西。

(4)【插入时的缩放单位】选项组:用于控制插入到当前图形中的图块和图形的测量单位。该下拉列表框中有公制、英制、天文和无单位等若干类共20多种缩放单位选项,用户可根据需要选用。默认单位为"毫米"。

说明:如果图块(或图形)在创建时所使用的单位与该选项指定的单位不同,则在插入这些图块或图形时,会对其按比例缩放,插入比例是源图块(或图形)使用的单位与目标图形使用的单位之比。如果插入块时不需要按指定单位缩放,可选择"无单位"。

(5)【光源】强度选项组:用于设置当前图形中的光源强度测量单位。下拉列表框中有国际、美国和常规3个选项供用户选择。如果要创建和使用光度控制光源,必须从中选择非"常规"的单位;如果"插入比例"设置为"无单位",则将提示警告信息,表明用户渲染输出可能不正确。

(6)【方向】按钮:用于设置"基准角度"方向。单击【方向】按钮,弹出【方向控制】对话框,如图1-27所示,从中可选择或输入基准角度方向。默认值0°为正东方向。

说明:如果要设定除东、南、西、北4个方向以外的方向作为0°方向,可以选择"其他"单选项,在其下面的【角度】文本框中直接输入角度值作为0°方向。

图1-27 【方向控制】对话框

1.4.4 绘图比例设置

在工程绘图中,图形尺寸与实物尺寸之比称为绘图比例。该比例在手工绘图时,往往需要提前根据实物与图纸大小的关系先设定再绘图,而在AutoCAD中,这一点则完全不同。在AutoCAD中绘制工程图时,通常都是按1:1的比例绘图,很少使用1:n的绘图比例,因为这样可使得绘图过程大为简便,而具体输出图纸的大小则由打印比例控制。

说明： 在 AutoCAD 中绘制图形，实际上是按照设定的图形单位、以实物的实际尺寸值来绘制图形的。用户可以根据需要设定图形单位为 mm、m 或 km 等，一旦确定图形单位后，只要按照图形的实际尺寸值输入绘图即可。例如，当设定图形单位为 mm 后，绘制 100mm 长的线段，只要输入图形尺寸为 100 图形单位即可；而绘制 1m 长的线段，则需要输入图形尺寸为 1000 图形单位。需要明确，在 AutoCAD 中实际绘图尺寸的单位并非就是 mm 或 m，而是图形单位。究竟一个图形单位相当于多长，在绘图时由用户确定，而只有在打印输出比例设定后才能准确确定 1 图形单位为多少。

1.4.5 光标大小设置

在 AutoCAD 中，十字光标的大小是可以调整的。用户可通过自定义来设置十字光标延长线的长度，以满足绘图定位及位置关系检验的需要。

基本操作：

（1）单击菜单栏中【工具】▶【选项】，弹出【选项】对话框，切换至【显示】选项卡，如图 1-24 所示。

（2）在该选项卡的【十字光标大小】选项组的文本框内输入十字光标大小的百分值为"100"。

（3）在【选项】对话框中切换至【草图】选项卡，在【靶框大小】选项组中通过拖动滑块来调节靶框的大小，调整完成后在【选项】对话框中单击【确定】按钮，如图 1-28 所示。

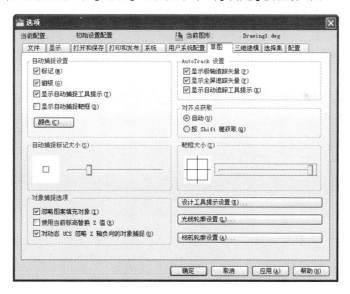

图 1-28 【选项】对话框—【草图】选项卡

（4）返回到绘图窗口中，可见十字光标布满了整个绘图窗口，十字光标的延长线可以作为构造线来检验两条线段是否在同一条直线上。

1.4.6 其他选项设置

AutoCAD 还允许用户利用【选项】对话框，对系统进行其他选项设置。通常，打开"选项"对话框的方式有以下几种。

- 命令:键入 options。
- 图标:单击【应用程序菜单】中【选项】按钮。
- 菜单:单击菜单中【工具】▶【选项】。
- 快捷菜单:在绘图区空白处或在文本窗口与命令行中单击鼠标右键,从弹出的右键快捷菜单中选择【选项】命令。

说明: 在执行上述任一操作后,系统都将会打开【选项】对话框,如图1-24所示。在该对话框中包含有文件、显示、打开和保存、打印和发布、系统、用户系统设置、草图、三维建模、选择集、配置共10个选项卡,各选项卡的主要功能简介如下。

【文件】选项卡:用于设置AutoCAD搜索支持文件、驱动程序文件、菜单文件和其他文件时的路径以及用户定义的一些设置。

【显示】选项卡:用于设置窗口元素、布局元素、显示精度、显示性能、十字光标和外部参照的淡入度控制等显示程度。

【打开和保存】选项卡:用于设置文件保存的默认格式、是否自动保存及保存的时间间隔、是否维护日志、文件打开时显示的最近使用的文件数以及是否加载外部参照等。

【打印和发布】选项卡:用于设置打印输出设备、打印到文件的默认位置、是否自动保存打印和发布日志、常规打印选项等内容。

【系统】选项卡:用于设置当前三维图形的显示特性,设置定点设备、是否显示OLE特性对话框、是否显示所有警告信息、是否检查网络链接、是否显示启动对话框以及是否允许长符号名等。

【用户系统配置】选项卡:用于设置是否使用快捷菜单和对象的排序方式、插入比例的默认单位、是否显示字段背景、坐标数据输入的优先级别以及关联标注等。

【草图】选项卡:用于设置自动捕捉、自动追踪、自动捕捉标记框颜色和大小、靶框大小等。

【三维建模】选项卡:用于对三维绘图模式下的三维十字光标、UCS图标、动态输入、三维对象、三维导航等选项进行设置。

【选择集】选项卡:用于设置选择集模式、拾取框大小以及夹点大小和颜色等。

【配置】选项卡:用于实现新建系统配置文件、重命名系统配置文件以及删除系统配置文件等操作。

1.4.7 工作空间设置

在AutoCAD中,用户可以根据需要设置个性化工作空间,也可以对工具栏和选项板的位置进行锁定,以防移动。

1) 自定义用户界面

基本操作:

(1)在状态栏中单击【切换工作空间】按钮 ⚙初始设置工作空间▼ ,在弹出的下拉菜单中选择【自定义】选项,或单击菜单中【工具】▶【工作空间】▶【自定义】,系统将会打开【自定义用户界面】对话框,如图1-29所示。

(2)在该对话框中,用户可重新设置图形环境以满足个性需求。

图 1-29 【自定义用户界面】对话框

2）锁定工具栏和选项板

锁定工具栏和选项板有以下几种方法。

基本操作：

（1）单击状态栏中的【锁定】按钮，将弹出【锁定】选项下拉菜单，如图 1-30 所示，从下拉菜单中选择要锁定的对象。当对象被锁定后，状态栏上的【锁定】按钮将变为。

说明：【锁定】选项下拉菜单中包含 5 个锁定对象的选项，浮动工具栏/面板、固定的工具栏/面板、浮动窗口、固定的窗口和全部。

（2）选择菜单中【窗口】▶【锁定位置】命令，从弹出的下拉菜单中选择需要锁定的对象。

（3）在【功能区】选项面板中切换到【视图】选项卡，在【窗口】面板中单击【窗口锁定】按钮，在弹出的菜单中勾选相应的复选框。

图 1-30 【锁定】选项下拉菜单

1.5 AutoCAD 命令调用方式与基本操作

AutoCAD 是交互性很强的工程绘图软件，其调用命令的方式多种多样，执行命令的方法也各不相同。了解和掌握其调用方式与操作方法，对于快速灵活地应用 AutoCAD 十分重要。

1.5.1 AutoCAD命令的调用方式

在AutoCAD中,输入或调用命令的方式主要有:菜单栏、工具栏、功能区面板、应用程序菜单、快速访问工具栏、快捷菜单、命令行或快捷键等。在多数情况下,执行一个命令可以使用不同的调用方式,也有个别命令只有一种输入方式(如重画Redraw就只能通过命令行输入)。尽管调用命令的方式不同,但在所有的方式中命令是AutoCAD绘图和编辑的核心。在AutoCAD2010调用命令的方式中,功能面板、命令行及快捷键是使用较多的输入或调用命令的方式。

- 【功能区面板】方式:单击功能区面板中的按钮,即可执行相应的命令。
- 【命令行】方式:在命令行中输入命令全称或简写名称后,按下回车键或空格键即可调用相应的命令。
- 【快捷菜单】方式:部分命令还可以在右键菜单中快速调用,如选项、快速选择等。

说明:对于菜单栏、工具栏、应用程序菜单、快速访问工具栏、快捷键输入命令等方式,其操作方法与Windows应用程序(如Word)相似;而通过键入调用命令的方式则不仅适用于命令行,也适用于动态输入文本框。

提示:虽然AutoCAD调用命令的方式多种多样,但系统执行命令的方式相同,且执行命令后系统一般都会在命令行中显示提示信息,或显示一个对话框以便于后续操作。

注意:在AutoCAD中,命令与变量是不相同的。命令用来指示AutoCAD执行什么样的操作,主要用来进行图形的绘制和编辑工作。变量则用于控制AutoCAD的功能以及工作环境选项,并设置命令的工作方式。

1.5.2 使用鼠标执行命令

使用鼠标执行命令是AutoCAD操作的最常用方法。启动AutoCAD后,在绘图区内鼠标为"十"字光标形式;在绘制窗口中,将光标移至菜单选项、工具栏或对话框上时,它就会变成箭头形式;当光标移到命令行中时,它会变成"I"形式。无论光标呈"十"字形式、箭头形式还是"I"形式,当单击鼠标左键或右键时,都会执行相应的命令或动作,具体意义如下。

(1)鼠标左键:相当于拾取键,主要功能是选择对象和定位,即用来选择Windows对象、AutoCAD对象、工具按钮和菜单命令等,或用于指定屏幕上的坐标点位置。常用的操作是单击或双击。

(2)鼠标右键:相当于按【Enter】键,用于结束当前操作命令或打开快捷菜单。当用户分别在绘图区中、在选中的图形对象上、在文本框窗口内、在工具栏上或状态栏等处的不同对象上或在不同的系统状态下单击鼠标右键时,所弹出的快捷菜单的形式和内容都是各不相同的。如要结束当前的绘图操作或在输入参数后加以确认,则可在单击鼠标右键后从弹出的快捷菜单中选择【确认】即可。

(3)组合键:当使用"Shift+鼠标右键"组合键时,系统将弹出用于设置捕捉点的快捷菜单。

(4)滚轮的使用:在绘图区内,向前驱动滚轮,则放大图形;向后驱动滚轮,则缩小图形;用食指压住滚轮,则鼠标在绘图区中将变成小手状,此时拖动鼠标可平移绘图区和图形,相当于"pan"命令功能。

1.5.3 使用键盘输入命令

在 AutoCAD2010 中,大部分的绘图、编辑功能都可以通过键盘输入完成,十分快捷。当命令窗口中的当前行提示"命令:"时,表示当前处于命令接收状态。此时使用键盘输入某一命令后,按【Enter】键或【空格】键,即可执行相应的命令,而后系统会给出提示或弹出对话框,要求用户执行后续操作。

提示: 使用键盘输入方式执行 AutoCAD 命令时,用户需要熟记各 AutoCAD 命令。

1.5.4 使用透明命令

所谓透明命令,即在执行命令的过程中,能够插入执行而不影响原命令继续执行的命令。如在绘制直线的过程中需要缩放视图,则可执行透明命令 zoom,待缩放视图返回后接着绘制直线。透明命令通常是一些查询命令、修改图形设置命令或绘图辅助工具等,如栅格命令 grid、捕捉命令 snap、缩放命令 zoom 等;而选择对象、创建新对象、重新生成图像或结束绘图任务等命令,不可以透明调用。

提示: 输入透明命令时,需要在命令前加一个单引号" ' "。在命令行中,透明命令的提示前有一个双折号" >> "。执行完透明命令后,将继续执行原命令。

注意: 使用透明命令需注意以下几点。

(1)有些命令当作为透明命令使用时,其功能会有所改变。例如:HELP 作为透明命令使用时,将显示与当前操作有关的帮助信息而不是进入帮助主题。

(2)使用透明命令的过程中,不能再嵌套使用其他透明命令。

(3)执行 stretch、plot 命令或输入文字时,不能使用透明命令。

1.5.5 使用系统变量

AutoCAD 可以通过系统变量控制其工作环境和某些命令的工作方式,它可以打开或关闭捕捉、栅格或正交等绘图模式,设置默认的填充图案,或存储当前图形和 AutoCAD 配置的有关信息。AutoCAD 提供了众多的系统变量,且每一个系统变量都有对应的数据类型。用户可根据需要浏览或更改系统变量的值,具体操作方法如下。

基本操作:

(1)在命令行出现"命令:"提示后,键入系统变量名,并按【Enter】键。

(2)AutoCAD 会自动显示该系统变量的当前值。

(3)如果用户需要更改,则输入新值即可。

说明: 系统变量通常是 6~10 个字符的缩写名称。许多系统变量有简单的"开/关"设置功能,如系统变量"gridmode"是用来"显示"或"关闭"栅格的。当命令行提示"输入 gridmode 的新值<1>:"时,若输入 0,则关闭栅格显示;若输入 1,则打开栅格显示。有些系统变量用来存储数值或文字,例如 DATE 用来存储当前日期。

1.5.6　数据输入方法

在AutoCAD中,通常用3种数据输入方法:鼠标拾取法、命令窗口输入法和动态输入法。

- 鼠标拾取法:当系统提示需要输入点的坐标、距离或长度值时,用户可在绘图区用鼠标左键分别或连续点选相应点的位置来获取其坐标值,即为鼠标"拾取"。若要输入准确的数值,还需要借助于对象捕捉工具。
- 命令窗口输入法:直接在命令行中输入命令或数值。
- 动态输入法:在状态栏中按下【动态输入】按钮,表示打开【动态输入】模式。此时,用户可在光标处快速启动命令、读取提示或输入数据,而无须把注意力分散到图形编辑器以外。该方法又称为在视线焦点附近查看和输入数据。

1.5.7　命令的重复、撤销与重做

在AutoCAD中,用户可以方便地重复执行同一条命令,或撤销前面执行的一条或多条命令,也可在撤销前面执行的命令后通过重做再恢复之前执行的命令。

1)重复命令

在AutoCAD中,可以使用以下方法来重复执行最近使用过的命令。

- 要重复执行上一命令,可以按【Enter】键或【空格】键,或在绘图区域中右击鼠标,从弹出的快捷菜单中选择【重复】命令。
- 要重复执行最近使用的6个命令中的某一个命令,可以在命令行或文本窗口中右击鼠标,从弹出的快捷菜单中选择【近期使用的命令】中列出的6个命令之一。
- 要多次重复执行同一个命令,可以在命令提示下输入"MULTIPLE"命令,然后在命令行的"输入要重复的命令名:"提示下,输入需要重复执行的命令。于是,系统将重复执行该命令,直到按【Esc】键为止。

2)终止命令

在命令的执行过程中,可以通过按下【Esc】键或单击鼠标右键,从弹出的快捷菜单中选择【取消】选项来终止命令的执行。

3)撤销与重做命令

撤销最简单的操作就是单击【快速访问工具栏】中的【放弃】按钮 ⇦ ,或者在命令行输入"u"命令即可。如果想要一次撤销多步操作,可以在命令行中输入"undo"命令,然后在命令行中输入要撤销操作步骤的数目即可。在此操作过程中,命令行的提示如下:

```
命令:undo                                    (执行撤销命令)
当前设置:自动 = 开,控制 = 全部,合并 = 是,图层 = 是   (显示当前系统设置信息)
输入要放弃的操作数目或 [自动(A)/控制(C)/开始(BE)/结束(E)/标记(M)/后退(B)] <1>:2
                                    (输入撤销步骤,也可选择其他选项,这里输入"2")
直线 GROUP 圆 GROUP                          (显示已完成的撤销内容)
```

如果要重做已放弃的操作,可直接单击【标准】工具栏上的【重做】按钮 ,或在命令行中输入"Redo"命令。输入 Redo 命令后,命令行的提示信息如下:

命令:redo   (执行重做命令)
GROUP 直线 GROUP 圆   (显示已完成的重做内容)
所有操作都已重做

1.6 视窗显示操作

视窗显示操作是指对所绘图形进行的各种缩放、平移、鸟瞰、重画或重生成等屏幕显示与控制操作。为了方便用户绘制和管理结构复杂的大图形,AutoCAD2010 为用户提供了多种形式的视窗显示与控制命令,分别介绍如下。

1.6.1 缩放视图

在绘图过程中,为了看清局部复杂图形或观察整体效果,需要缩放图形。【缩放】类似于可调焦的照相机镜头,可放大或缩小屏幕所显示的范围,又称视窗缩放,但对象的实际尺寸并不发生变化。在 AutoCAD 中,最简单的缩放视图的方法是:在绘图区内滚动三键鼠标的滚轮,即向前滚动鼠标中间的滚轮则放大视图,相反则缩小视图。除此之外,还有如下几种方法可以缩放视图。

- 命令:键入 zoom 或 z。
- 图标:单击功能区中【视图】➤【导航】➤【范围】按钮 ,从弹出的下拉列表框中选择相应的命令即可,如图 1-31a)所示。
- 菜单:单击【视图】➤【缩放】,在子菜单中选择相应的命令,如图 1-31b)所示。

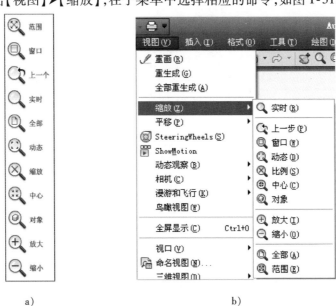

a)   b)

图 1-31 【缩放视图】工具选项

下面以键入"zoom"命令为例,说明视图缩放的操作方法。

【基本操作】:

(1)键入 zoom,系统启动缩放命令,并在命令行中依次显示如下信息。

> 命令:zoom　　　　　　　　　　　　(启动视图缩放命令)
> 指定窗口的角点,输入比例因子(nX 或 nXP),或者
> [全部(A)/中心(C)/动态(D)/范围(E)/上一个(P)/比例(S)/窗口(W)/对象(O)] <实时>:
> 　　　　　　　　(提示用户选择缩放方式,输入括号中的字母后按 Enter 键确认并执行操作)
> 　　　　　　　　(注:按 Esc 退出;直接按 Enter 键执行默认选项;单击右键显示快捷菜单)

(2)用户根据需要选择相应的选项,交互完成缩放操作。

解释:执行上述命令的过程中,有关选项的含义如下。

【全部(A)】:表示在当前窗口中显示全部图形。如果所绘图形均未超出由 Limits 命令定义的图形界限,则按图纸边界显示;如果所绘图形超出了图形界限,则以实际图形范围显示。

【中心(C)】:表示以指定点为中心进行缩放。缩放比例或高度通过系统提示输入。

【动态(D)】:表示以动态方式进行图形缩放。选择该选项后,屏幕上将显示出几个不同颜色的方框,分别为观察框、图形扩展区、当前视区和生成图形区等。拖动鼠标移动当前视区到所需的位置并单击鼠标左键,然后再拖动鼠标缩放当前视区框到适当大小,按【Enter】键,即可将当前视框内的图形缩放显示。

【范围(E)】:该选项将会在当前窗口中尽可能大地显示整个图形,此时不受图形边界的限制。

【上一个(P)】:恢复上一次显示的图形。连续选择该选项,最多可恢复前 10 次显示过的图形。

【比例(S)】:根据输入的比例值缩放图形。选择该项后,系统将显示【输入比例因子(nX 或 nXP)】提示信息,此时对应有 3 种比例输入方式:

◇直接输入具体数值,表示相对于图形界限进行缩放。

◇在输入的比例值后面加上 X,表示相对于当前视图进行缩放。

◇在输入的比例值后面加上 XP,表示相对于图纸空间单位进行缩放。

【窗口(W)】:选择该选项,可以使用鼠标拖拽出一个矩形区域,当释放鼠标后该范围内的图形便被放大显示。

【对象(O)】:选择该选项后,再选择一个图形对象,则该对象及其内部的所有内容将被放大显示。

【实时】:该选项为默认选项。当执行 Zoom 命令后,系统即可调用该选项,并在视窗中呈现一个放大镜形状的光标。如果按住鼠标左键不放,向上移动则放大视图,向下移动则缩小视图。若要退出,只需按【Esc】或【Enter】键,或单击鼠标右键从弹出的快捷菜单中选择【退出】命令即可。

1.6.2　平移视图

平移视图是指在不改变图形显示比例的情况下,通过移动图形来观察当前视窗中的对

象。在绘制较大的图形时,常常需要对视窗以外的图形进行查看和绘制,此时可通过平移视图来实现。平移视图的3种操作方法如下。

- 命令:键入 pan 或 p。
- 图标:单击功能区中【视图】▶【导航】面板中的【平移】按钮 平移。
- 菜单:单击菜单中【视图】▶【平移】命令,在下拉子菜单中选择相应的命令,如图1-32所示。

基本操作:

执行上述任意一种操作后,鼠标光标将变为"手"形状,在绘图区中按住鼠标左键并拖动便可自由移动当前图形。平移操作只会移动视图,而不会对图纸本身产生任何影响。

解释: 在执行上述命令的过程中,有关选项的含义如下。

【实时】平移:选择该选项,光标变成手形,按住鼠标左键拖动,图形会随之而动。

【定点】平移:系统将分别提示用户【指定基点或位移】(参照点)和【第二个基点】(终止点),然后图形将按指定的两点位置进行平移。

图1-32 【平移视图】工具选项

其他平移方式:如果选择【左】、【右】、【上】、【下】选项,则图形将按照所选方向平移一个单位。

说明: 上述的放大、缩小或移动操作,仅是对图形在屏幕上的显示效果进行控制,图形本身并没有任何改变。

1.6.3 鸟瞰视图

鸟瞰视图是一种全局视图显示方式,它可以在另一个与绘图窗口相对独立的视窗中显示整体图形的视图,并可通过【鸟瞰视图】窗口的控制,实现用户快速找出并放大图形某一部分的目的。这在大型图纸的绘制中非常有用。不仅如此,鸟瞰视图的命令可以透明使用,即当【鸟瞰视图】窗口处于打开状态时,用户可在绘图过程中直接进行视图缩放与平移,而无须选择菜单或输入命令。鸟瞰视图的启动有如下两种方式。

- 命令:键入 dsviewer 或 av。
- 菜单:单击菜单中【视图】▶【鸟瞰视图】。

基本操作:

(1)执行上述任意一种操作后,系统将弹出一个鸟瞰视图的(Aerial View)窗口,如图1-33所示。在【鸟瞰视图】窗口中显示有整个图形,其中用一个宽边视图框来标记当前视图,通过移动该视图框的位置或者改变其大小来动态更改视图显示。

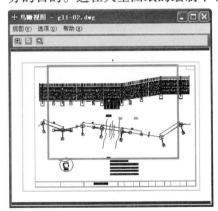

图1-33 【鸟瞰视图】窗口

(2)在【鸟瞰视图】窗口中单击鼠标左键,此时窗口中出现一个可随光标移动的带"×"的细线框,拖动该框可快速移动视图显示位置;再次单击鼠标,细线框变为带"→"的矩形框,此时左右移动鼠标可快速缩放视图大小;多次点击鼠标,则可在移动与缩放操作间循环切换。【鸟瞰视图】的操作与观察效果如图1-34所示。

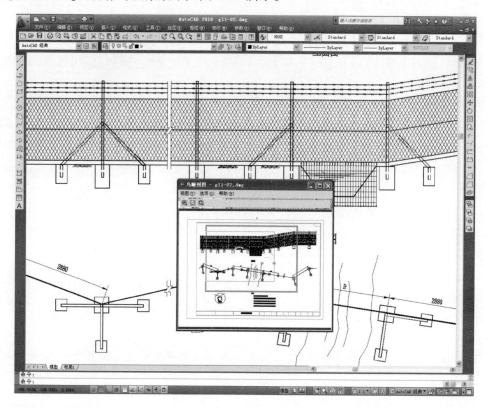

图1-34 【鸟瞰视图】的操作与观察效果

(3)如若放弃上述操作,可按【Esc】键;按【Enter】或【空格】键,或单击鼠标右键,为确认操作。

说明:【鸟瞰视图】窗口中菜单和工具的功能含义如下。

● 菜单栏:包含视图、选项和帮助3个菜单选项。

◇【视图】菜单:用于控制鸟瞰视图窗口的显示范围,包括放大、缩小和全局3个命令选项,分别用于视图的放大、缩小及显示整个图形。

◇【选项】菜单:用于控制鸟瞰视图的内容是否随着绘图区中图形的改变而改变以及在缩放视图时是否实时更新。其下包括3个命令选项:【自动视口】用于确定视区切换时是否自动更新鸟瞰视图窗口;【动态更新】用于控制对当前视图编辑时,是否动态更新鸟瞰视图窗口中的图形;【实时缩放】用于视图的实时缩放。

● 工具栏:包含有图形放大、缩小和整图显示3个操作按钮,含义同上。

● 快捷菜单:在鸟瞰视图窗口中单击鼠标右键,系统会弹出一个快捷菜单,用户可利用该菜单执行窗口的各个功能操作,含义同上。

1.6.4 图形重画

在绘制一些复杂图形时,绘图区中常会留下一些编辑修改后的临时标记,使视图看起来有些杂乱,此时可以利用重画命令来刷新屏幕显示,以显示正确的图形。此外,对于某些遮挡关系较复杂图形,当位于前面的对象被删除后会影响到后面图形的正常显示,此时也可利用重画命令使其重新显现。执行重画命令常用以下两种方法。

- 命令:键入 redrawall 或 redraw。
- 菜单:单击菜单中【视图】▶【重画】。

基本操作:

执行上述任意一种命令后,即可重画视图。重画命令是一个不含有任何选项的命令,其中 Redrawall 命令可以刷新所有视窗,Redraw 命令只能刷新当前视窗。如当一个圆形放大显示时,轮廓不光滑,刷新当前视窗后,圆形轮廓即可变得光滑,如图1-35所示。

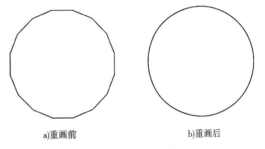

a)重画前　　　　　b)重画后

图1-35　刷新当前视窗效果

1.6.5　图形重生成

如果用重画命令刷新后仍不能正确显示图形,则可调用重生成命令。重生成命令不仅能刷新显示,而且可以更新图形数据库中所有图形对象的坐标。然而,由于图形重新生成需要重新计算图形的绘图过程,因此执行该命令要比重画命令慢得多,一般情况下应尽量少使用。与重画命令一样,该命令的启动方式也有如下两种。

- 命令:键入 regenwall 或 regen。
- 菜单:单击菜单中【视图】▶【重生成】命令(命令行执行 Regenwall)。

基本操作:

执行上述任意一种命令后,即可重生成视图。重生成命令也是一个不含有任何选项的

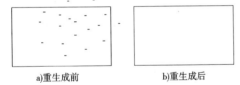

a)重生成前　　　b)重生成后

图1-36　重生成图形效果

命令,其中 Regenwall 命令可以重生成所有视窗图形,Regen 命令只能重生成当前视窗图形。如若绘图区留有操作后的残留标记,执行"重生成"命令后,将会清除当前视窗中的残留标记,如图1-36所示。

1.6.6　全屏显示

全屏显示功能将隐藏功能区面板,并将软件窗口在整个桌面上进行平铺,从而使得绘图窗口变得更加宽大。在菜单栏中执行【视图】▶【全屏显示】命令,或按下快捷键"Ctrl + 0",都可进入全屏显示模式,再次执行该命令将退出。

1.6.7　模型空间中视口操作与视图命名

AutoCAD2010 提供了可以将模型空间的绘图区域拆分为多个单独的平铺视口,且可重复利用的功能。这样,在绘制较复杂的图形时,可以缩短在单一视图中平移或缩放的时间,还可以通过对某一视图的命名和保存,有利于下次迅速打开与编辑。

模型空间的平铺视口是屏幕中用于绘制、显示图形的区域。在默认情况下,绘图区域将

作为一个单独的视口存在。启动【多视口创建与编辑】命令常用以下3种方法。
- 命令:键入 vports。
- 图标:单击【视图】▶【视口】功能面板上相应的命令按钮。
- 菜单:单击菜单【视图】▶【视口】中的相应命令。

1) 创建多视口

创建多视口的命令调用方法如下:
- 命令:键入 vports。
- 图标:切换至功能选项区【视图】选项卡,单击【视口】面板中【新建】命令按钮。
- 菜单:单击菜单栏中【视图】▶【视口】▶【新建视口】命令。

【基本操作】:

(1) 执行上述任意一种命令后,即可启动创建多视口命令,系统自动打开【视口】对话框,默认为【新建视口】选项卡,如图 1-37 所示。

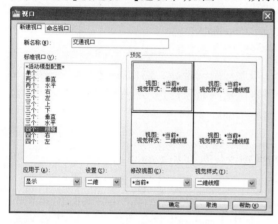

图 1-37 【视口】对话框

(2) 在该对话框中,可以创建新的视口配置,或命名和保存模型视口配置。例如,在【新名称】栏内输入"交通视口",在【标准视口】选项栏中选择"四个:相等",单击【确定】按钮,即可创建四个等分的视口。

2) 命名视口

在【视口】菜单中,单击【命名视口】命令,系统将打开【视口】对话框中【命名视口】选项卡;在其中的列表框内显示有当前视口配置的名称,如"交通视口"等。用户可从中选取需要编辑的视口,在其上右击鼠标,从弹出的快捷菜单中选择【重命名】或【删除】命令,即可完成相应的操作。

说明:当创建多个视口后,用户可在任意一个视口中平移或缩放视图、设置栅格捕捉或 UCS 图标模式及恢复命名视图等,并且可以使用单独的视口保存用户坐标系方向。

3) 管理视口

当使用多视口时,可通过 AutoCAD 所提供的命令对视口进行管理。例如"合并"视口,即将两个相邻的视口合并为一个较大的视口。此时,单击菜单栏中【视图】▶【视口】▶【合并】命令,系统会在命令行中分别提示用户选择主视口和选择要合并的视口;选择完成后,系统自动重生成模型。合并后的新视口将继承主视口的视图。

4) 命名视图

视图是指按一定的比例、位置和方向显示的图形。该项命令的主要功用是创建、设置、重命名、修改和删除命名视图。命名视图随图形一起保存并可以随时使用。在构造布局时,可以将命名视图恢复到布局的视口中。

【基本操作】:

(1) 从【视图】菜单中,单击【命名视图】,或在命令行中执行"View",弹出【视图管理器】

对话框，如图 1-38 所示。

图 1-38 【视图管理器】对话框

（2）在对话框中单击右侧【新建】按钮，打开【新建视图/快照特性】对话框，如图 1-39 所示。分别在【视图名称】、【视图类别】、【视图类型】、【边界】、【设置】和【背景】等各项中输入内容或进行选项，然后单击【确定】即可。

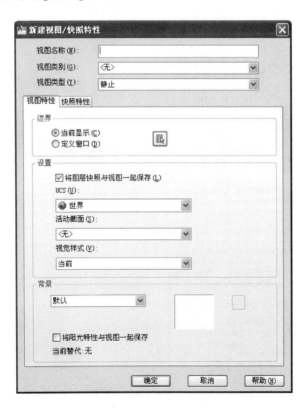

图 1-39 【新建视图/快照特性】对话框

1.7 精确绘图辅助功能设置

在使用 AutoCAD 绘图中,鼠标定位操作固然方便快捷,但是绘图精度不高,难以满足工程制图的实际需要。为此,AutoCAD 为用户提供了一些辅助绘图功能,如捕捉功能、栅格功能、正交模式、极轴追踪功能、对象捕捉功能、对象追踪功能和动态输入功能等,可以使绘图更快捷、更灵活、更精确。这些辅助绘图功能的按钮全部位于绘图窗口最下方的状态栏中,也可通过其他方式调用。

1.7.1 设置捕捉

所谓"捕捉"是指在绘图过程中系统控制光标按预先设定的捕捉间距移动或定位的过程。利用该功能,可以在某些情况下提高绘图的效率与准确性。

1)设置捕捉间距和类型

在启用捕捉功能之前,往往需要事先设置捕捉间距和捕捉类型。设置捕捉间距,实际上就是设置光标的移动步距;设置捕捉类型,则是选定捕捉的方式。使用 AutoCAD2010 提供的【草图设置】对话框中的【捕捉和栅格】选项卡可进行捕捉间距和类型的设置。打开【草图设置】对话框的主要方法有以下 3 种。

- 命令:键入 dsettings。
- 图标:在状态栏的【捕捉模式】按钮上单击鼠标右键,从弹出的快捷菜单中选择【设置】选项。
- 菜单:单击菜单栏中【工具】▶【草图设置】命令。

【基本操作】

执行上述三种方式之一,即可打开【草图设置】对话框的【捕捉和栅格】选项卡,从中可进行捕捉间距和捕捉类型等设置,如图 1-40 所示。

图 1-40 【草图设置】对话框—【捕捉和栅格】选项卡

说明：在【草图设置】对话框中，包含捕捉和栅格、极轴追踪、对象捕捉、动态输入以及快捷特性5个选项卡，这里重点介绍【捕捉和栅格】选项卡中有关参数的设置，其他选项卡的参数设置将在后文中逐一阐述。

【捕捉间距】选项组：用于指定X和Y方向的捕捉间距值，它们的值可以相等，也可以不相等，但必须为正实数。其中的"X轴间距和Y轴间距相等"复选框用于设定两轴捕捉间距和栅格间距保持相同。

【捕捉类型】选项组：用于设定捕捉类型。AutoCAD提供了两种捕捉模式供用户选择：即栅格捕捉模式和极轴捕捉（PolarSnap）模式。

◇【栅格捕捉】模式：选中该单选项，表示光标只能在栅格方向上精确移动进行栅格点捕捉。栅格捕捉又细分为【矩形捕捉】和【等轴测捕捉】两种形式。前者表示在打开"捕捉"模式时，光标只能沿着水平和垂直方向移动，即捕捉矩形栅格；后者表示光标将沿着轴测轴方向移动，即捕捉等轴测栅格，适用于绘制等轴测图。

◇【极轴捕捉（PolarSnap）】模式：选中该单选项，表示光标可在设定的极轴方向上精确移动进行栅格捕捉。该模式下，在极轴追踪功能开启的情况下指定点时，光标将沿在【极轴追踪】选项卡上相对于极轴追踪起点设置的极轴对齐角度进行捕捉。

2）启用捕捉功能

"捕捉功能"可以根据需要在绘图过程中随时启用或关闭，具体方法有以下几种：

- 在【草图设置】对话框的【捕捉与栅格】选项卡中，勾选【启用捕捉】复选框。
- 单击状态栏中的【捕捉模式】按钮▦。
- 按下【F9】功能键。
- 在命令行输入"snap"命令，当出现"指定捕捉间距或 [开(ON)/关(OFF)/纵横向间距(A)/样式(S)/类型(T)] <5.0000>:"提示后，执行"开(ON)"选项。
- 在状态栏中的【捕捉模式】按钮▦上右击鼠标，在弹出的快捷菜单中选择【启用】选项。

1.7.2 栅格显示

"栅格"是按照设置的间距显示在绘图区域中的点阵，它能为用户提供直观的距离和位置的参照点，类似于坐标纸中的方格作用。在图形绘制过程中，启用栅格显示功能可以在绘图区内按设定的行间距和列间距显示均布的栅格点。栅格点可以用于表示绘图时的坐标位置，利用栅格功能可以方便地对齐图形，确定图形之间的距离等，但栅格点不会被打印到图纸上。

1）设置栅格间距

"栅格间距"，即设置的栅格点之间的距离；"栅格行为"则是指设置栅格显示的方式。这两项有关参数同样是在上述【草图设置】对话框的【捕捉和栅格】选项卡中设置，具体设置方法与各选项含义如下。

【启用栅格】复选框：勾选该复选框，可启用栅格功能。

【栅格间距】选项组：用于指定X和Y方向的栅格间距值，必须为正实数。其中【每条主线之间的栅格数】列表框用于设定主栅格线之间的次栅格线数目。

【栅格行为】选项组:包括自适应栅格和显示超出界限的栅格等选项。

◇【自适应栅格】复选框:选中该复选框,当缩小图形显示时,会自动改变栅格的密度,使栅格的密度不至于太密。如果勾选【允许以小于栅格间距的间距再拆分】复选框,则当放大图形显示时,可以添加一些栅格点。

◇【显示超出界限的栅格】复选框:勾选该复选框,AutoCAD将在整个绘图屏幕中显示栅格。

2)启用栅格显示功能

用户可以通过以下方式之一在绘图过程中随时启用(或关闭)栅格显示功能。

- 在【草图设置】对话框的【捕捉与栅格】选项卡中,勾选【启用栅格】复选框。
- 单击状态栏中的【栅格显示】按钮 。
- 按下【F7】功能键。
- 在命令行中输入"grid"命令,当出现"指定栅格间距(X)或[开(ON)/关(OFF)/捕捉(S)/主(M)/自适应(D)/界限(L)/跟随(F)/纵横向间距(A)]<10.0000>:"提示后,执行"开(ON)"选项。
- 在状态栏中的【栅格显示】按钮 上右击鼠标,在弹出的快捷菜单中选择【启用】选项。

说明:栅格和捕捉这两个辅助绘图工具之间有着很多联系,尤其是两者间距的设置。有时为了方便绘图,可将栅格间距与捕捉间距设置相同,或者使栅格间距为捕捉间距的倍数。

1.7.3 正交模式

正交模式限制十字光标只能在水平和垂直两个方向上移动。使用正交模式可以方便地绘制出与当前坐标系的 X 轴和 Y 轴平行的直线。启用正交模式的方法主要有以下几种。

- 单击状态栏中的【正交模式】按钮 。
- 按下【F8】功能键。
- 在命令行输入"ortho"命令,当出现"输入模式[开(ON)/关(OFF)]<关>:"提示后,执行"开(ON)"选项。
- 在状态栏中的【正交模式】按钮 上右击鼠标,在弹出的快捷菜单中选择【启用】选项。

开启正交模式后,系统将光标限制在水平或垂直方向上移动,也就是说鼠标只能在该两个方向上拾取点,这对于使用鼠标绘制水平线或垂直线是极为方便的。

注意:打开正交模式后,用户不能通过拾取点的方法来绘制有一定倾斜角的直线,但允许通过键盘输入坐标的方法定位任意点。

1.7.4 极轴追踪

"极轴追踪"功能可使光标在预先设定的方向角度上移动,按指定的角度增量来追踪特征点,应用该方式可以方便地捕捉到所设角度线上的任意点。极轴追踪与正交模式的主要差别在于,极轴追踪允许用户在绘图区中根据自己设定的极轴角度绘制具有一定角度的直线,而正交模式只能绘制水平和垂直直线。两者不能同时启用,只能二选一。

1)设置极轴角

在使用极轴追踪功能之前,用户必须先设置极轴的增量角。系统默认的极轴追踪角度为90°。如果用户需要改变极轴追踪的有关设置,可在状态栏的【极轴追踪】按钮上右击鼠标,从弹出的快捷菜单中选择【设置】选项,系统会打开【草图设置】对话框的【极轴追踪】选项卡,用户可对极轴角度等选项进行设置,如图1-41所示。

图1-41 【草图设置】对话框—【极轴追踪】选项卡

说明:【极轴追踪】选项卡中有关选项的含义如下。

【启用极轴追踪】复选框:勾选该复选框,表示启用极轴追踪功能。

【极轴角设置】选项组:用于设定极轴增量角和附加角。

◇【增量角】下拉列表:在该下拉列表框中,选择或直接输入角度值来指定极轴角度。

◇【附加角】复选框:选中该复选框后,单击【新建】按钮,在旁边的列表框中可以追加多个极轴角度,以便选用。

【对象捕捉追踪设置】选项组:用于设置追踪的方式,其中包括以下两个单选项。

◇【仅正交追踪】:选择该单选项,则当"对象捕捉追踪"打开时,只显示捕捉的正交追踪路径。

◇【用所有极轴角设置追踪】:选择该单选项,光标将从捕捉点起沿极轴对齐角度进行追踪。

【极轴角测量】选项组:用于设置追踪时极轴角度的测量方式。

◇【绝对】:选择该单选项,表示根据当前用户坐标系来确定极轴追踪的角度,默认为【绝对】选项。

◇【相对上一段】:选择该单选项,表示根据上一个绘制线段来确定极轴的追踪角度。

说明:极轴追踪只能起到辅助对齐角度的作用,若当前角度与极轴角度相差太多时,极轴功能就不起作用了。

2)启用极轴追踪功能

启用极轴追踪主要有以下几种方法。

- 单击状态栏中的【极轴追踪】按钮 ⌖ 。
- 按下【F10】功能键。
- 在状态栏中的【极轴追踪】按钮 ⌖ 上右击鼠标,在弹出的快捷菜单中选择【启用】选项。

提示：开启极轴追踪功能后,当十字光标靠近用户指定的极轴角度时,在十字光标的一侧就会提示当前点距离前一点的长度、角度和极轴追踪的轨迹。

1.7.5 对象捕捉

与前面介绍的捕捉功能不同,对象捕捉是将指定的点限制在现有对象的特定位置上,如端点、交点、中点、圆心、切点和垂足等。对象捕捉的一个重要前提是图形中必须有对象,否则无法实现对象捕捉。利用对象捕捉功能,系统可实现光标对设定特征点的自动捕捉,从而有利于用户在绘图过程中快速、准确地定位和绘图。该功能是 AutoCAD 中使用最为方便和广泛的一种绘图辅助工具,它无论在平面绘图还是在三维建模过程中都起到了重要作用。

【对象捕捉】的设置方式有两种:单点捕捉和自动捕捉。

(1)如果在运行某个命令过程中设置【对象捕捉】,则当该命令结束时捕捉功能也结束,这种方式称为单点捕捉。该方式的特点是:在指定点的过程中一次只能选择一个特定的捕捉点;只有在指定一种点的捕捉类型之后,才能执行相应的操作,并且只能使用一次。单点捕捉具有较高的捕捉优先级。

(2)如果在没有运行绘图命令前就设置了【对象捕捉】,则该捕捉命令一直有效,系统会在绘图过程中持续自动地捕捉设定的对象特征点,直到用户将捕捉命令关闭,这种方式称为自动捕捉。该方式的特点是:当光标接近特征点时,系统会根据用户事先设定的多种对象捕捉模式,自动显示当前的捕捉提示信息,以便用户根据需要选择适当的点。对象捕捉的优先级较低,在单点捕捉执行的过程中,对象捕捉不起作用。

1)激活单点捕捉

在绘图过程中,如果需要临时对某个特殊点进行捕捉,或当遇到几个特征点的位置非常接近而不易区分的情况,可以使用单点捕捉方式。

激活单点对象捕捉的主要方法有如下几种。

【基本操作】

- 命令:在绘图过程中,当命令行提示要求指定点时,输入对象捕捉模式的缩写形式,如 CEN(圆形)、PER(垂足)、NEA(最近点)等,可直接给定对象捕捉模式。

说明：该方法常用于捕捉某一特征点后即刻退出的情况。

- 快捷菜单:在命令执行过程中,单击鼠标右键,在快捷菜单中选择【捕捉替代】,将打开【对象捕捉】菜单,如图 1-42 所示;或在绘图过程中,按下 Ctrl 键的同时单击鼠标右键,即可直接弹出【对象捕捉】快捷菜单,如图 1-43 所示。用户可在快捷菜单中选择对象捕捉模式。
- 工具栏:在绘图过程中,单击菜单中【工具】>【工具栏】>【AutoCAD】>【对象捕捉】命令,弹出【对象捕捉】工具栏(默认情况下为隐藏),如图1-44所示。用户从中单击需要捕捉的几何特征点选项即可。

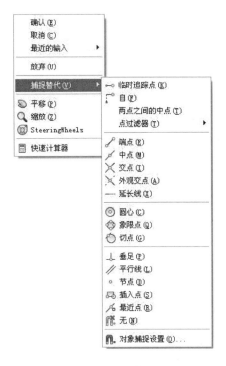

图1-42 【捕捉替代】快捷菜单　　　　　图1-43 【对象捕捉】快捷菜单

图1-44 【对象捕捉】工具栏

说明:上述快捷菜单和工具栏中各选项的功能介绍如下。

【临时追踪点】:该捕捉方式始终跟踪上一次单击的位置,并将其作为当前的目标点。键入"tt"命令也可以调用【临时追踪点】捕捉命令。

【捕捉自】:该捕捉方式可以根据指定的基点,然后偏移一定距离来捕捉几何特征点。键入"fro"或"from"命令也可以调用【捕捉自】捕捉命令。

【端点】:该捕捉方式可以捕捉到圆弧、直线、多线或多段线的端点,也可以捕捉三维实体以及面域边的端点。键入"end"或"endp"命令也可以调用【端点】捕捉命令。

【中点】:该捕捉方式可以捕捉到圆弧、椭圆弧、直线、多线、多段线或样条曲线等对象的中点,也可以捕捉三维实体和面域边的中点。键入"mid"命令也可以调用【中点】捕捉命令。

【交点】:该捕捉方式可以捕捉到圆弧、圆、椭圆、直线、多线、多段线、射线、样条曲线或构造线等对象之间的交点。键入"int"命令也可以调用【交点】捕捉命令。

【外观交点】:该捕捉方式在二维空间中的功能与【交点】捕捉方式相同,但是在三维空间中可以捕捉两个不相交,而可能在当前视图中看起来相交的交点。键入"app"命令也可以调用【外观交点】捕捉命令。

【延长线】———:该捕捉方式可以捕捉直线和圆弧的延伸交点。当光标经过对象的端点时,显示临时延长线,以便用户使用延长线上的点绘制对象。键入"ext"命令也可以调用【延长线】捕捉命令。

【圆心】⊙:该捕捉方式可以捕捉到圆弧、圆或椭圆的圆心,还也可以捕捉三维实体和面域中圆的圆心。键入"cen"命令也可以调用【圆心】捕捉命令。

【象限点】◇:该捕捉方式可以捕捉圆弧的象限点,如0°、90°、180°或270°等。键入"qua"命令也可以调用【象限点】捕捉命令。

【切点】⊙:该捕捉方式可以捕捉圆、圆弧、椭圆、椭圆弧或样条曲线的切点。键入"tan"命令也可以调用【切点】捕捉命令。

【垂足】⊥:该捕捉方式可以捕捉到圆弧、圆、构造线、椭圆、椭圆弧、直线、多线、多段线、构造线、射线或样条曲线正交的点,也可以捕捉到对象的外观延伸垂足。键入"per"命令也可以调用【垂足】捕捉命令。

【平行线】∥:该捕捉方式可以用于绘制已知线条的平行线。键入"par"命令也可以调用【平行线】捕捉命令。

【节点】°:该捕捉方式可以捕捉到点对象、标注定义点或标注文字起点。键入"nod"命令也可以调用【节点】捕捉命令。

【插入点】⊡:该捕捉方式可以捕捉块、文字、属性或属性定义等对象的插入点。键入"ins"命令也可以调用【插入点】捕捉命令。

【最近点】⊠:该捕捉方式可以捕捉圆弧、圆、椭圆、直线、多线、点、多段线、样条线或参照线等离鼠标光标最近的点。键入"nea"命令也可以调用【最近点】捕捉命令。

在【对象捕捉】工具栏中还有【无捕捉】按钮 ⊠ 和【对象捕捉设置】按钮 ⊡。点选【无捕捉】按钮表示在绘图过程中临时取消对象捕捉功能,该功能仅对单击该按钮后绘制的第一个点有效。单击【对象捕捉设置】按钮,则可打开【草图设置】对话框。

2)自动捕捉设置

单点捕捉可以比较灵活地选择捕捉方式,但是操作比较烦琐。自动捕捉是系统提供的另一种持续有效的捕捉方式,它不仅可以避免每次遇到输入点的提示后都必须先选择捕捉模式的烦琐操作,还允许用户一次预设置多种对象捕捉模式,大大提高了绘图效率。使用这种方式设置捕捉模式后,只要在命令操作中打开了对象捕捉功能,则捕捉方式即刻持续生效。

自动捕捉方式的设置,通常在AutoCAD2010【草图设置】对话框中【对象捕捉】选项卡中进行,具体选项卡的调用与设置方法如下。

• 命令:键入ddosnap。

• 图标:在状态栏的【对象捕捉】按钮 ⊡ 上单击鼠标右键,从弹出的快捷菜单中选择【设置】选项。

• 菜单:单击菜单栏中【工具】➤【草图设置】命令。

• 工具栏:单击【对象捕捉】工具栏中【对象捕捉设置】按钮。

基本操作:

执行上述任意一种方式,即可打开【草图设置】对话框,切换至【捕捉和栅格】选项卡,用户可从中选择设置对象捕捉模式,如图1-45所示。

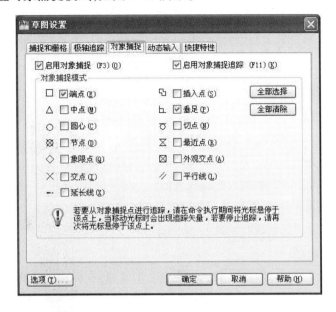

图1-45 【草图设置】对话框—【对象捕捉】选项卡

说明:【对象捕捉】选项卡中有关选项的含义如下。

【启用对象捕捉】复选框:选中该复选框,表示启用对象捕捉功能。

【对象捕捉模式】选项组:用于设定需要捕捉的几何特征点。对于勾选的复选框,在后续绘图时系统将会自动捕捉对应的几何特征点。

【全部选择】按钮:单击该按钮,将选中所有的几何特征点对应的复选框。

【全部清除】按钮:单击该按钮,将取消选中所有几何特征点对应的复选框。

【启用对象捕捉追踪】复选框:勾选该复选框,表示启用对象捕捉追踪功能。详见下节"对象捕捉追踪功能"。

提示: 对象捕捉模式不宜同时选择太多,否则在捕捉点时会被很多无关的捕捉提示干扰。因此,建议在绘图时根据具体需要只打开几个常用的捕捉模式,如端点、中点、交点等,若有特殊位置的点需要捕捉时,可以临时设置。

3)启用自动捕捉

启用自动捕捉主要有以下几种方法。

- 单击状态栏中的【对象捕捉】按钮 。
- 按下【F3】功能键。
- 在状态栏中的【对象捕捉】按钮 上右击鼠标,在弹出的快捷菜单中选择【启用】选项。

说明: 启用对象捕捉功能后,当要求指定点时,所设置的捕捉模式会自动起作用,系统将根据光标在对象上的位置,选择相应的捕捉模式,并捕捉该对象上符合条件的特征点。

4)【Tab】键在 AutoCAD 捕捉功能中的使用

当需要捕捉一个对象上的特殊点时,只要将鼠标靠近某个对象,不断地按【Tab】键,这个对象的某些特殊点(如端点、中点、垂足、交点、圆的象限点等)就会轮换显示出来,找到需要的点后单击即可以捕捉到。

当鼠标靠近两个对象的交点时,这两个对象的特殊点将先后轮换显示出来(其所属对象会变为虚线),这对于在图形局部较为复杂时捕捉点很有用。

1.7.6 对象捕捉追踪

对象捕捉追踪是对象捕捉与极轴追踪的综合,用于捕捉一些特殊点。对象捕捉追踪是指当捕捉到图形中某个特征点时,系统将自动以这个点为基准点沿正交或某个极坐标方向寻找另一个特征点,同时在追踪方向上显示一条辅助线的操作过程。应用对象捕捉追踪方式,可方便地捕捉到通过指定对象点延长线上的任意点。

启用对象捕捉追踪功能主要有以下几种方法。

- 单击状态栏中的【对象捕捉追踪】按钮 ∠ 。
- 按下【F11】功能键。
- 在状态栏中的【对象捕捉追踪】按钮 ∠ 上右击鼠标,在弹出的快捷菜单中选择【启用】选项。

说明:对象捕捉追踪应与对象捕捉配合使用。使用对象捕捉追踪时,必须打开一种或多种特殊点的捕捉,同时启用对象捕捉功能。但极轴追踪的状态不影响对象捕捉追踪的使用,即使极轴追踪处于关闭状态,用户仍可以在对象捕捉追踪中使用极轴进行追踪。

提示:启用对象捕捉追踪功能后,系统默认仅显示已获得的对象捕捉点的正交对象捕捉追踪路径。若要期望沿着某一坐标方向追踪,必须提前进行极轴角设置和对象捕捉追踪方式等设置,具体设置方法详见前述第1.7.4节有关内容。

注意:在【草图设置】对话框中,通过选中【启用对象捕捉追踪】复选框也可启用对象捕捉追踪功能。具体选择追踪点的方法与前述选择对象捕捉点的方法相同,不再赘述。

1.7.7 动态输入

在绘制图形时,使用动态输入功能可以在指针位置显示标注输入和命令提示,同时还可以显示输入信息,这样可以极大地方便绘图。启用动态输入功能后,用户在绘图时可以根据显示的提示信息直接输入数据。

1)设置动态输入选项

在启用动态输入功能前,应对动态输入选项进行必要的设置。其设置方法为:在状态栏的【动态输入】按钮 ┺ 上右击鼠标,从弹出的快捷菜单中选择【设置】选项,系统将打开【草图设置】对话框的【动态输入】选项卡,用户可从中设置动态输入的选项或参数,如图1-46所示。

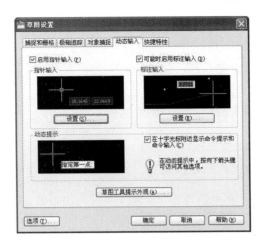

图1-46 【草图设置】对话框—【动态输入】选项卡

说明:【动态输入】选项卡中的部分功能设置如下。

【启用指针输入】复选框:选中该复选框,将启用动态指针显示功能;若单击【指针输入】栏中的【设置】按钮,将弹出【指针输入设置】对话框,从中可设置显示信息的格式和可见性,如图1-47所示。

【可能时启用标注输入】复选框:选中该复选框,将启用输入标注数值显示功能;若单击【标注输入】栏中的【设置】按钮,将弹出【标注输入的设置】对话框,从中可设置显示标注输入的字段数和内容,如图1-48所示。

【动态提示】区域:用于显示动态提示的样例及设置提示信息的显示位置。

图1-47 【指针输入设置】对话框

【草图工具提示外观】按钮:单击该按钮,在弹出的【工具提示外观】对话框中可以设置工具栏提示的外观,如工具栏提示的颜色、大小等,如图1-49所示。

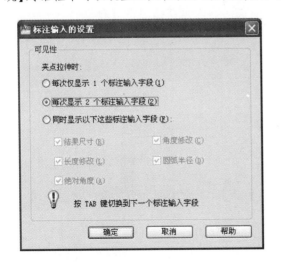

图1-48 【标注输入的设置】对话框

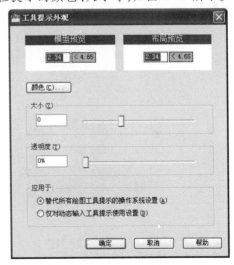

图1-49 【工具提示外观】对话框

2）启用动态输入功能

启用动态输入功能主要有以下几种方法。

- 单击状态栏中的【动态输入】按钮 。
- 按下【F12】功能键。
- 在状态栏的【动态输入】按钮 上单击鼠标右键,在弹出的快捷菜单中选择【启用】选项。

说明:

(1)在【启用指针输入】的情况下,当执行一个命令时,会在十字光标附近的工具提示框中动态显示光标位置的坐标值。此时,用户也可直接在工具提示框中输入坐标值,其效果与在命令行中输入相同。在输入第二点和后续点时,默认输入格式设置为相对极坐标(对于 rectang 命令为相对笛卡尔坐标),此时不需要输入@符号;如果需要使用绝对坐标,则应使用"#"号为前缀,例如要将对象移到原点,可在提示输入第二个点时,输入#0,0 坐标值。

(2)在选择了【可能时启用标注输入】的情况下,当命令提示输入第二点时,工具提示框中将显示距离和角度值,并随着光标移动而改变。按【TAB】键可以在要更改的坐标框中切换。启用【标注输入】后,坐标输入字段会与正在创建或编辑的几何图形上的标注绑定。对于标注输入来说,它的启动会影响指针输入。

(3)在选择【在十字光标附近显示命令提示和命令输入】复选框后,用户可以在工具框提示中(而不是命令行中)输入操作命令以及对提示信息做出响应;且按向下箭头键可以查看和选择选项,按向上箭头键可以显示最近的输入。该动态提示功能可以与指针输入和标注输入一起使用。

1.7.8 快捷特性设置

单击状态栏上的 按钮,用户可以控制【快捷特性】面板的开关。开启【快捷特性】面板功能后,只要选择一个对象,则将弹出【快捷特性】面板。在默认情况下,【快捷特性】面板显示选择对象的常见共同特性,如图 1-50 所示。一般来说,建议用户使用【特性】选项板,而不使用【快捷特性】面板。

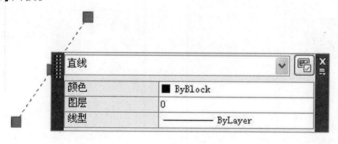

图 1-50 【快捷特性】面板

1.7.9 显示/隐藏线宽

在设置图层时,一般都对线宽进行了设置,但是通常为了提高绘图速度和精度,并不把线型的实际线宽显示出来,而都使用细实线显示。如果用户需要浏览图形的实际线宽,可单击状态栏上的"线宽"按钮来切换。

1.8 坐标系的使用

在 AutoCAD 中,图形的位置及大小都是用坐标来确定的。通过坐标系来指定点的位置是 AutoCAD 绘图的基本操作之一。

1.8.1 认识坐标系

AutoCAD 提供了一个三维的绘图空间,通常的建模都是在该空间中进行的。系统为这个三维空间提供了一个绝对坐标系,称之为世界坐标系(Wold Coordinate System,以下简称 WCS),这个坐标系存在于任何一个图形之中,并且不可更改。世界坐标系(WCS)由三个相互垂直并相交的坐标轴 X、Y 和 Z 组成,在绘图和编辑过程中,WCS 是默认的坐标系统,其坐标原点和坐标轴方向都不会改变。在默认情况下,X 轴正方向水平向右,Y 轴在正方向垂直向上,Z 轴正方向垂直于 XY 平面所在屏幕向外,坐标原点为(0,0,0)位于绘图区的左下角,呈"□"标记,如图 1-51 所示。虽然 WCS 不可更改,但可以从任意角度、任意方向来观察或旋转。

在 AutoCAD 中,还有另一种坐标系,就是用户坐标系(User Coordinate System,以下简称 UCS),它是可移动的自定义坐标系。相对于 WCS 来说,用户可根据需要创建无限多的 UCS。这一点在创建复杂三维模型时的作用尤为突出,如可以将 UCS 设置在斜面上,也可以根据需要设置成与侧立面重合或平行的状态等,以方便用户绘图。

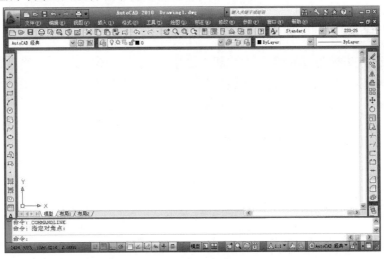

图 1-51 世界坐标系图标

1.8.2 坐标的表示方法

在 AutoCAD 中,点的坐标有四种表示形式:绝对直角坐标、相对直角坐标、绝对极坐标和相对极坐标。

1）绝对直角坐标

绝对直角坐标是从原点(0,0)或(0,0,0)出发的位移,可以使用分数、小数或科学记数等形式表示点的 X、Y、Z 坐标值,坐标间用逗号隔开,例如点(3,4)和(6.2,4.5,9.6)等。若要绘制某直线段 AB,则只要在绘线过程中分别输入两已知端点的坐标 $A(10,10,0)$ 和 $B(50,20,0)$ 即可。

2）绝对极坐标

绝对极坐标是从点(0,0)或(0,0,0)出发的位移,但给定的是距离和角度,其中距离和角度用"<"分开,且规定 X 轴正向为0°,Y 轴正向为90°,例如点(8<45)、(100<-120)等。

3）相对直角坐标和相对极坐标

相对坐标是指相对于某一点的 X 轴和 Y 轴位移,或距离和角度。在已知某点与前一点的位置关系情况下,使用相对坐标的方式来确定该点的位置尤为方便。它的表示方法是在绝对坐标表达方式前加上"@"号,如(@-5,8)表示相对前一点的位置在 X 负方向上为5个绘图单位,在 Y 正方向上为8个绘图单位的点的相对直角坐标;(@150<30)表示相对前一点的位置是极轴半径为150绘图单位,与 X 轴正向夹角为30°的点的相对极坐标。如果已知某直线的起点绝对坐标(5,5)、终点绝对坐标(10,5),则终点相对于起点的相对坐标为(@5,0)。若要绘制该直线,则在确定起点后只需输入终点的相对直角坐标(@5,0)或相对极坐标(@5<0)即可。

提示:在相对极坐标中的角度是新点和上一点连线与 X 轴正向的夹角,逆时针为正。如果要按顺时针方向转动角度,则应输入负的角度值,如输入 100<-45 与输入 100<315 的效果相同。

说明:在绘图过程中,大多数情况下用相对坐标绘图比绝对坐标方便得多。

1.8.3 坐标值的显示

在绘图区中,坐标的显示样式、大小和颜色等是由【UCS 图标】对话框来设置的。单击菜单中【视图】▶【显示】▶【UCS 图标】▶【特性】命令,可打开【UCS 图标】对话框,可从中进行 UCS 图标样式、UCS 图标大小以及 UCS 图标颜色等设置,如图1-52所示。

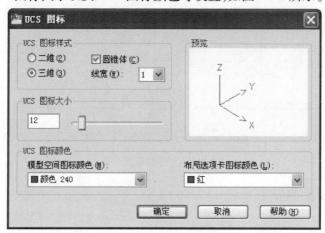

图 1-52 【UCS 图标】对话框

在 AutoCAD 状态栏的左边是坐标显示区域,能够显示当前光标所在位置的坐标值。AutoCAD 提供了 3 种坐标值的显示方式:绝对坐标显示方式、相对坐标显示方式和关闭坐标显示方式。

(1)绝对坐标显示方式:系统默认的显示方式,实时显示当前光标位置点的绝对坐标值,并随着光标的移动而实时变化。

(2)相对坐标显示方式:实时显示光标所在位置相对于上一个点的距离和角度值。如果当前没有被要求指定下一个点时,系统将显示光标的绝对坐标。

(3)关闭坐标显示方式:在关闭状态下,不显示当前光标的坐标值。

【基本操作】:

用户可根据需要在上述三种状态间切换,具体方法有如下几种。

- 连续按【F6】键,可连续切换。
- 在状态栏的显示坐标值区域上单击鼠标左键,也可以连续切换。
- 在状态栏的显示坐标值区域上单击鼠标右键,在弹出的快捷菜单中选择所需切换的显示状态。

1.8.4 创建用户坐标系

为了方便绘图,经常需要变换坐标系的原点和坐标轴的方向,这些由用户创建的坐标系统称为用户坐标系。在 AutoCAD 中,可以很方便地创建和命名用户坐标系。

1)创建用户坐标系

依次单击菜单中【工具】▶【新建 UCS】命令,在弹出的命令子菜单中选择相应的子命令即可创建用户坐标系,如图 1-53 所示。

说明:【新建 UCS】命令中的子命令的含义介绍如下。

【世界】命令:从当前的用户坐标系恢复到世界坐标系。WCS 是所有用户坐标系的基准,不能被重新定义。

【上一个】命令:从当前的坐标系恢复到上一个坐标系统。

【面】命令:将 UCS 与实体对象的选定面对齐。要选择一个面,可单击该面的边界内或面的边界,被选中的面将亮显,UCS 的 X 轴将与找到的第一个面上的最近的边对齐。

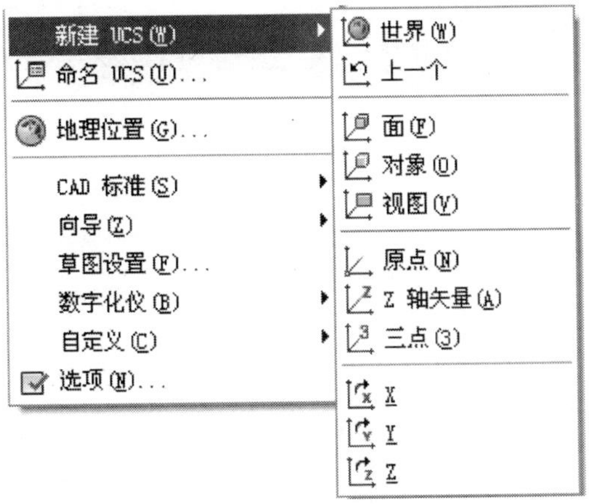

【对象】命令:根据选取的对象快速简单地建立 UCS,使对象位于新的 XY 平面,其中 X 轴和 Y 轴的方向取决于选择的对象类型。该选项不能用于三维实体、三维多段线、视口、多线、面域、椭圆、射线和多行文字等对象。对于非三维面的对象,新 UCS 的 XY 平面与绘制该对象时生效的 XY 平面平行,但 X 轴和 Y 轴可作不同的旋转。

【视图】命令:以垂直于观察方向(平行于屏幕)的平面为 XY 平面,建立新的坐标系,

图 1-53 【新建 UCS】子菜单

UCS原点保持不变。常用于注释当前视图时使文字以平面方式显示。

【原点】命令:通过移动当前UCS的原点,保持其X轴、Y轴和Z轴方向不变,从而定义新的UCS。可以在任何高度建立坐标系,如果没有给原点指定Z轴坐标值,将使用当前标高。

【Z轴矢量】命令:用特定的Z轴正半轴定义UCS。需要选择两点,第一点作为新的坐标系原点,第二点决定Z轴的正向,XY平面垂直于新的Z轴。

【三点】命令:通过在三维空间的任意位置指定3点,确定新UCS原点及其X轴和Y轴的正方向,Z轴由右手定则确定。其中第一点定义了坐标系原点,第二点定义了X轴的正方向,第三点定义了Y轴的正方向。

【X】/【Y】/【Z】命令:旋转当前的UCS轴来建立新的UCS。在命令提示信息中输入正或负的角度以旋转UCS,用右手定则来确定绕该轴旋转的正方向。

2)命名用户坐标系

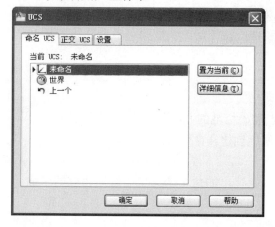

图1-54 【UCS】对话框—命名UCS选项卡

依次单击菜单中【工具】▶【命名UCS】命令,弹出【UCS】对话框的【命名UCS】选项卡,如图1-54所示。单击【置为当前】按钮,可将新建的用户坐标系置为当前坐标系。

在新建的用户坐标系上单击鼠标右键,从弹出的快捷菜单中选择【重命名】选项,即可对用户坐标系进行重命名。

3)使用正交UCS

在【UCS】对话框中,切换至【正交UCS】选项卡,在【当前UCS】列表中可以选择需要使用的正交坐标系,如俯视、仰视、前视、后视、左视和右视等,如图1-55所示。

说明:【相对于】下拉列表框用于指定定义正交UCS的基准坐标系。

4)设置UCS

使用【UCS】对话框中【设置】选项卡,可以进行【UCS图标设置】和【UCS设置】,如图1-56所示。

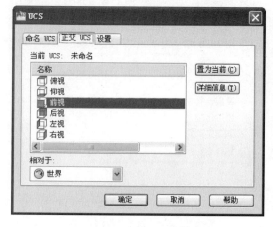

图1-55 【UCS】对话框—正交UCS选项卡

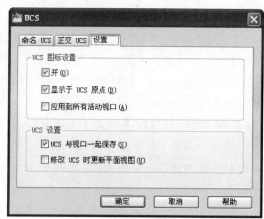

图1-56 【UCS】对话框—设置选项卡

说明:【设置】选项卡中各选项的含义如下。

【开】:选中该复选框,表示设定显示当前视口的 UCS 图标。

【显示于 UCS 原点】:用于指定在当前视口坐标系的原点处显示 UCS 图标。如果取消勾选该复选框,则在视口左下角显示 UCS 图标。

【应用到所有活动视口】:用于指定将 UCS 图标设置应用到当前图形中的所有活动视口。

【UCS 与视口一起保存】:用于指定将坐标系设置与视口一起保存。

【修改 UCS 时更新平面视图】:用于指定在修改视口中的坐标系时恢复平面视图。

在 AutoCAD 中创建的用户坐标系具有较大的灵活性。用户坐标系的图标和世界坐标系图标相类似,只是在两轴交汇处没有"□"标记。如图 1-57 所示的坐标系图标,就是一种坐标原点和坐标轴变化后的用户坐标系。

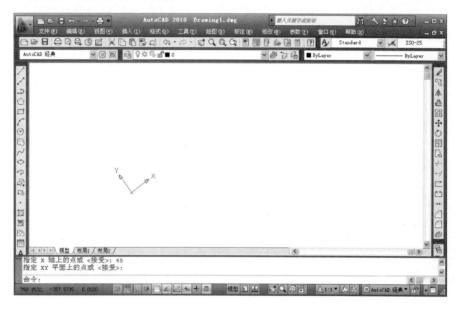

图 1-57　用户坐标系图标

1.9　综合实例——简单的 AutoCAD 图形文件的创建

为了便于用户尽快熟悉 AutoCAD 的基本操作,本节给出一个简单的图形文件创建与管理的实例。

【实例1-1】　在 AutoCAD 中创建一个名为"CAD 操作练习.dwg"的简单图形文件。具体要求如下:

(1)文件类型为"无样板—公制"图形文件。

(2)按照自行喜好设置和布局工作空间,将其保存为"CAD 自定义空间"。

(3)设置图幅为 A3,绘图区背景颜色为白色,光标比例设为 50。

(4)任意绘制一个简单图形,利用视窗显示方法进行缩放、平移、鸟瞰视图、图形重画、全屏显示以及视口操作等练习。

(5)将文件加密并进行保存,同时另存为一个同名的模板格式文件。

操作步骤:

(1)单击【开始】菜单中的【所有程序】▶【Autodesk】▶【AutoCAD2010-Simplified Chinese】▶【AutoCAD2010】命令,或双击桌面上快捷图标 ,启动 AutoCAD2010 软件。

(2)在命令行中键入 New,或在【标准】工具栏中单击【新建】按钮 ,系统会自动打开【选择样板】对话框;单击该对话框右下角【打开】按钮旁边的 ,从弹出的下拉菜单中点选【无样板选项—公制(M)】选项,即可创建一个无样板的新图形文件。

(3)在状态栏中单击【切换工作空间】按钮 ,从弹出的下拉菜单中选择【二维草图与注释】选项,切换到该模式工作空间。从该空间自行布置和摆放各种菜单、工具栏、选项板、面板、按钮的位置及显示形式,关闭不用的工具;在状态栏中再单击【切换工作空间】按钮,从弹出的下拉式菜单中选择【将当前工作空间另存为】命令,将其保存为【CAD 自定义空间】。

(4)依次设置绘图环境。

①键入 limits,或单击菜单中【格式】▶【图形界限】,启动设置绘图界限命令。当系统提示"指定左下角点或[开(ON)/关(OFF)] <0.0000,0.0000>:"时,按【回车】键选择默认值(0,0);当系统提示"指定右上角点<420.0000,297.0000>:"时,用户可输入一个新值(420,297),或直接按【回车】键选择默认值(420,297)。于是,绘图界限设定完成。

②单击 按钮打开【应用程序菜单】,从中单击【选项】按钮,系统弹出【选项】对话框。在该对话框中,切换到【显示】选项卡,单击【颜色】按钮,弹出【图形窗口颜色】对话框;在【上下文(背景)】列表框中,选择【二维模型空间】选项,然后在【颜色】下拉列表框中选择"白"色;单击【应用并关闭】按钮,即可完成绘图区颜色的设置。

③在菜单栏中执行【工具】▶【选项】命令,弹出【选项】对话框,切换至【显示】选项卡,从其中【十字光标大小】选项组的文本框内输入十字光标大小的百分值为"50";再切换至【草图】选项卡,在【靶框大小】选项组中通过拖动滑块来调节靶框的大小;调整完成后,单击【确定】按钮,光标设置完毕。

(5)使用绘图工具任意绘制一个简单图形,或调用任意一个图形。这里单击菜单栏【工具】▶【选项板】▶【工具选项板】命令,打开【工具选项板】;在该【工具选项板】的右边框上右击鼠标,从弹出的快捷菜单中选择【建筑】选项卡,从中单击"汽车—公制"图标,并在绘图区的适当位置单击鼠标确定"汽车"图形插入点;同理,切换到【土木工程】选项卡,从中单击"国际限速标志—公制"图标,并在汽车图形左上方位置单击鼠标,插入"限速标志"图形,其效果如图 1-58 所示。

(6)利用视窗显示功能,分别进行视图缩放、平移、鸟瞰、图形重画、图形重生成、全屏显示以及视口操作等练习。

(7)键入 save,或单击【标准】工具栏中【保存】按钮 ,系统会弹出【图形另存为】对话框。单击该对话框右上角的【工具】按钮 ,在弹出的下拉菜单中选择【安全选项】命令;从弹出的【安全选项】对话框中,单击【密码】选项卡,在其中输入密码并勾选右侧的【加密图形特性】选项,单击【确定】按钮即可完成对图形文件和缩略图加密。其后,单击对话框中的【保存于】选项栏和列表文本框,选择要保存的文件夹、输入图形文件名、选择图形文件类型,单击【保存】按钮,当前文件即被保存并加密完毕。

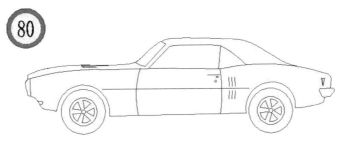

图 1-58　CAD 操作练习

(8)最后,选择菜单中【文件】▶【另存为】命令,打开【图形另存为】对话框。在【文件类型】选项栏中,选择要保存的图形文件类型为".dwt",默认当前的文件名,单击【保存】按钮,于是将当前文件保存为同名的模板格式文件。

本 章 小 结

本章系统地介绍了 AutoCAD2010 的基础知识,重点阐述了 AutoCAD2010 工作空间的组成、图形文件管理、绘图环境设置、命令调用方式与操作、视窗显示操作、精确绘图辅助工具的设置及坐标系的使用等内容。通过本章学习,要求了解 AutoCAD 工作空间的基本组成与切换方式,熟悉绘图界限、绘图区颜色、绘图单位、绘图比例等绘图环境的设置,熟悉视窗显示的操作方法,熟练掌握图形文件的新建、打开、保存、加密等基本操作,灵活运用 AutoCAD 命令的调用方式、基本操作以及精确绘图辅助功能的设置与使用,全面掌握坐标系的使用方法,并初步掌握 AutoCAD 图形文件的管理、设置、使用、查看及精确绘图辅助工具使用等综合应用,为下一步深入学习奠定基础。

练习与思考题

1. AutoCAD2010 为用户提供了哪几种工作空间?简述其特点、切换方法与使用条件。
2. 如何设置自己的个性工作空间?
3. 怎样为图形文件加密?
4. 常见的 AutoCAD 命令调用方式与基本操作方法有哪些?
5. 常用的精确绘图辅助功能有哪些?简述其设置与使用方法。
6. 什么是世界坐标系和用户坐标系?简述在 AutoCAD 中常用的四种坐标的表示方法。
7. 创建一个新图形文件,练习图纸幅面设置、绘图单位设置、绘图区颜色设置以及绘图单位设置等基本操作。
8. 练习并熟练掌握 AutoCAD 各种命令的调用方式与基本操作方法。

9. 创建一个 A3 幅面的 AutoCAD 图形文件，并练习新建、打开、保存、加密等基本操作。

10. 新建或打开一个图形文件，练习视图的缩放、平移、鸟瞰、重画以及重生成等基本操作与使用。

11. 练习各种精确绘图功能的设置与使用方法，包括设置捕捉、栅格显示、正交模式、极轴追踪、对象捕捉、对象捕捉追踪、动态输入以及快捷特性设置等。

12. 试设置自己的个性工作空间。

第2章 二维交通图形的绘制

【本章学习目标】

本章主要讲述二维图形的绘制,包括绘图工具的使用、二维基本图形的绘制方法等。通过本章的学习,应该熟练掌握以下内容:

(1)直线、圆和圆弧、椭圆和椭圆弧、矩形、正多边形、圆环等基本工具的使用方法与绘图技巧。

(2)修订云线、样条曲线、点对象、多段线等常用工具的使用。

(3)道路交通标线的绘制。

在交通工程绘图中,任何一幅图形都是由一些最基本的元素组成,如点、直线、圆、多边形、椭圆、多段线和图案填充等。因此,熟练掌握各种基本图形的绘制方法是绘制复杂图形的基础。

AutoCAD2010提供了多种形式的二维图形绘制命令,用户可通过【绘图】菜单、【绘图】面板、【绘图】工具栏或在命令行中输入命令等方式调用或执行绘图指令。在AutoCAD2010中,绘制每一种图形通常只有一个命令,而调用或执行命令的方式则可以有多种。用户可根据自己的喜好选用调用或执行命令方式,其中由命令行键入绘图命令是最快捷的一种方式,然而前提是用户必须熟记各种绘图命令。本章将系统地介绍AutoCAD二维绘图工具的使用与基本绘图方法。

2.1 绘制直线

绘制直线是AutoCAD中最常见、最简单的操作。在AutoCAD2010中,绘制的直线型对象包括直线段、射线和构造线等。

2.1.1 绘制直线段

直线段在交通工程中应用的相当广泛,比如车行道边缘线、指路标志边框线等绘制都需要用到。在【直线】绘图命令下,用户只要通过鼠标指定或键盘输入直线的起点和终点就可以确定一条直线段。利用【直线】工具可以一次绘制一条直线段,也可以连续绘制多条线段,每条直线段都是各自独立的对象。

调用直线段的绘制命令有如下3种方式。
- 命令:键入 line 或 l。
- 图标:在【绘图】工具面板或【绘图】工具栏中,单击【直线】按钮 。
- 菜单:选择菜单中【绘图】➤【直线】选项。

基本操作:

(1)执行上述任意一种操作方式,激活直线段绘制命令,系统进入绘制直线状态,并依次在命令行中交互显示如下提示信息,引导用户逐步完成绘图操作。

命令:_line 指定第一点: (表示系统已启动直线命令,提示用户指定直线段的起点)
指定下一点或[放弃(U)]:   (提示指定直线段的终点,若按U键则取消前一步操作)
指定下一点或[放弃(U)]:   (提示用户指定连续线段的下一个端点)
指定下一点或[闭合(C)/放弃(U)]:   (提示继续指定连续线段的下一点或按C键生成闭合折线;
                                                         若按U键放弃前一步操作,若按【Enter】键结束操作)

提示:当启动绘制直线命令后,若用户打开了状态栏中【动态输入】按钮 ,系统会在"十"字光标的右下方出现一组文本框,用于同步显示与命令行中一致的提示信息以及实时的当前光标位置的坐标值,如图2-1所示。

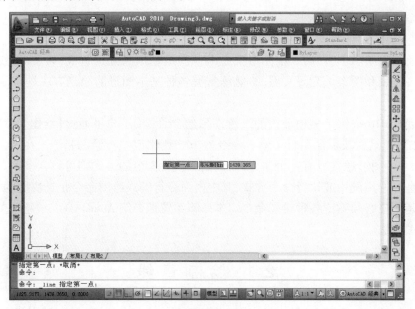

图2-1　绘制【直线】窗口与光标显示

(2)当命令行显示【_line 指定第一点】的提示信息时,用户可在命令行中键入一个点的坐标值,或在光标后的文本框中直接输入其坐标值,或在绘图区用鼠标点取某点作为所绘线段的起始点。

(3)在【指定下一点或[放弃(U)]】提示信息下,用户可在命令行或文本框中再次输入线段的终点坐标值,或在绘图窗口中用鼠标点取终点位置,于是第一条线段绘制完成。

(4)此时,系统会继续提示【指定下一点或[放弃(U)]】信息。如果用户需要绘制多条连续线段,可再次键入下一个端点坐标值或用鼠标点选下一个端点的位置,以此类推。如果需要结束操作,按【空格】键、【Enter】键或【Esc】键即可。

(5) 如果用户需要绘制一个闭合的折线形,则至少要先输入三个以上的端点,在系统出现【指定下一点或[闭合(C)/放弃(U)]】的提示下,键入"C"或单击鼠标右键从弹出菜单中选择【闭合】选项即可。

提示: 在绘制直线过程中,如果出现操作失误而需要重新绘制时,无须退出画线状态,只要在【指定下一点或[闭合(C)/放弃(U)]】提示状态下,键入"U",或单击鼠标右键从弹出的菜单中选择【放弃】选项,即可取消上一步输入的端点或起点。

注意: 输入线段起点和终点有两种方法,一种是在命令行或光标后文本框中使用键盘输入坐标值,另一种是用鼠标在屏幕上直接拾取点。在AutoCAD作图中,几乎所有点的输入都可采用这两种方法。在后续内容讲解中,不再一一复述。

【**实例 2-1**】 运用直线命令绘制交通指示箭头标志图,如图 2-2 所示。

操作步骤:

(1) 单击【新建】按钮,创建一个"无样板公制"的新图形文件。单击状态栏中的按钮,打开【正交模式】功能。

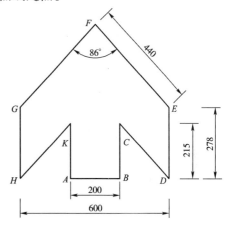

图 2-2 交通指示箭头标志图
注:书中图示未标明尺寸单位者,均为 mm。

(2) 在命令行中键入"L"后按【回车】键,或在绘图工具栏上或绘图面板上单击【直线】按钮,启动绘制【直线】命令。

(3) 在绘图区任选一点作为起点 A,并依据命令行中的提示信息,依次输入各点坐标值完成如下各步操作。

```
命令:_line 指定第一点:                          (启动直线命令,单击绘图区内任一点作为 A 点)
指定下一点或 [放弃(U)]:@200,0                   (键入相对坐标"@200,0",确定 B 点)
指定下一点或 [放弃(U)]:@0,215                   (键入相对坐标"@0,-215",确定 C 点)
指定下一点或 [闭合(C)/放弃(U)]:@200,-215        (键入相对坐标"@200,-215",确定 D 点)
指定下一点或 [闭合(C)/放弃(U)]:@0,278           (键入相对坐标"@0,278",确定 E 点)
指定下一点或 [闭合(C)/放弃(U)]:@440<133         (键入相对极坐标"@440<133",确定 F 点)
指定下一点或 [闭合(C)/放弃(U)]:@440<-133        (键入相对极坐标"@440<-133",确定 G 点)
指定下一点或 [闭合(C)/放弃(U)]:@0,-278          (键入相对坐标"@0,-278",确定 H 点)
指定下一点或 [闭合(C)/放弃(U)]:@200,215         (键入相对坐标"@200,215",确定 K 点)
指定下一点或 [闭合(C)/放弃(U)]:c                (键入"c",闭合图形,绘制完毕)
```

(4) 单击工具栏中【保存】按钮,可将其保存为"交通指示箭头标志"图形文件。

提示:

(1) 在连续绘线过程中,也可不键入"@",此时系统会默认键入值为相对于前一点的相对坐标值,下同。

(2) 在打开【正交模式】的情况下,用户也可通过水平或垂直拖动鼠标来确定绘线的方向,通过键入沿该方向的相对距离来确定所绘制水平或垂直线段的长度。

【**实例 2-2**】 绘制图 2-3 所示的车行道纵向减速标线。

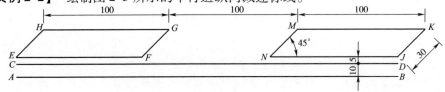

图 2-3 车行道纵向减速标线(尺寸单位:cm)

操作步骤:

(1)新建一个公制无样板绘图文件,命名为"车行道纵向减速标线"。

(2)打开状态栏中的【正交模式】、【对象捕捉】和【对象捕捉追踪】选项,在【对象捕捉】按钮上右击鼠标,从弹出的右键菜单中选中【端点】选项。

(3)单击绘图工具栏或绘图面板上【直线】按钮,或在命令行中键入"L",启动绘制【直线】命令,并依次完成以下交互操作。

命令:_line 指定第一点:	(执行直线命令,提示指定任一点 A 作为绘图的起点)
指定下一点或 [放弃(U)]: 300	(水平右移鼠标,输入线段长度"300",绘制 AB 线)
指定下一点或 [放弃(U)]:	(按空格键结束此步操作)
命令:_line 指定第一点: 10	(重启直线命令,捕捉 A 点,不点击鼠标直接沿追踪线垂直上移鼠标,然后输入上移量 10,定位 C 点)
指定下一点或 [放弃(U)]: 300	(再水平右移鼠标,输入线段长度"300"绘制 CD 线)
指定下一点或 [放弃(U)]:	(按空格键结束此次操作)
命令:_line 指定第一点: 5	(再启直线命令,捕捉端点 C,垂直上移鼠标,输入上移量 5,定位 E 点)
指定下一点或 [放弃(U)]: @100,0	(输入相对直角坐标值"@100,0",绘制 EF)
指定下一点或 [放弃(U)]: @30<45	(继续输入相对极坐标值"@30<45",绘制 FG)
指定下一点或 [闭合(C)/放弃(U)]: @-100,0	(继续输入相对直角坐标值"@-100,0",绘制 GH)
指定下一点或 [闭合(C)/放弃(U)]: c	(输入"c",使平行四边形 EFGH 闭合)
命令:_line 指定第一点: 5	(同理,再启动直线命令,捕捉 D 点后上移确定 J 点)
指定下一点或 [放弃(U)]: @30<45	(绘制 JK 线段)
指定下一点或 [放弃(U)]: @-100,0	(绘制 KM 线段)
指定下一点或 [闭合(C)/放弃(U)]: @30<225	(绘制 MN 线段)
指定下一点或 [闭合(C)/放弃(U)]: c	(键入"c",使平行四边形 JKMN 闭合,绘图完毕)

提示:

(1)在利用【对象捕捉追踪】功能定位时,通常先捕捉参考点(如上例中 A 点),在不点击鼠标的情况下,沿追踪方向移动鼠标(如垂直上移鼠标),然后输入移动量(如输入"10"),按【空格】或【Enter】确认后即可确定该定位点(如上例中 C 点)。

(2)在上述绘制直线的过程中,既可以使用直角坐标法绘制,也可以使用极坐标法绘制,关键取决于绘图的方便程度与绘图技巧,用户可灵活运用。

2.1.2 绘制特殊直线

绘制水平线和垂直线,尤其是在绘制如"T"形路口警告标志或交通标线等由较多水平线段和垂直线段构成的图形时,借助于状态栏中的【正交模式】辅助功能将更为方便简捷。

基本操作:

(1)首先将打开状态栏中的【正交模式】按钮,使绘图处于正交模式状态。

(2)执行【直线】绘图命令,并在绘图区指定要绘制直线的起点。

(3)沿着画线的水平方向或垂直方向移动光标,输入线段长度并【回车】确认,于是一条水平线段或垂直线段绘制完成。

(4)如果需要连续绘制多条水平线或垂直线,可以重复步骤(3),连续平移鼠标并输入各线段长度,直到最后一条线段绘完后再按【回车】确认;如果要绘制闭合线,则在绘制到最后一条线段时,键入"C";如果要结束画线,直接按【空格】、【回车】或【Esc】键。

说明: 状态栏中的【正交模式】按钮是一个开关式按钮,再次单击即可关闭。

【**实例2-3**】 运用正交模式绘制"T"形交叉路口警告标志中的"T"形图,如图2-4所示。

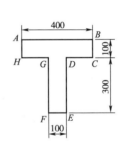

图2-4 "T"形交叉路口警告标志

解释: 警告标志的形状为等边三角形或矩形,三角形的顶角朝上。警告标志的外边框、衬边的尺寸应根据设计速度按照《道路交通标志和标线 第2部分:道路交通标志》(GB 5768.2—2009)中的规定选取。警告标志的颜色为黄色、黑边、黑图案,其中黄色RGB为(165,82,0),黑色RGB为(31,26,23)。

操作步骤:

(1)首先,打开状态栏中的【正交模式】功能。

(2)单击绘图工具栏或绘图面板上【直线】按钮,或在命令行键入"L",启动绘制【直线】命令,并依次完成以下交互操作。

命令: _line 指定第一点:	(执行直线命令,选取一点A作为"T"形左上角的起点)
指定下一点或 [放弃(U)]:400	(拖动光标向右移动,输入水平距离400,确定B点)
指定下一点或 [放弃(U)]:100	(光标下移,输入垂直距离100,确定C点)
指定下一点或 [闭合(C)/放弃(U)]:150	(光标左移,输入水平距离150,确定D点)
指定下一点或 [闭合(C)/放弃(U)]:300	(光标下移,输入300,确定E点)
指定下一点或 [闭合(C)/放弃(U)]:100	(光标左移,输入100,确定F点)
指定下一点或 [闭合(C)/放弃(U)]:300	(光标上移,输入300,确定G点)
指定下一点或 [闭合(C)/放弃(U)]:150	(光标左移,输入150,确定H点)
指定下一点或 [闭合(C)/放弃(U)]:c	(键入"c"并【回车】,完成"T"形图绘制)

2.1.3 绘制射线

射线是指一端固定向另一端无限延长的直线。使用【射线】命令可以创建一系列始于一点,且单方向无限延长的直线。射线主要用作辅助线。

在 AutoCAD2010 中有如下 3 种方法绘制射线。
- 命令:键入 ray。
- 图标:单击展开【绘图】工具面板,从中选择【射线】按钮。
- 菜单:单击菜单栏中【绘图】▶【射线】命令。

【基本操作】:

执行上述 3 种方式之一,激活射线绘制命令,系统在命令行中会逐项显示以下提示信息,同步在光标的动态输入文本框中也将显示相同的内容。

命令:_ray 指定起点:	(启动射线命令,要求用户指定射线的起始点)
指定通过点:	(提示指定射线的通过点,以便确定其方位)
指定通过点:	(提示继续指定另一射线的通过点,或【空格】、【Enter】结束)

【实例 2-4】 运用射线工具绘制环岛指示标志的径向辅助定位线,如图 2-5 所示。

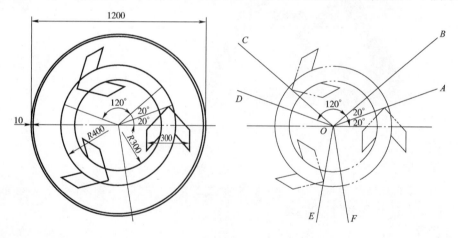

图 2-5 环岛指示标志及其径向辅助定位线

解释:环岛指示标志由三个弧形箭头沿圆周等角度均匀分布,在绘图时需要进行角度定位,这里采用射线工具辅助完成,具体操作如下。

操作步骤:

(1)首先,在窗口中绘制一条水平辅助线。

(2)单击菜单栏中【绘图】▶【射线】命令,或键入"ray",或单击展开【绘图】工具面板并从中选择【射线】按钮,执行【射线】命令。

(3)在【命令:_ray 指定起点:】提示下,用鼠标点选 O 点作为绘图中心点位置。

(4)在【指定通过点:】提示下,采用相对极坐标法输入"@100<20",绘制辅助线 OA(注:其中 100 为任选极轴半径值)。

(5)在【指定通过点:】提示下,继续输入"@100<40"绘制辅助线 OB。

(6)同理,在【指定通过点:】提示下,分别输入"@100<140"、"@100<160"、"@100<260"、"@100<280",依次绘制辅助线 OC、OD、OE 和 OF。

(7)按【Esc】或【空格】键结束绘图。

至此,所有径向辅助线绘制完毕。

2.1.4 绘制构造线

构造线是指两端都无限延长的直线,在交通工程绘图中可用作创建其他对象时的参考线,如确定相距较远的两条道路标线的位置关系或作为定位基准等。在执行一次【构造线】命令后,可以连续绘制多条通过一个公共点的构造线。

在 AutoCAD2010 中有 3 种方法调用"构造线"命令。

- 命令:键入 xline 或 xl。
- 图标:单击展开【绘图】工具面板,从中点选【构造线】按钮 。
- 菜单:单击菜单栏中【绘图】▶【构造线】命令。

基本操作:

(1)执行上述 3 种方式之一,激活构造线绘制命令,系统将在命令行或动态输入文本框中逐项显示如下信息,并由用户交互完成操作。

```
命令:_xline                                    (启动构造线命令)
指定点或 [水平(H)/垂直(V)/角度(A)/二等分(B)/偏移(O)]:    (指定构造线通过点,或选绘线方式)
指定通过点:                                     (指定构造线通过点)
指定通过点:                                     (继续指定构造线的通过点,或【Enter】结束)
```

解释: 上述命令行中有关选项的含义如下。

【指定点】:系统默认选项,用于绘制通过该点和另一个通过点的构造线。

【水平(H)】:该选项用来绘制通过指定点的水平构造线。

【垂直(V)】:该选项用来绘制通过指定点的垂直构造线。

【角度(A)】:该选项用来绘制与 X 轴正方向成指定角度的构造线。

【二等分(B)】:该选项用来绘制平分指定角度的构造线。

【偏移(O)】:该选项用于绘制与选中直线平行的构造线,绘制时要指定偏移距离和方向,也可以指定通过点。

(2)若要绘制水平或垂直构造线,可在【_xline 指定点 [水平(H)/垂直(V)/角度(A)/二等分(B)/偏移(O)]:】提示下,键入"H"或"V"后【回车】,光标将自动转换为水平线或垂直线;随后,再输入或点选【通过点】,即可绘制出一条或多条水平或垂直构造线。

(3)若要绘制"与 X 轴正方向成指定角度"的构造线,可在上述提示下,键入"A"后【回车】;在【输入构造线的角度 (0) 或 [参照(R)]:】的提示下,继续输入一个角度值,此时光标将自动转换为与水平轴成该夹角值的斜直线;随后,用户输入或点选【通过点】,即可绘制出以指定角度、通过指定点的构造线。

(4)若要绘制平分指定角度的构造线,可在上述提示下,键入"B"后【回车】;当系统提示【指定角的顶点:】时,键入一个点的坐标值或在绘图区点选一个顶点;当系统提示【指定角的起点:】时,键入指定角起始边上一点的坐标值(直角坐标和极坐标均可),或在绘图区点选起始边上通过的一点,从而确定该平分角的起始边位置;当系统再次提示【指定角的终点:】时,用户可用同样的方法指定角度终边通过的一个点。至此,系统会以指定角度为基准自动绘制一条平分该角度的构造线。

提示:如果继续输入其他【指定角的端点:】,可绘制更多的共点平分指定角度的构造线。

(5)若要绘制一条与原有直线平行的构造线,可在上述提示下,先键入"O"后【回车】;当系统提示【指定偏移距离或［通过(T)］＜通过＞:】时,用户可输入一个偏移量,然后用鼠标点选原有直线,并在希望偏移的一侧点击鼠标,于是一条与选中直线平行、偏移距离为指定偏移量的构造线绘制完成。如果在【指定偏移距离或［通过(T)］＜通过＞:】提示下,用户键入"t",则在点选直线对象后,只要移动光标到所需位置再单击鼠标,即可在光标指定位置绘制一条与原直线平行的构造线。

提示:连续选取对象,并重复上述操作,可绘制多条同样的构造线。

2.1.5 绘制多线

"多线"是由多条平行线组成的对象,平行线的数目和距离是可以调整的,平行线颜色可以设置。在 AutoCAD 中,多线常用来绘制交通标志边框、交通标线、建筑图的墙体、电子线路等。

1)绘制多线对象

绘制多线主要有以下两种方法。

- 命令:键入 mline。
- 菜单:单击菜单中【绘图】▶【多线】命令。

【基本操作】:

(1)执行上述两种方式之一,激活多线绘制命令,系统将在命令行中依次显示如下提示信息,同步在光标动态输入文本框中也将显示有关信息,与用户交互完成相应操作。

```
命令:_mline                                         (执行多线绘制命令)
当前设置:对正 = 上,比例 = 20.00,样式 = STANDARD      (显示当前多线设置信息)
指定起点或［对正(J)／比例(S)／样式(ST)］:             (提示用户指定多线的起点,或设置多线参数)
指定下一点:                                         (要求指定多线的下一点位置)
指定下一点或［放弃(U)］:                             (要求指定连续多线的下一个端点,键入 U 放弃)
指定下一点或［闭合(C)／放弃(U)］:                    (继续指定下一个点位置,若键入 C 为闭合多线,
                                                   键入 U 放弃,按【Enter】或【空格】键结束)
```

解释:上述命令行中有关选项的含义如下。

【对正(J)】:用于设置多线相对于光标指定点的位置或相对于基准线的偏移方式。具体对正方式有三种:【上(T)】表示在光标下方绘制多线,即多线位于最顶端的线将随光标移动;【无(Z)】表示以光标位置作为中心点来绘制多线,此时多线的假设中心线将随光标移动;【下(B)】表示在光标上方绘制多线,即多线位于最低端的线将随光标移动。

【比例(S)】:用于设置绘制的多线宽度相对于多线定义宽度的比例。该比例不影响多线的线型比例,负比例因子将翻转偏移线的次序。当从左至右绘制多线时,偏移最小的线绘制在顶部。比例因子为0时,多线变为单一的直线。

【样式(ST)】:用于设置多线的线型,默认为标准(STANDARD)型。

(2)在命令行的【指定起点或[对正(J)/比例(S)/样式(ST)]:】提示下,如果用户需要设置【对正】方式,可键入"j";系统将继续提示【输入对正类型[上(T)/无(Z)/下(B)]＜上＞:】,供用户选择"t"、"z"或"b"等不同的多线对正方式。

(3)如果需要重设【比例】,可在上述提示下,键入"s",此时系统会继续提示【输入多线比例＜5.00＞:】,用户输入一个新的比例值即可。

(4)如果需要重设多线的样式,可在上述提示下,键入"st",此时系统会继续提示【输入多线样式名或[?]:】,用户可输入一个已有的多线样式名称进行调用,或输入"?"查询系统中已有的多线样式。

(5)如果用户无须进行设置或设置完成后,可在上述提示下,直接键入一点坐标值或在绘图区内点选一点作为绘制多线的起始点;当系统提示【指定下一点】时,再键入或点选第二个端点,以此类推,即可完成多线的绘制。如图2-6所示为一个在默认设置下绘制的"停车让行"禁令标志的边框示意图。

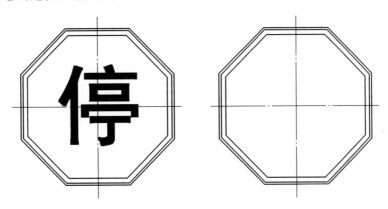

图2-6 "停车让行"禁令标志边框示意图

2)设置多线样式

为了满足不同形式的多线绘图需要,有时需要创建或编辑一个多线样式。多线样式设置包括样式的线条数目设置、线型和颜色设置、背景填充以及封口形式设置等。

调用多线样式设置的方法有以下两种。
- 命令:键入 mlstyle。
- 菜单:单选菜单栏中【格式】▶【多线样式】选项。

基本操作

(1)执行上述两种方式之一,激活"多线样式"设置命令,系统弹出【多线样式】对话框,如图2-7所示。

解释:【多线样式】对话框中各选项的含义如下。

【样式】列表框:用于显示已经加载的多线样式。默认的多线样式为"STANDARD"。

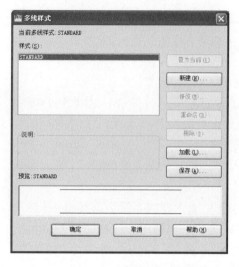

图2-7 【多线样式】对话框

【置为当前】按钮:在【样式】列表框中选择需要使用的多线样式后,单击该按钮,可以将其设置为当前样式。

【新建】按钮:用于创建新的多线样式。

【修改】按钮:用于修改已创建的多线样式。

【重命名】按钮:用于重命名【样式】列表中选中的多线样式名称,但不能重命名 STANDARD 样式。

【删除】按钮:用于删除【样式】列表框中选中的多线样式。

【加载】按钮:单击该按钮,打开【加载多线样式】对话框,用户可将选取的多线样式加载到当前图形中。默认情况下,AutoCAD2010 提供的多线样式文件为 acad.mln。

【保存】按钮:用于打开【保存多线样式】对话框,将当前的多线样式保存为一个多线文件(*.mln)。

(2) 若要创建一个新的多线样式,可在【多线样式】对话框中单击【新建】按钮,打开【创建新的多线样式】对话框,如图 2-8 所示。在该对话框的【新样式名】文本框中输入新样式名(如"道路标线"),然后单击【继续】按钮,此时系统会弹出【新建多线样式:道路标线】对话框,用户可在其中设置有关参数,如图 2-9 所示。

图2-8 【创建新的多线样式】对话框

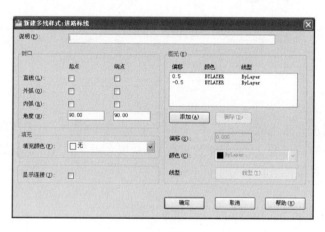

图2-9 【新建多线样式】对话框

解释:该对话框中各选项的含义如下。

【说明】文本框:用于输入多线样式的说明文字。

【封口】选项组:设置多线起点和端点的封口形式,包括直线型、外弧形、内弧形和指定角度型等。

【填充】选项组:用于指定多线的填充颜色。

【显示连接】复选框:表示在多线的拐角处显示连接线。

【图元】选项组:用于添加或删除多线的数目,设置每条多线的偏移量、颜色和线型等。如果要添加线条的数目,可单击其中的【添加】按钮,系统将在【图元】列表框中自动增加一条多线的参数;用户可直接在其下方的【偏移】文本框中输入该线条的中心偏移量;在【颜色】下拉列表中设置当前线条的颜色;单击【线型】按钮,从打开的【选择线型】对话框中选择一种所需的线型,若其中没有合适的线型,可单击当前对话框中【加载】按钮添加所需的线型;以此类推,可以添加若干条多线。若要删除某一线条,可在【图元】列表框中选中并单击【删除】按钮即可。

(3)上述设置完毕后,单击【确定】按钮,返回到【多线样式】对话框。此时,对话框下方的【预览】窗口将显示选定的多线样式名称和预览效果,如图 2-10 所示。

(4)若要编辑一个多线样式,可在【多线样式】对话框的【样式】列表框中,选择需要编辑的样式(如"道路边线"样式),单击【修改】按钮,打开【修改多线样式:道路标线】对话框,其形式及选项设置同前。

图 2-10　设置后的【多线样式】对话框

(5)若要更改多线样式的名称,可单击【重命名】按钮;若要删除多线样式,可单击【删除】按钮;若要从指定文件中向该样式中加入其他样式内容,可单击【加载】按钮;若希望将新设置的多线样式保存备用,可单击【保存】按钮;若要使用新设置的多线样式绘制图形,可单击【置为当前】按钮,先将其设置为当前绘图窗口中的样式,随后所绘制的多线都将自动使用该样式绘制。

注意:用户不能编辑图形中正在使用中的任何多线样式的线条及属性,如要编辑现有多线样式必须在使用该样式绘制任何多线之前进行。用户不能删除 STANDARD 多线样式,也不能删除当前多线样式或正在使用的多线样式。

【实例2-5】　运用多线工具绘制如图 2-11 所示的指路标志边框示意图。

操作步骤:

(1)首先,设置"多线样式"。键入 mlstyle 命令,或单击菜单栏中【格式】▶【多线样式】选项,执行"多线样式"设置命令,系统弹出【多线样式】对话框。

(2)在【多线样式】对话框中,单击【新建】按钮打开【创建新的多线样式】对话框,并在该对话框的【新样式名】文本框中输入"指路标志边框线",然后单击【继续】按钮。

(3)在弹出【新建多线样式:指路标志边框线】对话框中,单击【图元】选项组中的【添加】按钮,在其下方的【偏移】文本框中输入该线条的中心偏移量20;同理,再单击【添加】按钮,在【偏移】文本框中输入中心偏移量 -20;分别选中【图元】列表框中偏移量为"0.5"和"-0.5"的两条图元,单击【删除】按钮将其删除;其他线型、颜色等选项设置均为默认值。上述设置完毕后,单击【置为当前】按钮,然后单击【确定】返回【多线样式】对话框。

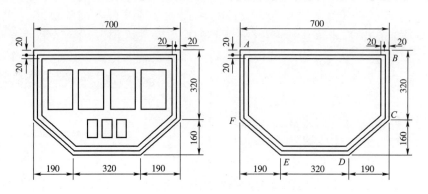

图 2-11　指路标志边框示意图

(4)其次,绘制指路标志的多线边框图。键入 mline 命令,或单击菜单中【绘图】▶【多线】命令,激活多线绘制命令,系统提示如下信息,并与用户交互完成以下各步操作。

```
命令:_mline                                          (执行多线绘制命令)
当前设置:对正 = 上,比例 = 20.00,样式 = 指路标志边框线      (显示当前设置信息)
指定起点或 [对正(J)/比例(S)/样式(ST)]:s               (输入 s,选择改变多线绘图比例)
输入多线比例 <20.00>:1                              (输入多线绘图比例为1)
当前设置:对正 = 上,比例 = 1.00,样式 = 指路标志边框线       (显示改变后的当前设置信息)
指定起点或 [对正(J)/比例(S)/样式(ST)]:                (在绘图区点选一绘图起点A)
指定下一点:@700<0                                  (输入相对极坐标值,确定点 B)
指定下一点或 [放弃(U)]:@320<270                      (输入相对极坐标值,确定点 C)
指定下一点或 [闭合(C)/放弃(U)]:@ -190,-160            (输入相对直角坐标值,确定点 D)
指定下一点或 [闭合(C)/放弃(U)]:@ -320<0              (输入相对极坐标值,确定点 E)
指定下一点或 [闭合(C)/放弃(U)]:@ -190,160            (输入相对直角坐标值,确定点 F)
指定下一点或 [闭合(C)/放弃(U)]:c                     (输入c,使多线边框闭合,绘毕
```

2.2　绘　制　圆

圆形是工程制图中的基本图形,在交通工程领域中禁令标志、指示标志以及很多交通设施等图形都需使用绘圆命令绘制,为此用户须熟练掌握和灵活应用。调用绘制圆的命令有如下3种方式。

- 命令:键盘输入 circle 或 c。
- 图标:单击【绘图】工具栏上【圆】按钮⊙,或点选【常用】▶【绘图】功能面板上按钮⊙右侧的下拉选项。
- 菜单:单击菜单栏【绘图】▶【圆】中的相应画圆命令。

基本操作:

(1)执行上述3种方式之一,激活画圆命令,系统将在命令行中显示如下提示信息。

命令:_circle   (执行绘圆命令)
指定圆的圆心或 [三点(3P)/两点(2P)/切点、切点、半径(T)]:   (提示指定圆心位置或选择其他选项)

解释: 在命令行中各选项的含义如下。

【指定圆的圆心】:表示通过指定圆心及半径或直径的方法来绘制圆。

【三点(3P)】:表示通过指定圆周上的三个点来绘制圆。

【两点(2P)】:表示通过指定圆直径方向的两个端点来绘制圆。

【切点、切点、半径(T)】:利用两个已知对象的切点和半径来绘制圆。

(2)在该提示信息下,用户可根据需要分别选择指定圆心位置法、三点法、两点法、切切半法等绘圆方式,并在系统提示下交互完成圆的绘制。

由于已知条件不同,通常绘制圆的方法也不相同。在 AutoCAD2010 中,提供了6种绘制圆的方法,下面逐一介绍。

2.2.1 圆心/半径法

这种方法是根据圆心位置和圆的半径来绘制圆形,它是系统的默认选项。

基本操作:

(1)启动【circle】命令,系统默认【圆心/半径】绘圆方式。

(2)当命令行提示【指定圆的圆心或 [三点(3P)/两点(2P)/切点、切点、半径(T)]:】时,用户可用鼠标指定圆心位置或键入圆心坐标值,或选择其他绘圆方式选项。这里由用户直接用鼠标指定圆心位置或键入圆心坐标。

(3)当命令行提示【指定圆的半径或 [直径(D)] <20.0000>:】时,用户可输入一个数值或拖拽鼠标确定一个线段长度作为圆的半径,至此一个以指定点为圆心、以输入值或长度为半径的圆绘制完成。

上述操作过程中命令行的显示信息如下,绘圆效果如图2-12所示。

命令:_circle   (启动绘圆命令)
指定圆的圆心或 [三点(3P)/两点(2P)/切点、切点、半径(T)]:   (提示用户指定圆心或输入圆心坐标)
指定圆的半径或 [直径(D)] <20.0000>:470   (输入半径值470,绘圆完毕)
                                                         (注:尖括号中的数值为上一次操作的输入值)

提示: 若要利用【圆心/半径】法再绘制一个同心圆,可重复上述操作。此时,需要先打开【对象捕捉】功能并设置【圆心】对象捕捉模式,然后将鼠标移至前一个圆的圆心附近,当显示或提示圆心标记时单击该标记点,即指定该点为新的圆心点;随后,在命令行或动态文本框中输入一个新的半径值,此处输入"590",于是一个同心圆绘制完毕,其效果如图2-13所示。

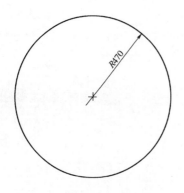
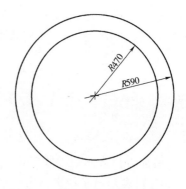

图 2-12 【圆心/半径】法画圆　　　　图 2-13 【圆心/半径】法画同心圆

2.2.2 圆心/直径法

该方法则是根据圆心位置和圆的直径来绘制圆形。下面利用【圆心/直径】法,在上图基础上再添加一个直径"1200"的外框圆,从而完成"禁止通行禁令"标志边框的绘制。

基本操作:

(1)启动【circle】命令,打开状态栏中【对象捕捉】功能,设置【圆心点】选项,并利用鼠标捕捉上述圆的圆心位置。

(2)当命令行提示【指定圆的半径或［直径(D)］】时,输入"d"选择按直径绘圆方式。

(3)在【指定圆的直径:】提示下,键入一个数值或拖动鼠标确定一段长度作为绘圆直径(这里键入"1200"),至此系统自动以该值(或给定线段)为直径、以指定点为圆心绘制生成一个圆形。

图 2-14 "禁止通行禁令"标志外框

上述操作过程中命令行的信息如下,所绘制的"道路交通禁令"标志底图如图 2-14 所示。

命令:_circle　　　　　　　　　　　　　　　　　(启动绘圆命令)
指定圆的圆心或［三点(3P)/两点(2P)/切点、切点、半径(T)］:　(用鼠标捕捉圆心点或键入圆心坐标)
指定圆的半径或［直径(D)］<30.0000>:d　　　　　(输入 d,选择直径画圆方式)
指定圆的直径 <60.0000>:1200　　　　　　　　　　(输入直径 1200,若直接【回车】默认前一次的直径值,至此绘圆完成)

2.2.3 三点法

【三点】画圆法是通过指定不在同一条直线上的 3 个点来绘制圆形的方法。

基本操作:

(1)启动【circle】命令,在命令行中输入"3p",即选择了【三点】绘圆法。

(2)用户可在系统的提示下,利用鼠标点选或键入坐标值依次指定圆上的第一个点、第二个点和第三个点位置,于是系统便自动绘制一个通过指定 3 点的圆形。

具体命令行的操作提示信息如下,绘圆效果如图2-15所示。

命令:_circle   (启动绘圆命令)
指定圆的圆心或 [三点(3P)/两点(2P)/切点、切点、半径(T)]:3p   (输入3p选择三点绘圆)
指定圆上的第一个点: (用鼠标指定或键入坐标值确定圆上第一点)
指定圆上的第二个点: (用鼠标指定或键入坐标值确定圆上第二点)
指定圆上的第三个点: (用鼠标指定或键入坐标值确定圆上第三点)

2.2.4　两点法

【两点】画圆法是通过圆直径的两个端点来绘制圆形,圆心落在两点连线的中点上。

基本操作:

(1)启动【circle】命令,在命令行中输入"2p",选择【两点】绘圆法。

(2)依据系统提示,用户可用鼠标指定或键入坐标值,依次确定圆上的第一个端点和第二个端点位置,此后系统便会以该两个点的连线为直径绘制一个两点圆。

具体命令行的操作提示信息如下,其效果如图2-16所示。

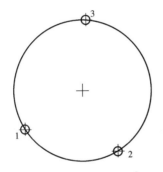
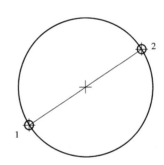

图2-15　【三点】法绘制圆　　　　　　　图2-16　【两点】法绘制圆

命令:_circle   (启动绘圆命令)
指定圆的圆心或 [三点(3P)/两点(2P)/切点、切点、半径(T)]:2p
                                                          (输入2p选择两点绘圆)
指定圆直径的第一个端点: (用鼠标指定或输入坐标值确定圆直径的第一点)
指定圆直径的第二个端点: (用鼠标指定或输入坐标值确定圆直径的第二点)

2.2.5　切线半径法

【切线半径】法,即【相切/相切/半径】绘圆法,该方式通过已知两个对象的切点以及要绘制圆的半径值3个要素来绘制圆。

基本操作:

(1)启动【circle】命令,在命令行中输入"t",选择【切线半径】绘圆法。

(2)在命令行【指定对象与圆的第一个切点:】提示下,用户可用鼠标拾取第一个与已知对象的切点。

(3)在【指定对象与圆的第二个切点:】提示下,再拾取第二个与已知对象的切点。

(4)在【指定圆的半径：】提示下，输入圆的半径值。

(5)依次完成上述各步操作后，系统将绘出一个与指定两对象相切、以给定值为半径的圆。具体命令行的操作提示信息如下，其效果如图2-17所示。

命令：_circle	（启动绘圆命令）
指定圆的圆心或 [三点(3P)/两点(2P)/切点、切点、半径(T)]：t	（输入 t，选择【切切半】绘圆方式）
指定对象与圆的第一个切点：	（提示用户拾取第一个已知对象切点）
指定对象与圆的第二个切点：	（提示拾取第二个已知对象切点）
指定圆的半径 <846.8296>：100	（提示输入要绘制圆的半径值）

提示：在使用【相切/相切/半径】法或后续的【三切点】法画圆时，一定要打开【切点】对象捕捉模式。

2.2.6 三切点法

【三切点】法，也就是【相切/相切/相切】法，该方式只能通过单击下拉菜单中【绘图】▶【圆】▶【相切、相切、相切】命令启动，它通过三个切点来绘制圆，是三点画圆的一种特殊情况。

基本操作：

(1)单击下拉菜单中【绘图】▶【圆】▶【相切、相切、相切】命令，启动【三切点】法绘圆命令。

(2)在命令行【_3p 指定圆上的第一个点：_tan 到】提示下，用户可用鼠标捕捉第一个对象的切点。

(3)在"指定圆上的第二个点：_tan 到"提示下，捕捉第二个对象切点。

(4)在"指定圆上的第三个点：_tan 到"提示下，捕捉第三个对象切点。

(5)在分别指定3个切点后，系统将绘出一个通过该3个切点的圆，其效果如图2-18所示。

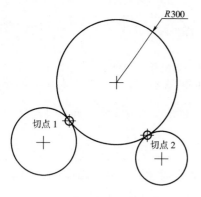

图2-17 【切线半径】法绘制圆

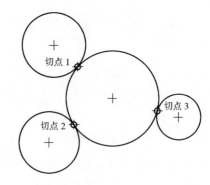

图2-18 【三切点】法绘制圆

命令：_circle 指定圆的圆心或 [三点(3P)/两点(2P)/切点、切点、半径(T)]：_3p 指定圆上的第一个点：_tan 到	
	（启动【三切点】绘圆法，提示用户指定圆的第一个切点）
指定圆上的第二个点：_tan 到	（提示用户指定圆的第二个切点）
指定圆上的第三个点：_tan 到	（提示用户指定圆的第三个切点，绘圆完毕）

提示：在使用【三切点】法画圆时，一定要打开【切点】对象捕捉模式。

【**实例 2-6**】 绘制"停车检查禁令标志"示意图，如图 2-19 所示。

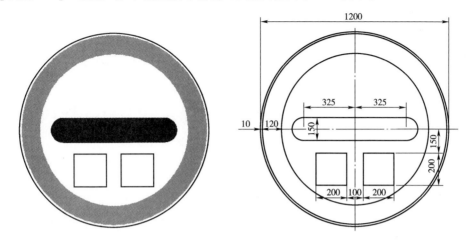

图 2-19 "停车检查禁令标志"示意图

提示：禁令标志的形状为圆形，其外边框、衬边的尺寸应根据设计速度并参照《道路交通标志和标线　第 2 部分：道路交通标志》（GB5768.2—2009）中的有关标准确定。禁令标志的颜色（个别除外）为白底、红圈、红杠、黑图形，图形压杠，其中红色 RGB 为（255,0,0），白色 RGB 为（255,255,255），黑色 RGB 为（31,26,23）。

操作步骤：

（1）单击【新建】按钮，创建一个"无样板公制"的新图形文件。打开状态栏中的【正交模式】、【对象捕捉】和【对象捕捉追踪】功能，并在【对象捕捉】按钮上右击鼠标，从弹出的快捷菜单中选中【交点】和【切点】选项。

（2）在【特性】工具栏的【线型控制】下拉菜单中，选择【CENTER】线型。如果没有该线型，可单击【其他】选项，从弹出的【线型管理器】对话框中加载该线型，并设置【当前对象缩放比例】为 5；然后，单击【当前】按钮，置为当前线型。

（3）选择绘制【直线】工具，在绘图区绘制两条相互垂直的、长度约 1400 的点划线型中心线。

（4）再打开【特性】工具栏的【线型控制】下拉菜单，将线型改为【Continuous】，并分步完成三个同心圆的绘制。

第一步：选择绘制【圆】工具，将鼠标移至中心线的"交点"附近，当捕捉到该点时会显示符号"×"，此时单击鼠标表示指定该交点为圆心位置；随后，输入"d"选择直径绘圆法，键入直径值"1200"并【回车】，于是禁令标志中最外侧的圆绘制完成。

命令：_circle 指定圆的圆心或 [三点(3P)/两点(2P)/切点、切点、半径(T)]：　（启动绘圆命令，捕捉中心线交点，
　　　　　　　　　　　　　　　　　　　　　　　　　　　　　　　　　　　　　　点击鼠标知道圆心）
指定圆的半径或 [直径(D)]：d　　　　　　　　　　　　　　　　　　　　　　（输入"d"，选择直径绘圆法）
指定圆的直径：1200　　　　　　　　　　　　　　　　　　　　　　　　　　　（输入直径值 1200，【回车】）

第二步：按空格键重复绘圆命令，此时用鼠标继续捕捉中心线交点或上一个圆的圆心，并单击左键，然后，按直径输入法绘制直径为"1180"的第二个同心圆。

第三步：同理可绘制直径为"940"的第三个同心圆。

(5) 绘制中部的禁行横线。

首先，选择绘【圆】工具，将鼠标移至圆心附近；当捕捉到圆心或中心线交点时，在不点击鼠标的情况下直接左移鼠标，并输入移动量"325"，此时单击鼠标即指定当前点为左端圆弧的圆心；输入半径值"75"即可完成左圆的绘制。同理，可绘制右端圆形。

然后，选择绘【直线】工具，同时打开【对象捕捉】快捷菜单设置【切点】选项；将鼠标先移至第一个圆的上边缘附近捕捉第一个"切点"，再将移动鼠标移至另一个圆的上边缘附近捕捉另一个"切点"，于是该两圆的一条公切线绘制完成；同理，可绘制该两圆下边缘的另一条公切线，如图2-20所示。

(6) 绘制文字边框。选择绘【直线】工具，先捕捉标志的圆心位置，垂直下移鼠标并输入移动量"350"，确定文字边框的底边位置；再水平右移鼠标，输入水平移动量"50"，定位右侧文字边框的左下角点；随后，依次右移、上移、左移和下移鼠标，并同步输入边长值均为"200"，至此右侧文字边框绘制完成。同理，可绘制左侧文字边框，效果如图2-21所示。

(7) 最后，删除绘图过程中的多余线段。选中上述禁行横杠中的两个圆和两条切线，随后点选【修改】工具栏中的【修剪】按钮，在两个圆的内圆弧上依次单击鼠标即可将其删除。再选中文字边框的两条辅助绘图线段，单击【修改】工具栏中的【删除】按钮或直接按【Delete】键将其删除。

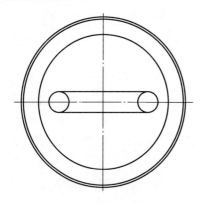
图2-20 绘制禁行横线

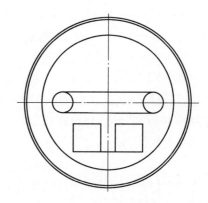
图2-21 绘制文字边框

至此，该禁令标志示意图绘制完毕，效果如图2-19所示。

【实例2-7】 运用直线和绘圆工具，绘制"路面不平"警告标志中间部分图形，如图2-22所示。

操作步骤：

(1) 打开【正交模式】、【对象捕捉】和【对象捕捉追踪】功能，设置捕捉对象为"交点"和"切点"。

(2) 启动绘制【直线】命令，在【命令：_line 指定第一点： 】提示下，任意单击一点A作为绘图起点;然后,水平右移鼠标,键入位移量"600",绘制 AB 线段;垂直上移鼠标,键入位移量"130",绘制 BC 线段;水平左移鼠标,键入位移量"600",绘制 CF 线段;最后,输入"c"(回车),自动形成封闭矩形 ABCF,如图 2-23 所示。

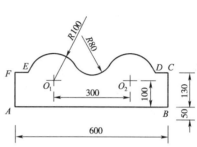

图 2-22 "路面不平"警告标志

（3）设置线型为"CENTER"。重启【直线】工具,捕捉 A 点但不点击,水平右移鼠标,键入位移量"150"(回车),然后垂直上移鼠标绘制左侧的垂直辅助线;同理,捕捉 B 点,绘制右侧垂直辅助线;再次捕捉 A 点,垂直上移鼠标,键入位移量"100"后确定水平辅助线起点,水平向右拖动鼠标,绘制水平辅助线。上述三条辅助线的交点,分别记为圆心 O_1 和 O_2 点,如图 2-24 所示。

图 2-23 绘制矩形 ABCF

图 2-24 确定两个圆心位置

（4）重设线型为"Continuous"。启动绘圆命令,捕捉 O_1 点单击鼠标指定其为圆心;输入半径值"100",绘制左侧的圆形;同理,捕捉 O_2 点绘制右侧的圆形,其效果如图 2-25 所示。

（5）再次执行绘圆命令。在【指定圆的圆心或［三点(3P)/两点(2P)/切点、切点、半径(T)］:】提示下,输入"t"选择【切切半】输入法;然后,在【指定对象与圆的第一个切点:】提示下,点选圆 O_1 指定一个切点;在【指定对象与圆的第二个切点:】提示下,点选圆 O_2 指定第二个切点;在【指定圆的半径 <100.0000>:】提示下,输入半径值"80"。此时,绘制效果如图 2-26 所示。

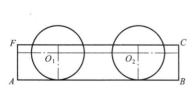

图 2-25 绘制两侧圆形

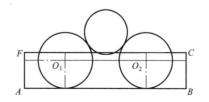

图 2-26 绘制中间位置圆形

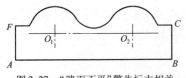

图 2-27 "路面不平"警告标志相关图形效果

(6)删除多余线条。按住鼠标左键,由左上方至右下方拉出一个矩形框,框选所有图形对象;然后,点选【修改】工具栏中的【裁剪】按钮,分别单击要删除的线段或弧段进行逐一删除;对于不能"裁剪"掉的线段,可在选中后单击【修改】工具栏中的【删除】按钮或直接按【Delete】键即可删除。删除后的绘图效果如图 2-27 所示。

2.3 绘制圆弧

圆弧是圆的组成部分,它不仅有圆心和半径,还有起点和端点。因此,可以通过指定圆弧的圆心、半径、起点、端点、角度、方向或弧长等不同的参数来绘制圆弧。在交通工程绘图中,车辆掉头标志等图形的绘制往往需要用到绘制圆弧的命令。调用圆弧绘制命令主要有如下 3 种方式。

- 命令:键盘输入 arc 或 a。
- 图标:单击【绘图】工具栏上【圆弧】按钮,或点选【常用】▶【绘图】功能面板上按钮。
- 菜单:选择下拉菜单中【绘图】▶【圆弧】中相应的子菜单命令。

基本操作:

(1)执行上述 3 种方式之一,激活绘制圆弧的命令,系统默认【三点方式】绘制圆弧,即通过指定圆弧的起点、圆弧上的任意一点和圆弧的终点三个点来绘制圆弧,该操作过程的提示信息与操作步骤如下。

命令:arc	(启动绘圆弧命令)
指定圆弧的起点或 [圆心(C)]:	(提示用户指定圆弧的起点或圆心)
指定圆弧的第二个点或 [圆心(C)/端点(E)]:	(提示用户指定圆弧的第二个点或圆心/端点)
指定圆弧的端点:	(提示用户指定圆弧的端点)

(2)在执行 arc 命令的过程中,选择不同的选项,系统会出现不同的提示,用户可通过指定圆弧的圆心、起点、端点、圆弧上任意点、角度、长度、半径或方向等参数和尺寸,交互完成圆弧的绘制。

说明:通过菜单栏【绘图】▶【圆弧】下拉菜单命令选项,或利用【常用】▶【绘图】功能面板上按钮的下拉列表选项,可调用各种圆弧绘制方式,如图 2-28 所示。

解释:各种绘制圆弧方式的功能说明如下。

【起点、圆心、端点】:通过指定圆弧的起点、圆心和终点来绘制圆弧。

【起点、圆心、角度】:通过指定圆弧的起点、圆心和圆弧所包

图 2-28 绘制圆弧工具下拉列表

含的圆心角来绘制圆弧。当圆心角为正值时,圆弧沿逆时针方向绘制;当圆心角为负值

时,圆弧沿顺时针方向绘制。

【起点、圆心、长度】:通过指定圆弧的起点、圆心和圆弧所对应的弦长来绘制圆弧。

【起点、端点、角度】:通过指定圆弧的起点、端点和圆弧所包含的圆心角来绘制圆弧。

【起点、端点、方向】:通过指定圆弧的起点、终点和圆弧起点的外切线方向来绘制圆弧。

【起点、端点、半径】:通过指定圆弧的起点、终点和圆弧的半径来绘制圆弧。

【继续】:在前面绘制直线或圆弧的基础上,通过指定端点绘制另一个与其相切的圆弧。

说明:在上图下拉列表中,【圆心、起点、端点】、【圆心、起点、角度】、【圆心、起点、长度】三个命令方法与前面的【起点、圆心、端点】、【起点、圆心、角度】、【起点、圆心、长度】三个命令相似,只是该三个命令需要先指定圆心的位置。

【实例2-8】 综合运用圆弧和直线工具,绘制如图2-29所示的车辆调头地面标志。

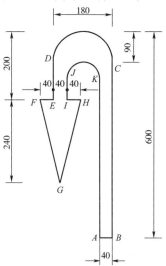

图2-29 车辆调头地面标志
(尺寸单位:cm)

操作步骤:

(1)新建一个【无样板打开—公制(M)】图形文件,同时打开【正交模式】和【对象捕捉】功能,设置捕捉对象为【端点】方式。

(2)单击【直线】工具按钮或输入"L",启动直线命令;在【命令:_line 指定第一点:】提示下,单击任一点作为起点A;水平右移鼠标,在【指定下一点或[放弃(U)]:】提示下,输入位移量"40",绘制线段AB;同理,垂直上移鼠标,输入"510",绘制BC;按【空格】键结束直线绘制。

(3)单击菜单栏【绘图】▶【圆弧】▶【起点、端点、角度】选项,执行绘制圆弧命令;在【命令:_arc 指定圆弧的起点或[圆心(C)]:】提示下,捕捉C点并单击鼠标,确定该点为圆弧的起点;在【指定圆弧的端点:】提示下,水平左移鼠标,输入位移量"180",确定圆弧的端点D;在【指定圆弧的圆心或[角度(A)/方向(D)/半径(R)]:_a 指定包含角:】提示下,输入包含角"180"(逆时针为正值),于是圆弧CD绘制完成。

(4)重新执行【直线】命令,在【命令:_line 指定第一点:】提示下,捕捉并点选D点;在【指定下一点或[放弃(U)]:】提示下,垂直下移鼠标,输入"110",绘制DE;水平左移鼠标,输入"40",绘制EF;然后,依次输入"@60,-240"、"@60,240",分别绘制FG和GH;再左移鼠标,输入"40",绘制HI;垂直上移鼠标,输入"60",绘制IJ;按【空格】键暂时结束直线绘制。

(5)再次启动【起点、端点、角度】圆弧绘制命令,在【命令:_arc 指定圆弧的起点或[圆心(C)]:】提示下,捕捉J点并单击鼠标,确定圆弧的起点;在【指定圆弧的端点:】提示下,水平右移鼠标,输入位移量"100",确定圆弧的端点K;在【指定圆弧的圆心或[角度(A)/方向(D)/半径(R)]:_a 指定包含角:】提示下,输入包含角"-180"(顺时针为负值),于是圆弧JK绘制完成。

(6)再次执行【直线】命令,连接KA线段,使图形封闭,全图绘制完毕。

【**实例2-9**】 综合运用圆弧、圆和直线工具,绘制如图2-30所示的"残疾人专用停车位"路面标志示意图。

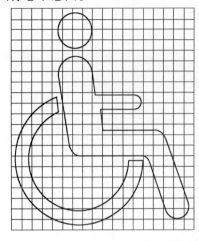
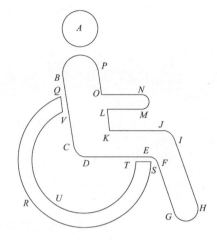

图2-30 "残疾人专用停车位"路面标志示意图

提示:残疾人专用停车位路面标志施划于残疾人专用停车位内,表示此车位为残疾人专用车或载有残疾人的车辆专用的停车位,其他车辆不得占用。这类标志图形的绘制,在没有给定具体尺寸的情况下,可以通过"附着图"或"粘贴图"的方式先行导入底图,并适当调整比例,然后是依据导入图形描绘。在国标中,该类标志的网格单元的尺寸为50mm×50mm。

操作步骤:

(1)新建一个【无样板打开—公制(M)】的图形文件。

(2)导入底图。在"AutoCAD经典"工作空间中,单击菜单中【文件】▶【附着】命令或单击【插入】▶【光栅图像参照】命令,或在"二维草图与注释"工作空间中,单击选项面板【插入】▶【参照】▶【附着】按钮,打开【选择参照文件】对话框,如图2-31所示;从该对话框的文件列表栏中,选择要附着的文件名,并单击【打开】按钮。

图2-31 【选择参照文件】对话框

(3)此时,系统将弹出【附着图像】对话框,如图2-32所示。用户可从中分别设置插入方式或插入点坐标值、缩放方式或缩放比例、旋转方式或旋转角度等,设置完成后单击【确定】按钮,系统将依据设定方式将图形导入到绘图窗口中。

提示:为了保证尺寸尽量一致,最好在导入图形对象时,事先计算并适当调整缩放比例,以满足用户的需要。

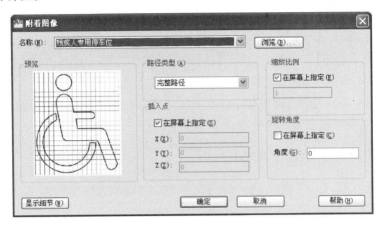

图2-32 【附着图像】对话框

说明:除上述方法外,用户也可在其他图形编辑器中选择并"复制"有关图形,然后单击菜单中【编辑】▶【选择性粘贴】命令,打开【选择性粘贴】对话框,如图2-33所示;从该对话框【作为】列表框中,选择【图形图元】类型,并在绘图区内用鼠标指定粘贴的位置、设置比例系数和旋转角度等,从而将图形导入到绘图窗口中。

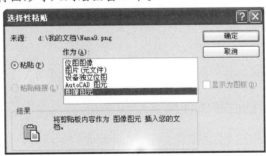

图2-33 【选择性粘贴】对话框

(4)依据导入的底图,采用描图方式,分别绘制标志中的各部分图形。首先,选择【三点】绘圆命令,按照底图依次点选圆A上的任意三点,绘制人头的圆形;其次,启动【直线】命令,依次绘制人体部分直线段BC、DE、FG、HI、JK、KL、LM、NO和OP以及车轮部分直线段QV和ST;最后,打开【对象捕捉】辅助功能,设置捕捉对象为【端点】,选择【三点】绘圆弧命令,依次捕捉各圆弧所连接的直线端点及相应圆弧上的任一点,绘制圆弧CD、EF、GH、IJ、MN、PB以及圆弧QRS和VUT。

(5)将鼠标移至底图的边缘处附近,单击选中底图,按【Delete】键将其删除。至此,该标志示意图绘制完毕。

2.4 绘制椭圆和椭圆弧

椭圆形是由中心点、椭圆长轴和短轴3个参数来确定的。在交通工程绘图中,椭圆形主要用于部分指路标志、隧道交通标志等元素的制作。绘制椭圆或椭圆弧主要有以下3种方式。

- **命令**:键盘输入 ellipse 或 el。
- **图标**:单击【绘图】工具栏上【椭圆】按钮 ◯(或 ◯),或点选【常用】▶【绘图】功能面板上按钮 ◯ 的下拉选项【圆心】或【轴、端点】或【圆弧】。
- **菜单**:选择菜单【绘图】▶【椭圆】中的【圆心】或【轴、端点】或【圆弧】选项。

说明:鉴于绘制椭圆和椭圆弧的方法有所不同,下面分别阐述。

2.4.1 通过指定两轴绘制椭圆

这种方法,通过定义一个轴的两个端点及另一个半轴的长度来绘制椭圆。该方法是系统绘制椭圆的默认方式。

基本操作:

(1)执行上述3种方式之一,激活绘制椭圆命令,系统默认为【通过指定两轴绘制椭圆】方式,并在命令行中依次显示如下提示信息和操作过程。

命令:ellipse	(启动绘制椭圆命令)
指定椭圆的轴端点或[圆弧(A)/中心点(C)]:	(在默认方式下,提示指定椭圆轴一个端点)
指定轴的另一个端点:	(当指定了一个轴端点后,再提示指定轴第二个端点)
指定另一条半轴长度或[旋转(R)]:	(提示指定椭圆的另一条半轴长度或离心率)

(2)依次执行上述操作,即可按照默认方式绘制完成一个椭圆。

2.4.2 通过指定中心和两轴端点绘制椭圆

该方法通过指定椭圆中心点方式绘制椭圆,即首先指定椭圆的中心点,然后确定轴端点和另一条半轴的长度或通过第一条轴的旋转圆,从而完成椭圆的绘制。

基本操作:

(1)在命令行中输入"el"或单击菜单中【绘图】▶【椭圆】▶【圆心】选项,系统启动绘制椭圆命令,并在命令行中显示如下提示信息和操作过程。

命令:_ellipse	(启动绘制椭圆命令)
指定椭圆的轴端点或[圆弧(A)/中心点(C)]:_c	(输入c,选择圆心和两轴端点绘制椭圆方式)
指定椭圆的中心点:	(提示指定椭圆的中心点)
指定轴的端点:	(提示指定第一条半轴的端点位置)
指定另一条半轴长度或[旋转(R)]:	(提示指定另一条半轴的长度)

(2)用户可按照系统的提示信息,依次指定中心点、轴端点和半轴长度或离心率,即可完

成椭圆的绘制。其中基于中心点法绘制的长半轴为120、短半轴为60的椭圆效果图,如图2-34所示。

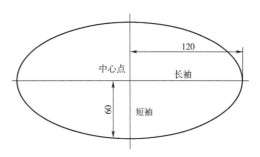

解释: 在上述命令执行过程中,各选项的含义说明如下。

【圆弧(A)】:该选项用于绘制椭圆弧,通过指定椭圆弧线的端点、圆心或角度等有关参数来绘制,其功用与选择【绘图】▶【椭圆】▶【圆弧】命令相似。

图2-34 基于中心点法绘制的椭圆

【中心点(C)】:通过指定椭圆圆心和两半轴来绘制椭圆或椭圆弧。

【旋转(R)】:通过绕第一根轴旋转的方式来绘制椭圆或椭圆弧。选择该选项后,用户可通过绕椭圆中心移动光标来调整椭圆的长宽比,单击鼠标即可确定;也可直接输入数值(如0~90),当输入"0"时将绘制正圆,输入值越大则离心率越大,椭圆就越扁平。

【实例2-10】 请参照如图2-35所给尺寸,绘制指路标志制作图中的椭圆及相关图形。

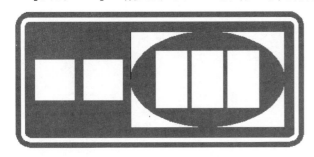

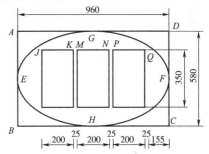

图2-35 指路标志制作图

解释: 指路标志的形状分为矩形。指路标志的外边框、衬边的尺寸应根据设计速度按照《道路交通标志和标线 第2部分:道路交通标志》(GB 5768.2—2009)中的规定选取。指路标志的颜色为蓝底、白图形,其中蓝色RGB为(41,49,155),白色RGB为(255,255,255)。

操作步骤:

(1)新建一个【无样板打开—公制(M)】的图形文件,打开【正交模式】、【对象捕捉】和【对象捕捉追踪】功能,设置捕捉对象分别为【中点】和【端点】。

(2)启动【直线】命令,单击任一点作为矩形左上角的起点A;垂直下移鼠标,输入位移量"580",绘制AB;水平右移鼠标,输入"960",绘制BC;垂直上移鼠标,输入"580",绘制CD;捕捉A点,并单击鼠标,绘制DA。至此,矩形外框绘制完成。

(3)启动【椭圆】命令,在【指定椭圆的轴端点或[圆弧(A)/中心点(C)]:】提示下,捕捉并点选矩形AB边的中点E作为椭圆长轴的一个端点;在【指定轴的另一个端点:】提示下,捕捉并点选矩形CD边的中点F作为椭圆长轴的另一端点;在【指定另一条半轴长度或[旋转(R)]:】提示下,再捕捉矩形AD边的中点G并单击鼠标确定椭圆短半轴的长度,于是一个椭圆绘制完成。

(4)再启动【直线】命令,依次绘制三个矩形文字框。先捕捉顶点A,不按鼠标垂直下移,输入移动量"115",再水平右移鼠标,输入移动量"155",确定椭圆内的左侧矩形文字框的顶点 J,然后依次输入相对直角坐标值"@0,-350"、"@200,0"、"@0,350"和"@-200,0",完成第一个文字框绘制;按空格键再次启动【直线】命令,先捕捉点 K,在不点击鼠标的情况下水平右移鼠标,输入移动量"25",确定中间矩形文字框的顶点 M,然后依次输入相对直角坐标值"@0,-350"、"@200,0"、"@0,350"和"@-200,0",完成第二个文字框绘制;类似地,可以绘制第三个文字框绘制。

(5)选择多余的辅助线,按【Delete】键或单击【删除】按钮 删除之,至此该图绘制完成。

2.4.3 绘制椭圆弧

绘制椭圆弧与绘制椭圆相似,只是需要用户确定椭圆弧的起点角度和终点角度。

基本操作:

(1)在命令行输入"el",或单击工具栏中的【椭圆弧】按钮 ,或单击菜单中【绘图】▷【椭圆】▷【圆弧】命令,启动【椭圆弧】绘制命令,系统会在命令行依次显示如下提示信息和交互内容。

命令:_ellipse	(启动绘制椭圆命令)
指定椭圆的轴端点或[圆弧(A)/中心点(C)]:_a	(输入 a,选择绘制椭圆弧方式)
指定椭圆弧的轴端点或[中心点(C)]:	(提示用户指定椭圆弧的轴端点或中心点)
指定轴的另一个端点:	(为椭圆弧指定轴的另一个端点)
指定另一条半轴长度或[旋转(R)]:	(提示用户指定半轴长度或离心率)
指定起始角度或[参数(P)]:	(指定椭圆弧的起始角度或参数)
指定终止角度或[参数(P)/包含角度(I)]:	(指定椭圆弧终止角度或参数或包含角度)

(2)用户只需依据提示信息,依次完成上述各步操作,即可完成一段椭圆弧的绘制。

说明: 在绘制椭圆弧的过程中,有两个命令选项与绘制椭圆不同。

【参数(P)】:选择该选项后,仍需要输入椭圆弧的起始角度,但系统将通过矢量参数方程式"$P(u) = c + a * \cos(u) + b * \sin(u)$"来创建椭圆弧,其中 c 表示椭圆的中心点,a 和 b 分别表示椭圆的长半轴和短半轴。

【包含角(I)】:用于定义从起始角度开始的包含角度。如指定起始角为20°,设置该选项包含角度为30°,则终止角度为50°,它具有相对起始角度的含义在内,而直接指定终止角度则为绝对角度。

【**实例 2-11**】 绘制"轨道交通指示标志"中椭圆弧隧道部分图形,如图2-36所示。

操作步骤:

(1)新建一个【无样板打开—公制(M)】的图形文件,打开【正交模式】和【对象捕捉】功能,设置捕捉对象为【端点】和【交点】。

(2)先设置线型为"Center",线型比例为"4";启动【直线】命令,绘制水平和垂直两条中心辅助线。

(3)再将线型设置为"Continuous";启动【椭圆弧】绘制命令,在【指定椭圆弧的轴端点或

[中心点(C)]:}提示下,键入"C";在【指定椭圆弧的中心点:}提示下,捕捉中心辅助线的交点 O 并点击;在【指定轴的端点:}提示下,输入长半轴的右端点 B 的相对极坐标值"@700<0";在【指定另一条半轴长度或［旋转(R)］:}提示下,输入短半轴的上端点 E 的相对极坐标值"@490<90";在【指定起始角度或［参数(P)］:}提示下,输入椭圆弧起始角"0";在【指定终止角度或［参数(P)/包含角度(I)］:}提示下,输入椭圆弧终止角"180",于是椭圆弧 AEB 绘制完成。

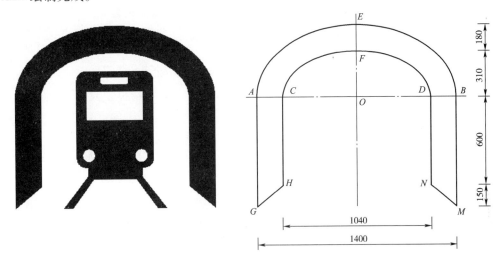

图 2-36　轨道交通指示标志

（4）重复上述操作,可以绘制椭圆弧 CFD。

（5）启动【直线】命令,捕捉端点 A;垂直下移鼠标,输入位移量"750",绘制线段 AG;输入相对直角坐标值"@180,150",绘制 GH;捕捉端点 C 并单击鼠标,绘制 HC;按空格键结束直线绘制。

（6）类似上述操作,绘制线段 BM、MN 和 ND。至此,所需图形绘制完毕。

2.5　绘制矩形

绘制矩形实质上就是创建矩形形状的闭合多段线。使用矩形绘制命令可以一次性绘出所需的完整矩形形状,而无须使用直线命令逐条边线绘制。在交通工程中,指路标志、交通设施等图形的绘制常常需要使用矩形绘制命令。调用矩形绘制命令有以下 3 种方式。

- 命令:键入 rectang。
- 图标:单击【绘图】工具栏上【矩形】按钮▭,或点选功能面板上【常用】▶【绘图】▶【矩形】按钮▭。
- 菜单:选择菜单中【绘图】▶【矩形】命令。

基本操作:

（1）执行上述 3 种方式之一,激活绘制矩形命令,默认情况下系统在命令行中依次显示如下提示信息和操作过程。

命令:_rectang　　　　　　　　　　　　　　　　　　（启动绘制矩形命令）
指定第一个角点或［倒角(C)/标高(E)/圆角(F)/厚度(T)/宽度(W)］：（指定矩形第一个角点位置或选项）
指定另一个角点或［面积(A)/尺寸(D)/旋转(R)］：
　　　　　　　　　　　　　　　　　　　　　　　（指定矩形第二个角点位置或选项）

解释：在上述命令中各选项的含义说明如下。

【倒角(C)】：用于设置矩形的倒角，用户可以绘制一个带倒角的矩形。

【标高(E)】：用于设置矩形的绘图高度，即所绘矩形的平面与当前坐标系的 XOY 面之间的距离，此功能用于三维绘图。

【圆角(F)】：用于设置矩形的圆角半径，可以绘制一个带圆角的矩形。

【厚度(T)】：用于设置矩形的绘图厚度，即矩形沿 Z 轴方向的厚度尺寸，此功能用于三维绘图。

【宽度(W)】：用于设置所绘矩形各边具有多段线的宽度。

【面积(A)】：通过指定矩形的面积绘制矩形，即利用第一个角点、矩形面积和矩形长度（或宽度）3个要素来绘制矩形。

【尺寸(D)】：通过指定矩形的长度和宽度绘制矩形。

【旋转(R)】：用于指定所绘制矩形的旋转角度，其角度为矩形的长边与坐标系 X 轴正方向的夹角，逆时针为正。

（2）依据上述系统提示，用户可根据实际绘图需要依次指定矩形的角点或进行其他选项操作，进而完成矩形的绘制。

说明：执行【矩形】绘制命令后，系统默认为指定两个对角点的绘图方式。在选择对角点时，没有方向性要求，既可从左到右选择，也可从右到左选择。

提示：利用【矩形】命令绘制的是一条封闭多段线。若要对该矩形的任一边进行编辑，必须先使用"explode"（分解）命令或单击【修改】工具栏中【分解】按钮，将矩形分解，然后才能单独编辑操作。

【**实例2-12**】　利用矩形命令，绘制如图2-37所示的"路口优先通行"指示标志。

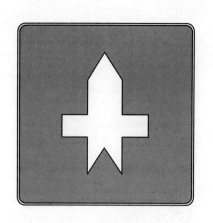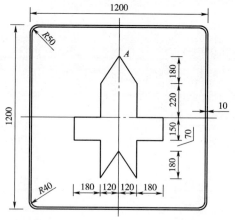

图2-37　"路口优先通行"指示标志

操作步骤：

(1) 新建一个【无样板打开—公制(M)】的图形文件，打开【正交模式】、【对象捕捉】和【对象捕捉追踪】功能，设置捕捉对象为【端点】、【中点】和【交点】。

(2) 启动【矩形】绘制命令；在【指定第一个角点或 [倒角(C)/标高(E)/圆角(F)/厚度(T)/宽度(W)]:】提示下，键入"f"选择圆角半径设置选项；在【指定矩形的圆角半径 <40.0000>:】提示下，输入圆角半径值"50"；在【指定第一个角点或 [倒角(C)/标高(E)/圆角(F)/厚度(T)/宽度(W)]:】提示下，在绘图区内点选任意点作为矩形的左下角点；在【指定另一个角点或 [面积(A)/尺寸(D)/旋转(R)]:】提示下，输入矩形右上角点的相对直角坐标值"@1200,1200"，于是一个矩形的外框图（圆角正方形）绘制完成。

(3) 为了快速绘制另一个圆角正方形，用户可使用【偏移】命令（后续章节会详述）。在命令行中输入"O"，启动【偏移】命令；在【指定偏移距离或 [通过(T)/删除(E)/图层(L)] <5.0000>:】提示下，输入"10"作为偏移距离；在【选择要偏移的对象，或 [退出(E)/放弃(U)] <退出>:】提示下，用鼠标点选已绘制的正方形作为偏移对象；在【指定要偏移的那一侧上的点，或 [退出(E)/多个(M)/放弃(U)] <退出>:】提示下，单击正方形内侧任意一点，表示向内偏移；于是，系统自动生成另一个边长为1180、圆角半径为40的正方形；按【空格】键，结束【偏移】操作。

在上述操作过程中，命令行同步提示信息如下：

```
命令：_offset                                              （执行偏移命令）
当前设置：删除源=否  图层=源  OFFSETGAPTYPE=0            （显示当前系统设置）
指定偏移距离或 [通过(T)/删除(E)/图层(L)] <5.0000>:10     （输入偏移距离"10"）
选择要偏移的对象，或 [退出(E)/放弃(U)] <退出>:            （点选正方形作为偏移对象）
指定要偏移的那一侧上的点，或 [退出(E)/多个(M)/放弃(U)] <退出>:
                                                          （在正方形内侧单击鼠标，指定向内偏移方向）
选择要偏移的对象，或 [退出(E)/放弃(U)] <退出>:            （按空格键结束偏移，退出）
```

(4) 在【特性】工具栏中，设置线型为"Center"，线型比例为"4"；启动【直线】命令，并借助于中点捕捉功能，绘制水平和垂直两条中心辅助线。

(5) 重新设置线型为"Continuous"，再次执行【直线】命令，绘制标志内部的图形。先用鼠标捕捉中心线"交点"，借助于【对象捕捉追踪】功能垂直上移鼠标并输入位移量"400"确定绘图起点 A；随后，按照逆时针方向依次输入相应各点的相对直角坐标值，从而连续绘制完成图中各线段，不再细述。

【实例2-13】 利用矩形绘制命令，绘制如图2-38所示的国际道路"交叉路口"警告标志的菱形边框图。

操作步骤：

(1) 新建一个【无样板打开—公制(M)】的图形文件，命名为"菱形交叉路口警告标志.dwg"。

(2) 启动【矩形】绘制命令，在【指定第一个角点或 [倒角(C)/标高(E)/圆角(F)/厚度(T)/宽度(W)]:】提示下，任意单击一点作为绘制该菱形的第一个角点位置；在

【指定另一个角点或[面积(A)/尺寸(D)/旋转(R)]:】提示下,键入"R",并随后输入旋转角"45"度,使图形旋转45度;当再一次显示【指定另一个角点或[面积(A)/尺寸(D)/旋转(R)]:】提示信息时,键入"D",选择按边长尺寸绘图的方式,并分别输入菱形的两个边长值均为"500";最后,单击鼠标确定菱形的另一个角点。于是,图2-38的一个菱形绘制完成。

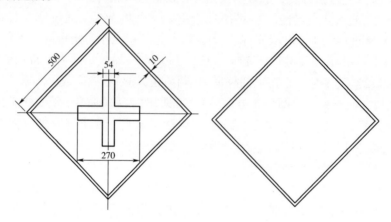

图2-38 国际道路"交叉路口"警告标志

(3)在命令行中输入"O",启动【偏移】命令;在【指定偏移距离或[通过(T)/删除(E)/图层(L)]<5.0000>:】提示下,输入偏移距离"10";在【选择要偏移的对象,或[退出(E)/放弃(U)]<退出>:】提示下,用鼠标选择菱形框;在【指定要偏移的那一侧上的点,或[退出(E)/多个(M)/放弃(U)]<退出>:】提示下,单击菱形框内侧任意一点,于是内侧的菱形绘制完成;按【空格】键,结束【偏移】操作。

至此,该警告标志的菱形边框绘制完毕。

2.6 绘制正多边形

在交通工程绘图中,诸如停车让行标志、减速让行标志、各类警示标志以及许多交通设施与设备的图形都需要绘制正多边形。对于一个正多边形的绘制,除了可采用前面介绍的【Line】命令和点坐标输入方式外,还可以利用AutoCAD2010提供的【Polygon】命令直接绘制。无论是正三角形还是正n边形,其绘制方法都是相同的。利用【Polygon】命令可以绘制3~1024条边组成的正多边形。

启动绘制正多边形的命令有以下3种方式。
- 命令:键入polygon。
- 图标:单击【绘图】工具栏上【正多边形】按钮⬠,或点选功能面板【常用】▶【绘图】▶【正多边形】按钮⬠。
- 菜单:选择菜单栏【绘图】▶【正多边形】命令。

在AutoCAD中,绘制正多边形的常用方法主要有两种:用内接法或外切法绘制正多边形和用边长确定正多边形,分别介绍如下。

2.6.1 用内接法或外切法绘制正多边形

通过定义多边形的圆心和内接(或外切)圆的半径来绘制正多边形。

基本操作：

(1)执行上述3种方式之一,激活正多边形绘制命令,系统将在命令行中显示如下提示信息,并与用户交互完成下面各步操作。

命令:_polygon	(启动绘制正多边形命令)
输入边的数目 <4>:6	(提示用户输入要绘制正多边形的边数,如输入"6")
指定正多边形的中心点或[边(E)]:	(指定正多边形中心点或边长,这里用鼠标指定中心点)
输入选项[内接于圆(I)/外切于圆(C)]<I>:	(选择绘制正多边形方式,[回车]默认内接于圆方式)
指定圆的半径:100	(提示鼠标指定或键盘输入圆的半径,这里输入半径100)

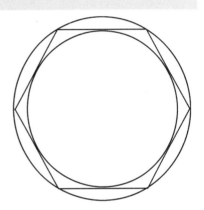

解释：在执行【polygon】命令过程中,各选项的含义说明如下。

【边(E)】：选择该选项,系统会根据指定的多边形某一条边的两个端点来绘制正多边形。

【内接于圆(I)】：选择该选项,表示将绘制内接的正多边形,其外接圆的半径为下一步所输入值。

【外切于圆(C)】：选择该选项,表示将绘制外切的正多边形,其内切圆的半径为下一步所输入值。

(2)依据上述系统提示,用户可根据实际绘图的需要,依次完成各选项操作即可完成一个正多边形的绘制。具体绘制的内接或外切正六边形的效果图,如图2-39所示。

图2-39 内接或外切正六边形绘制效果图

【实例2-14】 利用正多边形绘图法,绘制"停车让行"禁令标志的边框及文字图框,如图2-40所示。

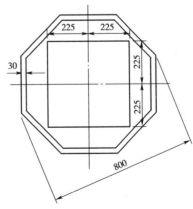

图2-40 "停车让行"禁令标志及边框图

提示："停车让行标志"禁令标志为八角形,其绘图尺寸、颜色等要求同前禁令标志。

"停"字采用与《道路交通标志和标线 第2部分:道路交通标志》(GB 5768.2—2009)相同的字体,其他标志的汉字、拼音字母、拉丁字母、数字等采用道路交通标志专用字体。

操作步骤:

(1)新建一个【无样板打开-公制(M)】的图形文件,打开【正交模式】和【对象捕捉】功能,设置捕捉对象为【交点】。

(2)在【特性】工具栏中,设置线型为"Center",线型比例为"4";启动【直线】命令,绘制水平和垂直两条中心辅助线。

(3)再将线型设置为"Continuous",启动【正多边形】绘制命令;在【输入边的数目<4>:】提示下,输入正多边形边数"8";在【指定正多边形的中心点或[边(E)]:】提示下,用鼠标捕捉辅助线的"交点"并单击,以确定正多边形中心点的位置;在【输入选项[内接于圆(I)/外切于圆(C)]<I>:】提示下,可按【回车】键,选择默认的"内接于圆"选项;在【指定圆的半径:】提示下,输入内接圆的半径值"400";于是,一个内接于指定圆的正八边形绘制完成。

(4)在命令行中输入"o",启动【偏移】命令;输入偏移距离"30",选择要偏移的正八边形,向内偏移绘制另一个正八边形;按【空格】键,结束【偏移】操作。

(5)最后,再次启动【正多边形】绘制命令,输入边数"4";捕捉并单击辅助线交点,指定为正四边形的中心点;在【输入选项[内接于圆(I)/外切于圆(C)]<I>:】提示下,输入"C",选择"外切于圆"绘制正多边形方式;在【指定圆的半径:】提示下,输入内切圆的半径值"225",于是图中的正方形文字图框绘制完成。

至此,该禁令标志的边框和文字图框绘制完毕。

2.6.2 由边长确定正多边形

通过指定一条边的两个端点来绘制正多边形。

基本操作:

(1)执行上述3种方式之一,激活【正多边形】绘制命令,系统将在命令行中显示如下提示信息,并与用户交互完成下面各步操作。

```
命令:_polygon                              (启动正多边形绘制命令)
输入边的数目 <4>:5                         (提示用户输入要绘制的正多边形边数,如5或6)
指定正多边形的中心点或[边(E)]:e            (指定正多边形中心点或边长,这里输入e指定边长)
指定边的第一个端点:                        (指定要绘制正多边形边长的一个端点位置)
指定边的第二个端点:                        (指定边长的第二个端点位置或长度)
```

(2)依据系统提示,用户依次完成上述各步操作,即可按指定边长绘制一个正多边形,其效果如图2-41所示。

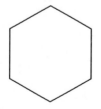
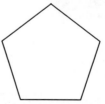

图2-41 按边长绘制正多边形

【实例 2-15】 运用按边长绘制正多边形的方法,绘制"减速让行"禁令标志的边框图,如图 2-42 所示。

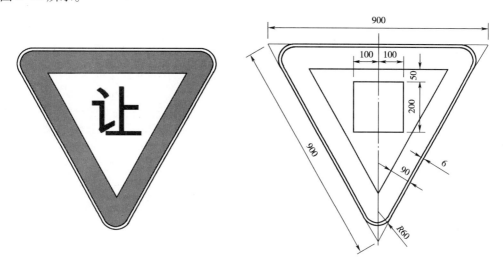

图 2-42 "减速让行"禁令标志及边框图

提示:"减速让行"禁令标志为顶角向下的倒等边三角形。该禁令标志为白底、红边、黑字,其外廓尺寸由三角形边长、红边宽度以及衬边宽度三部分构成,具体绘制尺寸和颜色同前禁令标志。"让"字采用与《道路交通标志和标线 第 2 部分:道路交通标志》(GB 5768.2—2009)相同的字体。

操作步骤:

(1)新建一个【无样板打开—公制(M)】的图形文件,命名为"警告和禁令标志边框图.dwg"。

(2)启动【正多边形】绘制命令,输入边数为"3";在【指定正多边形的中心点或[边(E)]:】提示下,输入"e",选择按边长绘制正多边形;在【指定边的第一个端点:】提示下,任意单击一点作为多边形边的起点;在【指定边的第二个端点:】提示下,输入其相对于第一个端点的极坐标值"@900<180",于是一个顶角向下的外框三角形绘制完成。

(3)在命令行中键入"fillet"命令,或单击【修改】工具栏中【圆角】按钮,启动【圆角】命令;在【选择第一个对象或[放弃(U)/多段线(P)/半径(R)/修剪(T)/多个(M)]:】提示下,输入"r",选择设置圆角半径;在【指定圆角半径<5.0000>:】提示下,输入圆角半径值"60";随后,当再次提示【选择第一个对象或[放弃(U)/多段线(P)/半径(R)/修剪(T)/多个(M)]:】信息时,可用鼠标点选要倒圆角的顶角的第一条边;在【选择第二个对象,或按住 Shift 键选择要应用角点的对象:】提示下,点选同一顶角的第二条边;于是系统将自动生成该顶角的圆角。重复上述操作,可为外框三角形的其他两个顶角应用圆角。

在该操作过程中,有关命令行的提示信息如下:

```
命令:_fillet                                          (执行圆角命令)
当前设置:模式 = 修剪,半径 = 5.0000                    (显示系统当前设置)
选择第一个对象或[放弃(U)/多段线(P)/半径(R)/修剪(T)/多个(M)]:r
                                                      (输入 r,选择半径设置选项)
指定圆角半径 <5.0000>:60                               (输入圆角半径值"60")
选择第一个对象或[放弃(U)/多段线(P)/半径(R)/修剪(T)/多个(M)]:
                                                      (选择要倒圆角的顶角第一个边)
选择第二个对象,或按住 Shift 键选择要应用角点的对象:    (选择要倒圆角的顶角第二个边)
……                                                   [重复上述操作,可为其他顶角倒圆角(略)]
```

（4）在命令行中输入"O",执行【偏移】命令;随后,输入偏移距离"6",并选择已绘制的边框三角形为偏移对象,单击其内侧,自动偏移生成其内侧的衬边三角形;按【空格】键,重复执行【偏移】命令,输入偏移距离"90",选择刚刚生成的衬边三角形,同样单击其内侧,绘制完成最内侧的边框三角形。至此,三角形的边框图绘制完成。

（5）最后,打开【正交模式】、【对象捕捉】和【对象捕捉追踪】功能,设置对象捕捉类型为【中点】;启动【正多边形】绘制命令,在【输入边的数目<3>:】提示下,输入边数"4";捕捉最内侧三角形上边的中点,利用【对象捕捉追踪】功能垂直下移鼠标,并输入位移量"150",确定文字框的中心位置;在【输入选项[内接于圆(I)/外切于圆(C)]<I>:】提示下,输入"c",表示选择"外切于圆"绘制正方形;在【指定圆的半径:】提示下,输入圆的半径值100,于是该文字框绘制完成。

至此,全图绘制完毕。

【实例2-16】 运用上述绘图方法,绘制如图2-43所示"注意信号灯"警告标志。

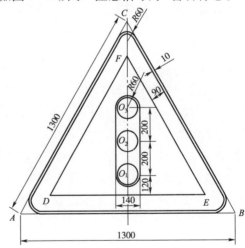

图2-43 "注意信号灯"警告标志

提示:"注意信号灯"警告标志的形状为等边三角形,顶角朝上。该警告标志的绘制要求同前,图形的颜色为红、黄、绿、黑四色,其RGB分别为红色(255,0,0),黄色(165,82,0),绿色(0,255,0),黑色(31,26,23)。

操作步骤：

（1）单击【新建】图标按钮，建立一个【无样板打开—公制（M）】的新图形文件。

（2）先绘制警告标志边框。单击状态栏中的按钮，打开【正交模式】功能；启动【正多边形】绘制命令，并输入边数为"3"；在【指定正多边形的中心点或［边（E）］：】提示下，输入"e"，选择按边长绘制正多边形；在【指定边的第一个端点：】提示下，单击任意一点作为多边形绘制起点 A；在【指定边的第二个端点：】提示下，水平右移鼠标并输入位移量"1300"，确定 B 点，绘制边长 AB；此时，系统会按照给定的边长自动绘制该标志的外框轮廓图 $\triangle ABC$。

（3）再添加三角形的圆角。在命令行中键入"Fillet"命令，或单击【修改】工具栏中【圆角】按钮，启动圆角命令；在系统信息提示下，先键入"r"并输入半径值"60"；再分别选择顶角的两个边，系统将自动生成一个圆角。同理，可为其他顶角添加圆角。

（4）偏移绘制其他三角形边框线。在命令行中输入"O"，启动【偏移】命令；在系统提示下，依次输入偏移距离"10"，选择 $\triangle ABC$ 为偏移对象，在其内部单击鼠标，绘制衬边三角形。重复上述操作，输入偏移距离"90"，可绘制黑边框内侧的三角形。

（5）绘制信号灯。打开【对象捕捉】和【对象捕捉追踪】功能，设置捕捉对象为【中点】和【圆心】；启动【绘圆】命令，首先捕捉底边 DE 的中点，不点击鼠标垂直上移，输入位移量"120"，确定圆心 O_1，输入半径值"60"，绘制下方的绿色信号灯；同理，按【空格】键，重启【绘圆】命令，捕捉圆心 O_1，垂直上移鼠标，输入位移量"200"，确定圆心 O_2，输入同样的半径"60"或直接按【回车】默认上次的输入值，绘制中间的黄色信号灯；类似地，可以绘制位于上方的红色信号灯。

（6）绘制信号灯外壳。再次重启【绘圆】命令，分别捕捉 O_1 和 O_3 为圆心，均输入半径值"70"，绘制上下两个半径为"70"的同心圆；设置捕捉对象为【切点】；启动【直线】命令，分别捕捉并单击 O_1 和 O_3 两个外圆的同侧切点，绘制两侧切点间公切线。

（7）圈选所有图形对象，然后在命令行键入"Trim"命令，或单击【修改】工具栏中【裁剪】按钮，分别点选拟删除的两个 $\phi 70$ 圆的公切线内侧的半圆弧。至此，全图绘制完毕。

2.7 绘制圆环

绘制圆环是创建填充圆环或实体填充圆的一个捷径。在 AutoCAD 中，圆环实际上是由具有一定宽度的多段线封闭而成。在绘制圆环时，用户只需给定圆环的内径和外径，便可通过连续指定圆心来绘制多个圆环。当内径为 0 时，可绘制实心圆。

启动绘制圆环的命令有以下 3 种形式。

- 命令：键入 donut 或 do。
- 图标：单击【常用】▶【绘图】功能面板上【圆环】按钮。
- 菜单：选择菜单栏【绘图】▶【圆环】命令。

基本操作：

（1）执行上述 3 种方式之一，激活绘制【圆环】命令，默认情况下系统将在命令行中依次显示如下提示信息。

命令:_donut	（执行绘制圆环命令）
指定圆环的内径 <0.0000>:70	（提示用户指定圆环的内径,如输入"70"或"0"）
指定圆环的外径 <0.0000>:100	（指定圆环的外径,如输入"100"）
指定圆环的中心点或 <退出>:	（指定圆环中心位置）
指定圆环的中心点或 <退出>:	（指定另一个圆环的中心,若按【回车】则结束绘制）

（2）依据系统提示,用户依次完成上述各步操作,即可完成一个圆环的绘制。如图2-44所示为三种不同填充方式的圆环效果图。

  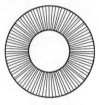

a) 实心圆环　　　　　　　b) 实心圆　　　　　　　c) 空心圆环

图2-44　三种不同填充效果的圆环绘制

提示：在绘制圆环之前,用户可以通过系统变量"fill"来设置是否填充圆环。在命令行中输入"fill"命令后,将出现提示信息"输入模式 ［开(ON)］/［关(OFF)］ <开>:",默认为"开",表示圆环将被填充;如果键入"off"后,则绘制的圆环不被填充。

2.8　绘制修订云线

云线是指由连续弧线组成的云状多段线。通常在审阅或检查图形时,使用云线为需要修改或关注的部位添加标记,也可用于绘制交通工程中带云状边界的图案,比如绘制"注意不利气象条件谨慎驾驶"警告标志中的云状图。

调用修订云线命令有如下3种方法。

- 命令：键入 revcloud。
- 图标：单击工具栏中【修订云线】按钮 ,或单击绘图面板中【绘图】▶【修订云线】按钮 。
- 菜单：选择菜单中【绘图】▶【修订云线】命令。

基本操作：

（1）执行上述3种方式之一,激活【修订云线】命令,系统将在命令行中依次显示如下提示信息和操作步骤。

命令:_revcloud	（执行绘制修订云线命令）
最小弧长:15　最大弧长:15　样式:普通	（显示系统的默认设置信息）
指定起点或 ［弧长(A)/对象(O)/样式(S)］ <对象>:	（提示用户指定云线的起点或选择其他选项）
沿云线路径引导十字光标...	（沿着需要绘制云线的边界移动光标形成路径）
修订云线完成。	（当光标移动到起点附近时,修订云线自动闭合）

解释：在【修订云线】命令执行过程中,各选项的含义说明如下。

【弧长(A)】:用于指定云线中弧线的长度。该选项可以为修订云线的弧长设置默认的最小值和最大值,最大弧长设置不能大于最小弧长的3倍。绘制修订云线时,可以使用拾取点选择较短的弧线段来更改圆弧的大小,也可以通过调整拾取点来编辑修订云线的单个弧长和弦长。

【对象(O)】:用于指定要转换为云线的对象。可以转换为云线的对象包括矩形、圆、椭圆、多边形、多段线或样条曲线等。一旦选择该选项,系统会进一步提示【选择对象】,并在命令行中提示用户选择【反转方向 [是(Y)/否(N)] <否>:】,默认为"否",表示转换后的云线呈外凸状;如果选择"Y",则转换后的云线呈内凹状。

【样式(S)】:用于指定修订云线的样式。系统提供了【普通】和【手绘】两种样式。【手绘】样式可以让修订云线看起来像是用画笔手动绘制的。

(2)在绘制云线的过程中,使用鼠标单击沿途各点,也可以通过拖动鼠标自动生成;当开始点和结束点接近时云线自动封闭,并提示"云线完成",此时生成的对象是云状多段线。

提示:用户可自行尝试将矩形、圆形、椭圆、多边形、样条线等转换为云线,在此不再一一赘述。

【实例2-17】 利用修订云线命令,绘制"注意不利气象条件谨慎驾驶"警告标志中云朵图,如图2-45所示。

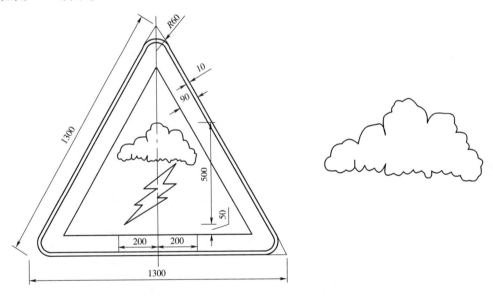

图2-45 "注意不利气象条件谨慎驾驶"警告标志

操作步骤:

(1)键入"revcloud",或单击工具栏中【修订云线】按钮,或选择下拉菜单中【绘图】▶【修订云线】命令,执行【修订云线】命令。

(2)在【指定起点或[弧长(A)/对象(O)/样式(S)] <对象>:】提示下,输入"a",选择【弧长】设置;在【指定最小弧长 <15>:】提示下,输入"30";在【指定最大弧长 <30>:】提示下,输入"50";当再次提示【指定起点或[弧长(A)/对象(O)/样式(S)] <对象>:】时,在绘图区任意单击一点为起点,仿照图示样例拖动鼠标绘制云朵状图案,也可导入底图后描绘该云朵；当鼠标移近至起点时，修订云线会自动封闭，该云线绘制完成。

2.9 绘制样条曲线

样条曲线是指经过或接近一系列给定点的光滑曲线，可以通过起点、控制点、终点的偏差变量来控制曲线与点的拟合程度。样条曲线可用于绘制波浪形状或剖切范围等，如在交通工程制图中绘制"游泳"旅游符号的波浪线、道路路口的导流线等。执行绘制样条线的命令有如下3种方法。

- 命令：键入 spline。
- 图标：单击工具栏中【样条曲线】按钮～，或单击绘图面板上【绘图|样条曲线】按钮～。
- 菜单：选择菜单中【绘图】▶【样条曲线】命令。

【基本操作：】

（1）执行上述3种方式之一，激活【样条曲线】命令，在默认情况下系统将在命令行中依次显示如下提示信息和操作步骤。

命令：_spline	（执行绘制样条曲线命令）
指定第一个点或 [对象(O)]：	（提示用户指定样条线的起点或调用对象选项）
指定下一点：	（指定样条曲线下一点，拖动鼠标可确定曲率）
指定下一点或 [闭合(C)/拟合公差(F)] <起点切向>：	（继续指定下一点或指定起点切向、拟合公差等）
指定下一点或 [闭合(C)/拟合公差(F)] <起点切向>：	（含义同上，若结束可连续按三次空格或回车键）
指定起点切向：	（拖动鼠标指定起点切向）
指定端点切向：	（拖动鼠标指定端点切向）

解释：在执行【样条线】命令过程中，各选项的含义说明如下。

【闭合(C)】：选择该项表示，将最后一点与第一点首尾相连，并在连接处相切，从而生成一条闭合的样条曲线。

【拟合公差(F)】：用于设置或修改拟合当前样条曲线的公差。公差越小，样条曲线与拟合点越接近；公差为0，则样条曲线通过该点。

（2）用户只需依据系统提示，拖动鼠标依次指定样条曲线各通过点位置或设置拟合公差，即可绘制出平滑的闭合或非闭合的样条曲线。

【**实例2-18**】 利用样条曲线命令，绘制"游泳"旅游符号制作图中的波浪线，如图2-46所示。

操作步骤：

（1）键入"spline"，或单击工具栏中【样条曲线】按钮～，或选择菜单中【绘图】▶【样条曲线】命令，执行【样条曲线】绘制命令。

（2）关闭【正交模式】和【对象捕捉】绘图辅助功能。

（3）单击屏幕上一点作为要绘制波浪线的起点 A，依据波浪线的线形及变化趋势，拖动鼠标依次指定样条曲线通过的各拐点位置；当绘制到最右面的端点 B 时，可连续三次按【空格】键结束绘图。于是，第一条波浪线 AB 绘制完成，如图2-47所示。

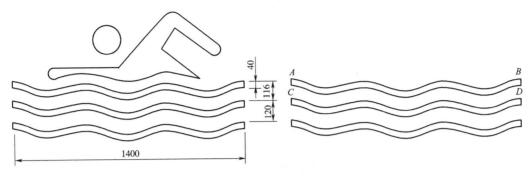

图2-46 "游泳"旅游符号制作图及波浪线

(4)如果对于所绘线形不满意,可单击该样条曲线,此时样条曲线上各控制点处会出现若干个蓝色小方块(夹点);用鼠标拖拽这些夹点,可调整样条曲线的形状与曲率,其效果如图2-48所示。

图2-47 波浪线的绘制　　　　　　　　图2-48 波浪线的调整

(5)由于其他各条波浪线与波浪线 AB 相同,故可采用复制方法生成(后续章节详述),不必重复绘制。具体做法如下:在命令行中键入"copy"命令,或单击【修改】工具栏中【复制】按钮,启动【复制】命令;在【选择对象:】提示下,用鼠标点选波浪线 AB,按【空格】键结束对象选择;在【指定基点或［位移(D)/模式(O)］＜位移＞:】提示下,单击 A 点作为复制的参考基点;在【指定第二个点或 ＜使用第一个点作为位移＞:】提示下,打开【正交模式】,垂直下移鼠标并输入位移量"40",于是第二条波浪线 CD 被复制完成;同理,依次输入位移量"116"、"156"、"236"和"276",可复制其他波浪线。

(6)上述操作完成后,按空格键结束复制,该图绘制完毕。

在上述操作过程中,命令行同步提示与交互信息如下:

命令:_copy	(启动复制命令)
选择对象:找到 1 个	(选择波浪线 AB,系统提示选中 1 个对象)
选择对象:	(按空格键,结束对象选择)
当前设置:　复制模式 = 多个	(显示系统当前设置)
指定基点或［位移(D)/模式(O)］＜位移＞:	(选择 A 点,指定为基点)
指定第二个点或 ＜使用第一个点作为位移＞:40	(垂直下移鼠标,输入位移量 40,复制波浪线 CD)
指定第二个点或［退出(E)/放弃(U)］＜退出＞:116	(输入位移量 116,复制第 2 条波浪线)
指定第二个点或［退出(E)/放弃(U)］＜退出＞:156	(类似地,输入以下各值,复制其他波浪线)
指定第二个点或［退出(E)/放弃(U)］＜退出＞:236	
指定第二个点或［退出(E)/放弃(U)］＜退出＞:276	
指定第二个点或［退出(E)/放弃(U)］＜退出＞:	(按【空格】键,结束复制,绘图完毕)

【实例2-19】 利用样条曲线命令,绘制如图2-49所示的"路口导流线"。

提示:所绘制的导流线宽20cm,填充线形状为直线或 V 形线,填充线宽为45cm,间距为100cm,填充线方向一般与车辆方向成45°夹角,但若导流线与三条以上不同流向的机动车道相邻时,填充线方向可视情况灵活掌握,本例导流线 ABC 区域的填充线夹角为50°。

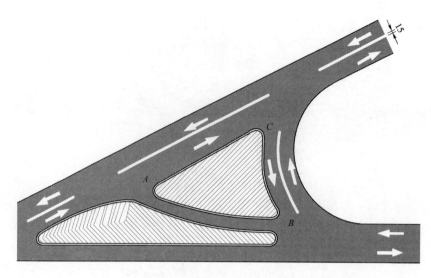

图 2-49　路口导流线（尺寸单位:cm）

说明：路口内导流线的功用是约束车辆按规定的线路行驶,主要用于过宽、不规则或行驶条件比较复杂的交叉路口、立体交叉的匝道口或其他特殊地点。

操作步骤：

(1) 首先,键入"spline",或单击工具栏中【样条曲线】按钮，或选择菜单中【绘图】▶【样条曲线】命令,执行【样条曲线】绘制命令。

(2) 在【指定第一个点或［对象(O)］:】提示下,单击一点 A 作为绘制导流线 ABC 的起点;在【指定下一点:】提示下,移动鼠标,按照导流线的形状与变化趋势,点选导流线通过的第二点位置;依次类推,在【指定下一点或［闭合(C)/拟合公差(F)］＜起点切向＞:】提示下,不断地移动鼠标,依次点选导流线所通过的曲线各拐点及重要节点,并注意随时拖动鼠标调整样条线的切线方向;当绕行一周重新返回到 A 点附近时,输入"c",使样条曲线自行闭合;按【空格】键,结束样条曲线的绘制。这样,一条封闭的样条曲线——导流线轮廓 ABC 绘制完成。

(3) 启动【偏移】命令,输入偏移量"20";选择上述绘制的导流线,在曲线内部单击鼠标,于是宽度为 20 的导流线内轮廓线绘制完成。

(4) 启动【直线】命令,按与水平线夹角为 50°的要求绘制填充线,并删除多余线段。至此,导流线及其填充线绘制完毕。

2.10　绘制点对象

在绘图时,点通常被作为定位或对象捕捉的参考点,绘图完成后可以将这些参考点删除或隐藏。在 AutoCAD2010 绘制点时,用户可以采用键盘输入坐标法、鼠标在绘图区内拾取点法、利用对象捕捉法等方式来确定点的位置;用户可以绘制单点或多点对象,也可以利用定数等分法或定距等分法来等分线段、圆或圆弧等对象,还可以用于确定所绘制圆或圆弧的圆心位置等。但在 AutoCAD 中,并不经常使用点。

2.10.1 设置点样式

在默认情况下，AutoCAD中的点样式为很小的黑点，所绘制的点对象难以在屏幕上区分，而且当与其他线重合时更是无法看到。因此，当需要在图形上绘制一些特殊点对象时，应先对点的样式进行设置。设置点样式有如下两种方式。

- 命令：键入 ddptype。
- 菜单：单击菜单栏中【格式】➤【点样式】命令。

【基本操作】

(1) 执行上述两种方式之一，激活【点样式】设置命令，打开【点样式】对话框，如图2-50所示。

(2) 在该对话框中，系统提供了20种不同形状的点样式，用户可根据需要从中选择一种样式。

(3) 用户可在对话框的【点大小】文本框中输入点的大小数值，并在其下方的单选项中选择点的大小显示方式。

说明：【点样式】对话框中的两个单选项显示方式的含义如下。

【相对于屏幕设置大小】：该单选项，表示按屏幕尺寸的百分比设置点的显示大小，当进行缩放时点的显示大小不改变。

【按绝对单位设置大小】：该单选项，表示按【点大小】文本框中指定的实际单位来设置点的显示大小，当进行缩放时显示点的大小随之改变。

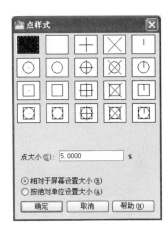

图2-50 【点样式】对话框

(4) 设置完毕后，单击【确定】即可。

2.10.2 绘制单点对象

在AutoCAD2010中，每执行一次单点命令只能绘制一个单点。绘制单点的方法主要有以下两种。

- 命令：键入 point 或 po。
- 菜单：单击菜单栏中【绘图】➤【点】➤【单点】命令。

【基本操作】

(1) 执行上述任意一种操作后，激活绘制【单点】命令，系统将在命令行中依次显示如下提示信息。

```
命令：_point                                    (启动单点绘制命令)
当前点模式：PDMODE = 0    PDSIZE = 0.0000      (显示当前点的模式及大小)
指定点：                                        (提示在绘图区中，点击鼠标指定点的位置)
```

(2) 用户使用鼠标在屏幕上每单击一次，便在光标处绘制一个点对象。

说明：在提示信息中，【当前点模式：PDMODE = 0   PDSIZE = 0.0000】显示系统变量设置，表示点对象的外观及大小。如果用户需要修改点的外观和大小两个系统变量，可通过

【点样式】对话框来重新设置。

2.10.3 绘制多点对象

若要绘制多个点对象,使用单点命令十分烦琐且效率低下,故而可以使用绘制多点命令,具体方法有以下两种形式。

- 图标:单击【绘图】工具栏上【多点】按钮 ,或点选【常用】▶【绘图】功能面板上【多点】按钮 。
- 菜单:单击菜单栏中【绘图】▶【点】▶【多点】命令。

基本操作:

(1)执行上述任意一种命令形式后,在绘图窗口中一次可连续绘制多个点对象。
(2)如果要结束绘制多点对象,可直接按【Esc】键退出该命令。

2.10.4 绘制定数等分点

定数等分是指将所选对象按指定数目等分为相等长度。在一个对象上,按指定数目等间距创建点或插入块,这个操作并不是将对象实际等分为单独的对象,而是仅仅表明定数等分的位置,可辅助绘制其他图形。创建定数等分点主要有以下几种方法。

- 命令:键入 divide。
- 图标:单击【常用】▶【绘图】功能面板上【多点】下拉列表 中【定数等分】按钮 。
- 菜单:选择菜单栏中【绘图】▶【点】▶【定数等分】命令。

基本操作:

(1)执行上述任意一种方式,激活【定数等分】命令,系统将在命令行中依次显示如下提示信息。

命令:_divide	(启动定数等分命令)
选择要定数等分的对象:	(提示用户选择要等分的对象)
输入线段数目或 [块(B)]:5	(要求输入等分数目或块数)

(2)用户使用鼠标点选要等分的对象,然后输入等分数目,即可完成对象的定数等分。如将一条直线段和一个圆进行定数等分后的效果,如图2-51 所示。

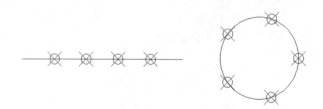

图2-51 【定数等分】对象效果

说明:在定数等分对象时,若等分的是一个闭合对象,则等分点的数目与对象的等分数相同;若等分一个非闭合对象,则等分点数比对象的等分数少1。定数等分对象后,每一段长度都是均匀相等的,而定距等分对象后有时会产生最后一段线段与前面所分线段长度不等的现象。

2.10.5 绘制定距等分点

定距等分是指在所选对象上按指定距离绘制多个点对象。创建定距等分点主要有以下几种方法。

- 命令:键入 measure 或 me。
- 图标:单击【常用】▶【绘图】功能面板上【多点】下拉列表中【定距等分】按钮。
- 菜单:选择菜单栏中【绘图】▶【点】▶【定距等分】命令。

【基本操作】:

(1) 执行上述任意一种操作方式,激活【定距等分】命令,系统将在命令行中依次显示如下提示信息。

命令:_measure	(启动定距等分命令)
选择要定距等分的对象:	(提示用户选择等分对象)
指定线段长度或[块(B)]:400	(要求输入等分线段长度或块数)

(2) 用鼠标点选要等分的对象,并输入等分线段长度,即可完成对象的定距等分。如将一条直线段和一个圆进行定距等分后的效果,如图2-52所示。

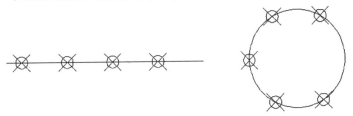

图2-52 【定距等分】对象效果

【实例2-20】 利用绘制点对象的方法,绘制由突起路标组成的单实线示意图,如图2-53所示。

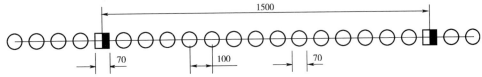

图2-53 由突起路标组成的单实线标线示意图(尺寸单位:cm)

提示:突起路标,又称为道钉,是固定在路面上起标线作用的突起标记块,可在高速公路或其他道路上用来标记中心线、车道分界线、边缘线,也可用来标记弯道、进出口匝道、导流标线、道路变窄、路面障碍物等危险路段。一般配合路面标线使用,或以模拟路面标线的形式使用。图2-53给出了部分由突起路标组成的单实线标线示意图,其中定向反光型突起路标的颜色应与涂料标线相一致,布设间隔为15m(图中以正方形表示);不反光的突起路标可采用瓷片或其他材料制作,其布设间距原则上为1~1.2m(图中以圆形表示)。在该图中,突起路标的尺寸并非实际尺寸,仅为作图示意。

操作步骤：

（1）新建一个【无样板打开—公制（M）】的图形文件，打开【正交模式】和【对象捕捉】功能，设置捕捉对象为【端点】和【中点】。

（2）执行【直线】命令，绘制一长 1500cm 的直线段。

（3）在命令行中键入"DDPTYPE"，或单击菜单栏中【格式】▶【点样式】命令，打开【点样式】设置对话框，从中选择第 2 行第 2 列的"圆形"点样式，设置【点大小】为 70，并选择【按绝对单位设置点大小】单选项，设置完成后单击【确定】返回。

（4）在命令行中键入"Divide"，或选择菜单栏中【绘图】▶【点】▶【定数等分】命令，启动按定数等分及绘制点对象的功能；在【选择要定数等分的对象：】提示下，点选前面绘制的线段；在【输入线段数目或［块（B）］：】提示下，输入要等分的线段数"15"，于是系统自动等分该线段，并同步绘制点对象，效果如图 2-54 所示。

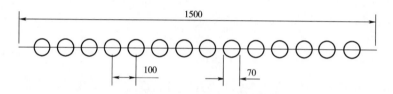

图 2-54　利用定数等分法绘制点对象(尺寸单位:cm)

（5）启动【正多边形】绘制命令，先捕捉线段的左端点作为中心点；在【输入选项［内接于圆（I）/外切于圆（C）］＜I＞:】提示下，输入"C"；在【指定圆的半径:】提示下，输入"35"，于是一个 70×70 的正方形绘制完成。随后，启动【直线】命令，通过分别捕捉正方形的上、下边的中点绘制一条连线，将正方形划分为左右两部分。用同样的方法，可以绘制线段右端点处的正方形。绘制两端正方形后的效果，如图 2-55 所示。

图 2-55　绘制线段两端的正方形

（6）最后，利用【填充图案】工具为正方形填充图案。在命令行中键入"bhatch"，或单击【绘图】工具栏中【图案填充】按钮，系统打开【图案填充和渐变色】对话框；在对话框中，单击【图案填充】选项卡中【图案】选项右侧的按钮，继续打开【填充图案选项板】对话框，并从中选择【其他预定义】选项卡中的"SOLID"选项；在返回【图案填充和渐变色】对话框后，单击【边界】选项组中【添加:拾取点】按钮，系统将自动切换至绘图窗口中；用"十"字鼠标分别点选两个正方形右半侧区域内任意一点，选定填充区域；按【空格】键结束填充区域选择，系统会再次返回到【图案填充和渐变色】对话框；单击对话框中【确定】按钮，于是所选区域将被填充为"黑色"。（"填充图案"工具的使用将在后续章节中详述。）

（7）至此，一段由突起路标组成的单实线标线绘制完成，其效果如图 2-56 所示。

图2-56 一段由突起路标组成的单实线标线绘制效果

2.11 绘制多段线

多段线是指由各种直线段或者圆弧段组成的单一的实体对象。在AutoCAD中绘制多段线时,允许用户对每条线段或弧段设置成不同的宽度,也允许同一条线段或弧段设置成两个端点宽度不等的线型。多段线作为一个整体对象可以进行各种编辑,利用多段线可以绘制一些特殊图形和复杂的基本图形。在交通工程绘图中,可使用多段线来绘制双向车道的中心分割线、同向车道的分界线、交叉口前停车线以及人行过街横道线等。

调用多段线绘图命令常用如下3种方法。
- 命令:键入pline或pl。
- 图标:单击【绘图】功能面板上或【绘图】工具栏上【多段线】按钮 。
- 菜单:点选菜单栏中【绘图】▶【多段线】命令。

【基本操作】:

(1)执行上述3种方式之一,激活【多段线】绘制命令,系统会根据用户的选择在命令行中交互显示如下提示与操作信息。

命令: _pline	(启动多段线绘制命令)
指定起点:	(要求用户指定起始点位置)
当前线宽为0.0000	(提示用户当前线宽默认为0)
指定下一个点或 [圆弧(A)/半宽(H)/长度(L)/放弃(U)/宽度(W)]:	(提示输入下一点位置或选项设置)
指定下一个点或 [圆弧(A)/半宽(H)/长度(L)/放弃(U)/宽度(W)]: w	(若键入"w",表示设置线宽)
指定起点宽度 <0.0000>:	(提示输入线型起点宽度)
指定端点宽度 <20.0000>:	(提示输入线型端点宽度)
指定下一个点或 [圆弧(A)/半宽(H)/长度(L)/放弃(U)/宽度(W)]: h	(若键入"h",表示设置半宽)
指定起点半宽 <0.0000>:	(提示输入起点线宽的一半值)
指定端点半宽 <20.0000>:	(提示输入端点线宽的一半值)
指定下一个点或 [圆弧(A)/半宽(H)/长度(L)/放弃(U)/宽度(W)]: L	(若键入"L",表示设置线长)
指定直线的长度:	(提示输入线段长度)
指定下一点或 [圆弧(A)/半宽(H)/长度(L)/放弃(U)/宽度(W)]: a	(若键入"a",表示圆弧连接)
指定圆弧的端点或[角度(A)/圆心(CE)/闭合(CL)/方向(D)/半宽(H)/直线(L)/半径(R)/第二个点(S)/放弃(U)/宽度(W)]:	(提示用户指定圆弧的端点,或输入角度、圆心、半径、第二个圆弧点等参数)
……	
指定下一点或 [圆弧(A)/闭合(C)/半宽(H)/长度(L)/放弃(U)/宽度(W)]:	(若键入"c",生成闭合图形;键入"U",放弃上一步操作;按【Enter】或【Esc】,结束操作)

(2)依据系统的提示信息,用户可根据绘图的需要,适当选项和操作,即可完成一条多段线的绘制。

解释：在上述命令执行过程中，有关选项的含义及参数设置说明如下。

【指定下一个点】：提示用户指定多段线的下一个端点。在默认情况下，当指定了下一个点后，系统将从前一点位置到该点绘制一段多段线。

【圆弧(A)】：该项表示从绘制直线方式切换到绘制圆弧方式。

【半宽(H)】：用于设置多段线的半线宽度，即多段线宽度的一半值。其中，所绘对象的起点半宽和端点半宽可以分别指定。

【长度(L)】：用于指定绘制的直线段长度。选择该项后，AutoCAD 将以该长度沿着上一段直线的方向绘制直线段；如果前一段线是圆弧，则该段直线的方向为上一圆弧端点的切线方向。

【放弃(U)】：选择该项，表示撤销上一步所绘的直线段或者圆弧段，以便及时修正在绘图过程中的错误操作。

【宽度(W)】：用于设置多段线的宽度，可以分别指定对象的起点宽度和端点宽度。对于设定了线宽的多段线，可配合使用"FILL"命令决定是否设置内部填充。在命令行中键入"FILL"后，系统会出现【输入模式［开(ON)/关(OFF)］＜关＞】提示信息，若将模式设置成"ON"(开)，则绘制的多段线是被填充的；若将模式设置成"OFF"(关)，则所绘多段线是不填充的。

【闭合(C)】：该选项在绘制两点多段线以后才会出现，用于绘制闭合多段线并结束命令。在命令提示行中键入"c"后，系统将以当前点为起点，以多段线的起点为端点，以当前宽度和绘图方式(直线方式或圆弧方式)绘制一段线段，形成一个封闭多段线并自动结束绘图命令。

提示：如果在命令行【指定下一个点或［圆弧(A)/半宽(H)/长度(L)/放弃(U)/宽度(W)］】提示下，用户输入"A"，则系统会切换到圆弧绘制方式，此时的命令行将进一步显示如下提示信息供用户选择。

指定圆弧的端点或
［角度(A)/圆心(CE)/闭合(CL)/方向(D)/半宽(H)/直线(L)/半径(R)/第二个点(S)/放弃(U)/宽度(W)］：

解释：该命令行中各有关选项的含义如下。

【角度(A)】：表示根据圆弧对应的圆心角来绘制圆弧段。选择该项后，需要在命令行提示下输入圆弧的包含角，其中圆弧的方向与角度的正负有关，也与当前角度的测量方向有关。

【圆心(CE)】：表示根据圆弧的圆心位置来绘制圆弧段。此时，需要在命令行提示下指定圆弧的圆心。当确定了圆弧的圆心位置后，可以再指定圆弧的端点、包含角或对应弦长中的一个条件来绘制圆弧。

【闭合(CL)】：表示以最后绘图一点和多段线起点作为圆弧的两个端点，绘制一条圆弧以封闭多段线。此项操作后，将结束多段线绘制命令。

【方向(D)】：表示依据起始点处的切线方向来绘制圆弧。选择该项后，可通过输入起始点方向与水平方向的夹角来确定圆弧的起点切向；也可在命令行提示下确定一点，系统将把圆弧的起点与该点的连线作为绘制圆弧的起点切向。当确定了起点切向后，再确定圆弧另一个端点即可绘制圆弧。

【半宽(H)】：设置圆弧起点的半宽度和终点的半宽度。

【直线(L)】:将多段线命令由绘制圆弧方式切换到绘制直线的方式,此时将返回到【指定下一个点或[圆弧(A)/半宽(H)/长度(L)/放弃(U)/宽度(W)]:】提示状态。

【半径(R)】:表示根据半径来绘制圆弧。选择该选项后,需要输入圆弧的半径,并通过指定端点和包含角中的一个条件来绘制圆弧。

【第二个点(S)】:表示可根据三点定弧来绘制一个圆弧。

【放弃(U)】:取消上一次绘制的圆弧。

【宽度(W)】:设置圆弧的起点线宽和终点线宽。

说明:

(1)一旦选定上述某项操作,系统会根据用户的选项,自动提示下一步操作信息。对于不同的选项,系统的提示信息不同,用户可根据提示内容并结合实际绘图需要,正确灵活地选用,具体操作不再一一赘述。

(2)除了 pline 命令绘制多段线外,还有 rectang、polygon、donut、boundary 和 revcloud 等命令也都能生成 lwpolyline(优化多段线)对象类型。

【实例2-21】 运用多段线绘图法绘制 U 形箭头,如图2-57所示。

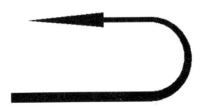

操作步骤:

(1)单击【新建】按钮，创建一个【无样板打开—公制(M)】的新图形文件;打开【正交模式】功能。

(2)在绘图功能面板或绘图工具栏上单击【多段线】按钮，或在命令行中键入"PL",激活绘制【多段线】命令。

图2-57 用多段线绘制的U形箭头

(3)在随后的绘图过程中,用户可依据命令行中的提示信息并结合实际绘图需要,交互完成如下绘图操作步骤。

```
命令:_pline                                    (启动多段线绘制命令)
指定起点:                                       (提示用户单击一点作为U形箭头尾部的起点,并水平右移鼠标)
当前线宽为 1.0000                                (系统显示当前默认线宽)
指定下一个点或[圆弧(A)/半宽(H)/长度(L)/放弃(U)/宽度(W)]:w
                                                (输入"w",选择设置线宽)
指定起点宽度 <1.0000>:10                          (输入起点线宽值"10")
指定端点宽度 <1.0000>:10                          (输入端点线宽值"10")
指定下一个点或[圆弧(A)/半宽(H)/长度(L)/放弃(U)/宽度(W)]:L
                                                (输入"L",设置线段长度)
指定直线的长度:150                                (输入线段长度值"150",绘制U形箭头尾部)
指定下一点或[圆弧(A)/闭合(C)/半宽(H)/长度(L)/放弃(U)/宽度(W)]:w
                                                (输入"w",设置下段线宽)
指定起点宽度 <10.0000>:                           (输入起点线宽,回车默认不变)
指定端点宽度 <10.0000>:5                          (输入终点线宽"5")
指定下一点或[圆弧(A)/闭合(C)/半宽(H)/长度(L)/放弃(U)/宽度(W)]:a
                                                (输入"a",切换到弧线方式)
指定圆弧的端点或
[角度(A)/圆心(CE)/闭合(CL)/方向(D)/半宽(H)/直线(L)/半径(R)/第二个点(S)/放弃(U)/宽度(W)]:@0,80
                                                (输入圆弧另一个端点的相对坐标"@0,80",绘制U形箭头中部)
```

指定圆弧的端点或

[角度(A)/圆心(CE)/闭合(CL)/方向(D)/半宽(H)/直线(L)/半径(R)/第二个点(S)/放弃(U)/宽度(W)]：L
（输入"L"，切换回直线方式，水平左移鼠标）

指定下一点或［圆弧(A)/闭合(C)/半宽(H)/长度(L)/放弃(U)/宽度(W)］：L
（再输入"L"，设置线长）

指定直线的长度：50　　　　　　　　　　　　（输入线段长度值"50"，绘制U形箭头颈部）

指定下一点或［圆弧(A)/闭合(C)/半宽(H)/长度(L)/放弃(U)/宽度(W)］：w
（再次选择设置线宽）

指定起点宽度 <5.0000>：15　　　　　　　　（输入起点线宽值"15"）

指定端点宽度 <15.0000>：0　　　　　　　　 （输入端点线宽值"0"）

指定下一点或［圆弧(A)/闭合(C)/半宽(H)/长度(L)/放弃(U)/宽度(W)］：L
（选择设置线段长度）

指定直线的长度：80　　　　　　　　　　　　（输入线段长度值"80"，绘制U形箭头的头部）

指定下一点或［圆弧(A)/闭合(C)/半宽(H)/长度(L)/放弃(U)/宽度(W)］：
（在此状态下，【回车】结束）

（4）至此，"U形箭头"绘制完毕。

2.12　绘制道路交通标线

道路标线中的车行道分界线属于特殊线型，通常分为"69"线、"46"线和"24"线等不同的类型，也有一些其他线型。"69"线是指可跨越的同向车行道分界线，为白色虚线，其线段及间隔尺寸分别为6m和9m，适用于设计速度不小于60km/h的道路车道分界线；"24"线与"69"线相似，其线段及间隔尺寸分别为2m和4m，适用于设计速度小于60km/h的道路车道分界线；"46"线则是指可跨越的对向车行道分界线，为单黄虚线，其线段及间隔长分别为4m和6m。上述行车分界线的线宽一般为10cm或15cm。在AutoCAD中，由于没有预先设置这些标线的线型，故在绘制这些车行道标线时应事先定义。

下面，将详细阐述有关CAD线型的设置方法。

2.12.1　线型的定义

AutoCAD中的线型是以线型文件（也称为线型库）的形式保存，其类型是以".lin"为扩展名的ASCII文件。可以在AutoCAD中加载已有的线型文件，并从中选择所需的线型；也可以修改原有的线型文件或创建一个新的线型文件。AutoCAD提供了两个线型文件，即AutoCAD文件夹的"SUPPORT"子文件夹中的"acad.lin"和"acadiso.lin"，分别在使用样板文件"acad.dwt"和"acadiso.dwt"创建文件时被调用。在这两个文件中，定义的线型种类和格式基本相同，其区别仅在于线型的尺寸略有不同。

1）线型定义格式

线型定义由标题行和模式行两部分组成。

（1）标题行：由线型名称和线型描述组成，以"＊"为开始标记，线型名称和描述间由逗号分开，其格式如下。

　　　　＊linetype-name［, description］（＊线型名称[,线型描述]）

(2)模式行:由对齐码和线型规格说明组成,中间由逗号分开,其格式如下。
    alignment,patdesc-1,patdesc-2,…(对齐码,线型规格说明…)
例如:在 acad.lin 文件中对 BORDER(边界线)的定义如下。

*BORDER,Border __ . __ . __ . __ .
A,.5,-.25,.5,-.25,0,-.25

上述对齐码"A"表示该线型采用两端对齐方式。目前,AutoCAD 仅支持这一种对齐方式。
2)简单线型的定义
简单线型是由短划线(Dash)、点(Dot)和空格(Space)组合而成。在简单线型的规格说明中,正数表示短划线的长度值,负数表示空格的长度,0 表示点。例如在 BORDER 的规格说明"A,.5,-.25,.5,-.25,0,-.25"中,.5 表示 0.5 个单位长的短划线,-.25 表示 0.25 个单位长的空格,0 表示一个点。
3)复杂线型的定义
复杂线型是在简单线型中嵌入符号、字符串或形等其他元素而成的。
(1)在线型规格说明中嵌入文字的格式为:
    ["string",style,R=n1,A=n2,S=n3,X=n5,Y=n6]
其中:
"string":嵌入的文字,须用双引号括起来。
style:嵌入文字所用的文字样式名。
R:嵌入文字相对于画线方向的倾斜角度。
A:嵌入文字相对于 WCS 坐标系中 X 轴正向的倾斜角度。
S:嵌入文字的比例因子。
X:嵌入文字在画线方向上的偏移量。
Y:嵌入文字在画线方向的垂向上的偏移量。
例如:在 acad.lin 文件中对"GAS_LINE"线型的定义如下:
*GAS_LINE,Gas line - - - -GAS- - - -GAS- - - -GAS- - - -GAS- - - -GAS- - - -GAS- -
A,.5,-.2,["GAS",STANDARD,S=.1,R=0.0,X=-0.1,Y=-.05],-.25
(2)在线型规格说明中嵌入形的格式为:
    [shape,shape file,R=n1,A=n2,S=n3,X=n5,Y=n6]
其中:
shape:嵌入的形。
shape file:嵌入形所在的形文件,该文件应在 AutoCAD 的系统路径中。
R、A、S、X、Y 的意义同上。
例如:在 acad.lin 文件中对"GAS_LINE"线型的定义如下:
*FENCELINE2,Fenceline square - - - -[ ]- - - - -[ ]- - - - -[ ]- - - - -[ ]- - - - -[ ]- - -
A,.25,-.1,[BOX,ltypeshp.shx,x=-.1,s=.1],-.1,1

2.12.2 线型的创建和修改

在掌握了上述线型定义的基础上,下面讲述如何对标准线型修改或创建新的线型。在 AutoCAD 2010 中提供了【-Linetype】命令对线型进行各种操作。现在就使用该命令,在 AutoCAD 环境下创建一个新的线型和线型文件。

【实例 2-22】 使用"-linetype"命令,创建不同线型比例的"INTERVAL"系列线型,并进行效果对比。

操作步骤:

(1)在命令行中键入"-linetype",系统会在命令行中交互显示如下信息。

```
命令：- linetype                              (执行创建线型命令)
当前线型："ByLayer"                           (显示系统当前线型设置)
输入选项[？/创建(C)/加载(L)/设置(S)]：c        (提示用户选项操作,这里键入 c 表示创建新线型)
输入要创建的线型名：INTERVAL-1                (键入新线型的文件名"INTERVAL-1")
```

(2)上述操作完成后,系统弹出【创建或附加线型文件】对话框,如图 2-58 所示。

图 2-58　[创建或附加线型文件]对话框

(3)在该对话框的【文件名】列表框中输入线型名"user.lin",单击【保存】按钮并返回。

(4)系统自动创建并打开了一个新的线型文件"user.lin"。在命令行【说明文字:】提示下,输入线型描述性文字或符号;在【输入线型图案(下一行):】提示下,输入线型图案的参数值并【回车】,于是一种新的线型创建完成。线型设置将被自动保存到 user.lin 文档中。

在该操作过程中,命令行提示与交互信息如下:

```
说明文字：Interval-1____.__.____.__.____.__.    (提示用户输入描述性文字或符号)
输入线型图案(下一行)：                           (提示用户在下一行中输入线型图案)
A,8,-1,0,-1,2,-1,0,-1                          (输入线型图案参数值)
新线型定义已保存到文件。                         (提示新的线型已被定义和保存)
输入选项[？/创建(C)/加载(L)/设置(S)]：            (直接按【回车】键,结束线型创建)
```

(5)若继续创建其他线型,可在【输入选项[?/创建(C)/加载(L)/设置(S)]:】提示下,再次键入"c";在【输入要创建的线型名:】提示下,输入线型名"INTERVAL-2";此时,系统会自动检查线型是否被定义,若已定义过则提示用户是否覆盖,若没定义过则转入下一步操作;在【说明文字:】提示下,输入新线型描述性文字或符号;在【输入线型图案(下一行):】提示下,输入新线型图案的参数值,这里设置为 INTERVAL-1 线型参数值的两倍。至此,又一种新线型创建完成并被保存。该操作过程中,命令行提示信息如下:

```
输入选项[?/创建(C)/加载(L)/设置(S)]: c                    (键入c,继续创建下一种新线型)
输入要创建的线型名: INTERVAL-2                          (输入新线型名"INTERVAL-2")
请稍候,正在检查线型是否已定义……                        (系统自行检查是否该线型被定义)
说明文字: Interval-2*2 _____ . __ . _____ . __ .      (输入新线型描述性文字或符号)
输入线型图案(下一行):
A,16,-2,0,-2,4,-2,0,-2                                   (输入新线型图案的参数值)
应用逗号分隔点划定义。
输入选项[?/创建(C)/加载(L)/设置(S)]:                    (按【回车】键,结束线型创建)
```

(6)当再次显示【输入选项[?/创建(C)/加载(L)/设置(S)]:】提示时,按【回车】键,结束线型创建。

(7)线型效果对比。单击菜单栏中【格式】▶【线型】命令,或单击【特性】工具栏的【线型控制】下拉列表中【其他】选项,弹出【线型管理器】对话框;从中单击【加载】按钮,弹出【加载或重载线型】对话框;单击【文件(F)…】按钮,继续打开【选择线型文件】对话框;从默认的路径下选择"User.lin"文件,单击【打开】按钮,系统自动返回上一个对话框;从【可选线型】列表框中,按住"Ctrl"键,同时用鼠标点选需要加载的线型"Interval-1"和"Interval-2",然后单击【确定】按钮将两种线型同时调入;当返回【线型管理器】对话框后,用户可进一步从【线型过滤器】中选择需要的两种线型,单击【确定】将其载入;再次单击【特性】工具栏的【线型控制】下拉列表,从中选择"Interval-1",并运用【直线】命令绘制一条100单位长度的线段,再从【线型控制】中选择线型"Interval-2",绘制另一条100单位长度的线段,两线型的对比效果如图2-59所示。

图2-59 两种新线型的对比效果

提示:新建线型文档的默认保存路径为"C:\\Documents and Settings\\Administrator\\Application Data\\Autodesk\\AutoCAD 2010\\R18.0\\chs\\Support"。

由于线型文件是 ASCII 格式,因此用户可以完全脱离 AutoCAD 环境,直接使用任一文本编辑器打开或创建线型文件,并对其内容进行补充和修改。

【实例2-23】 使用"记事本"程序,创建"ARROW"线型,并绘线观察效果。

操作步骤:

(1)启动 Windows 附件中的【记事本】,从路径"C:\\Documents and Settings\\Administrator\\Application Data\\Autodesk\\AutoCAD 2010\\R18.0\\chs\\Support"中,打开在前面实例中创建的"user.lin"文件。

(2) 在该文件中添加如下内容并予以保存。

＊Arrow, Arrow - - > - - > - - >

A,2.5, -.5,[" > ",STANDARD,S = 1,R = 0.0,X = -1,Y = -.5], -1

(3) 在 AutoCAD 2010 中,打开【特性】工具栏中【线型控制】下拉列表框,从中单击【其他】选项;从弹出的【线型管理器】对话框中,单击【加载】按钮,打开【加载或重载线型】对话框;单击其中的【文件(F)…】按钮,继续打开【选择线型文件】对话框;从默认的路径下选择需载入的线型文件"User.lin",单击【打开】按钮,将其载入到【加载或重载线型】对话框中;从该对话框的【可用线型】列表框中,选择需要加载的线型"ARROW",单击【确定】按钮,于是该线型被加载到【线型管理器】的列表框中;在【线型管理器】对话框的列表框中选择"AR-ROW"并单击【当前】按钮,将其设为当前线型,最后单击【确定】,退出【线型管理器】对话框,于是一种新的线型创建并加载成功。

(4) 在【特性】工具栏的【线型控制】下拉列表中,选择"ARROW"线型(若已经将其设置为"当前"线型,该步则可省略);启动【直线】绘制命令,运用该线型绘制一条直线,观察其效果如图 2-60 所示。

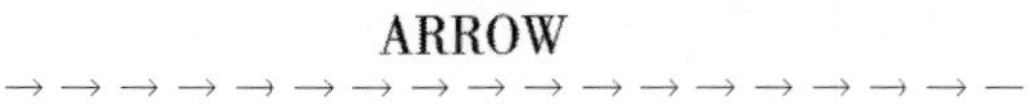

→→→→→→→→→→→→→→—ARROW

图 2-60 使用"ARROW"线型的绘图效果

2.12.3 线型比例的设置

在 AutoCAD 中,当使用虚线、点划线、中心线等线型绘制图形后,常常会发现事先定义的点划线,输出却像实线,究其原因,往往是由于线型比例设置不当所致。前面已经介绍过,除了"Continuous"线型外,每一种线型都是由实线段、空白段、点、文字或形所组成的序列,且在线型定义文件中已经定义了这些小段的标准长度。然而,在屏幕上显示和打印机中输出的这些小段长度并非为标准长度,在屏幕上实际显示的每一小段长度还取决于显示时的缩放倍数及线型比例,在打印机或绘图仪上实际输出的每一小段长度则取决于输出比例及线型比例。由此可见,当显示或者打印出的线型不合适时,用户可以通过改变"线型比例"系统变量的方法来放大或缩小所有线型的每一小段的长度,从而改变输出线型的效果。

线型比例分为三种:【全局比例因子】、【当前对象的缩放比例】和【图纸空间的线型缩放比例】。【全局比例因子】控制所有新的和现有的线型比例因子;【当前对象的缩放比例】控制新建对象的线型比例;【图纸空间的线型缩放比例】的作用是,当【缩放时使用图纸空间单位】选项被选中时,AutoCAD 会自动调整不同图纸空间视窗中线型的缩放比例。这三种线型比例分别由 LTSCALE、CELTSCALE 和 PSLTSCALE 三个系统变量控制。

下面分别介绍有关比例的设置方法。

(1)【全局比例因子】:用于控制所有线型的比例因子。通常,该比例因子值越小,表示每个绘图单位中画出的重复图案就越多。在缺省情况下,AutoCAD 的全局线型缩放比例为1.0,该比例等于一个绘图单位。用户可单击菜单中【格式】▶【线型】命令,打开【线型管理器】对话框,在对话框的右上方单击【显示细节】按钮,展开【详细信息】选项区,从中直接输入【全局比例因子】的数值即可,如图 2-61 所示;也可以在命令行中键入 LTSCALE 命令进行设置。

命令：LTSCALE　　　　　　　　　　　　　　　　（启动全局比例因子系统变量）
输入新线型比例因子 <1.0000>：2　　　　　　　（输入一个正实数作为比例因子,然后【回车】）
正在重生成模型。　　　　　　　　　　　　　　　（系统重新刷新图形,完成线型修改）

图 2-61　【线型管理器】对话框

（2）【当前对象的缩放比例】：其设置方法与【全局比例因子】基本相同。用户可单击菜单中【格式】▶【线型】命令,在弹出的【线型管理器】对话框中的【详细信息】选项区内,直接输入【当前对象的缩放比例】的数值,或在命令行中键入 CELTSCALE 系统变量来控制新建对象的线型比例。

命令：CELTSCALE　　　　　　　　　　　　　　（启动当前对象的缩放比例系统变量）
输入 CELTSCALE 的新值 <5.0000>：　　　　　　（输入一个正实数,作为当前线型的缩放比例）

说明：用户也可以对已经绘制对象的线型进行比例缩放或修改。用户可先选中所绘对象,在其上右击鼠标,弹出一个快捷菜单,从中点选【特性】选项,打开【特性】快捷面板,如图 2-62 所示；在其中的【线型比例】栏中,输入新的线型比例值并按【回车】键,或在空白处点击鼠标确认,于是所选对象的线型比例修改完成。

提示：线型最终生成的缩放比例是"当前对象比例因子"与"全局比例因子"的乘积。例如：在 CELTSCALE = 2 的设置下绘制的点划线,若将全局比例因子 LTSCALE 设为 0.5,则其效果与在 CELTSCALE = 1 设置下绘制 LTSCALE = 1 的点划线的效果相同。

（3）【图纸空间的线型缩放比例】：该缩放比例,在处理多个视窗时非常有用。当用户在【线型管理器】中选择了【缩放时使用图纸空间单位】复选框后,表示按相同的比例在图纸空间和模型空间缩放线型。此时,可以使用两种方法来设置线型比例：一是按创建对象时所在空间的图形单位进行比例缩放,二是基于图纸空间单位进行比例缩放。

【图纸空间的线型缩放比例】设置使用 PSLTSCALE 系统

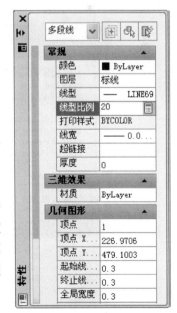

图 2-62　【特性】快捷面板

变量控制,其值有两种选择:"0"或"1"。"0"为缺省值,表示无特殊线型比例,此时线型的点划线长度基于创建对象空间(图纸或模型)的绘图单位,按 LTSCALE 设置的【全局比例因子】进行缩放;"1"表示由视窗比例控制线型比例,如果 TILEMODE 变量设置为 0,即使对于模型空间中的对象,其点划线长度也是基于图纸空间的图形单位。在这种模式下,视窗可以有多种缩放比例,但显示的线型相同。对于特殊线型,视窗中的点划线长度与图纸空间中直线的点划线长度相同,此时仍可以使用 LTSCALE 控制点划线长度。

提示:应该注意的是,改变 psltscale 的设置或在 psltscale 设置为 1 时,使用诸如 zoom 这样的缩放命令,视窗中的对象并不能按照新的线型比例自动重新生成。如果需要时,可以使用 regen 或 regenall 命令更新每一个视窗中的线型比例。

【实例 2-24】 运用定义线型的方法,绘制如图 2-63 所示的车道边界线以及"69"、"46"和"24"车行道分界线(线宽设为 0.15 单位)。

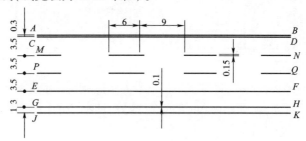

图 2-63 自定义线型绘制道路交通标线(尺寸单位:m)

操作步骤:

(1)启动【记事本】程序,打开"C:\\Documents and Settings\\Administrator\\Application Data\\Autodesk\\AutoCAD 2010\\R18.0\\chs\\Support"文件夹下的 acad.lin 文件,如图 2-64 所示。

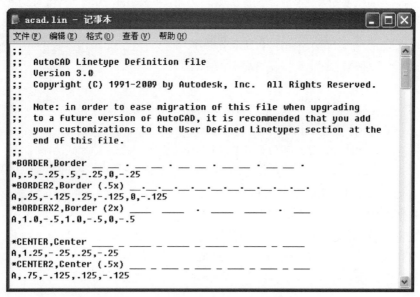

图 2-64 打开 AutoCAD 线型定义文件

(2)根据线型定义的格式,在新的一行中输入以下内容,定义车行道分界线的线型。然后,单击【记事本】菜单中【文件】➤【保存】选项,保存修改后的线型文件。

```
*LaneLine69____  ____    ____
A,6.0,-9.0
*LaneLine46___   ___  ___  ___
A,4.0,-6.0
*LaneLine24__ __ __ __ __
A,2.0,-4.0
```

解释:这里定义了三组线型,以第一组为例加以说明。"LaneLine69"线型是一种由6个图形单位的划线开头,接9个图形单位的空格组成的重复图案。该图案延续至直线的全长,并以6个图形单位的划线结束。类似地,可以定义其他两种线型。

(3)启动 AutoCAD,新建一个【无样板打开—公制(M)】的图形文件,打开【正交模式】、【对象捕捉】和【对象捕捉追踪】功能,设置捕捉对象为【端点】。

(4)从【特性】工具栏的【线型控制】下拉选项中,选择"Continuous"线型,如图2-65所示。

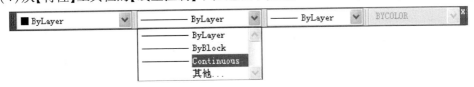

图2-65 从【特性】工具栏中选择线型

(5)启动【多段线】绘制命令,单击任一点作为 A 点,设置多段线宽度为0.15,水平右移鼠标,输入线段长度为"300",绘制第一条车道中心分割线 AB。

(6)重启【多段线】绘制命令,先捕捉 A 点,利用【对象捕捉追踪】功能垂直下移鼠标,输入位移量0.3,确定 CD 线的起点 C;再水平右移鼠标,捕捉 B 点后垂直下移鼠标,当鼠标移至垂直追踪线与水平线的交点附近时,系统会在交点处自动显示一个小"×"符号,此时单击鼠标确定 D 点,于是一条与 AB 平行且等长的车道中心分割线 CD 绘制完成。

(7)依据上述方法,继续绘制车道边界线 EF 和非机动车边界线 GH、JK,只是 GH 和 JK 两条多段线宽度均为0.10。

(8)类似地,再次从【特性】工具栏的【线型控制】下拉选项中,选择"其他"选项,打开【线型管理器】对话框;从中单击【加载】按钮,弹出【加载或重载线型】对话框;单击该对话框中的【文件】按钮,从打开的【选择线型文件】对话框中选择需要加载的文件"acad.lin",然后单击【打开】按钮,将该文件调入,系统重新返回到【加载或重载线型】对话框中,如图2-66所示;在该对话框中,选择需要加载的线型"LanLine69…",单击【确定】,则该线型被自动加载到【线型管理器】中。

(9)在【线型管理器】对话框的线型列表框中,选择刚刚加载的"LanLine69…"线型,单击对话框右上方的【当前】按钮,设置该线型为当前线型,然后单击【确定】关闭对话框。

(10)再次执行【多段线】命令,按照图示尺寸要求分别绘制两条"69"车道分界线 MN 和 PQ。

至此,该道路交通标线绘制完成。

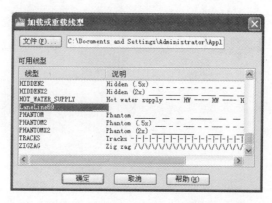

图 2-66 加载新线型后的"加载或重载线型"对话框

提示：绘制"46"线和"24"线的方法与"69"线完全一样，不再赘述。

2.13 二维交通工程图绘制实例

为了巩固所学习的二维绘图工具的使用，提高绘图的熟练程度与绘图技巧，本节给出了几个交通工程领域的综合应用实例，供用户练习与参考。

【**实例 2-25**】 运用矩形和直线工具，绘制一个线形诱导标的基本单元，如图 2-67 所示。

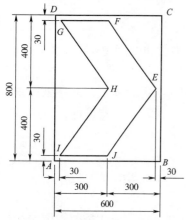

图 2-67 线形诱导标基本单元绘制

操作步骤：

（1）单击【新建】按钮，创建一个【无样板打开－公制(M)】的图形文件。

（2）启动【矩形】绘制命令，单击一点 A 作为要绘制矩形的左下方角点，输入相对直角坐标值"@600,800"，绘制图中矩形框 ABCD。

（3）执行【直线】绘制命令，同时打开状态栏中【正交模式】、【对象捕捉】和【对象捕捉追踪】功能，设置【对象捕捉】模式为【端点】和【中点】；先捕捉 BC 的中点，借助于【对象捕捉追踪】功能水平左移鼠标，输入位移量"30"，确定诱导标的顶点 E。

（4）在命令行中，根据提示信息，依次输入诱导标的各顶点的相对直角坐标值 F(@ －270,370)、G(@ －270,0)、H(@270, －370)、I(@ －270, －370)和 J(@270,0)，分别绘制 EF、FG、GH、HI 和 IJ 线段；最后，输入"c"并按【回车】键，使诱导标图形封闭。至此，全图形绘制完毕。

【**实例 2-26**】 运用直线和圆形工具，绘制如图 2-68 所示的"直行"指示标志。
操作步骤：

（1）单击【新建】按钮，创建一个【无样板打开—公制(M)】的图形文件。

（2）打开【正交模式】、【对象捕捉】和【对象捕捉追踪】功能，设置【捕捉对象】模式为【交点】和【垂足】。

（3）启动【直线】绘制命令，绘制两条相互垂直的长约 1400mm 的中心线；分别单击该两

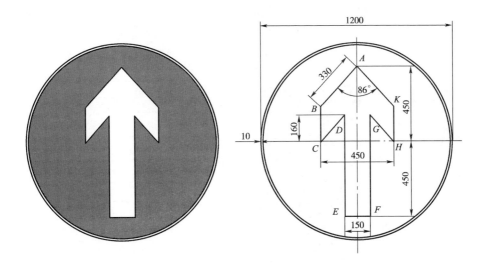

图 2-68 "直行"指示标志

条垂线,从弹出的【特性】快捷面板中设置【线型】为"CENTER",【线型比例】为"5"。

(4)设置线型为"Continuous";启动【绘圆】命令,捕捉中心线的"交点"为圆心,分别绘制半径为 600 和 590 的两个同心圆。

(5)再次启动【直线】命令,捕捉中心线的交点(不点击鼠标),垂直上移鼠标,输入移动量"450",确定拟绘箭头的顶点 A。

(6)在命令行的提示下,输入相对极坐标值(@330 < -133),确定 B 点;垂直下移鼠标至中心线,捕捉"垂足"后并单击鼠标,确定 C 点;再依次输入其他各顶点的相对直角坐标值 D(@150,160)、E(@0,-610)、F(@150,0)、G(@0,610)、H(@150,-160),分别绘制 CD、DE、EF、FG 和 GH 线段;然后,利用【对象捕捉追踪】功能,捕捉 B 点后水平右移鼠标,确定 K 点;最后,捕捉 A 点,使箭头图形闭合。

至此,一个"直行"指示标志绘制完毕。

【实例 2-27】 运用圆弧和直线工具绘制"停车位标志"P 字图,如图 2-69 所示。

提示:指示标志的形状分为圆形、长方形和正方形。指示标志的外边框、衬边的尺寸应根据设计速度按照《道路交通标志和标线 第 2 部分:道路交通标志》(GB 5768.2—2009)中的规定选取。指示标志的颜色(个别除外)为蓝底、白图形,其中蓝色 RGB 为(41,49,155),白色 RGB 为(255,255,255)。

操作步骤:

(1)新建一个【无样板打开 - 公制(M)】图形文件,同时打开【正交模式】、【对象捕捉】和【对象捕捉追踪】功能,设置捕捉对象为【端点】。

(2)执行【直线】命令,在【命令:_line 指定第一点:】提示下,单击任一点作为起点 A;水平右移鼠标,在【指定下一点或 [放弃(U)]:】提示下,输入位移量"350",绘制线段 AB;同理,上移鼠标,输入"75",绘制 BC;左移鼠标,输入"75",绘制 CD。

(3)单击菜单栏【绘图】▶【圆弧】▶【起点、圆心、角度】选项,在【命令:_arc 指定圆弧的起点或 [圆心(C)]:】提示下,捕捉 D 点单击鼠标,确定 D 点为圆弧的起点;在【指定圆弧的第二个点或［圆心(C)/端点(E)］：_c 指定圆弧的圆心：】提示下,垂直上移鼠标,输入位移量"25",确定圆角的圆心位置;在【指定圆弧的端点或［角度(A)/弦长(L)］：_a 指定包含角:】提示下,输入"-90"(顺时针为负值),于是圆弧 DE 绘制完成。

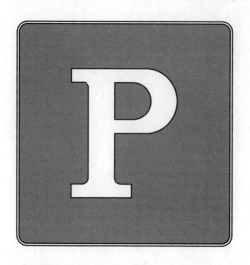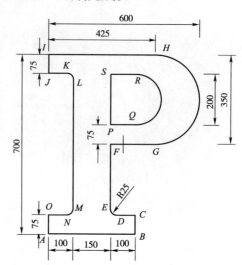

图 2-69　"停车位标志"P 字图

(4)重新执行【直线】命令,在【命令:_line 指定第一点:】提示下,捕捉并点选 E 点;在【指定下一点或［放弃(U)］:】提示下,垂直上移鼠标,输入"250",绘制 EF;右移鼠标,输入"175",绘制 FG;按【空格】键暂时结束直线绘制。

(5)再次启动【起点、圆心、角度】圆弧绘制命令,单击 G 点为起点;在【指定圆弧的第二个点或［圆心(C)/端点(E)］：_c 指定圆弧的圆心:】提示下,垂直上移鼠标,键入位移量"175";在【指定圆弧的端点或［角度(A)/弦长(L)］：_a 指定包含角:】提示下,输入包角值"180"(逆时针为正值),绘制圆弧 GH。

(6)再次执行【直线】命令,在【命令:_line 指定第一点:】提示下,单击 H 点为起点;在【指定下一点或［放弃(U)］:】提示下,左移鼠标,输入"425",绘制 HI;下移鼠标,输入"75",绘制 IJ;右移鼠标,输入"75",绘制 JK。

(7)类似地,用户可以依次绘制圆弧 KL、线段 LM、圆弧 MN、线段 NO;最后,单击 A 点,使图形闭合。

(8)启动【直线】命令,捕捉 F 点(不点击),垂直上移鼠标,键入"75",确定 P 点;水平右移鼠标,键入"75",绘制 PQ;启动【起点、圆心、角度】圆弧绘制命令,单击 Q 点作为起点,垂直上移鼠标,输入圆心位移量"100",然后再键入包含角"180",绘制圆弧 QR;再次启动【直线】命令,点选 R 点,水平左移鼠标,输入"75",绘制 RS;最后,捕捉 P 点,单击鼠标使图形闭合。

至此,全图绘制完毕。

【实例 2-28】　根据规范要求,绘制如图 2-70 所示的混凝土护栏。

解释:混凝土护栏是刚性护栏的主要形式,是一种以一定形状的混凝土块相互连接而组成的墙式结构。混凝土护栏分为路侧混凝土护栏和中央分隔带混凝土护栏。常用路侧混凝土护栏按防撞等级可分为 A、SB、SA 和 SS 四级,常用中央分隔带混凝土护栏按防撞等级可分为 Am、SBm 和 SAm 三级。路侧混凝土护栏按构造可分为 F 型、单坡型、加强型三种,应根据路侧危险情况选用。中央分隔带混凝土护栏可分为整体式或分离式,根据中央分隔带的宽度、构造物和管线的分布加以确定。其中整体式混凝土护栏按构造又可分为 F 型和单坡型两种。

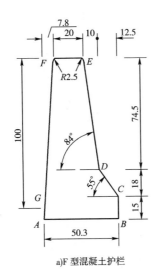 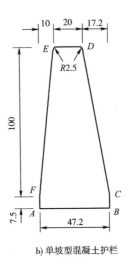

a) F 型混凝土护栏　　　　　b) 单坡型混凝土护栏

图 2-70　SA 级混凝土护栏(尺寸单位:cm)

操作步骤:

(1)新建一个【无样板打开—公制(M)】图形文件,打开【正交模式】、【对象捕捉】和【对象捕捉追踪】功能,设置捕捉对象为【端点】。

(2)先绘制 F 型混凝土护栏。启动【直线】绘制命令,选择一点 A 并输入"50.3",绘制水平线 AB;垂直上移鼠标,输入位移量"15",绘制 BC;依次输入各顶点的相对直角坐标值 D(@ -12.5,18)、E(@ -10,74.5)、F(@ -20,0)、G(@ -7.8,-100),绘制相应的线段;最后,捕捉 A 点,使图形封闭。

(3)在命令行输入"fillet",或单击【修改】工具栏中【圆角】按钮 ⌐,启动【圆角】命令;在【选择第一个对象或 [放弃(U)/多段线(P)/半径(R)/修剪(T)/多个(M)]:】提示下,输入"r";在【指定圆角半径 <5.0000>:】提示下,输入半径值"2.5";然后,分别在【选择第一个对象】和【选择第二个对象】的提示下,点选的两个边,于是第一个角倒圆角完毕。同样操作,可为第二个角(∠F)倒圆角。

至此,F 型混凝土护栏绘制完成。

同理,可绘制单坡型混凝土护栏。

【**实例 2-29**】根据规范要求,绘制路侧 B 级缆索护栏中间立柱的构造图,如图 2-71 所示。

解释:缆索护栏是柔性护栏的代表形式,是一种以数根施加初张拉的缆索固定于立柱上而组成的连续结构,主要依靠缆索的拉应力来抵抗车辆碰撞并吸收碰撞能量。

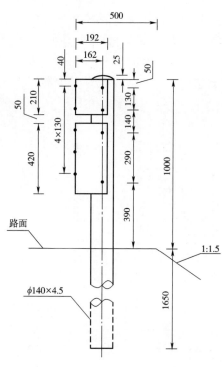

图 2-71 B 级缆索护栏的中间立柱构造图

操作步骤：

（1）新建一个【无样板打开—公制（M）】图形文件，打开【正交模式】、【对象捕捉】和【对象捕捉追踪】功能，设置捕捉对象为【端点】和【圆心】。

（2）设置线型为"Center"，线型比例为"5"；运用【直线】工具绘制一条垂直中心线。

（3）再将线型设置为"Continuous"；运用【直线】工具绘制水平路面和 1∶1.5 的边坡线。

（4）按照图中尺寸，运用【直线】分别绘制地面以上各部分的立柱及其辅助部分；用"三点法"绘制立柱顶部的圆弧；删除多余的绘图线。

（5）启动【圆环】绘制命令，设置内径为"0"；外径为"20"；利用【对象捕捉追踪】功能，依次绘制图中各缆索安装的位置和固定连接孔。

（6）设置线型为"ACAD…ISO02W100"；运用【直线】工具，绘制路面以下的虚线部分立柱；考虑到这部分立柱过长，故采用断开法绘制示意图；断面用【样条曲线】工具绘制。

（7）最后，删除多余的绘图线。全图绘制完毕。

【**实例 2-30**】 根据三视图的投影关系，绘制突起路标示意图，如图 2-72 所示。

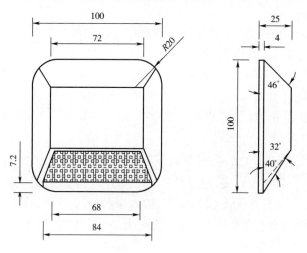

图 2-72 突起路标

操作步骤：

（1）新建一个【无样板打开—公制（M）】图形文件，打开【正交模式】、【对象捕捉】和【对象捕捉追踪】功能，设置捕捉对象为【端点】、【交点】和【垂足】。

（2）先绘制正方形底座。执行【矩形】绘制命令，绘制主视图中边长为"100"的正方形；同时，根据"高平齐"的投影原理，利用【对象捕捉追踪】功能，绘制左视图中的底座矩形，如

图 2-73 所示。

(3) 绘制棱台顶面。先执行【直线】命令，在左视图中，先捕捉 A 点，绘制直线 AC；再捕捉 B 点，绘制直线 BD；利用【偏移】命令，绘制垂线 CD。然后，在左视图中捕捉 C 点后，利用【对象捕捉追踪】功能，左移鼠标，绘制直线 C_1C_2；同理，捕捉 D 点，绘制直线 D_1D_2；并在主视图中，绘制另外两条相距"72"的垂直线，如图 2-74 所示。

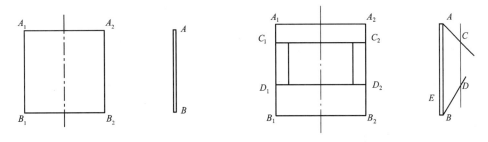

图 2-73　绘制突起路标的底座　　　　图 2-74　绘制突起路标的棱台

(4) 绘制棱边。执行【直线】命令，分别连接棱台的顶面和底面的各对应顶点，并删除多余的作图线条，效果如图 2-75 所示。

(5) 绘制突起路标反光板。设置线型为"ACAD_ISO02W100（虚线）"；再次执行【直线】命令，在左视图上捕捉 B 点，上移鼠标并输入位移量"7.2"，定位 E 点；点击鼠标，输入相对极坐标值"@50<50"，绘制直线 EF，同时删除多余线段；然后，设置线型为"Continuous"，利用直线工具，依据水平投影关系及所给宽度尺寸"68"和"84"绘制梯形的反光板，如图 2-76 所示。

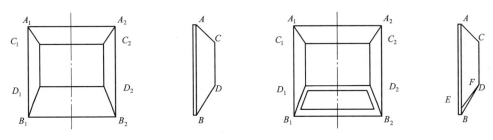

图 2-75　绘制突起路标的棱边　　　　图 2-76　绘制突起路标的反光面

(6) 添加棱台底部圆角。在命令行输入"F"命令，启动【圆角】命令，分别棱台的四个角添加圆角，如图 2-77 所示。

(7) 最后，填充反光板图案。在命令行输入"bhatch"命令，启动【填充图案】命令，在弹出的【图案填充和渐变色】对话框中，选择【预定义】类型中的"BOX"图案；并在该对话框中设置【比例】为"0.2"；单击【添加:拾取按钮】，在返回绘图窗口后，单击要填充的图形区域，再单击【确定】，完成图案填充。

至此，全图绘制完毕，效果如图 2-78 所示。

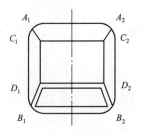 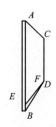 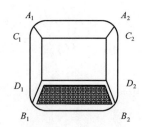 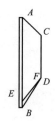

图 2-77 绘制突起路标的棱台圆角　　　　图 2-78 为突起路标的反光面填充图案

【**实例 2-31**】 绘制收费机房的接地保护接线端子图,如图 2-79 所示。

操作步骤：

(1)新建一个【无样板打开—公制(M)】图形文件,同时打开【正交模式】、【对象捕捉】和【对象捕捉追踪】功能,设置捕捉对象为【端点】、【交点】和【切点】。

(2)设置线型为"Center",并启动【直线】命令,绘制两条相互垂直的中心线。

(3)绘制上部结构。先启动【绘圆】命令,绘制直径为"8.5"和半径为"10"的两个同心圆;再利用【直线】命令,分别绘制接线端子上部结构中相距"15"的两侧垂线和底边;然后删除多余的作图线。

(4)绘制下部结构。再次启动【绘圆】命令,绘制接线端子下部结构中的两个同心圆;执行【直线】命令,分别绘制下部结构的其他直线图;删除多余的作图线。

至此,全图绘制完毕。

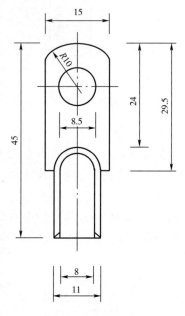

图 2-79 接线端子图

本 章 小 结

本章主要讲述了二维绘图工具的使用以及基本图形的绘制,重点阐述了直线、多段线、圆和圆弧、椭圆和椭圆弧、矩形和多边形、圆环、云线、样条线等各种基本图形的绘制方法及工具的使用,并给出了大量的综合实例训练。通过本章学习,应熟练掌握上述知识点和基本操作,提高二维图形的绘制速度和绘图质量。

练习与思考题

1.利用所学的绘图工具,绘制各种地面标线指示箭头,如题图 2-1 所示。
2.绘制下面的允许车辆调头标志中的指示箭头,如题图 2-2 所示。

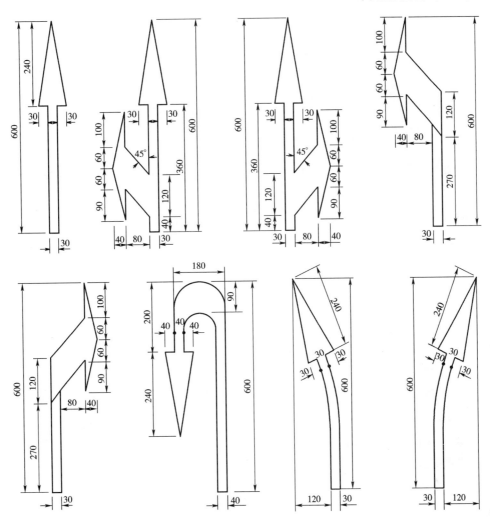

题图 2-1 地面标线指示箭头

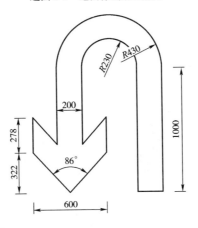

题图 2-2 标志指示箭头

3. 绘制下面的警告标志,如题图 2-3 所示。

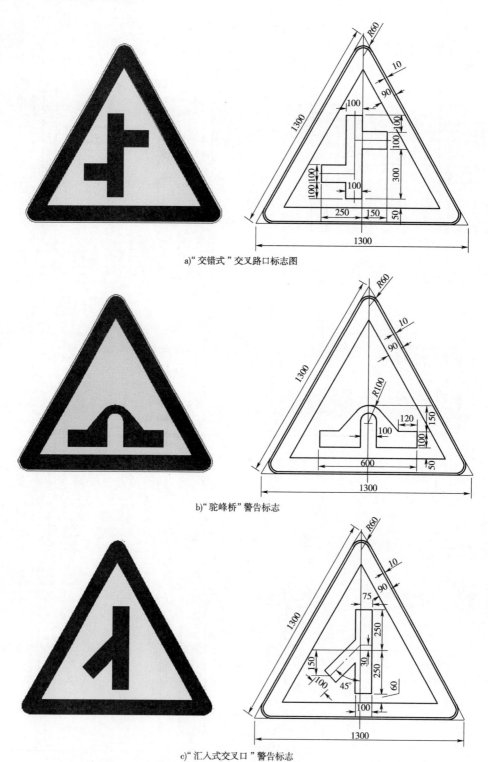

a) "交错式"交叉路口标志图

b) "驼峰桥"警告标志

c) "汇入式交叉口"警告标志

题图 2-3 警告标志的绘制

4. 绘制挤压成型的标志底板断面图,如题图 2-4 所示。

说明: 标志底板可用铝合金板、合成树脂类板材材料制作。应采用牌号为 2024、T4 状态的硬铝合金板。大型标志的板面结构,宜采用挤压成型的铝合金板拼装而成,推荐的挤压成型标志底板断面如题图 2-4 所示。

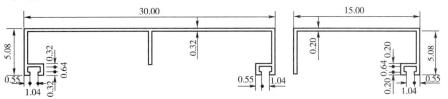

题图 2-4　挤压成型标志底板断面图

5. 分别利用修订云线法和样条曲线法绘制,绘制题图 2-5 所示的"注意雨雪天谨慎驾驶"警告标志。

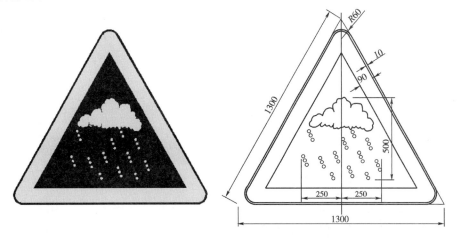

题图 2-5　"注意雨雪天谨慎驾驶"警告标志

6. 绘制如题图 2-6 所示的圆形指示板示意图。

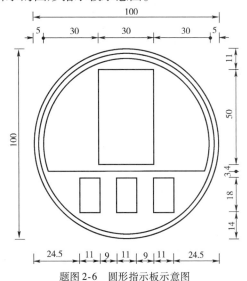

题图 2-6　圆形指示板示意图

7. 绘制题图 2-7 所示的左转向指示标志。

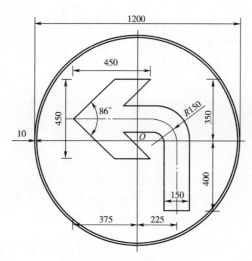

题图2-7 "左转向"指示标志

第3章　二维交通图形的编辑与图案填充

【本章学习目标】

本章主要讲述二维图形的编辑,包括各种基本图形编辑工具的使用、各种图形的编辑技术与编辑方法等。通过本章的学习,读者应该熟练掌握以下内容:

(1)夹点编辑、平移、复制、旋转、镜像、阵列、偏移及缩放等编辑工具的使用与技巧。
(2)图案的填充与面域的应用方法与技巧。
(3)了解编辑复杂图形的对象方法与技术。

前面讲述了AutoCAD的基本绘图命令及辅助绘图功能,用户可以使用这些命令和功能绘制简单的图形。然而,在实际绘图中仅仅应用基本绘图命令是不够的,还需要借助各种编辑功能以满足用户快速、准确绘制复杂图形的需求。为此,AutoCAD2010提供了诸如对象选择、移动、删除、修剪、延伸、复制、偏移、镜像、阵列等多种形式的编辑功能,以便实现对所绘图形的重新编辑,从而大大提高了绘图效率和质量。

3.1 选 择 对 象

要对绘制的图形进行编辑,首先必须要选择编辑对象。AutoCAD2010提供了很多选择图形对象的方式,如点选、框选、围选、栏选和快速选择等。

3.1.1 点选方式

点选方式是最简单,也是最常用的选择方式。

【基本操作】

当需要在绘图区中选择某个图形对象时,可直接用十字光标单击该对象即可;若连续单击不同的对象则可同时选择多个对象。在未执行任何命令的情况下,被选中的对象将以虚线显示。

注意:在AutoCAD中进行大多数的编辑操作时,既可以先选中编辑对象再执行编辑命令,也可以先执行编辑命令,当命令行中提示"选择对象"信息时再选择编辑对象。在这两种情况下,被选中的对象都将以虚线方式显示,但不同之处在于,前者所选中的对象还会显示蓝色的夹点。

3.1.2 框选方式

框选方式是指通过鼠标在绘图区内拖出一个矩形方框来选择对象的方式。框选方式分为矩形框选和交叉框选两种方式。

1）矩形框选

矩形框选是指通过拖拽鼠标所形成的矩形选框来选择其内全部对象的方法。矩形框选命令及操作方法有如下两种形式。

【基本操作】：

(1)鼠标操作法：按住鼠标左键，将光标自"左"上方向"右"下方拖动或自"左"下方向"右"上方拖动形成一个实线选择框，然后释放鼠标左键，则该选框所完全包容的图形对象将全部被选中。

(2)命令操作法：在编辑图形的过程中，当出现"选择对象："命令提示时，可在命令行中输入"window"或"w"并按【回车】键，然后在绘图区域中按住鼠标左键并拖动，使得矩形框罩住要选择的对象后释放鼠标，则此时矩形框所全部包含的图形对象将被选中。

2）交叉框选

交叉框选与矩形框选操作类似，但该方法除了选择全部位于矩形框内的所有对象外，还包括与矩形选框边线相交的所有对象。

【基本操作】：

(1)鼠标操作法：按住鼠标左键，将光标自"右"下方向"左"上方拖动或自"右"上方向"左"下方拖动形成一个虚线选择框，然后释放鼠标左键，则只要与该虚线选框相交或被该选框包容的所有对象都将被选中。

(2)命令操作法：在编辑图形文件时，当出现"选择对象："命令提示时，可在命令行中输入"crossing"或"c"命令并按【回车】键，然后在绘图区域中按住鼠标左键拖出一个虚线矩形框后释放鼠标，此时矩形框中所包容的图形对象及与该矩形框相交叉的图形对象都将被选中。

3.1.3 围选方式

围选方式也分为圈围和圈交两种方法。

1）圈围方式

圈围是一种多边形窗口选择方式。用户可以在选择目标对象时，通过单击绘图区中的任意点来定义多边形窗口的形状。该方式与矩形框选方法相类似，只是窗口的形状不同，所有被该多边形完全包围在内的图形对象都将被选中。

【基本操作】：

在编辑图形文件的过程中，当出现"选择对象："命令提示时，可在命令行中输入"wpolygon"或"wp"并按回车键，然后在需要选择的图形附近单击鼠标左键绘制任意形状的多边形对所选对象进行圈围，按【回车】键结束操作。此时，该多边形所包含的全部图形对象将被选中。

2）圈交方式

圈交是一种多边形交叉窗口选择图形对象的方法。用户可以自行定义多边形窗口的形状。该方式与交叉框选方式相类似，圈交选择后所有与多边形窗口选框相交或被其完全包围的对象都将被选中。

> 基本操作：

在编辑图形文件的过程中,当出现"选择对象:"命令提示时,可在命令行中输入"cpolygon"或"cp"命令并按回车键,然后使用上述圈选对象的方法绘制任意形状的多边形窗口圈选图形对象,按【回车】键结束操作。此时,该多边形窗口所包含的全部图形对象及与之相交的图形对象都将被选中。

3.1.4 栏选方式

栏选是通过绘制一条多段的折线,凡是与该折线相交的图形对象都将被选中。通常在狭窄区域内选择对象时采用此方式非常方便。

> 基本操作：

在编辑图形文件的过程中,当出现"选择对象:"命令提示时,在命令行中输入"fence"或"f"命令并按【回车】键,即可在绘图区中绘制任意折线对图形对象进行栏选。

3.1.5 全部选择方式

全部选择方式用于选择图形文件中创建的所有对象。在编辑图形对象的过程中,如果需要选择图形中所有对象,则可在命令行出现"选择对象:"提示时,输入"all"命令即可。

3.1.6 选择编组中的对象

在编辑图形对象的过程中,经常需要选择某几个图形对象,这时可以将该几个对象编为一组,然后使用编组方式快速选择已编组的图形对象,从而提高绘图效率。

1）编组对象

在使用编组方式选择图形对象之前,首先要将图形进行编组。编组对象的操作是通过"group"命令来完成的。

> 基本操作：

(1)键入"group"或"g"命令,系统弹出【对象编组】对话框,如图3-1所示。

图 3-1 【对象编组】对话框

(2)在该对话框的【编组名】文本框中,输入该组对象的名称。

(3)在【说明】文本框中,输入对该组的说明信息。

(4)单击【创建编组】选区中的【新建】按钮,系统返回到绘图区中。

(5)在绘图区中选择要编组的对象,选择结束按【回车】键,系统会重新回到【对象编组】对话框。

(6)此时,所创建的编组将显示在列表框中,如图3-2所示。

图3-2 创建编组后的【对象编组】对话框

(7)单击【确定】按钮,关闭【对象编组】对话框,完成对图形对象的编组。

说明: 在列表框中,选择某个对象编组后,可以通过单击【修改编组】栏中相应的按钮,对编组进行删除、添加和重命名等操作;单击【分解】按钮,即可取消当前的编组。

2)通过编组方式选择图形对象

在图形对象编组后,即可使用编组方式选择图形对象。

基本操作:

(1)命令操作法:在图形编辑过程中,当出现"选择对象:"命令提示时,在命令行中或光标工具框中输入"group"或"g"按【回车】键,随后输入编组名再【回车】,于是系统即按所输入的编组名选择图形对象。在此过程中,命令行同步提示信息如下。

```
选择对象:group                          (当提示选择对象时,键入 group 或 G 命令)
输入编组名:限速标志编组                  (输入编组名称,如限速标志编组)
找到 3 个                              (提示选中了编组中对象数目)
```

(2)鼠标操作法:在图形编辑过程中,当出现"选择对象:"命令提示时,只要用鼠标点选编组中的其中一个图形,则该编组中的所有图形对象都会被选中。

3.1.7 向选择集中添加或删除图形

在选择对象后,如果发现漏选了对象或多选了不需要选择的对象,可以在选择集中添加或删除对象。

(1)向选择集中添加对象:在选择对象的过程中,当使用除单个选择方式之外的其他任意选择方式后,如果还需要向选择集中添加对象,可在命令行出现"选择对象或<全部选择>"提示信息后,键入"add"或"a"命令(也可不输入),然后使用任意一种选择对象的方式直接添加要选择的对象即可。

(2)从选择集中删除对象:在使用除单个选择方式之外的其他任意选择方式选择对象时,如果误选了不需要的对象,可在命令行出现"选择对象或<全部选择>"提示信息后,键入"remove"或"r"命令,然后使用任意选择方式选择要删除的对象,即可将其从选择集中删除。

3.1.8 快速选择对象

快速选择对象是一种特殊的选择方法。该功能可以快速选择具有特定属性的对象,并能向选择集中添加或删除对象。快速选择对象主要有如下几种方法。

- 在菜单栏中,依次单击【工具】➤【快速选择】命令选项。
- 在命令行中输入"qselect"命令。

【基本操作】:

(1)执行上述任意一种操作,都将弹出【快速选择】对话框,如图3-3所示。

(2)设置好要选择的对象属性后,单击【确定】按钮,即可选择相同属性的对象。

说明:上述对话框中各选项的含义如下。

【应用到】下拉列表框:该下拉列表框默认为"整体图形"选项,单击其右侧的【选择对象】按钮,可以返回绘图区选择部分图形对象作为本次快速选择的筛选范围,选择后的"应用到"下拉列表框中的选项变为"当前选择"选项。

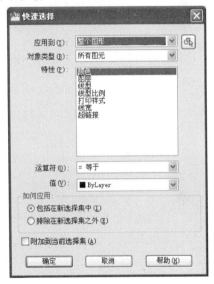

图3-3 【快速选择】对话框

【对象类型】下拉列表框:用于设置要选择对象的类型,如圆和直线等。

【特性】列表框:在该列表框中将根据对象类型而显示不同的特性,如颜色、图层和线型等。

【运算符】下拉列表框:用于选择运算方式,如等于、不等于、大于和小于等运算方式。

【值】下拉列表框:用于选择对象特性的具体值,其中的选项根据所选特性的不同而不同。

【如何应用】选区:用于指定将符合给定过滤条件的对象,包括在新选择集内,还是排除在新选择集之外。

3.2 使用夹点编辑图形

在 AutoCAD2010 中,当选择某个图形对象后,对象的控制点上就会出现一些蓝色的小正方形,被称之为"夹点"。夹点为用户提供了更为方便、实用的编辑方式,利用夹点可进行镜像、移动和拉伸等操作。

3.2.1 设置夹点模式

在未执行任何命令情况下,如果在绘图区中直接选择图形对象,就会在该图形的关键位置处显示出一些实心的蓝色小方框——"夹点",其效果如图3-4所示。

在AutoCAD2010中,夹点的大小和颜色等可以通过【选项】对话框中的【选择集】选项卡进行设置。打开该【选项】对话框的方法有以下两种。

• 单击【应用程序菜单】中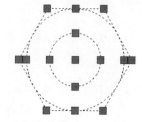按钮,在弹出的下拉菜单中单击【选项】按钮。

• 单击菜单栏中【工具】>【选项】命令。

基本操作:

(1)执行上述任一种操作,即可打开【选项】对话框,单击其中的【选项集】标签切换到该选项卡,如图3-5所示。

图3-4 使用夹点模式效果

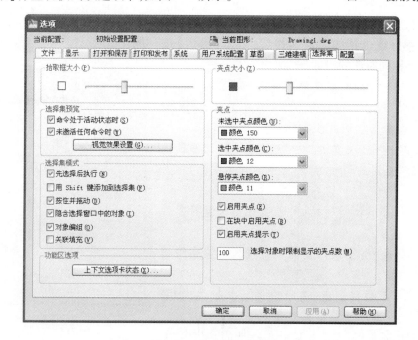

图3-5 【选项】对话框的【选项集】选项卡

(2)在【夹点大小】选区中拖动滑块,可以改变夹点的大小,如右拖使夹点变大。

(3)在【夹点】选区中,单击【未选中夹点颜色】下拉列表框,可在弹出的下拉列表中改变或重新设置未被选中的夹点颜色,如设置为"红"色。

(4)单击【选中夹点颜色】下拉列表框,可在弹出的下拉列表中改变或设置选中后的夹点颜色,如设置为"绿"色。

(5)单击【悬停夹点颜色】下拉列表框,可在弹出的下拉列表中改变或设置悬停夹点颜色,即当鼠标移至夹点上暂停时显示的颜色,如设置为"黄"色。

(6)设置完毕后,单击【确定】按钮,完成夹点模式的设置。

3.2.2 使用夹点编辑对象

在 AutoCAD2010 中,使用夹点来编辑选定的对象时,首先应选中某个夹点作为编辑操作的基准点,此时在命令行中会出现拉伸、移动、旋转、比例缩放或镜像等操作命令提示及选项。若连续按【回车】键或【空格】键,则在命令行中将循环显示这些操作的提示信息如下,用户可根据提示要求完成相应的编辑操作。

```
**拉伸**                                          (提示进入夹点"拉伸"编辑状态)
指定拉伸点或[基点(B)/复制(C)/放弃(U)/退出(X)]:       (要求用户指定拉伸点或其他操作)
**移动**                                          (进入夹点"移动"编辑状态)
指定移动点或[基点(B)/复制(C)/放弃(U)/退出(X)]:       (要求指定移动点或其他操作)
**旋转**                                          (进入夹点"旋转"编辑状态)
指定旋转角度或[基点(B)/复制(C)/放弃(U)/参照(R)/退出(X)]: (要求指定旋转角度或其他操作)
**比例缩放**                                      (进入"比例缩放"编辑状态)
指定比例因子或[基点(B)/复制(C)/放弃(U)/参照(R)/退出(X)]: (要求指定比例因子或其他操作)
**镜像**                                          (进入夹点"镜像"编辑状态)
指定第二点或[基点(B)/复制(C)/放弃(U)/退出(X)]:        (要求用户指定第二点或其他操作)
```

在进行夹点编辑时,也可以在选中某个夹点后单击鼠标右键,从弹出的快捷菜单中选择相应的选项来进行编辑操作,如图 3-6 所示。

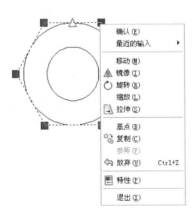

图 3-6 【夹点编辑】的快捷菜单方式

3.3 删除与复制

在图形绘制过程中,常常需要删除某些已绘对象或错绘对象,或复制某些图形。

3.3.1 删除对象

在 AutoCAD 中,删除对象的命令是【erase】。用户可以使用该命令将当前绘图区中选中的对象删除。启用【删除】命令的主要方式有如下 3 种。

- 命令:键入 erase 或 e。
- 图标:单击【常用】▶【修改】面板中的【删除】按钮 ✎,或【修改】工具栏上【删除】按钮 ✎。
- 菜单:选择菜单栏中【修改】▶【删除】命令。

【基本操作】

(1)执行上述 3 种操作之一,激活【删除】命令,系统在命令行中依次显示如下提示信息。

命令:_erase	(启动删除命令)
选择对象:找到 1 个	(提示用户拾取要删除的对象,拾取后显示拾取的数目)
选择对象:	(提示继续拾取要删除的对象,如果按【回车】键或【空格】键结束)

(2)完成上述操作后,选中的对象将被删除。

提示:

(1)在删除对象时,也可使用键盘上的【Delete】键,但只能在选择对象后使用。

(2)在删除对象后,若立即键入【undo】命令或单击工具栏中【撤销】按钮 ⤺,即可恢复被删除的对象;若在其他操作后再要恢复删除的对象,则只能使用【oops】命令来恢复最近一次用【erase】命令删除的对象。

3.3.2 复制对象

在 AutoCAD 中,复制对象的命令是【copy】,用于将选中的对象复制到指定的位置,一次可以复制单个或多个对象,复制后的对象完全独立于源对象。启动【复制】命令可用以下 3 种方式。

- 命令:键入 copy 或 co、cp。
- 图标:单击【常用】▶【修改】面板中的【复制】按钮 ⊕,或【修改】工具栏上【复制】按钮 ⊕。
- 菜单:选择菜单中【修改】▶【复制】命令。

【基本操作】

(1)执行以上任意一种操作后,系统启动【复制】命令,并在命令行中显示如下提示信息。

命令:_copy	(执行复制命令)
选择对象:找到 1 个	(选择需要复制的对象)
选择对象:	(继续选择对象或按【回车】键结束选择)
当前设置:复制模式 = 多个	(系统提示当前模式为"多个"连续复制)
指定基点或 [位移(D)/模式(O)] <位移>:	(提示用户指定被复制对象的基点或其他选项)
指定第二个点或 <使用第一个点作为位移>:	(指定对象要复制到的位置)
指定第二个点或 [退出(E)/放弃(U)] <退出>:	(继续指定对象复制的位置,可连续复制对象)
指定第二个点或 [退出(E)/放弃(U)] <退出>:	(若复制完毕,可按【回车】键结束)

解释:上述提示信息中,各选项的含义及功能说明如下。

【指定基点】:用于指定复制对象的基准点位置;而后的【指定第二个点】则用于设定对

象要复制到的位置。

【位移】：表示利用给定的位移量来复制选中的对象，可用鼠标指定位移量，也可用键盘输入位移量。

【模式】：该选项用于设置复制模式为"单个"复制还是连续"多个"复制。在该提示下，若输入"o"选项，则系统会进一步弹出"输入复制模式选项［单个(S)／多个(M)］："提示信息；若用户选择单个复制模式，则在复制一次对象后系统将自动结束操作。

（2）依次完成上述各步交互操作后，则对象复制完毕。

【实例3-1】 运用【复制】命令，绘制警告标志中的斜杠符号，如图3-7所示。

操作步骤：

（1）先绘制矩形边框。单击【绘图】工具栏上或【绘图面板】上【矩形】按钮，启动【绘制矩形】命令；在绘图区任意点击一点 A 作为第一个角点，然后输入另一个角点的坐标值"@450,780"，于是矩形边框 ABCD 绘制完成。

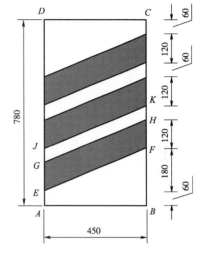

（2）设置辅助工具功能。打开【正交模式】和【对象捕捉】功能，设置捕捉对象类型为【端点】。

（3）绘制斜杠符号中 EF 线段。启动绘制【直线】命令，捕捉端点 A 点但不要单击鼠标，垂直上移鼠标，并在命令行中键入位移量"60"，确定点 E；再键入 F 点的相对直角坐标"@450,180"并按空格键，于是斜线 EF 绘制完成。

图3-7 警告标志中斜杠符号

（4）复制其他斜线。键入"copy"命令或单击【修改】工具栏上【复制】按钮，启动【复制】命令；在命令行中【选择对象：】提示下，用鼠标点选要复制的对象"EF"线段，按【空格】键结束选择；在【指定基点或［位移(D)/模式(O)］＜位移＞：】提示下，点选 F 点为基点；在【指定第二个点或 ＜使用第一个点作为位移＞：】提示下，先关闭【对象捕捉】功能（避免捕捉干扰），然后垂直上移鼠标并键入相对 F 点的位移量"120"（也可输入相对直角坐标"@0,120"），于是 GH 复制完成；继续输入其他各点相对 F 的垂直位移量"180"、"300"、"360"和"480"，则其他各斜线段依次复制完成。

在该步操作过程中，命令行中提示与交互信息如下：

```
命令：_copy                                              （启动复制命令）
选择对象：找到 1 个                                        （选择复制对象 EF 线段）
选择对象：                                               （按【空格】键结束对象选择）
当前设置：  复制模式 = 多个                                （显示系统当前复制模式）
指定基点或 ［位移(D)/模式(O)］ ＜位移＞：                  （点选 E 或 F 点为参考基点）
指定第二个点或 ＜使用第一个点作为位移＞：＜对象捕捉 关＞ 120   （关闭捕捉,垂直上移鼠标输入相对位移
                                                          量 120,绘制 GH）
```

指定第二个点或［退出(E)/放弃(U)］<退出>:	180	(继续输入下一个复制对象的相对位移量180,绘制JK)
指定第二个点或［退出(E)/放弃(U)］<退出>:	300	(重复上述类似操作过程)
指定第二个点或［退出(E)/放弃(U)］<退出>:	360	
指定第二个点或［退出(E)/放弃(U)］<退出>:	480	
指定第二个点或［退出(E)/放弃(U)］<退出>:		(按【空格】或【回车】键结束复制)

至此,全图绘制完毕。

【**实例3-2**】 利用【复制】功能,绘制如图3-8所示的线形诱导标组合。

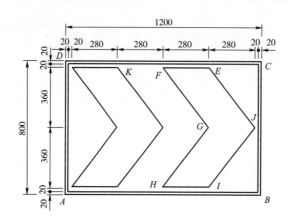

图3-8 线形诱导标组合

操作步骤:

(1)绘制外侧矩形边框。单击【绘图】工具栏中【矩形】工具按钮,启动【绘制矩形】命令,绘制该线形诱导组合图标中的1200×800矩形边框 $ABCD$。

(2)绘制内侧矩形边框。单击【修改】工具栏中【偏移】按钮,启动【偏移】命令;在【指定偏移距离或［通过(T)/删除(E)/图层(L)］<10.0000>:】提示下,输入偏移距离"20";在【选择要偏移的对象,或［退出(E)/放弃(U)］<退出>:】提示下,选择已绘制的矩形框 $ABCD$,并在其内侧单击鼠标,于是内侧矩形框绘制完成。

(3)绘制线形诱导标基本单元。打开【正交模式】和【对象捕捉】功能,设置捕捉类型为【端点】和【中点】;执行【直线】绘制命令,捕捉内侧矩形右边中点(捕捉后不点击鼠标),水平左移鼠标,输入移动量"20",确定 J 点;然后,依次输入图中各点的相对直角坐标 E($-280,360$)、$F(-280,0)$、$G(280,-360)$、$H(-280,-360)$ 和 $I(280,0)$,分别绘制 JE、EF、FG、GH、HI,最后捕捉 J 点并单击鼠标使图形闭合,其效果如图3-9所示。

(4)复制另一个线形诱导标基本单元。先框选或点选已绘制的基本单元图形;再单击【修改】工具栏上【复制】按钮,启动【复制】命令,此时系统会显示已选中的对象数目;在【指定基点或［位移(D)/模式(O)］<位移>:】提示下,选择 F 为基点;在【指定第二个点或 <使用第一个点作为位移>:】提示下,水平左移鼠标,输入相对位移量"560"或直接输入相对极坐标"@560<180",于是所需的线形诱导标基本单元复制完成,如图3-10所示。

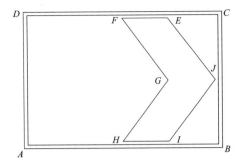
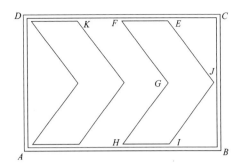

图 3-9　绘制线形诱导标基本单元　　　　图 3-10　复制线形诱导标基本单元

在该步操作的过程中,命令行中提示与交互信息如下:

```
命令:_copy                                      (启动复制命令)
找到 6 个                                        (系统显示已选中的要复制的对象数目)
当前设置:　复制模式 = 多个                        (显示系统当前设置模式)
指定基点或 [位移(D)/模式(O)] <位移>:              (选择并指定 F 为复制基点)
指定第二个点或 <使用第一个点作为位移>:560         (水平右移鼠标,输入相对位移量 560)
指定第二个点或 [退出(E)/放弃(U)] <退出>:          (按【空格】键结束复制)
```

至此,全图绘制完毕。

3.4　移动与旋转

在 AutoCAD 中,用户可以使用 move 命令来平移选中的对象,使用 rotate 命令来旋转选中的对象。

3.4.1　移动对象

移动对象命令用于将选中的对象从当前位置移动到新位置。启动【移动】命令主要有以下 3 种方式。

- 命令:键入 move 或 m。
- 图标:单击【常用】➤【修改】面板中的【移动】按钮,或【修改】工具栏上【移动】按钮。
- 菜单:选择菜单中【修改】➤【移动】命令。

【基本操作】

(1)执行以上任意一种操作后,系统启动【移动】命令,并在命令行中显示如下提示信息。

```
命令:_move                                      (启动移动命令)
选择对象:找到 1 个                                (提示选择移动对象,并显示已选对象数目)
选择对象:                                        (继续选择对象,或按【回车】结束选择)
指定基点或 [位移(D)] <位移>:                      (指定被移动对象的基点,或选择位移操作)
指定第二个点或 <使用第一个点作为位移>:            (指定要移动到的目标位置)
```

(2)依次完成上述各步操作,即可将图形对象移动到指定位置。

提示:在移动对象时,既可以通过捕捉位移点的方式确定对象移动后的位置,也可以通过输入坐标值的方式确定要移动的距离。

【实例 3-3】 分别绘制"左转箭头指示标志"中的左转箭头和圆形底板,然后利用移动命令将所绘箭头移到圆形底板内正确的位置,如图 3-11 所示。

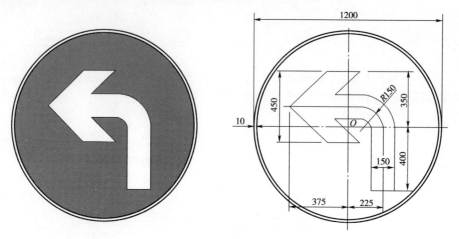

图 3-11 "左转箭头"指示标志

提示:"左转箭头"指示标志为圆形,其绘制的尺寸及颜色要求如前所述。

操作步骤:

(1)先按照图中标注的尺寸分别绘制"左转箭头"和"圆形底板"图形,并使用点画线绘制两图的中心线,其中在"左转箭头"图中标记出点 O 的位置,如图 3-12 所示。

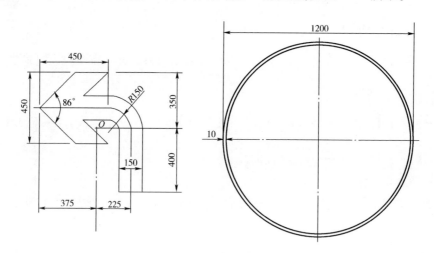

图 3-12 绘制左转箭头和圆形底板

(2)在命令行中键入 move 或 m,或单击【修改】工具栏上【移动】按钮,或选择菜单中【修改】▶【移动】命令,启动【移动】命令。

(3)在命令行【选择对象:】提示下,框选左转箭头全部对象;在【指定基点或[位移

(D)]＜位移＞:】提示下,先打开【对象捕捉】功能,设置捕捉类型为【交叉点】,再用鼠标捕捉点 O 并单击该点指定为移动对象的基点;最后,拖动鼠标连同"左转箭头"一起移至圆形底板的中心位置,当点 O 与圆心对准后单击鼠标确认。于是,该"左转箭头"被移动到圆形底板内的指定目标位置处。

在上述【移动】操作过程中,命令行的有关提示信息如下:

命令:_move	（执行对象移动命令）
选择对象:指定对角点:找到 20 个	（选中已绘"左转箭头"图形为移动对象）
选择对象:	（按【空格】键结束选择）
指定基点或 ［位移(D)］＜位移＞:＜对象捕捉 开＞	（指定要移动对象的基点,这里指定点 O 为基点）
指定第二个点或 ＜使用第一个点作为位移＞:	（指定移动的目标点位置,这里指定圆心为目标点）

至此,所选图形移动完成,全图绘制完毕,效果如图 3-13 所示。

3.4.2　旋转对象

旋转对象是指将选中的对象围绕指定的基点转动一定的角度,可用于对齐坐标轴或其他对象。启动【旋转】命令主要有以下 3 种方式。

- 命令:键入 rotate 或 ro。
- 图标:单击【常用】▶【修改】面板中的【旋转】按钮 ○,或【修改】工具栏上【旋转】按钮 ○ 。
- 菜单:选择菜单中【修改】▶【旋转】命令。

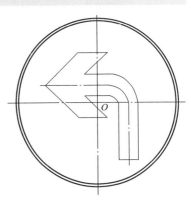

图 3-13　左转箭头移动后的效果图

【基本操作】

（1）执行上述任意一种操作后,启动【旋转】对象命令,系统在命令行中会显示如下提示信息。

命令:_rotate	（执行旋转命令）
UCS 当前的正角方向:ANGDIR = 逆时针　ANGBASE = 0	（显示用户坐标系的当前设置信息）
选择对象:找到 1 个	（提示用户选择要旋转的对象）
选择对象:	（提示继续选择或【回车】结束选择）
指定基点:	（指定旋转对象的基点）
指定旋转角度,或［复制(C)/参照(R)］＜0＞:	（鼠标拖动旋转或键入旋转角度,或选择复制/参照选项,【回车】则为默认旋转角输入值）

解释:在上述提示信息中,各选项的含义说明如下。

【复制】:该选项表示在保留源图形的基础上,旋转并复制一个新图形。

【参照】:该选项表示以参照方式旋转对象,需要依次指定参照方向的角度值和相对于参照方向的角度值。

（2）依次完成上述各步操作,对象旋转完毕。

【**实例 3-4**】 利用旋转命令,绘制如图 3-14 所示的"靠左侧道路行驶"指示标志图。

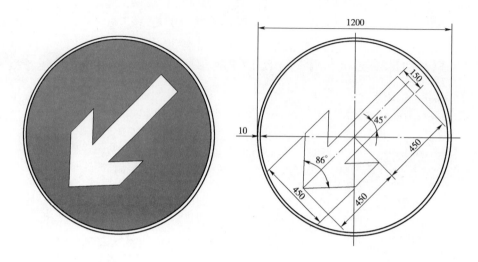

图 3-14 "靠左侧道路行驶"指示标志

操作步骤:

(1)绘制基本图形。利用【直线】工具,绘制相互垂直的中心线;启动【绘圆】命令,绘制半径分别为 600 和 590 的两个同心圆;再次执行【直线】命令,并按照所给尺寸绘制一个水平指示箭头,如图 3-15 所示。

(2)旋转水平箭头。键入 rotate 或 ro,执行【旋转】命令;在命令行【选择对象:】提示下,点选或框选要旋转的水平箭头对象;在【指定基点:】提示下,点选中心线交叉点(圆心)为旋转基点;在【指定旋转角度,或[复制(C)/参照(R)]<0>:】提示下,输入旋转角度为"45",然后按【回车】键,于是该水平箭头被旋转 45°。旋转后的指示箭头的效果如图 3-16 所示。

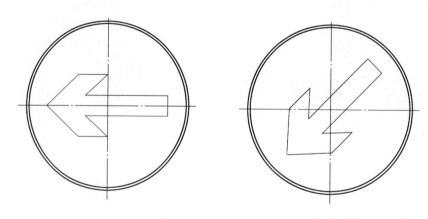

图 3-15 绘制底板和水平指示箭头　　图 3-16 "旋转"后的指示箭头效果图

在上述旋转操作过程中,命令行的提示信息如下:

命令：_rotate	（执行旋转命令）
UCS 当前的正角方向： ANGDIR = 逆时针 ANGBASE = 0	（显示用户坐标系的当前设置信息）
选择对象：找到 9 个，总计 9 个	（框选旋转对象，显示已选对象信息）
选择对象：	（按【回车】键结束对象选择）
指定基点：	（指定圆心为旋转对象的基点）
指定旋转角度，或 [复制(C)/参照(R)] <0>：45	（键入旋转角45，按【回车】键确认）

【实例 3-5】 利用旋转命令及复制选项功能，绘制如图 3-17 所示的环岛指示标志。

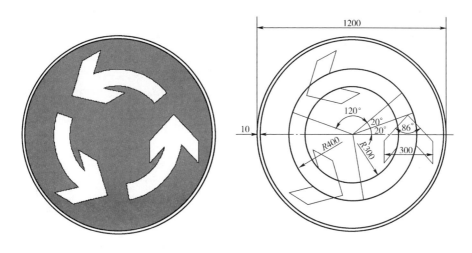

图 3-17 "环岛"指示标志

操作步骤：

(1) 先绘制各相关辅助线和辅助圆，确定指示箭头的各关键点位置，如图 3-18 所示。
(2) 启动【绘圆】命令，绘制指示标志中底板的两个同心圆边框。
(3) 再按照先前给定的标准箭头尺寸绘制一个基本指示箭头，如图 3-19 所示。

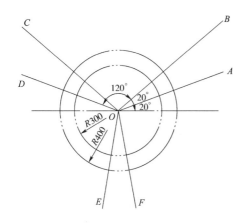

图 3-18 绘制辅助线

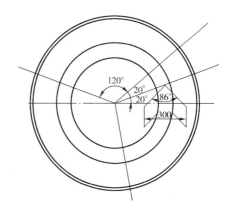

图 3-19 绘制基本指示箭头

（4）启动【旋转】命令,按照命令行的提示信息,依次选择要旋转的指示箭头对象,指定圆心为旋转基点,输入"c"表示选择【复制】选项,输入旋转和复制对象的旋转角为120°,按【回车】确认,于是第一组对象旋转与复制完成。

（5）重复上述操作,再次选择先前的指示箭头对象,输入旋转角度为240°,则第二组对象旋转与复制完成。旋转和复制后的效果如图3-20所示。

上述第一组对象在旋转与复制过程中的命令行提示信息如下:(第二组操作信息略)

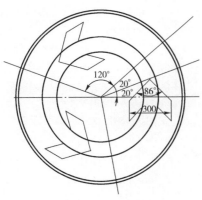

图3-20 旋转并复制指示箭头

```
命令: _rotate                                              (启动旋转命令)
UCS 当前的正角方向: ANGDIR = 逆时针  ANGBASE = 0        (显示用户坐标系的当前设置信息)
选择对象: 找到 1 个,总计 7 个                              (提示选择旋转对象,显示已选对象信息)
选择对象:                                                 (按【回车】键结束对象选择)
指定基点:                                                 (指定圆心为旋转对象的基点)
指定旋转角度,或 [复制(C)/参照(R)] <0>: c                  (键入 c,选择复制选项)
旋转一组选定对象。
指定旋转角度,或 [复制(C)/参照(R)] <0>: 120                (键入旋转角 120,按【回车】一组旋转完成)
```

3.5 镜像与阵列

所谓镜像是指将选中的图形对象沿指定的镜像线进行翻转处理的过程,该功能可生成一个与原对象形状相同且关于镜像线完全对称的对象。所谓阵列则是指将选中的对象按照特定的方式进行多重复制的过程,该功能可以一次性复制出若干个有规律排列的相同的图形对象。镜像和阵列在交通工程CAD的标志、标线以及停车泊位的绘制中应用较多。

3.5.1 镜像对象

镜像对象的命令是 mirror,适合于绘制轴对称图形。在完成对象镜像后,被镜像的对象可以删除也可以保留。启动【镜像】命令有以下3种方式。

- 命令:键入 mirror 或 mi。
- 图标:单击【常用】▶【修改】面板中的【镜像】按钮▲,或单击【修改】工具栏上【镜像】按钮▲。
- 菜单:选择菜单中【修改】▶【镜像】命令。

基本操作:

（1）执行上述任一种操作,启动【镜像】命令,系统在命令行中显示如下提示信息。

命令:_mirror	（执行镜像命令）
选择对象:找到 1 个	（提示用户选择镜像对象）
选择对象:	（继续选择对象,或按【回车】结束选择）
指定镜像线的第一点:	（提示指定对称轴线的第一个点）
指定镜像线的第二点:	（提示指定对称轴线的第二个点）
要删除源对象吗?［是(Y)/否(N)］<N>:	（提示选择是否删除源对象）

(2)依次完成上述各步骤,即可完成对象镜像的操作。

【**实例 3-6**】 利用【镜像】功能,绘制如图 3-21 所示"向左和向右转弯"指示标志。

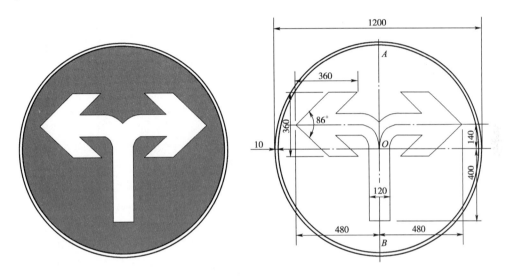

图 3-21 "向左和向右转弯"指示标志

操作步骤:

(1)首先绘制标志底板的圆形边框及中心线,如图 3-22 所示。

(2)绘制向左转弯的箭头部分,如图 3-23 所示。

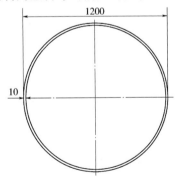

图 3-22 绘制边框和中心线

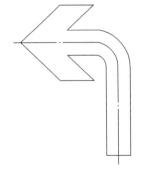

图 3-23 绘制左转弯箭头

(3)绘制辅助对称线 AB,标定关键点 O,同时利用【裁剪】工具删除对称线 AB 右侧的多余线条,如图 3-24 所示。

(4)镜像操作。键入 mirror 或 mi,启动【镜像】命令;在【选择对象:】提示下,点选或圈选要镜像对象的各元素;在【指定镜像线的第一点:】提示下,用鼠标点选辅助线上 A 点;在【指定镜像线的第二点:】提示下,点选辅助线上 B 点;当命令行显示【要删除源对象吗?】时,输入"n"并【回车】,表示镜像过程中保留源对象不被删除。至此,一组对象的镜像操作完成,其镜像效果如图 3-25 所示。

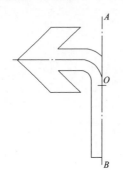
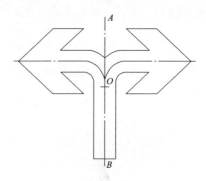

图 3-24 绘制辅助线和标定基点　　　图 3-25 转向箭头的镜像

在上述镜像操作过程中,命令行的提示信息如下:

命令:_mirror　　　　　　　　　　　　　　(启动镜像命令)
选择对象:指定对角点:找到 14 个　　　　　(提示选择镜像对象)
选择对象:　　　　　　　　　　　　　　　(按【空格】键结束对象选择)
指定镜像线的第一点:　　　　　　　　　　(指定对称轴上的 A 点作为镜像线上第一点)
指定镜像线的第二点:　　　　　　　　　　(指定对称轴上的 B 点作为镜像线上第二点)
要删除源对象吗?[是(Y)/否(N)]<N>:n　　 (输入 n,表示镜像后不删除源对象)

(5)移动对象。单击【修改】工具栏中的【移动】工具按钮,启动【移动】命令;在命令行【选择对象:】提示下,圈选上图中全部元素作为移动对象;在【指定基点或[位移(D)]<位移>:】提示下,打开【对象捕捉】功能,设置捕捉类型为【交点】,捕捉并单击箭头图中的 O 点为被移动对象的基点;在【指定第二个点或<使用第一个点作为位移>:】提示下,用鼠标指定边框的中心线交点为移动的目标点。于是,该转向箭头移动完成,其效果如图 3-26 所示。

3.5.2 阵列对象

阵列对象的命令是 array,用户可以使用该命令将选中的对象按矩形阵列或环形阵列方式进行多重复制。启动【阵列】的命令有以下几种方式。

- 命令:键入 array 或 ar。
- 图标:单击【常用】▶【修改】面板中的【阵列】按钮 ,或单击【修改】工具栏上【阵列】按钮 。
- 菜单:选择菜单中【修改】▶【阵列】命令。

图 3-26 转向箭头的移动

基本操作:

(1) 执行以上任意一种操作后,系统打开【阵列】对话框,默认选中【矩形阵列】单选项,显示【矩形阵列】选项卡,如图 3-27 所示。

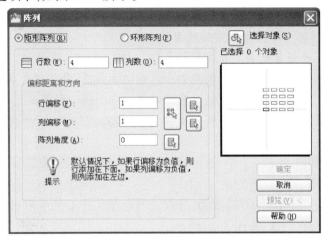

图 3-27 【阵列】对话框—【矩形阵列】选项卡

解释: 该选项卡中部分选项的含义如下。

【行】、【列】文本框:用于设置矩形阵列的行数与列数。

【行偏移】文本框:用于指定矩形阵列的行间距。

【列偏移】文本框:用于指定矩形阵列的列间距。

【阵列角度】文本框:用于设置矩形阵列与 X 轴间的角度,默认值为 0。

【选择对象】按钮:单击该按钮,系统返回到绘图区,用户可以从绘图区中选择要阵列的对象。

(2) 在上述选项卡中,用户可根据需要设置矩形阵列的有关参数和选项,设置完毕后单击【确定】按钮,即可自动完成对象的矩形阵列。

(3) 如果用户希望以环形方式进行对象阵列,可单击【阵列】对话框中【环形阵列】单选项,打开【环形阵列】选项卡,如图 3-28 所示。

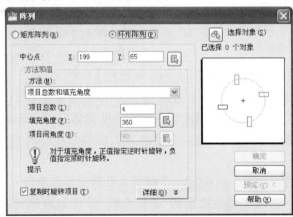

图 3-28 【阵列】对话框—【环形阵列】选项卡

解释: 该对话框中部分选项的含义如下。

【中心点】文本框:用于指定环形阵列的圆心坐标,也可以单击其右侧的按钮返回到绘图区利用鼠标点选环形阵列的圆心。

【方法】下拉列表框:用于选择定位对象所用的方法。其中包含有三种选项,选择不同的选项将会激活其下方的三个文本框中的任意两个。

【项目总数】:用于设定阵列生成的对象个数。

【填写角度】:用于设定环形阵列围绕中心点旋转的角度,默认值为360°。

【项目间角度】:用于设定阵列复制后相邻对象与阵列圆心所形成的角度。

【复制时旋转项目】复选框:选中该复选框,在环形阵列的同时,生成的每个对象也将围绕中心点进行旋转。

(4)此时,用户可在该选项卡中设置环形阵列的参数和选项,设置完毕后单击【确定】按钮,即可自动完成对象的环形阵列。

【实例3-7】 利用【矩形阵列】功能,分别绘制与道路中心线垂直的人行横道线和与道路中心线斜交的人行横道线,如图3-29所示。

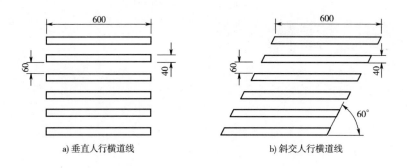

a) 垂直人行横道线　　　　b) 斜交人行横道线

图3-29 利用【矩形阵列】绘制人行横道线(尺寸单位:cm)

操作步骤:

(1)先利用矩形工具,绘制一个垂直人行横道线的基本单元,如图3-30所示。

图3-30 垂直人行横道线基本单元

(2)键入ar,启动【阵列】命令;从弹出的【阵列】对话框中,选中【矩形阵列】单选项;在【行数】文本框中输入"6",在【列数】文本框中输入"1";在【行偏移】中输入"100",在【列偏移】中输入"0",在【阵列角度】中输入"0"。上述设置完成后,单击【选择对象】按钮,此时临时关闭上述对话框并切换到绘图窗口中,在绘图窗口中选择要阵列的人行横道线单元图形,按【空格】键结束对象选择,自动返回到【阵列】对话框。最后,单击对话框中【确定】按钮,至此垂直人行横道线的阵列完成,效果如图3-31所示。

(3)类似地,启动【直线】工具,绘制一个斜交人行横道线基本单元,如图3-32所示。

(4)由A点绘制一条与X轴夹角为60°的斜直线AB作为阵列辅助定位线,同时在该直线上截取一点C,距离尺寸如图3-33所示。

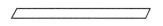

图 3-32 斜交人行横道线基本单元

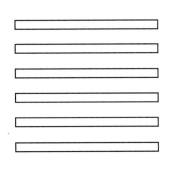

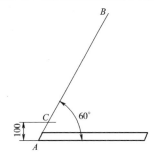

图 3-31 垂直人行横道线阵列效果

图 3-33 绘制定位辅助线

(5)再次启动【阵列】命令,从弹出的【阵列】对话框中,选中【矩形阵列】单选项;在【行数】文本框中输入"6",在【列数】文本框中输入"1";单击【拾取行间距】按钮,在切换后的绘图窗口中分别点选点 A 和点 C,以确定阵列的行间距;返回【阵列】对话框后,在【阵列角度】中输入"-30"。上述设置完成后,单击【选择对象】按钮,此时再次临时关闭上述对话框切换到绘图窗口中,从绘图窗口中选择要阵列的人行横道线基本单元图形,按【空格】键结束选择。最后,单击【阵列】对话框中【确定】按钮,至此该斜交人行横道线阵列完成,效果如图 3-34 所示。

(6)删除所有辅助线,该图绘制完成,最后效果如图 3-35 所示。

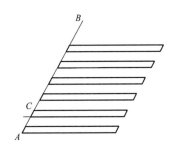

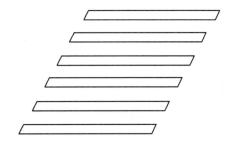

图 3-34 斜交人行横道线阵列效果

图 3-35 斜交人行横道线最后效果

【实例 3-8】 利用【环形阵列】功能,绘制圆弧式停车方式示意图,如图 3-36 所示。

操作步骤:

(1)先绘制一个半圆形场地及辅助中心线,半圆场地的外半径为 2000cm,内半径为 1400cm;再绘制一个 325cm × 550cm 的矩形停车位单元 $ABCD$,如图 3-37 所示。

(2)启动【阵列】命令,从弹出的【阵列】对话框中,选中【环形阵列】单选项。

(3)在【阵列】对话框中,单击【中心点】选项区中的【拾取中心点】按钮,此时系统会临时关闭对话框并切换到绘图窗口;从绘图窗口中用鼠标点选半圆场地的中心点,于是该点被指定为环形阵列的中心点。

(4)指定中心点后,系统会自动返回【阵列】对话框中;在【方法和值】选项区内,单击【方法】下拉列表选项,将其设置为"项目总数和填充角度";同时设置【项目总数】为"7",【填充角】为"80"。

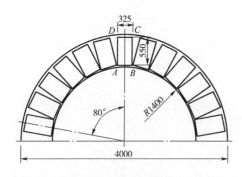 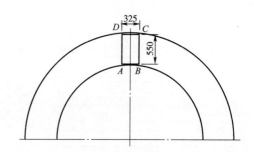

图 3-36　圆弧式停车场方式示意图(尺寸单位:m)　　图 3-37　绘制半圆场地和一个停车位单元(尺寸单位:m)

（5）单击【选择对象】按钮，从绘图窗口中选择要阵列的"停车位单元"图，按【空格】键结束对象选择并返回到对话框中。

（6）单击【确定】按钮，系统自动生成左半部分停车位阵列图，如图 3-38 所示。

（7）类似地，可绘制右半部分的停车位阵列图，只是需设置填充角为"－80"即可，最后阵列效果如图 3-39 所示。

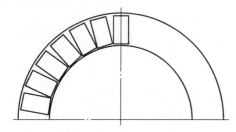 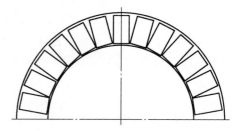

图 3-38　左半部分停车位阵列图　　　　　　图 3-39　右半部分停车位阵列图

3.6　偏移与缩放

偏移功能是指将选中的对象向指定的方向偏移一段指定的距离。缩放功能则是将选中的对象按设定的比例放大或缩小尺寸。

3.6.1　偏移对象

偏移对象命令是"offset"，类似于使用等距线的方法进行对象偏移复制。对于直线类对象的偏移操作将复制生成平行线，而对于圆、圆弧及多边形等对象的偏移操作将会产生同心复制。对象经偏移后，可删除原对象，也可保留原对象。

启动【偏移】对象的命令有以下几种方式。

• 命令：键入 offset 或 o。
• 图标：单击【常用】▶【修改】面板中的【偏移】按钮 ，或单击【修改】工具栏上【偏移】按钮 。
• 菜单：选择菜单中【修改】▶【偏移】命令。

【基本操作】

（1）执行上述任意一种操作后，启动【偏移】命令，系统将在命令行中显示如下提示与交互信息。

```
命令:_offset                                              （执行偏移命令）
当前设置:删除源=否  图层=源  OFFSETGAPTYPE=0            （显示当前系统设置信息）
指定偏移距离或［通过(T)/删除(E)/图层(L)］<通过>:50       （提示指定或输入偏移距离,或其他选项）
选择要偏移的对象,或［退出(E)/放弃(U)］<退出>:            （选择要偏移的对象,或选择其他选项）
指定要偏移的那一侧上的点,或［退出(E)/多个(M)/放弃(U)］<退出>:
                                                          （指定偏移方向或其他选项）
选择要偏移的对象,或［退出(E)/放弃(U)］<退出>:            （继续选择偏移对象,或【回车】结束偏移）
```

解释: 在上述命令提示中,各选项的含义如下。

【指定偏移距离】:该选项为系统默认选项,通过键入数值或用鼠标点选位置来指定偏移距离。

【通过】:该选项表示用户可通过指定对象的通过点来实现对象的偏移。

【删除】:表示偏移对象后将删除源对象。

【图层】:用于设置在源对象所在图层上进行偏移操作,还是在当前图层上偏移操作。选择该项后,命令行中将继续提示信息【输入偏移对象的图层选项［当前(C)/源(S)<源>］:】,其中 C 表示当前图层,S 表示源图层。

(2)依次执行上述各步操作,即可完成按指定偏移量或通过指定点的对象偏移操作。

【实例 3-9】 利用【偏移】命令,绘制如图 3-40 所示的人行横道预告标识。

操作步骤:

(1)先执行【直线】命令,用相对直角坐标法绘制标识外侧菱形,如图 3-41 所示。

(2)键入 offset 或 o,启动【偏移】命令;在命令行【指定偏移距离或［通过(T)/删除(E)/图层(L)］<通过>:】提示下,输入偏移距离"20";在【选择要偏移的对象,或［退出(E)/放弃(U)］<退出>:】提示下,选择菱形的一个边;在【指定要偏移的那一侧上的点,或［退出(E)/多个(M)/放弃(U)］<退出>:】提示下,单击菱形内侧任一点,表示边线向内偏移,于是第一条菱形的边线偏移完成;再选择第二个边,同样在菱形内侧点击鼠标;以此类推,可依次向内偏移所有的 4 个菱形边,如图 3-42 所示。

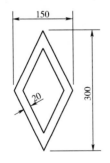
图 3-40 人行横道预告标识
(尺寸单位:cm)

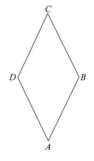
图 3-41 绘制标识的外侧菱形

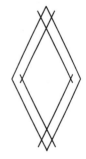
图 3-42 利用偏移命令绘制内侧菱形

(3)启动【裁剪】命令,圈选图中所有图形元素,依次单击要修剪的多余线条,即可完成该图的全部绘制。

【实例 3-10】 利用【偏移】和【阵列】功能绘制指路标志图,如图 3-43 所示。

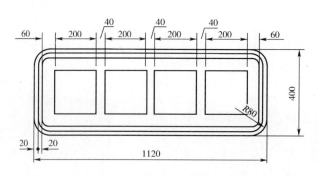

图 3-43 指路标志图

操作步骤：

(1) 先绘制外边框。启动【矩形】工具，按照图示尺寸绘制 1120mm × 400mm 的圆角矩形 ABCD，其中圆角半径为 80mm。

(2) 绘制内边框。启动【偏移】命令，依据命令行的提示信息依次完成如下操作：输入偏移距离"20"；选中已绘制的圆角矩形，并在矩形内侧单击鼠标；于是，一个向内偏移的矩形框绘制完成。继续选中偏移后的矩形框，在矩形内侧再次单击鼠标，于是第二个偏移矩形框生成。此时，指路标志的边框绘制完成，如图 3-44 所示。

图 3-44 绘制指路标志边框

(3) 绘制单个文本框。打开【正交模式】、【对象捕捉】和【对象捕捉追踪】功能，设置对象捕捉模式为【中点】。启动【正多边形】绘图命令，输入边数为"4"；在【指定正多边形的中心点或 [边(E)]：】提示下，利用鼠标捕捉内侧矩形框左边中点 E（不要点击鼠标），然后水平右移鼠标，键入位移量"160"，此时所确定的 F 点即为左侧正方形文本框的中心点；在【输入选项 [内接于圆(I)/外切于圆(C)] <C>：】提示下，输入"c"，选择绘制外切于圆的正方形；在【指定圆的半径：】提示下，输入半径值"100"；于是，第一个正方形文本框绘制完成，如图 3-45 所示。

(4) 利用【阵列】绘制其他文本框。启动【阵列】命令，从弹出的【阵列】对话框中，选中【矩形阵列】单选项；在【行数】文本框中输入"1"，在【列数】文本框中输入"4"，在【行偏移】中输入"0"，在【列偏移】中输入"240"，在【阵列角度】中输入"0"；单击【选择对象】按钮，从切换的绘图窗口中选择要阵列的正方形文本框；最后，单击对话框中【确定】按钮，于是多个文字框自动阵列完成，如图 3-46 所示。

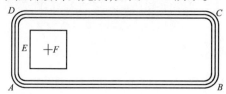

图 3-45 绘制一个文字框

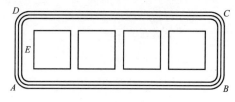

图 3-46 文字框阵列

【实例 3-11】 利用【偏移】功能绘制圆形禁令标志，如图 3-47 所示。

提示：圆形禁令标志的绘制要求如前所述。

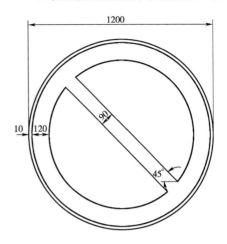

图 3-47 圆形禁令标志

操作步骤:

(1)先绘制外圆。启动【绘圆】命令,绘制直径为 1200 的外圆。

(2)再绘制内圆。启动【偏移】命令,设置偏移量为 10,选中圆形对象,在圆内单击鼠标,于是第二个圆边框绘制完成;同理,重复执行【偏移】命令,设置偏移量为 120,选中第二个圆形对象,同样在圆内单击鼠标,于是绘制完成最内侧圆形,如图 3-48 所示。

(3)绘制斜杠。打开【对象捕捉追踪】功能,设置【极轴角的增量角】为"45°";执行【直线】命令,捕捉"圆心"并向左上方拖动鼠标追踪 135°方位,然后自左上向右下绘制一条通过圆心的斜直线;随后,再启动【偏移】命令,输入偏移量为"45",选中该斜直线并在其右侧单击鼠标;同理,再次选中该斜直线,在其左侧再单击鼠标。于是,两条偏移的斜直线绘制完成,如图 3-49 所示。

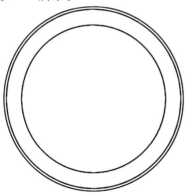
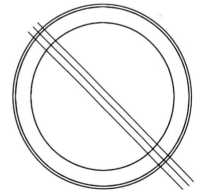

图 3-48 绘制圆形边框　　　　　图 3-49 绘制斜线图

说明:【极轴角的增量角】设置方法。在该按钮 ∠ 上右击鼠标,从弹出的快捷菜单中选择【设置】选项,或单击菜单中【工具】▶【草图设置】选项,系统都会自动弹出【草图设置】对话框;在该对话框中,切换到【极轴追踪】选项卡,用户可单击【增量角】下拉列表从中选择并设置所需的增量角值,默认值为 30°。

(4)用鼠标点选中间的一条斜直线,单击【Delete】按钮将其删除;再启动【裁剪】命令,修剪斜直线与内圆相交处的多余线段。至此,圆形禁令标志绘制完毕。

【实例3-12】 利用【偏移】功能绘制反向弯路警告标志,如图3-50所示。

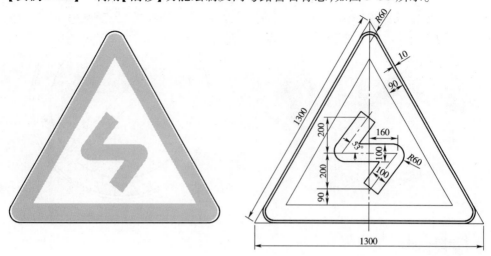

图 3-50 反向弯路警告标志

操作步骤:

(1)绘制标志边框及辅助线。先打开【正交模式】和【对象捕捉】功能;启动【正多边形】命令,绘制边长为"1300"的正三角形;单击【圆角】工具按钮,为正三角形添加半径为60的圆角;然后,启动【偏移】命令,输入偏移量"10",选择已绘制的正三角形,在三角形内侧单击鼠标,于是偏移并生成一个内边缘三角形;同理,按【空格】键重启【偏移】命令,输入偏移量"90",选择内边缘三角形,在三角形内侧单击鼠标,于是最内侧的三角形绘制完成。最后,启动【直线】命令,设置"Center"线型,绘制三角形边框的辅助中心线,确定图标的中心定位点 O,如图3-51所示。

(2)绘制图标中心线与定位线。启动【直线】命令,选择"Center"线型,在绘图区适当的空白位置处单击 A 点作为绘图起点,依次输入各点 B、C、D 的相对极坐标值"300<53"、"320<180"和"300<53",绘制中心线 AB、BC 和 CD;再执行【直线】命令,捕捉 BC 的中点 P(不点击鼠标),垂直上移鼠标并输入移动量"200",绘制一条水平短线与 CD 相交于 D;同理,可以垂直下移鼠标,绘制一条水平短线与 AB 相交于 A。两交点 A、D 即为反向弯路图形的端点,如图3-52所示。

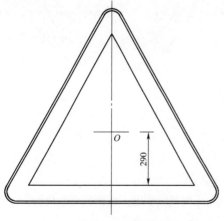

图3-51 绘制三角形警告标志的边框

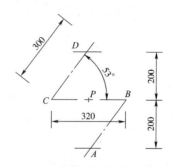

图3-52 绘制反向弯路图中心线

(3)绘制反向弯路图标。启动【直线】命令,选择"Continuous"线型,依次点选 A、B、C、D 各点,绘制三段实线 AB、BC 和 CD;启动【偏移】命令,输入偏移量"50",点选 AB 分别向左右两侧偏移,再点选 BC 分别向上下两侧偏移,同理点选 CD 分别向左右两侧偏移;单击【圆角】工具,设置圆角半径为"60",分别点选需要添加圆角的边线绘制圆角;最后,再次启动【直线】命令,分别连接反向弯路两端端口的连线,如图 3-53 所示。

(4)删除多余线段和元素。启动【修剪】命令,圈选上述全部图形,分别点选需要删除的各线段;对于不能被剪掉的线段、辅助作图线以及字符等,可用鼠标选中后单击【Delete】键删除,如图 3-54 所示。

(5)利用【移动】命令将两图合一。启动【移动】命令,选中全部反向弯路图形,指定 P 点为基点,将图标拖至边框内捕捉 O 点并单击鼠标,则图标被移入边框并定位。至此,反向弯路警告标志绘制完毕,如图 3-55 所示。

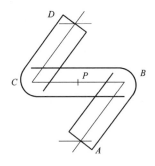

图 3-53　偏移与添加圆角

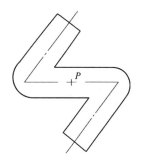

图 3-54　绘制反向弯路图中心线

3.6.2　缩放对象

在交通工程制图中,经常需要对某个图形按指定的比例进行缩放。缩放对象命令是"scale",可以将所选中的对象按指定的比例因子相对于指定基点放大或缩小。启动【缩放】命令有以下几种方式。

- 命令:键入 scale 或 sc。
- 图标:单击【常用】▶【修改】面板中的【缩放】按钮,或单击【修改】工具栏上【缩放】按钮。
- 菜单:选择菜单中【修改】▶【缩放】命令。

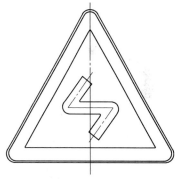

图 3-55　反向弯路警告标志效果图

基本操作:

(1)执行上述任意一种操作后,启动【缩放】命令,系统将在命令行中显示如下提示与交互信息。

命令:_scale	(执行缩放命令)
选择对象:找到 1 个	(提示用户选择要缩放的对象)
选择对象:	(继续选择对象,按【空格】结束选择)
指定基点:	(指定缩放的基准参考点)
指定比例因子或 [复制(C)/参照(R)] <1.0000>:2	(输入缩放比例或选择其他选项)

解释： 在上述命令提示信息中，各选项的含义如下。

【指定比例因子】：该项为系统默认选项，用户可直接输入一个比例因子，系统会将所选对象按该比例相对于基点进行缩放。当比例因子大于 1 时为放大对象；当比例因子在 0～1 之间时为缩小对象。在缩放时，基点的位置保持不变。

【复制】与【参照】选项：与【旋转】命令中选项含义相似，只是这里的参照是长度，而旋转对象时的参照是角度。

(2) 依次执行上述操作，即可完成对象的缩放。

注意：【缩放】命令"scale"与视图缩放是两个截然不同的概念。前者改变图形对象的实际大小，后者只改变显示比例却不影响实际尺寸大小。

【实例 3-13】 利用【缩放】命令将如图 3-56 所示的"立体交叉直行和右转弯行驶"指示标志缩小 0.5 倍。

操作步骤：

(1) 先绘制一个如图 3-56 所示的指示标志。

(2) 启动【缩放】命令；在命令行信息的提示下依次完成如下操作：在命令行提示【选择对象：】时，用户可圈选整个图形对象并按【空格】键结束选择；在【指定基点：】提示下，可点选圆心作为指定缩放的基点；在【指定比例因子或［复制（C）/参照（R）］<1.0000>：】提示下，输入缩小比例因子为"0.5"。依次完成上述各步操作后，图形被整体缩小一半，如图 3-57 所示。

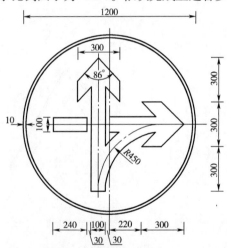

图 3-56 "立体交叉直行和右转弯行驶"指示标志

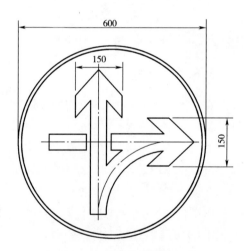

图 3-57 缩小后的指示标志

在上述操作过程中，命令行的提示信息如下：

```
命令：_scale                                              （启动缩放对象命令）
选择对象：指定对角点：找到 58 个                          （选中所有缩放图形对象）
选择对象：                                                （按空格键结束对象选择）
指定基点：                                                （指定圆心为缩放基点）
指定比例因子或［复制（C）/参照（R）］<1.0000>：0.5       （输入缩放比例因子为 0.5）
```

说明： 在图形缩放过程中，通常所标注的尺寸会随之而变。若要保证尺寸不发生变化，可采取如下两种方法。

(1)【比例因子】法:单击【文本样式】工具栏中【标注样式】按钮,或选择菜单栏中【标注】▶【标注样式】选项,从系统弹出的【标注样式管理器】对话框中切换至【主单位】选项卡,在【测量比例单位】选区中设置【比例因子】为1/n即可(n为图形缩放比例)。也就是说,若要使图形缩小0.5倍,则应设置【比例因子】为2,这样才能保证图形在缩放时标注尺寸不变。

(2)【文字替代】法:一是,单击要更改的标注尺寸,系统会自动弹出一个【选项】快捷菜单;在该菜单中的【文字替代】栏内,键入新尺寸作为替代值,则该值不会随图形的缩放而改变。二是,双击要更改的标注尺寸,系统会弹出【特性】快捷菜单,同样可在其中的【文字替代】栏中键入新的替代尺寸即可。

3.7 拉长与拉伸

3.7.1 拉长对象

拉长对象命令用于拉长或缩短线段型的图形对象,也可用于改变圆弧长度或圆心角大小。启动【拉长】命令有以下几种方式。

- 命令:键入 lengthen 或 len。
- 图标:单击【常用】▶【修改】面板中的【拉长】按钮 。
- 菜单:选择菜单中【修改】▶【拉长】命令。

基本操作:

(1)执行上述任意一种操作后,启动【拉长】命令,系统将在命令行中显示如下提示与交互信息。

```
命令:_lengthen                                    (执行拉伸命令)
选择对象或 [增量(DE)/百分数(P)/全部(T)/动态(DY)]:   (提示选择拉长对象,或选择其他选项)
```

解释:在上述命令提示信息中,各选项的含义如下。

【增量(DE)】:通过输入长度或角度的增量值来延长或缩短对象。输入正值表示增长,输入负值表示缩短。

【百分数(P)】:通过输入百分比来改变对象的长度或圆心角的大小。

【全部(T)】:通过输入对象的总长度来改变对象的长度。执行该项操作时,不必知道当前对象的长度。

【动态(DY)】:通过拖动对象的某个端点来改变对象的长度或角度,并以动态模式显示。

(2)依次执行上述操作后,即可完成对象的拉长。

注意:在选择拉长对象时,拾取点靠近线段的哪一端,就会改变哪一端的长度,而另一端保持不变。

【**实例3-14**】 使用【拉长】命令绘制如图3-58所示的指示箭头。

操作步骤:

(1)首先,使用【直线】命令绘制1条长600的竖实线

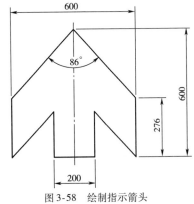

图3-58 绘制指示箭头

AB；再使用【偏移】命令连续偏移生成其他 4 条竖线，如图 3-59 所示。

（2）键入 len，启动【拉长】命令；在命令行【选择对象或［增量（DE）/百分数（P）/全部（T）/动态（DY）］:】提示下，输入"t"，选择"全部"方式拉长对象；接着，在【指定总长度或［角度（A）］＜100.0000＞:】提示下，输入线段总长度值为"276"；在【选择要修改的对象或［放弃（U）］:】提示下，分别点击线段 AB 和 IJ 的上部，点击 EF 的下部。于是，这 3 个线段分别被修改为长度均为"276"的线段，如图 3-60 所示。

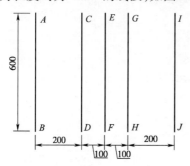

图 3-59　使用直线和偏移命令绘制竖线

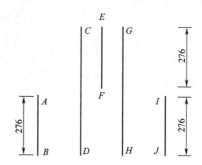

图 3-60　使用"拉长"命令修改竖线

（3）使用【直线】工具，分别连接 AE、EI、BF、FJ 以及 DH 线段，效果如图 3-61 所示。

（4）打开【极轴追踪】和【对象捕捉】功能，设置对象捕捉模式为【端点】和【交点】。再次启动【拉长】命令，在命令行【选择对象或［增量（DE）/百分数（P）/全部（T）/动态（DY）］:】提示下，键入"dy"，表示选择动态拉长方式；在【选择要修改的对象或［放弃（U）］:】提示下，先点选线段 CD 的上端；在【指定新端点:】提示下，垂直下移鼠标捕捉并单击 BF 与 CD 的交点 P，于是 C 点被拉至点 P 处；重复上述操作，点选线段 BF 的右端，然后左移鼠标，同样捕捉刚才的交点 P，将 F 点也拉至该交点 P 处。同理，再点选 GH 上端，将 G 点拉至 Q 点；点选 FJ 的左端，将 F 点拉至 Q 点处。

（5）最后，点选 EF 线段的上端，将 E 点垂直上拉至超出顶点约 30 单位处单击鼠标；点选 EF 下端，将 F 点垂直下拉至超出底线约 30 单位处单击鼠标，按【空格】键结束操作。随后，将 EF 线型更改为"Center"线型。

至此，指示箭头绘制完毕，效果如图 3-62 所示。

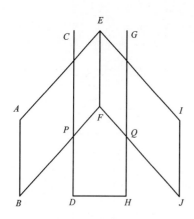

图 3-61　使用直线命令连接各线段

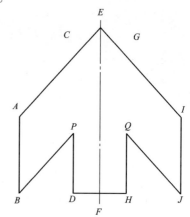

图 3-62　使用"拉长"命令调整线段

3.7.2 拉伸对象

拉伸对象功能可按规定的方向和角度拉长或缩短对象,拉伸后的对象在 X、Y 方向上的比例将改变。拉伸对象的命令是"stretch"。在执行【拉伸】命令的过程中,选择对象时只能使用右框选(即交叉框选方式或圈交方式),与选框相交的对象将被拉伸,被选框包围的对象将被移动。

启动【拉伸】命令有以下几种方式。
- 命令:键入 stretch 或 s。
- 图标:单击【常用】▶【修改】面板中的【拉伸】按钮 ,或单击【修改】工具栏上【拉伸】按钮 。
- 菜单:选择菜单中【修改】▶【拉伸】命令。

【基本操作:】

(1)执行上述任意一种操作后,启动【拉伸】命令,系统将在命令行中显示如下提示与交互信息。

```
命令:_stretch                                      (执行拉伸命令)
以交叉窗口或交叉多边形选择要拉伸的对象…           (提示用户正确选择拉伸对象的方法)
选择对象:指定对角点:找到 1 个                     (提示选择拉伸对象)
选择对象:                                          (继续选择对象,或【回车】结束选择)
指定基点或〔位移(D)〕<位移>:                     (指定拉伸的基点或位移量)
指定第二个点或 <使用第一个点作为位移>:            (以适当的方式给定拉伸长度)
```

(2)依次执行上述各步骤,即可完成对象的拉伸操作。

提示:并非所有的对象都可以被拉伸,如点、圆、椭圆、文字和图块等就不能被拉伸,线段、圆弧、椭圆弧、多段线和样条曲线等对象可以被拉伸。

【实例 3-15】 使用【拉伸】命令,将图 3-63a)所示的指示箭头尾部拉长 600 个单位,如图 3-63b)所示。

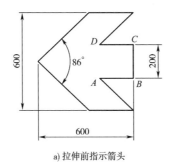

a) 拉伸前指示箭头　　　　　　　　　　b) 拉伸后指示箭头

图 3-63　拉伸指示箭头

操作步骤:

(1)先运用【直线】工具和【偏移】命令,绘制如图 3-81a)所示的指示箭头。

(2)单击【修改】工具栏上【拉伸】按钮，启动【拉伸】命令；在命令行【选择对象：】提示下，以交叉窗口或交叉多边形的方式选择拉伸对象，按【空格】键结束对象选择，如图3-64所示。

(3)在【指定基点或［位移(D)］＜位移＞:】提示下，单击B点作为拉伸的基点；在【指定第二个点或 ＜使用第一个点作为位移＞:】提示下，直接输入相对直角坐标值"@600,0"，或水平右移鼠标后再输入移动量"600"，以确定拉伸长度值，按【回车】键结束。此时，系统会自动将指示箭头尾部向右拉伸600单位，效果如图3-63b)所示。

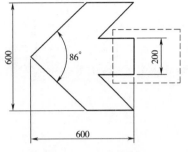

图3-64 交叉窗口选择对象

3.8 修剪与延伸

修剪对象命令是指将选中的对象超出指定边界的线条部分修剪掉的功能，而延伸对象则是将选中的对象延长到指定边界的功能。

3.8.1 修剪对象

修剪对象的命令是"trim"。启动【修剪】命令有以下几种方式。

- 命令：键入 trim 或 tr。
- 图标：单击【常用】▶【修改】面板中的【修剪】按钮，或单击【修改】工具栏上【修剪】按钮。
- (3)菜单：选择菜单中【修改】▶【修剪】命令。

【基本操作】

(1)执行上述任意一种操作后，启动【修剪】命令，系统将在命令行中显示如下提示与交互信息。

命令：_trim	(执行修剪命令)
当前设置：投影＝UCS,边＝延伸	(显示系统设置信息)
选择剪切边…	
选择对象或 ＜全部选择＞：找到 1 个	(提示用户选择边界对象)
选择对象：	(继续选择边界对象，或【回车】结束边界选择)
选择要修剪的对象，或按住 Shift 键选择要延伸的对象，或［栏选(F)/窗交(C)/投影(P)/边(E)/删除(R)/放弃(U)］：	(选择需要修剪的对象，或其他选项)
选择要修剪的对象，或按住 Shift 键选择要延伸的对象，或［栏选(F)/窗交(C)/投影(P)/边(E)/删除(R)/放弃(U)］：	(继续选择修剪对象，或【回车】结束修剪命令)

解释：在上述命令行提示信息中，各选项的含义如下。

【UCS】：表示在当前用户坐标系的 *XOY* 平面上修剪，此时也可在 *XOY* 平面上按投影关系修剪在三维空间中没有相交的对象。

【全部选择】：用于选择所有可见的图形对象作为修剪边界。

【栏选(F)】:以栏选的方式选择修剪对象。
【窗选(C)】:以右框选的方式选择修剪对象。
【投影(P)】:该选项用于三维绘图中,表示修剪对象时使用投影模式。
【边(E)】:该选项也用于三维绘图中,用于确定是在另一对象的隐含边处修剪对象,还是仅修剪对象到在三维空间中与它相交的对象处。
【删除(R)】:从已选择的对象集中删除某个对象。
【放弃(U)】:如果修剪有误,可以输入字母"U"撤销修剪。

(2)依次执行上述操作,即可完成对象的修剪。

【实例3-16】 使用【修剪】命令,绘制和修剪"解除限制速度"禁令标志,如图3-65所示。

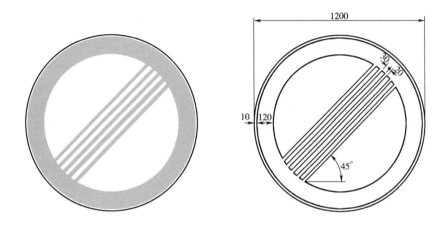

图3-65 "解除限制速度"禁令标志

提示:区域限制速度解除标志、区域禁止长时停车解除标志、区域禁止停车解除标志均为圆形、白底、黑边、黑杠、黑图形,其中白色RGB为(255,255,255),黑色RGB为(31,26,23)。

操作步骤:

(1)按照图示尺寸绘制一个"解除限速"的基本图形,如图3-66所示。

(2)在命令行键入"trim"或"tr",或单击【修改】工具栏上【修剪】按钮 等,启动【修剪】命令。

(3)先选择内圆作为剪切边界,然后按【回车】键,如图3-67所示。

(4)再选择需要修剪掉的线段,并逐一点击进行修剪,修剪后的效果如图3-68所示。

(5)再次执行【修剪】命令,以被修剪后的线段组为剪切边界,对内圆进行修剪,最后完成该禁令标志的绘制,如图3-69所示。

【实例3-17】 绘制如图3-70所示的"白色半圆状车距确认线"图形,并使用快速修剪法完成绘图过程中的修剪工作。

说明:图中的白色线段是延续的,这里为了作图方便给出的长度为1300。

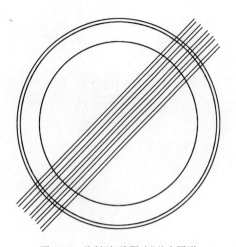

图3-66 绘制"解除限速"基本图形

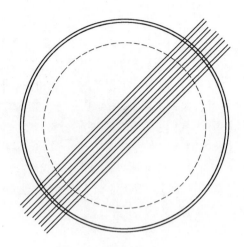

图3-67 选择内圆为剪切边界

图3-68 修剪直线后的效果

图3-69 修剪弧线后的效果

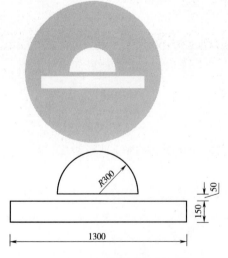

图3-70 "车距确认线"图形的绘制

操作步骤：

(1) 先绘制"半圆状车距确认线"的初步图形，如图3-71所示。

(2) 键入 trim 或 tr，或单击【修改】工具栏上【修剪】按钮 ，启动【修剪】命令。

(3) 在命令行【选择对象或 ＜全部选择＞：】提示下，圈选或交叉选择全部图形对象，按【空格】键结束对象选择；在【选择要修剪的对象，或按住 Shift 键选择要延伸的对象，或 ［栏选（F）/窗交（C）/投影（P）/边（E）/删除（R）/放弃（U）］：】提示下，用鼠标分别点击要修剪掉的线段和弧段，直至修剪完毕，按【空格】或【回车】键结束操作。

至此，全图绘制完成，效果如图3-72所示。

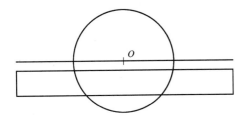
图 3-71 绘制"车距确认线"初步图形

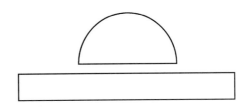
图 3-72 修剪后"车距确认线"图形

3.8.2 延伸对象

延伸和修剪命令是一组功能相反的命令,使用延伸命令可以将直线、圆弧和多段线等对象的端点延长到指定的边界。启动【延长】命令有以下几种方式。

- 命令:键入 extend 或 ex。
- 图标:单击【常用】▶【修改】面板中的【延伸】按钮 ,或单击【修改】工具栏上【延伸】按钮 。
- 菜单:选择菜单中【修改】▶【延伸】命令。

基本操作:

(1)执行上述任意一种操作后,启动【延伸】命令,系统将在命令行中显示如下提示与交互信息。

```
命令:_extend                                        (执行延伸命令)
当前设置:投影 = UCS,边 = 延伸                       (显示系统设置信息)
选择边界的边...
选择对象或 <全部选择>:找到 1 个                     (提示选择延伸的边界对象)
选择对象:                                           (继续选择,或【回车】结束边界选择)
选择要延伸的对象,或按住 Shift 键选择要修剪的对象,或[栏选(F)/窗交(C)/投影(P)/边(E)/放弃(U)]:
                                                    (选择需要延伸的对象)
选择要延伸的对象,或按住 Shift 键选择要修剪的对象,或[栏选(F)/窗交(C)/投影(P)/边(E)/放弃(U)]:
                                                    (继续选择需要延伸的对象,或【回车】结束操作)
```

说明: 在上述命令行提示信息中,各选项的含义同"修剪对象"。

(2)依次执行上述操作,即可完成对象的延伸。

【**实例 3-18**】 使用【偏移】和【延伸】命令,完成如图 3-73 所示的 Y 形交叉口局部导流线扩展图的绘制。

操作步骤:

(1)先绘制如图 3-73a)所示的交叉口导流线图形。

(2)键入 move 或 m,或单击【常用】▶【修改】面板中的【移动】按钮 ,启动【移动】命令。

(3)依据命令行的提示信息,分别选择线段 BC 为移动对象,指定 B 点为基点,输入"@0,100"为垂直移动距离,于是将线段 BC 移至 EF 位置,如图 3-74 所示。

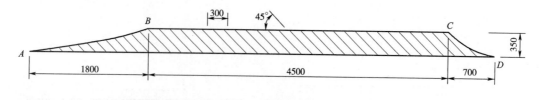

a) 扩展前

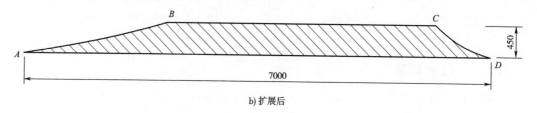

b) 扩展后

图 3-73 交叉口导流线的扩展(尺寸单位:cm)

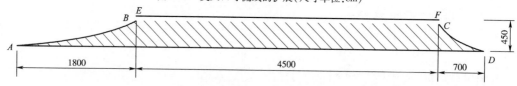

图 3-74 上移 EF 线段

(4)键入 extend 或 ex,或单击【修改】工具栏上【延伸】按钮，启动【延伸】命令。先选择 EF 为延伸边界,按【空格】键结束边界选择;再分别点击弧线 AB 的 B 端和弧线 CD 的 D 端,使两弧延伸与 EF 相交,如图 3-75 所示。

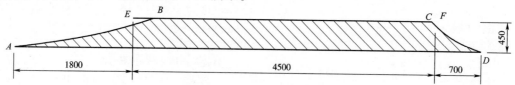

图 3-75 延伸两弧线与 EF 相交

(5)打开【正交模式】和【对象捕捉】功能,设置【端点】捕捉模式;单击 EF 线段,用鼠标拖动夹点 E 水平右移与 B 点重合;再拖动夹点 F 水平左移与 C 点重合,如图 3-76 所示。

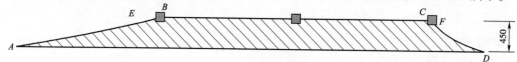

图 3-76 拖拽线段 EF 的夹点

(6)再次启动【延伸】命令;按住"Shift"键,分别点选弧 AB 和线段 BC,同时设定两线为延伸边界;然后,分别点击各填充线段,使其延伸至边界并填满整个导流线区域,如图 3-77 所示。

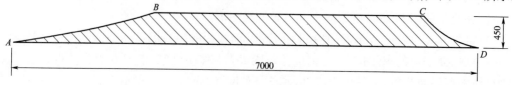

图 3-77 延伸填充线

(7) 至此,交叉口导流线的扩展图绘制完毕。

3.9 打断、合并与分解

打断对象可以将直线、多段线、射线、样条曲线、圆和圆弧等对象分成两个对象或删除对象中的一部分,合并对象则是将相似的对象合并为一个对象。打断对象与合并对象也是一组功能相反的命令。

3.9.1 打断对象

打断对象的命令是"break"。用户可以使用该命令将指定对象的两点间的部分删除,为图块和文字创建空间。启动【打断】命令有以下3种方式。
- 命令:键入 break 或 br。
- 图标:单击【常用】▶【修改】面板中的【打断】按钮,或单击【修改】工具栏上【打断】按钮。
- 菜单:选择菜单中【修改】▶【打断】命令。

基本操作:

(1) 执行上述任意一种操作后,启动【打断】命令,系统将在命令行中显示如下提示与交互信息。

```
命令:_break                              (执行延伸命令)
选择对象:                                (选择要打断的对象,系统把单击处的那个点当作断开的第一点)
指定第二个打断点 或 [第一点(F)]:        (指定第二个打断点,或重选第一个打断点)
```

(2) 在命令行【选择对象:】提示下,用户可在要打断的对象某点处单击鼠标,系统则会把该点当作断开的第一点。

(3) 在命令行【指定第二打断点 [第一点(F)]:】提示下,用户可继续拾取对象上的另一点,系统则会将上两点之间的部分删除。如若输入"F",则表示要重新选择第一个打断点,并在随后的提示中再选择第二个打断点。

说明:

①如果在【指定第二打断点 [第一点(F)]:】提示下,用户键入"@",则系统将在拾取点处把所选对象打断为两段。

②如果在【指定第二打断点 [第一点(F)]:】提示下,用户在对象的一端方向外拾取一点,则系统将把两个点之间那段对象删除。

③当对圆形执行打断操作时,从圆上第一点到第二点间逆时针方向的圆弧段将被删除。

3.9.2 打断于点

打断于点命令用于在某一点将选中对象打断成具有同一端点的两个对象。该命令适用于直线、开放的多段线和圆弧等对象,但不能在一点打断圆等闭合对象。

启动【打断于点】命令有以下方式。

• 图标:单击【常用】▶【修改】面板中的【打断于点】按钮▭,或单击【修改】工具栏上【打断于点】按钮▭。

基本操作:

执行上述操作后,即可启动【打断于点】命令,此时系统在命令行中的提示信息以及操作方法均与上述【打断对象】相同,不再赘述。

说明:对于线段而言,执行该命令后系统会自动将第二点与第一点重合。用该方式打断图形后,从表面上看图形并未断开,但在捕捉点时可捕捉到打断处的点。

3.9.3 合并对象

合并对象的命令是"jion",用户可以使用该命令将相似的对象合成一个完整的对象,圆弧、椭圆弧、直线、多段线和样条曲线等对象都可以被合并,但是要合并的对象必须位于相同的平面上。

启动【合并】命令有以下 3 种方式。

• 命令:键入 jion 或 j。
• 图标:单击【常用】▶【修改】面板中的【合并】按钮,或单击【修改】工具栏上【合并】按钮。
• 菜单:选择菜单中【修改】▶【合并】命令。

基本操作:

(1)执行上述任意一种操作后,启动【合并】命令。如果是直线与直线合并,则系统在命令行中将显示如下提示信息。

命令:_join	(执行合并命令)
选择源对象:	(选择合并的源对象<直线>)
选择要合并到源的直线:找到 1 个	(选择要合并的直线)
选择要合并到源的直线:找到 1 个,总计 2 个	(如果合并多条直线,可继续选择要合并的直线)
选择要合并到源的直线:	(可继续选择要合并的直线,按【回车】结束选择,完成合并)
已将 2 条直线合并到源	(系统显示合并信息)

(2)启动【合并】命令后,如果合并的是圆弧,则系统在命令行中将显示如下提示信息。

命令:_join	(执行合并命令)
选择源对象:	(选择合并的源对象<圆弧>)
选择圆弧,以合并到源或进行[闭合(L)]:	(选择要合并的圆弧,或合并后"闭合"选项)
选择要合并到源的圆弧:找到 1 个	(继续选择要合并的圆弧,按【回车】结束选择,完成合并)
已将 1 个圆弧合并到源	(系统显示合并信息)

说明:如果选择多段线、椭圆弧等不同源对象合并时,系统的提示信息也将不完全相同。

(3)依次执行上述操作后,即可完成对象的合并。

3.9.4 分解对象

对于矩形、图块和多段线等由多个对象编辑组成的组合对象,如果需要对其中的单个对象进行编辑,则首先应将其进行分解。分解对象的命令是"explode",用户可以使用该命令将组合对象分解为单个对象。

启动【分解】命令有以下 3 种方式。

- 命令:键入 explode 或 e。
- 图标:单击【常用】▶【修改】面板中的【分解】按钮,或单击【修改】工具栏上【分解】按钮。
- 菜单:选择菜单中【修改】▶【分解】命令。

【基本操作】:

(1)执行上述任意一种操作后,启动【分解】命令,系统将在命令行中显示如下操作提示信息。

命令:_explode	(执行分解命令)
选择对象:找到 1 个	(提示用户选择需要分解的对象)
选择对象:	(继续选择分解对象,或按【回车】键结束选择,完成分解)
标注已解除关联。	(系统显示分解后的标注变化信息)

(2)依次执行上述操作后,即可完成对象的分解。

3.10 倒角和圆角

在交通工程绘图中,时常需要为所绘图形添加倒角或圆角。圆角是指将相交的两个对象或成一定角度的一个对象的两个部分,在交点处用一段指定的圆弧过渡连接;而倒角则是指使用一段直线段代替圆角的圆弧段。

3.10.1 创建倒角

创建倒角的命令是"chamfer",使用该命令可以在两个指定的对象之间增加倒角。启动【创建倒角】命令有以下 3 种方式。

- 命令:键入 chamfer 或 cha。
- 图标:单击【常用】▶【修改】面板中的【倒角】按钮,或单击【修改】工具栏上【倒角】按钮。
- 菜单:选择菜单中【修改】▶【倒角】命令。

【基本操作】:

(1)执行上述任意一种操作后,启动【创建倒角】命令,系统将在命令行中显示如下提示与交互信息。

命令:_chamfer	(执行倒角命令)
("修剪"模式)当前倒角距离 1 = 0.0000,距离 2 = 0.0000	(显示当前倒角设置)
选择第一条直线或 [放弃(U)/多段线(P)/距离(D)/角度(A)/修剪(T)/方式(E)/多个(M)]:d	
	(输入 d,选择设置倒角"距离")
指定第一个倒角距离 <0.0000>:5	(输入第一个倒角距离)
指定第二个倒角距离 <5.0000>:	(输入第二个倒角距离,回车为默认值)
选择第一条直线或 [放弃(U)/多段线(P)/距离(D)/角度(A)/修剪(T)/方式(E)/多个(M)]:	
	(选择第一条要倒角的直线)
选择第二条直线,或按住 Shift 键选择要应用角点的直线:	(选择第二条要倒角的直线,倒角完成)

提示:在执行倒角命令时,需要先选择倒角方式并设置距离或角度等参数。

解释:在上述命令行提示信息中,各选项的含义如下。

【选择第一条直线】:该选择为默认选项,用于选择第一条要倒角的直线。

【选择第二条直线】:在完成第一条直线选择后,系统会接着提示选择第二条要倒角的直线。当两条直线都选择完成后,系统自动在两线相交处生成倒角。

【多线段(P)】:该选项表示对所选的多段线上的多个顶点按设置的距离同时倒角。

【距离(D)】:用于设置倒角的距离大小。选择该项后,系统将分别提示用户输入第一个和第二个倒角距离值。

【角度(A)】:通过设置倒角的角度和距离来进行倒角处理。选择该项后,系统将提示用户输入第一条直线倒角的长度和角度。

【修剪(T)】:用于确定在倒角时是否对相应的倒角边进行修剪。选择该项后,系统将提示用户【输入修剪模式选项[修剪(T)/不修剪(N)]<修剪>:】,默认为倒角后同时修剪倒角边,否则将保留原倒角边。

【方式(E)】:用于设定倒角方式为距离方式或角度方式。前者表示通过指定两个倒角边距的方式倒角,后者表示指定一个边距和一个角度的方式倒角。

【多个(M)】:该选项表示可以连续选择多个线段对象进行倒角,直到【回车】结束。

(2)依次执行上述操作,即可完成倒角创建。

提示:如果倒角时设置边距过大,超过倒角边长,系统将视为倒角无效。如果对两条未相交的直线倒角,且设置的两倒角距离均为 0,则系统自动将两直线延长并相交。

【**实例 3-19**】 利用【倒角】功能为百米桩示例图添加倒角,如图 3-78 所示。

操作步骤:

(1)首先,分别绘制 120×250 和 50×80 的矩形,如图 3-79 所示。

(2)键入 cha,或单击【修改】工具栏上【倒角】按钮 ,启动【倒角】命令。

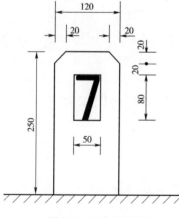

图 3-78 百米桩示例图

(3)依据命令行中的提示信息,先输入"d",选择按【距离】方式创建倒角;然后,分别输入第一个倒角的距离"20"和输入第二个倒角距离"20";再分别选择要添加倒角的第一条线段和第二条线段,于是第一个倒角创建完成。

同理,可创建第二个倒角。添加倒角后的效果,如图3-80所示。

注:文字输入方法,后续讲解。

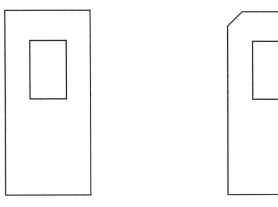

图3-79　绘制矩形边框　　　　　图3-80　添加倒角

3.10.2　创建圆角

创建圆角的命令是"fillet",使用该命令可以将两个对象用圆弧进行连接。启动【创建圆角】命令有以下3种方式。

- 命令:键入 fillet 或 f。
- 图标:单击【常用】▶【修改】面板中的【圆角】按钮⌒,或单击【修改】工具栏上【圆角】按钮⌒。
- 菜单:选择菜单中【修改】▶【圆角】命令。

基本操作:

(1)执行上述任意一种操作后,启动【创建圆角】命令,系统在命令行中显示如下提示与交互信息。

```
命令:_fillet                                          (执行圆角命令)
当前设置:模式 = 修剪,半径 = 10.0000                   (显示当前系统设置)
选择第一个对象或 [放弃(U)/多段线(P)/半径(R)/修剪(T)/多个(M)]:r    (输入r,选择圆角"半径"项)
指定圆角半径 <10.0000>:5                              (输入圆角半径值)
选择第一个对象或 [放弃(U)/多段线(P)/半径(R)/修剪(T)/多个(M)]:    (选择第一个创建圆角的对象)
选择第二个对象,或按住 Shift 键选择要应用角点的对象:            (选择第二个创建圆角对象,创建完成)
```

提示:在执行圆角命令时,通常需要先设置绘制圆角方式和圆角半径,然后进行倒圆角操作。

说明:在上述命令提示信息中,各选项的含义与【创建倒角】选项相似。

(2)依次执行上述操作后,即可完成圆角创建。

注意：对于两条不相交的对象，如果设置圆角半径为 0，则系统不产生过渡圆弧，而是将两对象拉伸至相交。对于相交叉的对象倒圆角操作时，如果需要修剪边线，则在倒圆角后系统将会保留所拾取的那部分对象，其他部分将被修剪掉。对于两条平行线倒圆角时，系统则会自动将两平行线间距离的一半定为圆角半径进行倒圆角操作。

【实例3-20】 利用【圆角】功能绘制道路交通标志——里程牌的边框图，如图 3-81 所示。

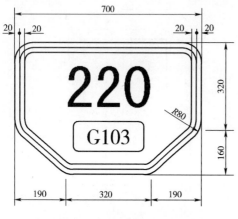

图 3-81 道路交通标志——里程牌

操作步骤：

(1) 先利用【直线】命令，绘制里程碑的最外侧边框图，如图 3-82 所示。

(2) 键入 fillet 或 f，或单击【常用】▶【修改】面板中的【圆角】按钮，或单击【修改】工具栏上【圆角】按钮，启动【圆角】命令。

(3) 在命令行【选择第一个对象或［放弃(U)/多段线(P)/半径(R)/修剪(T)/多个(M)］：】提示下，输入"r"，选择【半径】输入选项；在【指定圆角半径 <10.0000>：】提示下，输入半径值"80"；在【选择第一个对象或［放弃(U)/多段线(P)/半径(R)/修剪(T)/多个(M)］：】提示下，用鼠标选择需要倒圆角的一条边；在【选择第二个对象，或按住 Shift 键选择要应用角点的对象：】提示下，再选择另一条边，于是系统自动按指定半径添加一个圆角。同理，按【空格】键重启【圆角】命令，重复上述操作，直至完成所有圆角的添加，效果如图 3-83 所示。

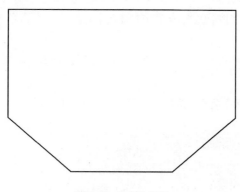

图 3-82 绘制外边框

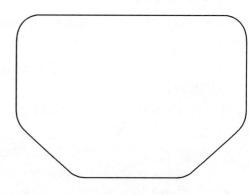

图 3-83 添加圆角

说明：由于图中添加的各圆角半径相同，故无须每次重复设定，只要选择上次默认值即可。

(4) 启动【偏移】命令，设置偏移量为"20"，分别选择上图中的各线段或圆弧，依次向内偏移 2 次，于是该里程牌的边框图绘制完毕，如图 3-84 所示。

【实例3-21】 绘制一个指示标志底板展开图，按要求为其添加倒角和圆角，如图 3-85 所示。

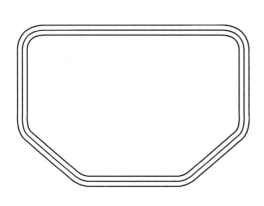

图 3-84 【偏移】绘制其他边框线

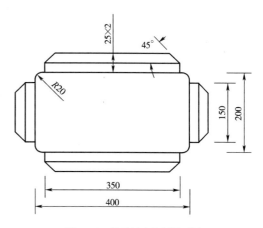

图 3-85 指示标志底板展开图

操作步骤：

(1)先按尺寸要求绘制一个指示标志底板的基本展开图,如图 3-86 所示。

(2)键入 f,或单击【常用】▶【修改】面板中的【圆角】按钮，启动【圆角】命令；输入"r",指定半径值为"20";然后,分别点选需要创建圆角的第一条边和第二条边,从而创建一个圆角。同理,可创建其他 3 个圆角。

(3)键入 Chamfer,或单击【常用】▶【修改】面板中的【倒角】按钮，启动【倒角】命令；先输入"d",设置两个倒角的距离均为"25";再输入"m",选择连续进行多个倒角方式；依次点击图中需要倒角的各条边线,按【空格】键或【回车】键结束。

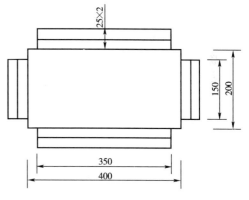

图 3-86 指示标志底板基本展开图

至此,该展开图绘制完毕。

3.11 编辑复杂图形对象

在 AutoCAD2010 中,样条曲线、多段线和多线都是较为特殊的对象,它们除了可以使用前面讲述的部分编辑命令对其编辑外,还具有各自专用的编辑命令。

3.11.1 编辑样条曲线

样条曲线不能使用延伸和拉长命令进行编辑,它有专用的样条曲线编辑命令。启动【编辑样条曲线】命令有以下几种。

- 命令:键入 splinedit 或 spe。
- 图标:单击【常用】▶【修改】面板中的【编辑样条线】按钮。
- 菜单:选择菜单中【修改】▶【对象】▶【样条曲线】命令。

基本操作：

（1）执行上述任意一种操作后，启动【编辑样条曲线】命令，系统将在命令行中显示如下提示与交互信息。

```
命令:_splinedit                                              （执行编辑样条曲线命令）
选择样条曲线:                                                （提示用户选择要编辑的样条曲线）
输入选项［拟合数据(F)/闭合(C)/移动顶点(M)/优化(R)/反转(E)/转换为多段线(P)/放弃(U)］：
                                                            （输入编辑选项）
```

说明：如果打开了状态栏中的【动态输入】辅助功能，则在光标的右下方将会同步显示与命令行内容相同的【输入选项】快捷菜单，如图3-87所示。

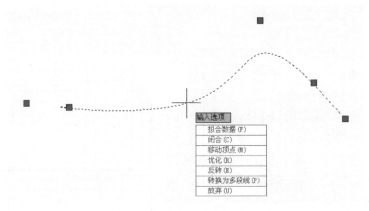

图3-87 编辑样条曲线时"动态输入"快捷菜单

解释：在上述命令行或快捷菜单的提示信息中，各选项的含义如下。

【拟合数据(F)】：用于对样条曲线的拟合编辑。选择该项后，在命令行中将继续显示【［添加(A)/闭合(C)/删除(D)/移动(M)/清理(P)/相切(T)/公差(L)/退出(X)］＜退出＞】提示信息，默认选项为【退出】。其中各选项含义如下：

◇【添加(A)】：为样条曲线增加拟合点，以增加样条曲线的长度。

◇【闭合(C)】：闭合或打开样条曲线。如果所选择的样条曲线是闭合的，则该选项显示为"打开"；如果所选择的样条曲线是打开的，则该选项显示为"闭合"。

◇【删除(D)】：从样条曲线中删除拟合点并用其余点重新拟合样条曲线。

◇【移动(M)】：将拟合点移动到新位置。

◇【清理(P)】：从图形数据库中删除样条曲线的拟合数据。清理样条曲线拟合数据后，系统重新显示的提示信息中不再包括【拟合数据】选项。

◇【相切(T)】：编辑样条曲线的起点和终点相切。

◇【公差(L)】：使用新的公差值将样条曲线重新拟合至现有点。

◇【退出(X)】：退出"拟合数据"选项，返回到执行"splinedit"命令后的提示信息。

【闭合(C)】：与【拟合数据】选项下的【闭合】和【打开】选项的功能相同。

【移动顶点(M)】：用于重新定位样条曲线的控制顶点并清理拟合点。

【优化（R）】：用于调整样条曲线的精度。选择该项后，在命令行中将继续显示【输入优化选项［添加控制点（A）/提高阶数（E）/权值（W）/退出（X）］＜退出＞：】提示信息，同步在【动态输入】快捷菜单中显示相同的选项，如图3-88所示。

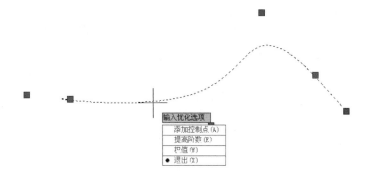

图3-88 【优化】选项下的【动态输入】快捷菜单

其中有关选项含义如下：
◇【添加控制点（A）】：增加控制部分样条的控制点数。
◇【提高阶数（E）】：增加样条曲线上控制点的数目。
◇【权值（W）】：用于更改不同样条曲线控制点的权值，权值大会将样条曲线拉近控制点。
◇【退出（X）】：与【拟合数据】选项下的【退出】功能相同。
【反转（E）】：反转样条曲线的方向，此选项主要适用于第三方应用程序。
【放弃（U）】：放弃此次编辑并结束"splinedit"命令。
（2）依次执行上述操作后，即可完成样条曲线的编辑。

3.11.2 编辑多段线

多段线除了可以使用前述命令进行编辑外，还可应用多段线编辑命令进行编辑。多段线编辑命令具有多段线的闭合或打开、多条线合并与线型转换、线宽设置、顶点编辑、曲线拟合、线段拉直以及文字反转等多种功能。

启动【编辑多段线】有如下几种方法。
• 命令：键入 pedit 或 pe。
• 图标：单击【常用】▶【修改】面板中的【编辑多段线】按钮 。
• 菜单：选择菜单中【修改】▶【对象】▶【多段线】命令。

【基本操作】
执行上述任意一种操作后，启动【编辑多段线】命令，系统将在命令行中显示如下提示与交互信息；如果状态栏中的【动态输入】功能处于【打开】状态，则在光标的右下方将同步显示与命令行内容相同的【输入选项】快捷菜单，如图3-89所示。

```
命令:_pedit                                              (执行编辑多段线命令)
选择多段线或[多条(M)]:                    (提示选择要编辑的多段线或多条多段线)
输入选项[打开(O)/合并(J)/宽度(W)/编辑顶点(E)/拟合(F)/样条曲线(S)/非曲线化(D)/线型生成(L)/反转(R)/放弃(U)]:                          (选择并输入编辑选项)
```

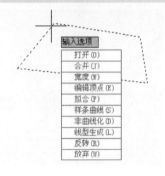

图3-89 编辑多段线时的【动态输入】快捷菜单

解释: 在上述命令行或快捷菜单的提示信息中,各选项的含义如下。

【打开(O)】:打开多段线。当选择的多段线是闭合的,该选项为【打开】,执行后将打开多段线;当选择的多段线不是闭合的,该选项为【闭合】,执行后将闭合多段线。

【合并(J)】:将直线、圆弧或多段线合并为一条完整的多段线,合并前允许它们之间有一定的间隙。

【宽度(W)】:用于指定整条多段线的新的统一宽度。

【编辑顶点(E)】:用于编辑多段线的顶点。选择该项后,命令行会出现[下一个(N)/上一个(P)/打断(B)/插入(I)/移动(M)/重生成(R)/拉直(S)/切向(T)/宽度(W)/退出(X)]<N>:]提示信息,用户可通过选项对多段线的顶点进行插入、移动、重生成、改变切线方向等编辑操作。

【拟合(F)】:用圆弧来拟合多段线,拟合曲线通过多段线的所有顶点,并遵循指定的切线方向。

【样条曲线(S)】:用样条曲线拟合多段线,此时以多段线的各个顶点作为样条曲线的控制点。

【非曲线化(D)】:用于删除由拟合曲线或样条曲线插入的多余顶点,拉直多段线的所有线段。

【线型生成(L)】:生成经过多段线顶点的连续图案线型。

【反转(R)】:通过反转方向来更改指定给多段线线型中的文字的方向。

说明: 多段线编辑命令也可以编辑正多边形、矩形、圆环和修订云线等。

3.11.3 编辑多线

多线编辑是针对多线对象进行编辑的专用命令。启动【编辑多线】命令的方法如下。

(1)先单击【快速访问工具栏】右端的按钮,从弹出的下拉快捷菜单中选择【显示菜单栏】命令,此时系统会在窗口上方显示出被隐藏的菜单栏,如图3-90所示。

(2)在菜单显示后,再单击菜单中【修改】➤【对象】➤【多线】命令,打开【多线编辑工具】对话框,如图3-91所示。该对话框中显示有以图标方式表示的12种多线编辑方式。

基本操作:

(1)先启动【编辑多线】命令,打开【多线编辑工具】对话框。

(2)在对话框中,有3种"十字"形多线编辑工具,用于编辑十字形交叉多线及消除其相交线。选择这三种工具之一,要求用户继续选取两条要编辑的多线,系统默认切断所选的第一条多线,并根据所选编辑工具切断第二条多线。如果选取的是【十字合并】编辑工具,则系统就会自动生成配对元素的直角;倘若没有配对元素,多线就不会被切断。

图3-90　显示菜单栏

图3-91　【多线编辑工具】对话框

（3）在对话框中,还有3种"T形"工具和1种【角点结合】工具,适用于T形和L形多线编辑并消除相交线。此外,【角点结合】工具还可以消除多线一侧的延伸线,而保留拾取点部分的多线,从而形成直角。

（4）若使用【添加顶点】工具,可以为多线增加若干顶点;使用【删除顶点】工具,可以从包含3个或更多个顶点的多线上删除顶点。若当前选取的多线只有两个顶点,则该工具无效。

（5）若使用【单个剪切】和【全部剪切】工具,可以切断多线。其中,【单个剪切】工具用于切断多线中的一条,即只需拾取要切断的多线某一元素上的两点,则这两点中的连线即被删除(实际上是不显示);【全部剪切】工具用于切断整条多线。

(6)若使用【全部接合】工具,可以重新显示所选两点间的任何切断部分。

3.12 图案填充与面域

3.12.1 图案填充

在交通工程绘图中,经常会使用一些图案来表示不同区域的含义。AutoCAD2010 提供了丰富的填充图案,并允许用户自定义填充图案及图案文件。【图案填充】功能包括创建图案填充、创建填充边界等内容。

1)创建图案填充

创建图案填充的命令是"bhatch",启动【创建图案填充】命令有以下 3 种方式。

• 命令:键入 bhatch。

• 图标:单击【常用】▶【绘图】功能面板上【图案填充】按钮 ,或单击【绘图】工具栏中【图案填充】按钮 。

• 菜单:选择下拉菜单【绘图】▶【图案填充】命令。

基本操作:

(1)执行上述 3 种方式之一,启动【创建图案填充】命令,系统自动打开【图案填充和渐变色】对话框,如图 3-92 所示。该对话框中,包含【图案填充】和【渐变色】两个选项卡,默认且使用较多的是【图案填充】选项卡。

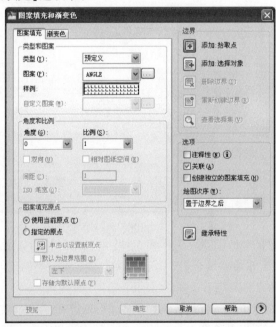

图 3-92 【图案填充和渐变色】对话框—【图案填充】选项卡

(2)在【图案填充】选项卡中,用户可选择填充类型,设置填充图案、角度、比例、原点、边界以及其他选项。

解释: 在【图案填充】选项卡中,各有关选项的功能如下。

【类型和图案】选区:用于设置填充图案与类型。

◇【类型】下拉列表框:用于设置图案的填充类型。在该下拉列表中,系统为用户提供了【预定义】、【用户定义】和【自定义】三种类型选项,一般默认为【预定义】选项。【预定义】表示使用 AutoCAD 提供的图案进行填充,其中包含实体填充、50 多种符合工业标准的填充图案和 14 种符合国际标准化组织(ISO)标准的填充图案。【用户定义】表示使用用户基于当前线型临时定义的简单填充图案进行填充,如通过修改填充线的角度和间距来定义的图案等。【自定义】表示选择用户事先定义的图案进行填充。

◇【图案】下拉列表框:用于设置要填充的图案,但是该选项只有当【类型】选择【预定义】后方可使用。如果用户不熟悉各种图案,可单击其后的按钮,打开【填充图案选项板】对话框,从中选择所需的填充图案后单击【确定】即可,如图 3-93 所示。该对话框中有 4 个选项卡:【ANSI】、【ISO】、【其他预定义】和【自定义】,分别显示 AutoCAD 附带的相应图案或文件。

◇【样例】:用于显示当前选中的填充图案的样例。若单击样例图案,同样可打开【填充图案选项板】对话框。

◇【自定义图案】下拉列表框:当【类型】下拉列表框中选择了【自定义】选项后,该下拉列表框被激活,并列出可供使用的自定义图案。

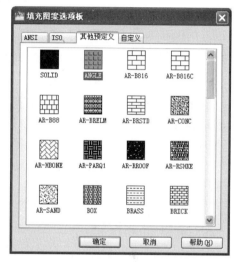

图 3-93 【填充图案选项板】对话框

【角度和比例】选区:用于设置填充图案的角度、比例、间距及 ISO 笔宽等选项。

◇【角度】:用于设定填充图案的倾斜角度。用户可从下拉列表中选择或直接输入角度值,默认倾斜角为 0。

◇【比例】:用于设定填充图案的缩放比例值,该比例值根据对象的大小而定。当【类型】选择【预定义】或【自定义】时,此项方可使用。

◇【双向】:选中该复选框,表示当以【用户定义】类型进行填充时,设定的填充线为相互垂直的两组平行线,否则是一组平行线。只有在【类型】中选择了【用户定义】选项后,该复选项方可使用。

◇【相对图纸空间】复选项:用于设置填充图案相对于图纸空间的单位缩放,即以适合于图纸布局的比例来显示填充图案。此复选框只有在【布局】方式下打开【边界图案填充】对话框时才可用。

◇【间距】文本框:当填充类型选择了【用户定义】类型时,该文本框用于设定填充平行线之间的距离。

◇【ISO 笔宽】下拉列表框:当填充图案采用【ISO】填充图案时,用于设定笔的宽度。

【图案填充原点】选区:用于设定图案填充的起点(即原点)位置,以保证某些图案在填充时与填充边界上的一点对齐。默认情况下,所有图案填充原点都对应于当前的 UCS 原点。该选区包含的选项有:

◇【使用当前原点】单选项:使用存储在系统变量 HPORIGINMODE 中的设置,默认的原点设置为(0,0)。

◇【指定的原点】单选项:指定新的图案填充原点。选中此选项,可启用其下方的各选项:【单击以设置新原点】按钮用于直接指定新的图案填充原点;【默认为边界范围】复选框是根据图案填充对象边界的矩形范围来计算新原点,用户可从下拉列表中选择该范围的四个角点及其中心;【存储为默认原点】复选框表示将新图案填充原点的值存储在系统变量 HPORIGIN 中;【原点预览】区则显示原点的当前位置。

【边界】选区:用于选择和指定图案填充的边界,主要包括以下几种方法。

◇【添加:拾取点】按钮:表示以拾取内部点的方式确定填充区域的边界。单击该按钮,系统返回到绘图区,并在命令行中提示【选择内部点】,用户可在填充区内任意拾取一点,AutoCAD 将自动确定包围该点的封闭填充边界并以虚线形式显示。

◇【添加:选择对象】按钮:表示以选择对象的方式确定填充区域的边界。单击该按钮,系统返回到绘图区,并在命令行中提示【选择对象】,用户可依次选取填充区域的边界,被选中的边界将以虚线形式显示。

◇【删除边界】按钮:单击该按钮,系统将返回绘图区,用户可从已选的边界中删除部分边界区域。

◇【重新创建边界】按钮:单击该按钮,将取消已创建的边界,以便重新选择。

◇【查看选择集】按钮:单击该按钮,将返回到绘图区查看已选择的填充区域。如果尚未定义边界,此项不可用。

【选项】选区:控制几个常用的图案填充或填充选项,如为填充图案添加注释性、创建关联填充等。

◇【注释性】复选项:为图案填充添加注释。

◇【关联】复选项:用于控制图案填充是否与填充边界相关联。如果选中该复选框,当改变填充边界时,填充图案也会随之改变,通常保持选中状态。

◇【创建独立的图案填充】复选项:选中该项,表示对于指定的若干个单独的闭合边界,将创建单个图案填充对象;否则,将创建多个图案填充对象。

◇【绘图次序】列表框:用于指定图案填充的叠放次序,其中包括置于其他对象之前或之后、置于边界之前或之后等选项。

【继承性】按钮:单击该按钮,将返回到绘图区,系统提示【选择图案填充对象】,用户可选择已填充好的某种图案,这样将自动改变图案设置为当前填充图案。

(3)如果需要进行颜色设置,如绘制装潢、美工等图纸时,可单击对话框中【渐变色】选项卡,用户可从中设置颜色、填充样式及方向等,如图 3-94 所示。

【实例 3-22】 运用【图案填充】命令,如图 3-95 所示的道路中心线填充颜色。

操作步骤:

(1)先按照图 3-95 所示尺寸,绘制一段车道中心分界线。

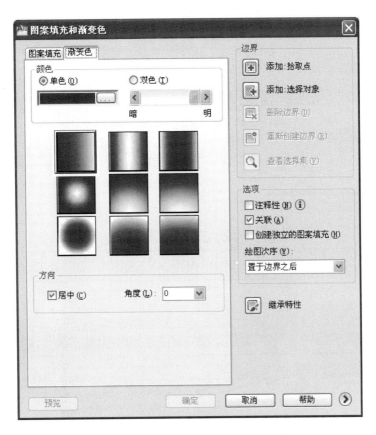

图 3-94 【图案填充和渐变色】对话框—【渐变色】选项卡

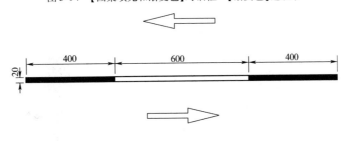

图 3-95 "填充剖面线"练习

(2)在命令行中键入"bhatch"命令,弹出【图案填充和渐变色】对话框。

(3)切换到【图案填充】选项卡,在【类型和图案】选区中单击【图案】下拉列表框右侧的按钮,弹出【填充图案选项面板】对话框。

(4)在该对话框中,切换到【其他预定义】选项卡,选择【SOLID】选项,然后单击【确定】按钮。

(5)系统自动返回【图案填充和渐变色】对话框,单击【类型和图案】选区中【样例】下拉列表框,从中选择要填充的颜色"黑色"。

(6)在【边界】选区中单击【添加:拾取点】按钮,系统切换到绘图区,用户可分别在两端需要填充的线段封闭区域内单击鼠标拾取内部点,按【空格】键结束填充区域的选择;当系统再次切换回【图案填充和渐变色】对话框后,单击【确定】按钮,于是在指定区域的颜色填充完毕。

【实例3-23】 运用【图案填充】命令,如图3-96所示的道路路段填充图案。

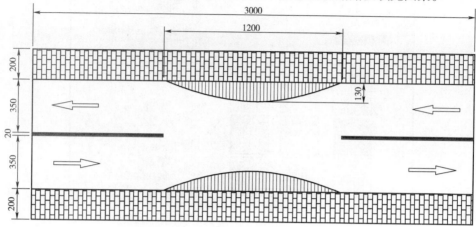

图3-96 道路路段图案填充

操作步骤:

(1)先按照图示尺寸的要求,绘制该路段的道路几何图形,如图3-97所示。

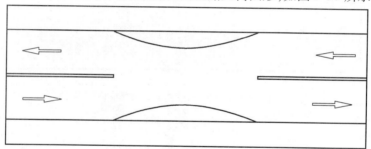

图3-97 绘制道路几何图形

(2)在命令行中键入"bhatch",或单击【绘图】工具栏中【图案填充】按钮,弹出【图案填充和渐变色】对话框;切换到【图案填充】选项卡,在【类型和图案】选区中单击【图案】下拉列表框右侧的按钮;从弹出的【填充图案选项面板】对话框中,切换到【其他预定义】选项卡,从中选择【BRICK】选项,然后单击【确定】按钮;在返回【图案填充和渐变色】对话框后,设置【角度】为90,设置【比例】为5;在【图案填充原点】选区中,设定【指定的原点】单选项,同时勾选【默认为边界范围】复选项。

(3)上述设置完成后,在右上方的【边界】选区中单击【添加:拾取点】按钮,并分别在所绘图中的路段两外侧人行横道区域内单击鼠标拾取内部点,以确定填充范围,按【空格】键结束填充区选择。

(4)最后,当再次返回【图案填充和渐变色】对话框后,单击【确定】按钮,则被选中的路段外侧区域的图案填充完毕。

(5)与上述操作相似,可以为两个弧形区域填充图案,参数设置基本同上,只是填充图案选择【PLAST】即可。

2）控制孤岛填充

所谓孤岛是指在图案填充时位于一个已定义好的填充区域内的封闭区域。单击【图案填充和渐变色】对话框右下角的⊙按钮,可展开该对话框的扩展区显示更多的选项内容,以便对孤岛和边界进行设置,如图3-98所示。

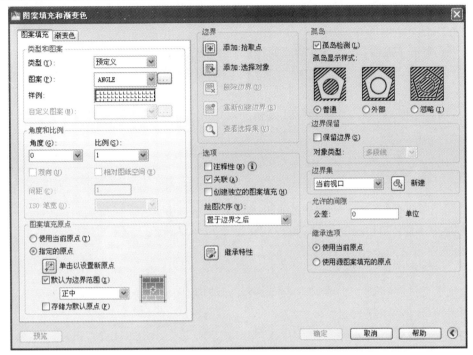

图3-98 【图案填充和渐变色】对话框—扩展选项

说明：在展开的选区中,各选项的含义如下。

【孤岛检测】复选框：选中该复选框,表示把填充区域内部的孤岛也作为边界对象的一部分考虑,此时系统会激活下方的【孤岛显示样式】选项。

【孤岛显示样式】选项：用于设置孤岛的填充方式。当拾取点被多重区域包含时,【普通】样式表示从最外层的边界向内每隔一层填充一次;【外部】样式表示只填充从最外层边界向内第一层边界之间的区域;【忽略】样式表示忽略内部边界,填充最外层边界以内的所有区域。

【边界保留】复选框：用于控制是否保留临时图案填充边界,默认不选中该复选框,即填充区域后删除临时边界。如果选中该复选框,则可在下方的下拉列表框中选择将临时边界创建为面域或是多段线。

【边界集】下拉列表框：指定使用当前视口中的对象,还是使用现有选择集中的对象作为边界集。当使用【选择对象】定义边界时,选定的边界集无效。单击其右侧的【新建】按钮，可返回到绘图区域重新选择作为边界集的对象。

【允许的间隙】文本框：用于设置将对象用作图案填充边界时,可以忽略的最大间隙。默认值为0,表示填充区域必须完全封闭且没有任何间隙方可填充;如果加大该值,则接近封闭的区域也可以被填充。

【继承选项】选区:在使用【继承特性】创建图案填充时,这些设置将控制图案填充的原点位置。

3)编辑图案填充

在创建图案填充后,如果用户不满意,可进行图案填充编辑,包括改变填充比例、旋转角度和填充图案等。【编辑填充图案】主要有以下几种方法。

- 命令:键入 hatchedit 或 he。
- 图标:单击【常用】▶【修改】功能面板上【编辑图案填充】按钮 。
- 菜单:选择下拉菜单【修改】▶【对象】▶【图案填充】命令。

基本操作:

(1)执行上述3种方式之一,激活【编辑图案填充】命令,系统将在命令行中显示如下提示信息。

| 命令:_hatchedit | (执行编辑图案填充命令) |
| 选择图案填充对象: | (提示用户选择图案填充对象) |

(2)用户可在绘图窗口中选择要编辑的填充图案,此时系统将自动打开【图案填充编辑】对话框,供用户自行设置有关编辑内容。鉴于该对话框与上述【图案填充和渐变色】对话框中的选项含义完全相同,在此不再赘述。

提示:如果双击填充图案,也可直接打开【图案填充编辑】对话框,具体编辑操作同上。

【实例3-24】 绘制"隧道"交通警告标志,并利用图案填充功能对带孤岛的区域进行填充,如图3-99所示的。

要求:背景为黄色 RGB(165,82,0),边框和图案为黑色 RGB(31,26,23)。

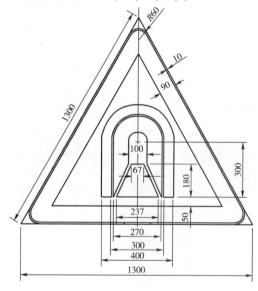

图3-99 绘制"隧道"交通警告标志并填充图案

操作步骤:

(1)首先,按照图示尺寸要求绘制"隧道"交通警告标志图。

(2)键入 bhatch,或单击【绘图】工具栏中【图案填充】按钮 ,启动【图案填充】命令。

在打开的【图案填充和渐变色】对话框中,切换至【图案填充】选项卡,在【类型和图案】选区中单击【图案】下拉列表框右侧的按钮,弹出【填充图案选项面板】对话框;切换到【其他预定义】选项卡,从中选择"SOLID"选项,然后单击【确定】按钮。当返回到【图案填充和渐变色】对话框后,再单击【样式】下拉列表,从中选择"选择颜色…"选项,系统将弹出【选择颜色】对话框,如图 3-100 所示。

(3)在该对话框中,切换至【真彩色】选项卡,可在其下方【颜色】文本框中直接输入黄色 RGB 值(255,194,0);也可在【颜色模式】下拉列表中选择"RGB"选项,然后在切换的新界面中分别输入红、绿、蓝三色下拉列表中的 RGB 值,或通过拖动滑块设定 RGB 值,如图 3-101 所示。上述设置完毕后,单击【确定】。

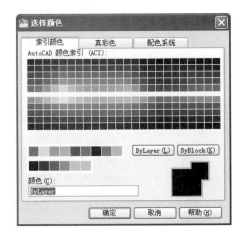

图 3-100 【选择颜色】对话框

图 3-101 【选择颜色】真彩选项卡"RGB"颜色模式

(4)在返回的【图案填充和渐变色】对话框中,单击其右下角的 按钮,展开对话框的扩展区,从中勾选【孤岛检测】复选项,再选择【普通】孤岛显示样式,其他设为默认选项。

(5)上述设置完成后,单击【边界】选区中的【添加:拾取点】按钮;系统自动切换到绘图窗口,用户可在"隧道"标志最外边缘区域内的任一点处单击鼠标,以此确定填充区域的边界,按【空格】键结束填充区选择。

(6)当系统再次返回到【图案填充和渐变色】对话框后,单击【确定】按钮。于是,"隧道"标志的背景颜色填充完成。

(7)重复上述操作,可为"隧道"的边框和图案填充"黑色"。此时,应在【样式】下拉列表框中选择"黑色"RGB(31,26,23),在选择【拾取点】时需单击警告标志中的黑色边框区域。

至此,"隧道"交通警告标志全部绘制完毕。

3.12.2 面域的应用

面域是由封闭区域所形成的 2D 实体对象,其边界可以由直线、圆、圆弧或椭圆等对象形成。

在 AutoCAD2010 中，尽管面域与圆、矩形等图形都是封闭的，但它们却有本质的区别。因为圆、矩形和正多边形等只包含边的信息，没有面的信息，属于线框模型；而面域既包含边的信息，又包含面信息，属于实体模型。

1）创建面域

在 AutoCAD2010 中不能直接创建面域，但可以通过执行"Region"命令将封闭图形区域转换为面域。创建面域有两种方法，一是使用面域命令，二是使用边界命令。

（1）面域命令。

启动【面域】命令有以下 3 种方式。

- 命令：键入 region。
- 图标：单击【绘图】工具栏或【常用】▶【绘图】功能面板上的【面域】按钮 。
- 菜单：选择下拉菜单【绘图】▶【面域】选项。

基本操作：

①执行上述 3 种方式之一，激活【创建面域】命令，系统将在命令行中显示如下提示与交互信息。

命令：_region	（执行创建面域命令）
选择对象：	（提示用户选择创建面域的对象）
指定对角点：找到 20 个	（这里圈选所有对象，并显示已选对象数目）
选择对象：	（提示继续选择对象，或按【空格】退出面域创建）
已拒绝 3 个闭合的、退化的或未支持的对象。	（显示未支持的对象数目）
已提取 4 个环。	（显示已提取的对象数目）
已创建 4 个面域。	（显示已创建的面域数目）

②在命令行显示【选择对象：】提示信息时，用户可选择封闭图形对象或组成封闭图形区域的多个图形对象，如图 3-102 所示。

③选择完毕后，按【回车】键或【空格】键退出对象选择，同时自动生成面域。

提示：并非所有的对象都能转换为面域。该命令要求创建面域的对象一定要封闭、首尾相接且不能自相交。

（2）边界命令。

启动【边界】命令有以下 3 种方式。

- 命令：键入 boundary。
- 图标：单击【绘图】工具栏或【常用】▶【绘图】功能面板上的【边界】按钮 。
- 菜单：选择下拉菜单中【绘图】▶【边界】选项。

基本操作：

①执行上述任意方式之一，启动【边界】命令，弹出【边界创建】对话框，如图 3-103 所示。

②在对话框中，单击【对象类型】下拉列表，从中选择【面域】选项，然后单击【确定】按钮，系统自动关闭对话框且返回绘图区中，同时在命令行中显示如下提示信息。

命令:_boundary	（执行边界命令）
拾取内部点:正在选择所有对象…	（提示用户在需要创建面域的内部拾取任意一点）
正在选择所有可见对象…	（系统显示正在选择对象过程中…）
正在分析所选数据…	（显示正在分析数据中…）
正在分析内部孤岛…	（显示正在分析内部孤岛…）
拾取内部点:	（提示拾取另一内部点,按【空格】键结束拾取）
已提取 1 个环。	（系统显示已提取的对象数目）
已创建 1 个面域。	（显示已创建的面域数目）
BOUNDARY 已创建 1 个面域。	（显示利用边界功能已创建的面域数目）

图 3-102　利用【面域】命令创建面域

图 3-103　【边界创建】对话框

③当命令行提示【拾取内部点:】信息时,用户可在需要创建面域的图形内部单击鼠标拾取任意一点,比如拾取下图中"路口优先通行"指示标志图形内任一点,随后按【空格】键结束拾取,于是一个面域自动生成,如图 3-104 所示。

2）面域的布尔运算

在 AutoCAD2010 中绘图时,使用布尔运算可以提高绘图效率。用户可以对面域执行"并集"、"差集"和"交集"3 种布尔运算。

说明：布尔运算的对象只能是实体和共面面域,普通的线条图形对象无法使用布尔运算。

（1）并集运算。

基本操作:

①先绘制一个矩形和一个封闭的半圆形,如图 3-105 所示。

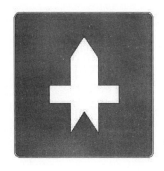

图 3-104　利用【边界】命令创建面域

②键入 region,启动【创建面域】命令,选择对象,并将它们转换为共面面域。

③键入"union",或单击菜单中【修改】▶【实体编辑】▶【并集】命令,执行【并集】运算

命令。

④在命令行的【选择对象:】提示下,用户可采用"圈选"或按住"Shift"逐个选取的方式,选择两个或多个需要并集运算的对象,按【回车】键结束对象选择。于是,系统将自动生成【并集】运算结果,如图3-106所示。

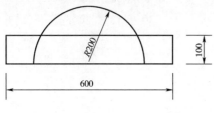 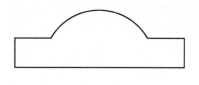

图3-105 绘制图形并转化为面域　　　　图3-106 【并集】运算效果图

在上述操作过程中,命令行的同步提示信息如下:

命令:_union　　　　　　　　　　　　　(执行"并集"运算命令)
选择对象:找到1个　　　　　　　　　　(提示用户选择一个并集运算对象)
选择对象:找到1个,总计2个　　　　　　(提示选择另一个并集运算对象)
选择对象:　　　　　　　　　　　　　　(提示继续选择对象,或按【空格】键完成并集运算)

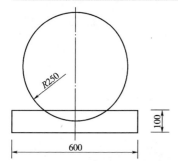

图3-107 绘制图形并转化为面域

(2)差集运算。

创建面域的差集,其实质是用一个面域减去另一个面域。

基本操作

①先绘制一个矩形和一个圆形,如图3-107所示。

②键入region,启动【创建面域】命令,并将它们转换为两个共面面域。

③键入subtract,或单击菜单中【修改】▷【实体编辑】▷【差集】命令,执行【差集】运算命令,系统将在命令行中依次显示如下提示信息。

命令:_subtract　　　　　　　　　　　　(执行"差集"运算命令)
选择要从中减去的实体、曲面和面域...　　(系统显示操作信息)
选择对象:找到1个　　　　　　　　　　(提示用户选择保留的差集运算对象)
选择对象:　　　　　　　　　　　　　　(继续选择,或按【空格】键结束选择)
选择要减去的实体、曲面和面域...　　　　(系统继续显示操作信息)
选择对象:找到1个　　　　　　　　　　(提示用户选择要减去的对象)
选择对象:　　　　　　　　　　　　　　(继续选择,或按【空格】键结束差集运算)

④在系统显示【选择要从中减去的实体、曲面和面域...】后,第一次提示【选择对象:】时,用户可选取一个或多个要从中减去的实体对象(例如这里选择矩形面域),按【回车】键结束选择。

⑤在系统显示【选择要减去的实体、曲面和面域...】后,再次提示【选择对象:】时,用户

可选择一个或多个要减去的实体对象(例如这里选择圆形面域),同样按【回车】键结束选择,并自动进行差集运算。

至此,一个差集运算结束,效果如图 3-108 所示。

(3)交集运算。

创建多个面域的交集即各个面域的公共部分,此时需要同时选择两个或两个以上的面域对象。

图 3-108 【差集运算】效果图

基本操作:

①首先,绘制两个或多个基本图形,如图 3-109 所示。

②键入 region,启动【创建面域】命令,将其转换为共面面域。

③键入 intersect,或单击菜单中【修改】▶【实体编辑】▶【交集】命令,执行【交集】运算命令。

④在命令行【选择对象:】提示下,用户可"圈选"或逐个选择两个或多个交集运算对象,按【空格】键或【回车】键结束操作。

至此,交集运算结束,结果如图 3-110 所示。

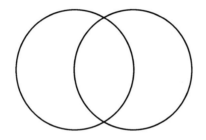

图 3-109 绘制图形并转化为面域

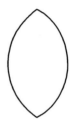

图 3-110 "交集运算"效果图

在上述操作过程中,命令行提示信息如下:

命令:_intersect	(执行"交集"运算命令)
选择对象:找到 1 个	(选择一个交集运算对象)
选择对象:找到 1 个,总计 2 个	(选择另一个交集运算对象)
选择对象:	(提示继续选择对象,或按【回车】键完成交集运算)

3)从面域中提取数据

从表面上看,面域和一般的封闭线框没有区别,就像一张没有厚度的纸。但实际上,面域是二维实体模型,它不但包含边的信息,还包含了边界内的信息。利用这些信息可以计算工程属性,如面积、质心和惯性等。

基本操作:

(1)在菜单栏中,单击【工具】▶【查询】命令,启动【面域/质量特性】查询功能。

(2)在命令行【选择对象:】提示下,用户可在绘图窗口中点选一个要查询的面域对象,然后按【回车】键继续,系统会自动弹出【AutoCAD 文本窗口】,显示所选面域对象的数据特性,如图 3-111 所示。

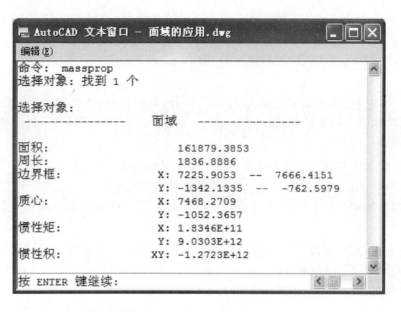

图 3-111 【AutoCAD 文本窗口】对话框

此时,命令行也同步显示如下有关信息。

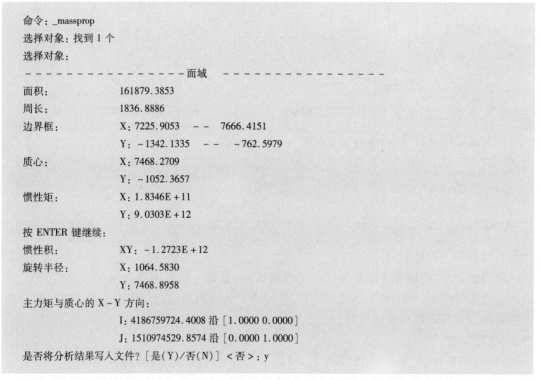

(3)在命令行【按 ENTER 键继续:】提示下,按【回车】或【空格】键将继续显示更多的数据特性。

(4)在【是否将分析结果写入文件?［是(Y)/否(N)］＜否＞:】提示下,若输入"Y",将打开【创建质量与面积特性文件】对话框,用户可将面域对象的数据特性保存为"＊.mpr"文件;若输入"N",则结束操作退出。

说明:绘制填充体又称为区域填充,其功用就是对由各输入点组成的区域使用一定的图案进行填充。通常,用户可以通过系统变量"Fillmode"的设置来打开或关闭填充功能。当 Fillmode 为 1 时,为填充状态;当 Fillmode 为 0 时,所绘图形只有轮廓而不显示填充内容。

提示:除了上述介绍的基本绘图方法外,还有螺旋线、三维多段线、区域覆盖等其他绘图工具与方法,用户可自学,此处不再赘述。

3.13 交通工程图形编辑实例

为了更好地巩固图形编辑与图案填充操作,本节将给出若干个综合训练实例,以供参考与练习。

【实例3-25】 综合利用绘图命令和编辑命令绘制救助标志图,如图 3-112 所示。

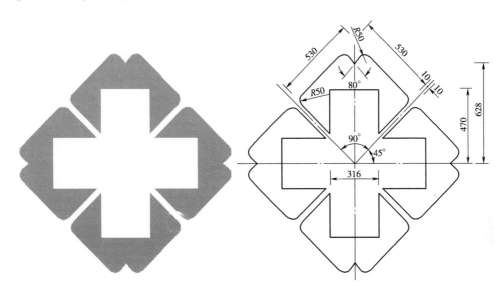

图 3-112 救助标志图

操作步骤:

(1)首先,启动【直线】命令,选取"Center"线型,分别绘制水平、垂直、45°及135°辅助线;然后,启动【偏移】命令,输入偏移距离"275",选择偏移对象"OA 辅助线",并在辅助线 OA 的左上方单击鼠标,于是偏移后的辅助线 OC 绘制完成,该辅助线与垂直辅助线的交点 C 即为下一步绘制正方形的中心点,如图 3-113 所示。

(2)打开【交点】和【端点】对象捕捉功能;启动【正多边形】绘制工具,选取线型为"Continuous",输入多边形边数为"4";捕捉 C 点,并单击该点指定为"正多边形中心点";再输入"C",选择"外切于圆"正多边形绘制模式;随后,在命令行或动态文本框中键入内切圆的半径值和正方形的旋转角度"265<45",于是一个边长为 530 单位的菱形绘制完成,如图 3-114 所示。

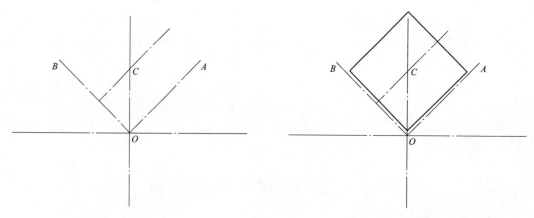

图 3-113　绘制辅助线　　　　　　　　图 3-114　绘制正方形

（3）执行【直线】命令，捕捉 O 点不单击；输入相对直角坐标值"@0,628"，确定 D 点；接着输入相对极坐标值"200<50"（200 为便于作图而任意输入的一个较大的极距值），绘制线段 DE；重复执行【直线】命令，单击 D 点为起点，输入相对极坐标值"200<130"，绘制线段 DF，如图 3-115 所示。

（4）单击【修改】工具栏中的【圆角】按钮，启动【圆角】命令；在命令行【选择第一个对象或［放弃（U）/多段线（P）/半径（R）/修剪（T）/多个（M）］：】提示下，键入"R"；在【指定圆角半径 <10.0000>：】提示下，输入圆角半径值"50"；在【选择第一个对象或［放弃（U）/多段线（P）/半径（R）/修剪（T）/多个（M）］：】提示下，单击要绘制圆角的一条边；在【选择第二个对象，或按住 Shift 键选择要应用角点的对象：】提示下，单击要绘制圆角的另一条边，于是一个圆角绘制完成。同理，按【空格】键，重启【圆角】命令，重复上述操作绘制其他几个圆角，效果如图 3-116 所示。

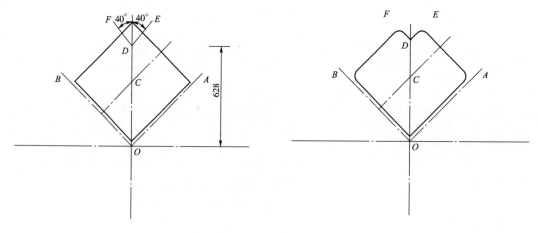

图 3-115　绘制基本线段　　　　　　　　图 3-116　绘制圆角

（5）再次执行【直线】命令，捕捉 O 点但不点击，水平右移鼠标，输入位移量"158"确定 P 点；然后，依次连续输入相对直角坐标值 Q"@0,470"、R"@-316,0"和 S"@0,-470"，绘制线段 PQ、QR 和 RS；单击【空格】键结束绘制，如图 3-117 所示。

(6)启动【裁剪】命令,圈选图中所有对象后,分别点选要剪掉的各条线段;对于不能裁剪掉的线段或不需要的辅助线,可使用【Delete】键删除。上述基本图形绘制效果如图 3-118 所示。

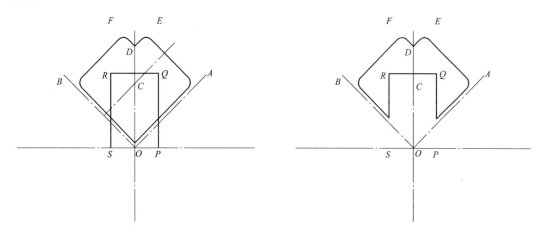

图 3-117　绘制"十"字线部分　　　　　　　图 3-118　删除多余线段

(7)对基本图形【环形阵列】操作。先启动【阵列】命令,从弹出的【阵列】对话框中,选中【环形阵列】单选项;单击【中心点】选项区中的【拾取中心点】按钮,从绘图窗口中点选 O 点作为环形阵列的中心点;再单击【方法和值】选项区内的【方法】下拉列表选项,设置为"项目总数和项目间的夹角"选项,并设置【项目总数】为"4"、【项目间夹角】为"90"。然后,单击对话框中【选择对象】按钮,从绘图窗口中点选需要阵列对象的元素;最后,单击对话框中的【确定】按钮。至此,一个完整的救助标志图绘制完毕,效果如图 3-119 所示。

(8)键入"bhatch"或单击【绘图】工具栏中【图案填充】按钮,启动【图案填充】命令,弹出【图案填充和渐变色】对话框;切换至【图案填充】选项卡,在【类型和图案】选区中单击【图案】下拉列表框右侧的按钮,继续弹出【填充图案选项面板】对话框;切换到【其他预定义】选项卡,从中选择【SOLID】选项,然后单击【确定】按钮。当系统返回到【图案填充和渐变色】对话框后,单击【类型和图案】选区中【样式】下拉列表框,从中选择"红色"。最后,单击【边界】选区中的【添加:拾取点】按钮,系统自动切换到绘图窗口,用户可分别在已绘制的"救助标志"外侧需要填充的4个封闭区域内单击鼠标拾取内部点,按【空格】键结束填充区选择;当系统再次切换回【图案填充和渐变色】对话框后,单击【确定】按钮,于是在指定区域的颜色填充完成。

(9)利用【Delete】键,删除所有"救助标志"的边线,最终效果如图 3-112 所示。

【实例 3-26】　利用偏移和环形阵列功能,绘制注意路面结冰警告标志,如图 3-120 所示。

操作步骤:

(1)打开【正交模式】和【对象捕捉】功能。启动【正多边形】命令,绘制边长为"1300"的正三角形;再单击【圆角】工具按钮,为该正三角形添加半径为 60 的圆角。然后,启动【偏移】命令,分别输入偏移量"10"和"100",选择已绘制的正三角形,在三角形内侧单击鼠标,生成两个内部三角形。最后,启动【直线】命令,设置"Center"线型,绘制垂直辅助中心线,并确定图形中心点 O,如图 3-121 所示。

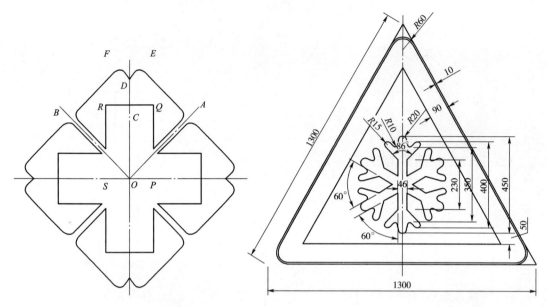

图 3-119 "救助标志"阵列效果图　　　　图 3-120 注意路面结冰警告标志

(2)分别启动【绘圆】或【直线】命令,选取"Continuous"线型,按图示尺寸绘制结冰图案的其中一支,如图 3-122 所示。

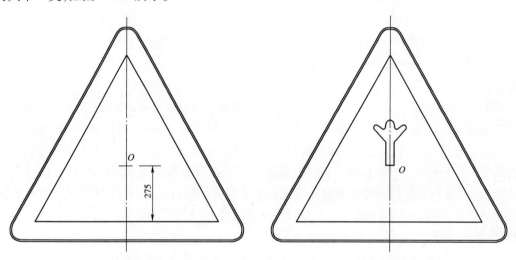

图 3-121 绘制三角形警告标志的边框　　　　图 3-122 结冰图案其中的一支

(3)启动【阵列】命令,从弹出的【阵列】对话框中,选中【环形阵列】单选项;单击【中心点】选项区中的【拾取中心点】按钮,从绘图窗口中点选 O 点作为环形阵列的中心点;再单击【方法和值】选项区内的【方法】下拉列表选项,设置为"项目总数和项目间的夹角"选项,并设置【项目总数】为"6"、【项目间角度】为"360"。然后,单击对话框中【选择对象】按钮,从绘图窗口中点选需要阵列对象的元素。最后,单击对话框中的【确定】按钮。至此,一个完整的路面结冰图案绘制完毕,效果如图 3-123 所示。

(4)启动【裁剪】命令,圈选图中所有对象,分别点选要裁剪的各条线段;对不能裁剪掉的线段或不需要的辅助线,可使用【Delete】键删除,如图 3-124 所示。

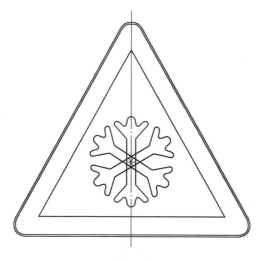

图 3-123　【阵列】结冰图案

图 3-124　删除多余图案线条及辅助线

【实例 3-27】　利用偏移和镜像功能,绘制"窄桥"警告标志,如图 3-125 所示。

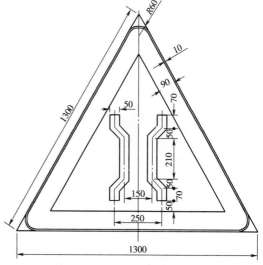

图 3-125　"窄桥"警告标志

操作步骤:

(1)启动【正多边形】命令,按照图示尺寸并依照上例方法,绘制警告标志边框图。

(2)利用【直线】和【偏移】命令,在边框图内绘制"窄桥"图案中右半桥图形,如图 3-126 所示。

(3)启动【镜像】命令,选择要镜像的右半桥图形,在垂直中心线上指定任意两点作为镜像线,并选择"不删除源对象"选项,于是"窄桥"左半桥图形镜像完成,效果如图3-127所示。

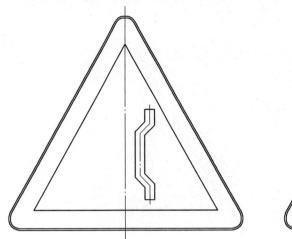

图3-126 绘制窄桥的右侧图形

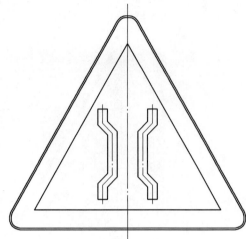

图3-127 镜像生成窄桥左侧图形

(4)单击【绘图】工具栏中【图案填充】按钮,启动【图案填充】命令,在弹出的对话框中切换至【图案填充】选项卡,单击【图案】下拉列表框从中选择"SOLID"选项,再单击【样式】下拉列表框从中分别设置"黄色"[RGB取值(255,194,0)]和"黑色"[RGB取值(31,26,23)],为警示标志填充颜色(具体参照【实例3-25】)。

【实例3-28】 综合利用偏移和旋转等命令,绘制如图3-128所示的双向交通警告标志,并为标志图案填充颜色。

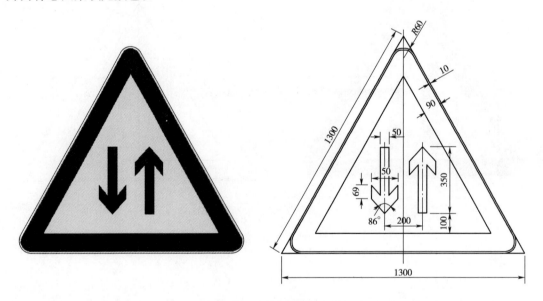

图3-128 "双向交通"警告标志

操作步骤:

(1)启动【正多边形】命令,按照图示尺寸并依照前面实例的方法,绘制警告标志边框图。

(2)利用【直线】和【偏移】命令,在边框图内绘制"双向交通"图案中左侧箭头图形,如图 3-129 所示。

(3)启动【旋转】命令,选择要旋转的左侧箭头图形,指定垂直中心线上 O 点为旋转中心,选择"复制"选项,输入旋转角度"180",于是"双向交通"右侧箭头图形旋转完成,如图 3-130 所示。

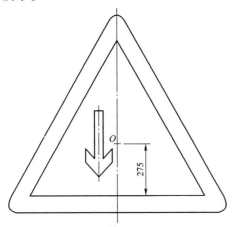

图 3-129 绘制双向交通的左侧箭头

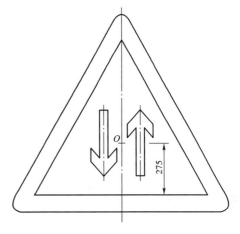

图 3-130 旋转生成双向交通右侧箭头

同理,可参照上例方法为该警告标志填充颜色。

【实例 3-29】 综合运用绘图命令与编辑命令,绘制如图 3-131 所示的固定停车方向停车位标线。

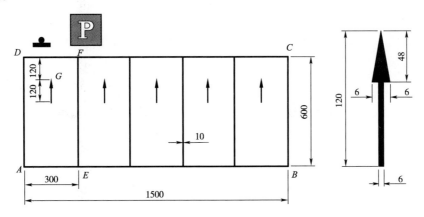

图 3-131 固定停车方向停车位标线(尺寸单位:cm)

操作步骤:

(1)新建一个【无样板打开—公制(M)】的图形文件,打开【正交模式】和【对象捕捉】功能,设置捕捉对象为【端点】、【中点】和【垂足】。

(2)执行【多段线】绘图命令,设置线宽为 10,绘制停车位标线的矩形边框 $ABCD$;再执行【多段线】命令,先捕捉 A 点,不点击鼠标,水平右移鼠标,输入位移量 300,确定 E 点,绘制垂直停车位标线 EF。

（3）启动【复制】命令，选取所绘制的垂直标线 EF，点选端点 E 为基点，水平右移鼠标，键入"D"选择通过位移方式复制对象，依次输入"300"、"600"和"900"位移量，完成右侧三条垂直标线的绘制，进而完成所有标线的绘制。

（4）启动【直线】命令，使用"Continuous"线型，在图形的外部按图示尺寸绘制一个停车方向指示箭头，并填充为白色。

（5）执行【移动】命令，将所绘制的停车方向指示箭头移动泊车位 AEFD 中指定的 G 点位置。

（6）再次执行【复制】命令，选择指示箭头为复制对象，选取箭头顶点为基点，水平右移鼠标，并选择"位移"方式，依次输入"300"、"600"、"900"和"1200"位移量，于是其他各停车泊位内的指示箭头被复制完成。至此，停车位标线绘制完毕。

本 章 小 结

本章主要讲述了二维基本图形的绘制与编辑功能，重点介绍了点对象、直线、多段线、圆和圆弧、椭圆和椭圆弧、矩形和多边形、圆环、云线、样条线等各种基本图形的绘制方法及工具使用，讲述了对象的选择、移动、复制、旋转、镜像、阵列、偏移、缩放、拉伸与拉长、修剪与延伸、打断与合并、倒角与圆角以及夹点等编辑工具的使用与技巧等，还阐述了图案填充与面域的应用、复杂图形的编辑等内容，并给出了大量的综合实例训练。通过本章学习，应熟练掌握上述知识点和基本操作，提高二维图形的绘制速度和绘图质量。

练习与思考题

1. 综合运用绘图命令和编辑命令，绘制题图 3-1 所示的各警示标志图。

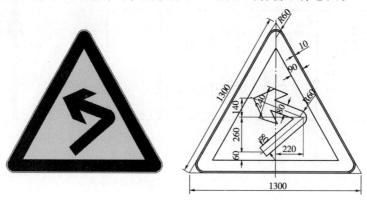

a) 向左急转路警告标志

题图 3-1

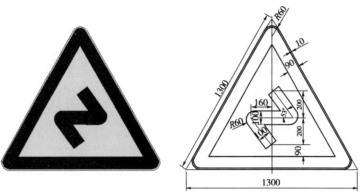

b) 反向弯路警告标志

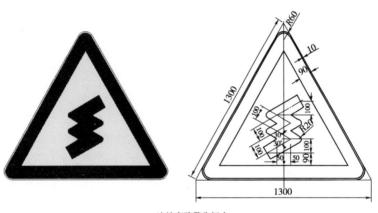

c) 连续弯路警告标志

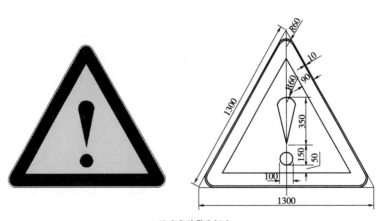

d) 注意危险警告标志

题图 3-1　部分警告标志图

2. 运用绘图和编辑命令，绘制鸣喇叭指示标志，如题图 3-2 所示。

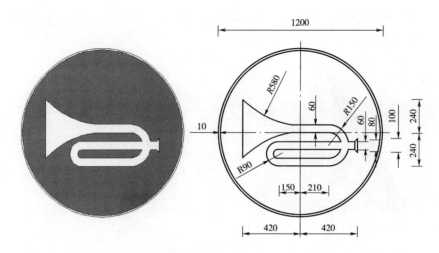

题图 3-2 鸣喇叭指示标志

3. 综合运用绘图与编辑工具,绘制如题图 3-3 所示的圆形、三角形、八角形禁令标志的边框图。题表 3-1 为禁令标志尺寸与速度的关系。

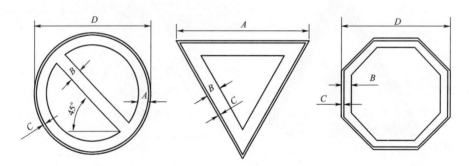

题图 3-3 禁令标志边框图

禁令标志尺寸与速度的关系　　　　　　　　　　　题表 3-1

	设计速度(km/h)	100~120	71~99	40~70	<40
圆形标志	标志外径 D(cm)	120	100	80	60
	红边宽度 A(cm)	12	10	8	6
	红杠宽度 B(cm)	9	7.5	6	4.5
	衬边宽度 C(cm)	1.0	0.8	0.6	0.4
三角形标志	三角形边长 A(cm)	—	—	90	70
	红杠宽度 B(cm)	—	—	9	7
	衬边宽度 C(cm)	—	—	0.6	0.4
八角形标志	标志外径 D(cm)	—	—	80	60
	白边宽度 B(cm)	—	—	3.0	2.0
	衬边宽度 C(cm)	—	—	0.6	0.4

4. 利用样条曲线命令,绘制如题图 3-4 所示的"一块板双车道变为两块板四车道的变化路段(双侧变化)"示意图中的填充标线带。

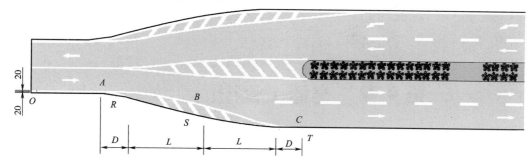

题图 3-4　一块板双车道变为两块板四车道的变化路段(双侧变化)(尺寸单位:cm)

要求: 车道边缘线和导流线宽度均为 20cm,车道边缘线与车道边线的距离为 20cm;填充标线带内斜线宽 45cm,间距为 100cm,水平倾斜角为 55°。

说明: 当道路由一块板双车道变为两块板四车道,且道路宽度在两侧同时变化时,通常需要在变化路段的两侧设置填充标线带用于诱导车流。其中在由一块板道路驶入两块板道路的方向上,填充标线带开始于变化路段起始位置,终止于两块板路段始端位置,总长度为 ($2L + D$)。在第一个 L 范围内,需保持一条车道宽度,将车流导向两块板道路方向;在下一个 ($L + D$) 的范围内,应将单向一条车道宽度变为两车道宽度。变化路段的起点还应设置车行道边缘线与填充标线带连接并向内延伸 D,以加强渐变段与一块板断面道路的连接性。具体参数的计算与取值方法可参照《道路交通标志和标线》(GB 5768—2009)的有关规定执行。本实例图为示意图,仅要求绘制由一块板道路驶入两块板道路方向上一侧的填充标线带。

第4章 交通工程图的文字与尺寸标注

【本章学习目标】

本章重点讲述文字标注和尺寸标注的基本方法,并介绍公差标注与编辑的基本方法。通过本章的学习,读者应该掌握以下内容:

(1)文字标注与编辑。
(2)尺寸标注与编辑。
(3)公差标注与编辑。

在交通工程绘图中,仅仅学会图形的绘制与编辑还不够,因为图形主要用于反映各对象的形状,而对象的实际大小、相互的位置关系以及必要的说明则必须通过尺寸标注、公差标注和文字标注来精确确定。文字标注、尺寸标注和公差标注等统称为工程标注,它是交通工程绘图中不可或缺的组成部分。

4.1 文字标注与编辑

文字标注用于对图样进行简明扼要的说明,使得图形能够更好地表达设计者的思想,图纸更加清晰整洁。在AutoCAD中,文字标注主要包括在图形中添加文字、编辑文字以及设置文字样式等内容。

4.1.1 设置文字样式

在 AutoCAD 中,任何文字标注都与相应的文字样式相关联,文字样式控制着标注文字的字体、高度、倾斜角、方向和其他文字特征。在默认情况下,所标注的文字自动与当前的文字样式相关联。如果默认的文字样式不能满足用户的需要,则可创建新的文字样式,并将其置为当前样式。在同一图形文件中,用户可设置多种文字样式,以满足不同的标注效果需求。

设置文字样式有如下3种命令方式。

• 命令:键入 style 或 st。
• 图标:在【常用】▶【注释】展开后的选项面板中,或在【样式】工具栏中,单击【文字样式】按钮 。

• 菜单:选择下拉菜单中【格式】➤【文字样式】命令。

基本操作:

(1)执行上述3种方式之一,启动【设置文字样式】命令,系统自动打开【文字样式】对话框,如图4-1所示。

图4-1 【文字样式】对话框

解释: 该对话框中各选项的含义如下。

【当前文字样式】:显示当前的文字样式名称。

【样式】列表:显示当前图形文件中的所有文字样式,供用户选用。

【样式列表】过滤器:利用下拉列表选项,指定"所有样式"或"仅使用中的样式"被显示在上述【样式】列表中。

【预览】区域:用来显示所选样式的文字样例效果。

【字体】选项组:用于设置或更改文字样式的字体。其中:

◇【字体名】:用于设置字体。

◇【字体样式】:用于指定字体格式,如斜体、粗体或常规字体。

◇【使用大字体】复选框:用于选择使用大字体文件。只有在【字体名】中指定了 SHX(所有编译的形字体)文件,才能激活该复选框,即只有 SHX 文件才可以创建"大字体"。

【大小】选项组:用于设置或更改文字样式的文字大小。其中

◇【注释性】:选中该复选框,用于设置文字样式的注释性特性,此时【样式】列表中处于修改状态的文字样式前会添加一个比例尺符号▲,同时激活【使文字方向与布局匹配】复选框。文字大小的"注释性"将在第8章图形打印输出中应用。

◇【使文字方向与布局匹配】复选框:用于指定图纸空间视口中的文字方向与布局方向相匹配。

◇【图纸文字高度】文本框:用于设置文字的字高。其默认值为0,表示字高为0.2;当输入大于0值时,则按输入值设置文字字高。一般情况下,最好不要修改该默认设置"0",否则

今后以此样式输入的单行文字字高不再会有提示,且标注的字高将被固定,不能在标注设置中更改。

【效果】选项组:用于设置文字的显示效果与特性。其中
◇【颠倒】复选框:颠倒显示字符。
◇【反向】复选框:反向显示字符。
◇【垂直】复选框:用于显示垂直对齐的字符。该选项只有在所选字体支持双向显示时方可被激活。
◇【宽度因子】文本框:用于设置文字的纵横比,其默认值为"1"。当设置为小于1.0的正数时,表示压缩文字宽度;当设置大于1.0时,则扩展文字宽度。
◇【倾斜角度】文本框:用于设置文字的倾斜角,其输入值范围为 −85 ~ 85。
【置为当前】按钮:将【样式】列表中所选定的样式设置为当前文字样式。
【新建】按钮:用于创建一个新的文字样式。
【删除】按钮:用于删除当前不需要的文字样式,但被删除的文字样式不能处于使用状态。

(2)若要新建一个文字样式,可在上述对话框中单击【新建】按钮,打开【新建文字样式】对话框,如图4-2 所示。

图4-2 【新建文字样式】对话框

(3)在【样式名】编辑框中输入新建文字样式名称,如"标线尺寸标注",单击【确定】按钮,于是在【样式】栏中创建了一个新文字样式,并返回到【文字样式】对话框。

(4)在该对话框的【字体】选项组中,用户可设置【字体名】和【字体样式】;在【大小】选项组中,可设置字体【高度】或指定文字为【注释性】;在【效果】选项组中,可设置【宽度因子】、【倾斜角度】以及【颠倒】、【反向】等选项。上述文字设置效果,可在【预览】区域中实时显示和预览。

(5)设置完成后,可单击【置为当前】按钮,将所设置的新样式置为当前样式。
(6)单击【应用】按钮,系统会将新设样式应用到图形中具有当前样式的文字中。
(7)单击【关闭】按钮,关闭对话框,完成文字样式的新建任务。
提示:编辑和删除文字样式的方法如下。
(1)编辑文字样式与创建文字样式的操作相似,同样需要打开【文字样式】对话框,用户可在其中修改文字样式的名称、字体、大小以及各种效果等。在修改样式名称时,只需在【样式】列表中用鼠标右击所需改名的样式,从弹出的快捷菜单中选择【重命名】即可。
(2)若要删除已创建的文字样式,可先在【样式】列表中选中要删除的样式,再单击【删除】按钮即可。

4.1.2 标注文字

在交通工程绘图中,标注文字分为单行文字标注和多行文字标注。前者以命令行的形式输入文字,后者以对话框的形式输入文字。多行文字标注又分为"文字编辑器"标注和"文字格式"工具栏标注两种方法。

1)标注单行文字

单行文字主要用于创建标题、编号等内容。在默认情况下,该文字关联的文字样式是 Standard,采用的字体是 txt.shx。如果用户要输入文字,应首先创建文字样式或修改当前的文字样式,使其与要输入的中文字体相关联。

创建单行文字的命令有如下 3 种方式。

- 命令:键入 dtext 或 text。
- 图标:在【注释】▶【文字】选项面板中,或在【文字】工具栏中,单击【单行文字】输入按钮 A|单行文字。
- 菜单:选择菜单中【绘图】▶【文字】▶【单行文字】选项。

【基本操作】

(1)执行上述 3 种方式之一,启动【单行文字】输入命令。

(2)在命令行【指定文字的起点或 [对正(J)/样式(S)]:】提示下,用户可输入"J"选择文字对正方式设置,或输入"S"选择更换文字样式,或在绘图窗口中用鼠标指定文字标注的起点位置。

(3)若上述操作中输入"J",则系统进一步显示【输入选项 [对齐(A)/布满(F)/居中(C)/中间(M)/右对齐(R)/左上(TL)/中上(TC)/右上(TR)/左中(ML)/正中(MC)/右中(MR)/左下(BL)/中下(BC)/右下(BR)]:】信息,提示用户选择具体对齐方式。

(4)上述设置完成后,系统会继续提示【指定文字的中心点:】,要求用户输入文字中心的坐标值或用鼠标指定中心的位置。

(5)在【指定高度 <30.0000>:】提示下,输入文字高度值,默认值为上一次输入值。

(6)在【指定文字的旋转角度 <0>:】提示下,输入文字旋转角度值,默认值为上一次输入值。

(7)上述各项设置完毕后,系统将在绘图区指定的位置处显示一个文本输入框,供用户输入文字信息;按【回车】键可换行输入另一行文字;若要结束文字输入,可连续按两次【回车】键即可。

在上述操作过程中,命令行的具体提示与交互信息如下。

```
命令:_dtext                              (执行单行文字标注命令)
当前文字样式:"标线尺寸标注" 文字高度:30.0000  注释性:否
                                         (显示当前文字样式信息)
指定文字的起点或 [对正(J)/样式(S)]:J      (提示用户指定文字起点,或输入对正/更换样式选项,这里输
                                          入"J",系统会继续显示下一行信息)
输入选项 [对齐(A)/布满(F)/居中(C)/中间(M)/右对齐(R)/左上(TL)/中上(TC)/右上(TR)/左中(ML)/正中
(MC)/右中(MR)/左下(BL)/中下(BC)/右下(BR)]:C
                                         (提示输入一种文字对齐方式,这里输入"C")
指定文字的中心点:                        (要求用户指定文字中心位置)
指定高度 <30.0000>:                      (提示输入文字高度值,按【回车】为上次默认值)
指定文字的旋转角度 <0>:                  (提示输入文字旋转角度,按【回车】为上次默认值)
输入文字:                                (提示继续输入文字内容)
输入文字:                                (连按两次【回车】键结束)
```

【实例4-1】 设置文字样式并创建自定义标题栏,如图4-3所示。要求:字体为"仿宋体",标题、设计单位和图号的字高为5mm,其他字高为3mm,颜色为黑色,单行文字输入方式,字间距为默认值。

图4-3 创建自定义标题栏

操作步骤:

(1)按照图示尺寸要求,绘制标题栏框。

(2)在命令行中键入st,弹出【文字样式】对话框,新建一个名为"A3标题栏"的文字样式;设置字体为"仿宋体",字高为"3"mm,颜色为"黑"色。设置完成后,单击【应用】按钮,关闭对话框。

(3)键入text,启动【单行文字】输入方式;在【指定文字的起点或[对正(J)/样式(S)]:】提示下,用鼠标单击标题栏中第二行第1栏单元格,指定为插入文字的起始位置;在【指定文字的旋转角度<0>:】提示下,按【回车】键选择默认值"0";此时,在标题栏的指定位置处会出现一个文字输入提示符,用户可输入"制图"字样;然后,连按两次【回车】键,结束文字输入。如果文字位置不太合适,可利用【移动】工具适当调整位置。

(4)利用【复制】命令,复制"制图"字样并粘贴到左下角单元格中,双击复制后的"制图"文字,将其更改为"校核";重复上述操作,依次添加"比例"、"数量"和"材料"等文字。

(5)同理,在第一行第1个单元格中输入"高速公路收费站"字样,连按两次【回车】键结束输入。单击该文本弹出【文字属性】快捷栏,从中修改文字"高度"为"5",如图4-4所示。

图4-4 文字属性快捷栏

(6)分别复制上述字样,并更改为"(设计单位)"和"(图号)",同时利用【移动】对象命令适当调整文字的位置。

至此,一个自定义标题栏创建完成。

说明:如果在【文字样式】对话框的设置中,【高度】和【倾斜角度】设为非0值,而【宽度因子】设为非1值,则系统会直接采用用户设定值,而不在操作中提示。

2)利用【文字编辑器】标注多行文字

标注单行文字的命令"dtext"或"text",虽然也能编辑多行文字,但由于各行文本不便于独立编辑,且行间位置难以对齐,为此系统提供了另外两种标注多行文字的方法。一种是在【二维草图与注释】工作空间下,利用【文字编辑器】标注多行文字;另一种是在【AutoCAD经典】工作空间下,利用【文字格式】工具栏标注多行文字。

利用【文字编辑器】标注多行文字有如下3种启动方式。

● 命令:键入mtext。

- 图标:单击【常用】▶【注释】选项面板或【注释】▶【文字】选项面板上的【多行文字】图标A;或单击【绘图】工具栏中的图标A 。
- 菜单:选择下拉菜单中【绘图】▶【文字】▶【多行文字】命令。

基本操作:

(1)首先切换到【二维草图与注释】工作空间,执行上述3种方式之一,启动【多行文字】标注命令。

(2)在命令行【指定第一角点:】提示下,用户可单击鼠标指定文本框的第一个角点;在【指定对角点或[高度(H)/对正(J)/行距(L)/旋转(R)/样式(S)/宽度(W)/栏(C)]:】提示下,用户可分别进行各选项设置,也可直接用鼠标指定文本框的第二个角点位置。

解释:在上述参数设置中各选项的含义如下。

【高度(H)】:用于设置输入文字的高度。

【对正(J)】:用于设置文字的对齐方式。选择该选项后,系统会进一步提示更具体的对齐方式选项。

【行距(L)】:用于设置文本行间距。选择该选项后,系统会进一步提示输入【行距类型】、【行距比例或行距值】等选项。

【旋转(R)】:用于设置文字的旋转角度。

【样式(S)】:用于设置和调用新的文字样式。

【宽度(W)】:用于指定文本框的宽度。

【栏(C)】:用于设置分栏的类型、栏宽、栏间距以及栏高等选项。

(3)若在上述操作过程中,用户单击鼠标指定第二个角点,则系统将自动转换并打开【文字编辑器】选项卡;同时,在屏幕上出现一个文本输入框,供用户输入文本字样,如图4-5所示。

图4-5 【文字编辑器】选项卡

解释： 在【文字编辑器】选项卡中，各选项面板组成和功能如下。

【样式】：该面板中包括文字样式、注释性和文字高度 3 项设置。其中

◇【文字样式】：用于设置多行文字对象的应用文字样式。

◇【注释性】：用于打开或关闭当前多行文字对象的注释性。

◇【文字高度】：按图形单位设置新文字的字符高度或修改选定文字的高度，多行文字对象可以包含不同高度的字符。

【格式】：用于设置字符格式，包括粗体、倾斜、下划线、上划线、字体、颜色、倾斜角度、追踪（字间距）和宽度因子等内容。

【段落】：用于设置段落格式，包括多行文字对正、项目符号与编号、行距和对齐方式等选项。

【插入】：用于插入特殊符号、字段和分栏。其中特殊符号包括"°"、"±"、"≈"、"≠"、"φ"以及上划线和下划线等 20 多种。

【拼写检查】：用于设置打开或关闭在键入字符时的拼写检查状态。

【工具】：主要用于字符的查找与替换。

【选项】：该选项面板中包括字符集、删除格式、编辑器设置、标尺等选项以及放弃、重做操作命令。

（4）在文本框中输入文字后，用户可以使用面板上的工具进行文字编辑和属性设置，之后单击【文字编辑器】对话框右上角的【关闭文字编辑器】按钮，系统退出编辑器，多行文字输入结束。

在上述操作过程中，命令行提示与交互信息如下。

```
命令：_mtext                                          （执行多行文字标注命令）
当前文字样式："Standard"    文字高度：30   注释性：否   （显示系统当前文字样式）
指定第一角点：                                        （提示输入或鼠标点选文本框第一个角点）
指定对角点或［高度(H)/对正(J)/行距(L)/旋转(R)/样式(S)/宽度(W)/栏(C)］：h
                                                     （设置参数，这里输入 h）
指定高度 <30>：50                                     （设置文字高度值）
指定对角点或［高度(H)/对正(J)/行距(L)/旋转(R)/样式(S)/宽度(W)/栏(C)］：l
                                                     （设置参数，这里输入 l）
输入行距类型［至少(A)/精确(E)］<至少(A)>：E             （选择精确设置行距）
输入行距比例或行距 <1x>：1x                            （设置 1 倍行距）
指定对角点或［高度(H)/对正(J)/行距(L)/旋转(R)/样式(S)/宽度(W)/栏(C)］：
                                                     （点选或输入第二个角点）
……                                                  （在文本框中输入文字，点击【关闭】按钮结束多行输入）
```

【实例 4-2】 绘制一个行车安全提醒标志，如图 4-6 所示，利用多行"文字编辑器"方法编辑文字内容。要求：标志为黄底、白边框、黑字，字体为"Arial Unicode MS"，字型为"加粗"，字高为"155"磅；行间距为"170"，字间距为"1.25"。

操作步骤：

（1）先绘制行车安全提醒标志的边框图和文字边框，如图 4-7 所示。

（2）切换至【二维草图与注释】工作空间模式下，键入 mtext 或单击【绘图】工具栏中【多行文字】图标 A，启动【多行文字】编辑功能。

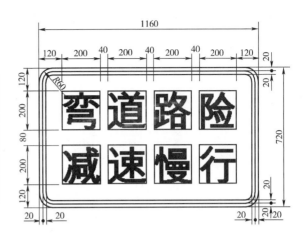

图 4-6 行车安全提醒标志

（3）依据命令行的提示，在标志边框内由左上角向右下方拖拽鼠标创建一个文本输入框，系统将同步转换并打开【文字编辑器】选项卡；用户可在文本框中分行键入编辑内容"弯道路险 减速慢行"，然后用鼠标抹选上述文字，并使用【文字编辑器】选项卡中【样式】、【格式】和【段落】等选项面板的有关功能，设置字体为"Arial Unicode MS"，字型为"加粗"，字高为"155"磅，颜色为"黑"色，行间距为"170"，宽度因子为"1.25"（上述操作与 Word 文字编辑相似），效果如图 4-8 所示。最后，单击【文字编辑器】对话框右上角的【关闭文字编辑器】按钮，结束多行文字输入与编辑。

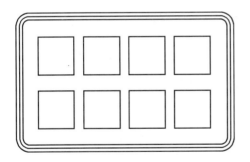

图 4-7 绘制提醒标志边框图

图 4-8 输入和编辑文字内容

（4）利用【移动】工具，调整文字位置并与文字框对齐；然后，分别选择各正方形文字框，按【Delete】键删除。至此，一个行车安全提醒标志绘制完毕，如图 4-9 所示。

（5）启动【图案填充】命令，为所绘制的提醒标志填充"黄色"背景和"白色"边框，同时删除所有黑色边框线，最终效果如图 4-6 所示。

3）利用【文字格式】工具栏标注多行文字

除了使用上述【文字编辑器】外，还可以使用【文字格式】工具栏来设置多行文字的各项参数。利用【文字格式】工具栏标注多行文字有如下 3 种启动方式。

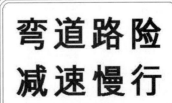

图 4-9 行车安全提醒标志效果图

- 命令:在【AutoCAD 经典】工作空间下,键入 mtext。
- 图标:在【AutoCAD 经典】工作空间下,单击【绘图】工具栏中【多行文字】图标 A。
- 菜单:在【AutoCAD 经典】工作空间下,选择下拉菜单中【绘图】▶【文字】▶【多行文字】命令。

基本操作:

(1)首先切换到【AutoCAD 经典】工作空间,执行上述 3 种方式之一,启动【多行文字】标注命令,系统将在命令行中显示如下提示与交互信息。

```
命令:_mtext                                        (执行多行文字标注命令)
当前文字样式:"Standard"  文字高度:50  注释性:否    (显示当前文字样式)
指定第一角点:                                       (提示输入或鼠标点选文字输入框的第一个角点)
指定对角点或 [高度(H)/对正(J)/行距(L)/旋转(R)/样式(S)/宽度(W)/栏(C)]:
                                                  (指定对角点或设置参数)
```

(2)在命令行【指定第一角点:】提示下,用户可使用鼠标为多行文本框点选第一个角点位置。

(3)在【指定对角点或 [高度(H)/对正(J)/行距(L)/旋转(R)/样式(S)/宽度(W)/栏(C)]:】提示下,若用户不设置参数,则可直接拖拽鼠标到适当位置,为文本框点选对角点的位置。

(4)随后,系统会在指定位置自动显示一个带标尺的"段落"多行文字输入框,同时弹出【文字格式】工具栏,分别如图 4-10 和图 4-11 所示。

图 4-10　【文字格式】工具栏

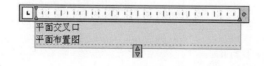

图 4-11　"段落"多行文字输入框

(5)用户可在"段落"多行文字框中输入文字信息,并利用【文字格式】工具栏进行文本格式设置,单击右侧的【确定】按钮结束操作。

说明:

(1)【多行文字】或【单行文字】标注的文字样式是相同的。

(2)如果需要对单独的词语和字符应用【文字格式】,则只能在【多行文字】编辑状态下进行,而不能在【单行文字】编辑状态中应用。

【实例 4-3】　综合运用绘图工具和文字标注功能,绘制"停车让行"禁令标志,如图 4-12 所示。

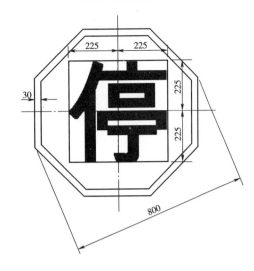

图 4-12　绘制"停车让行"禁令标志

操作步骤：

(1)首先,启动【直线】命令,绘制两条垂直的辅助中心线;启动【正多边形】命令,绘制一个内接于直径"800"的圆的正八边形;同时,绘制一个边长为"450"的正方形文字框;利用【偏移】命令,将已绘制的正八边形向内偏移"30"。于是,该禁令标志的底板图绘制完成,如图 4-13 所示。

(2)切换至【AutoCAD 经典】工作空间模式下,键入 mtext 或单击【绘图】工具栏中【多行文字】图标 **A** ,启动【多行文字】编辑功能。

(3)在图中正方形文字框的左上角单击鼠标,向右下角拖拽一个文本输入框;在弹出的【文字格式】工具栏中,设置字体为"T Arial Unicode MS",字高为"360","加粗",颜色为"黑"色;随后在文本框中输入"停"字;单击【确定】退出文字输入。

(4)利用【移动】工具,适当调整文字在边框中的位置;最后,点选正方形文字框,按【Delete】键将其删除。至此,"停车让行"禁令标志绘制完毕,如图 4-14 所示。

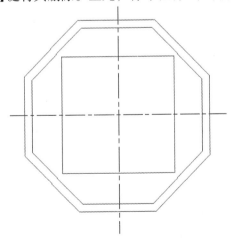

图 4-13　绘制禁令标志底板图　　　　图 4-14　"停车让行"禁令标志添加文字

(5)启动【图案填充】命令,为所绘制禁令标志添加 RGB 为(255,0,0)的"红色"背景和 RGB 为(255,255,255)的"白色"边框及文字,同时删除所有黑色边框线,最终效果如图 4-12 所示。

4.1.3 编辑文字

当文字标注后,如果其内容或形式不能满足要求,则需要在原有的基础上进行修改与编辑。

1)编辑单行文字

单行文字编辑包括文字内容编辑和文字特性编辑。

【基本操作】:

(1)若要对文字内容进行编辑,可直接双击文字对象,即可进入文本编辑状态。

(2)若要更改文字样式或设置颠倒、反向和垂直等文字特性,可在【AutoCAD 经典】工作空间下单击下拉菜单中【格式】▶【文字样式】命令,或在【二维草图与注释】工作空间下点选【常用】▶【注释】选项面板中【文字样式】按钮 ,打开【文字样式】对话框;在对话框中对文字样式和效果等特性进行修改,然后【应用】到单行文字编辑中。

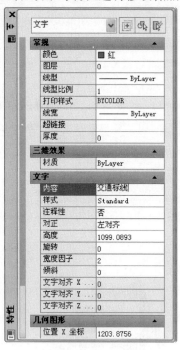

(3)若要修改文字的内容和属性,也可先选中单行文字,然后单击【修改】菜单中的【特性】命令,或在文字上右击鼠标从弹出的快捷菜单中选择【特性】选项,打开【特性】对话框,如图 4-15 所示。用户可点选其中的选项,重新编辑或修改文字内容、样式、对正方式、文字高度、旋转角度、宽度因子、倾斜角度以及颜色和图层等。

2)编辑多行文字

多行文字的编辑和单行文字类似,可以对文字内容和格式分别进行编辑。

【基本操作】:

(1)若要对文字内容进行编辑,可以直接双击要编辑的多行文字,或选中文字后右击鼠标,从弹出的快捷菜单中选择【编辑多行文字】选项,系统会自动打开文本编辑框,并同步打开【文字格式】工具栏或【文字编辑器】选项卡,用户可在文本编辑框中修改内容。

图 4-15 单行文字编辑下的【特性】对话框

(2)若要对多行文字的格式进行编辑,可在上述工具栏或选项卡中运用【样式】、【格式】、【段落】、【插入】等按钮或选项进行修改和编辑即可。

(3)在上述"编辑单行文字"中,操作步骤(3),也适用于多行文字编辑,但此时【特性】对话框的选项略有不同,如图 4-16 所示。更改完成后,在文字区域外单击鼠标,即可完成编辑。

4.1.4 创建与编辑表格

在 AutoCAD 中,表格是指由若干包含有注释信息的单元格构成的矩形阵列,其中的注释信息多以文字为主,也可以包含多个图块。在交通工程绘图中,大量使用到表格,例如标题栏和明细表等都属于表格的应用。

1)创建表格样式

表格的外观由表格样式控制,用户可以使用默认的标准表格样式"Standard",也可以创建和设置自己的表格样式。在创建一个表格之前,首先要创建表格的样式。创建表格样式主要是在【表格样式】对话框中进行,打开该对话框的方法有以下 3 种。

- 命令:键入 tablestyle 或 ts。
- 图标:在功能区【常用】▶【注释】选项卡上,单击【表格】面板中【表格样式】按钮,或在【样式】工具栏中单击【表格样式】按钮。
- 菜单:选择下拉菜单中【格式】▶【表格样式】命令。

【基本操作】:

(1)执行上述任意一种操作后,都将弹出【表格样式】对话框,如图 4-17 所示。

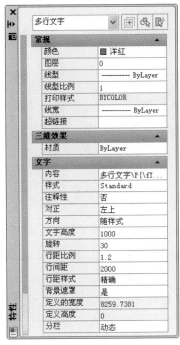

图 4-16 多行文字编辑下的【特性】对话框

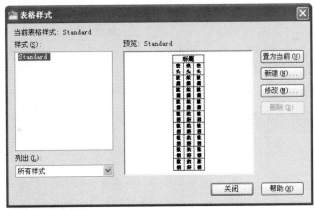

图 4-17 【表格样式】对话框

(2)在该对话框中,单击【新建】按钮,将弹出【创建新的表格样式】对话框,用户可在【新样式名】文本框中输入新表格样式的名称,如"明细表";在【基础样式】下拉列表中选择一种新表格样式的默认样式,如图 4-18 所示。

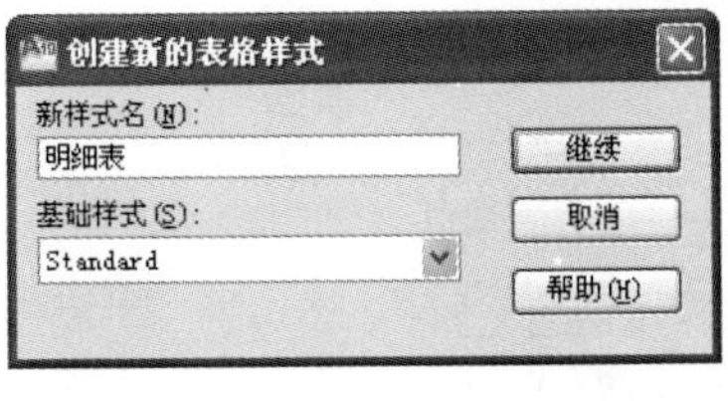

(3)单击【继续】按钮,将弹出【新建表格样式:明细表】对话框,如图 4-19 所示。

图 4-18 【创建新的表格样式】对话框

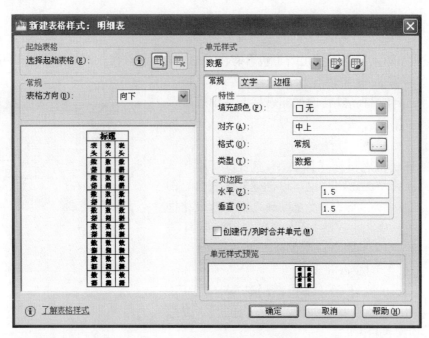

图4-19 【新建表格样式】对话框

解释： 在该对话框中，部分参数的含义如下。

【起始表格】选项组：用于为新建表格选择一个起始样式表格。单击【选择表格】按钮，命令行将提示用户在图形中指定一个表格用作样例来设置此表格样式的格式。当选择了表格后，用户可指定要从该表格复制到表格样式中的结构和内容。

【表格方向】下拉列表框：用于设置所创建表格的方向。其中，"向上"选项表示创建由下而上读取的表格，此时表格的标题、表头都在底部，数据向上延伸；"向下"选项表示创建由上而下读取的表格，此时表格的标题和表头都在上部，数据向下延伸。样例将在下方预览区中显示。

【单元样式】选项区：用于对表格的单元样式进行设置。其中

◇【单元样式】下拉列表框：用于设置表格的单元内容，包括标题、表头和数据三个选项。其右侧的按钮用于启动【创建新单元样式】对话框，按钮用于启动【管理单元样式】对话框。

◇【常规】选项卡：用于设置表格的填充颜色、对齐方式、格式、类型等基本特性及文字到边框的水平、垂直页边距等，其中【创建行/列时合并单元】复选框表示在创建行或列单元格时将合并创建的单元格。

◇【文字】选项卡：用于设置表格中文字的特性，如文字样式、文字高度、文字颜色和文字角度。

◇【边框】选项卡：用于设置表格边框的线型、线宽、颜色和间距等特性。

◇【单元样式预览】：用于显示新建或修改的表格单元样式。

（4）如果在创建表格时需要参照某种表格的样式，可在对话框中单击【选择表格】按钮，然后在绘图区中指定一个表格用作新表格的样例。

(5)如果直接新建一个表格,用户则无需上述选择表格,可在【表格方向】下拉列表中,先选择"向下"或"向上"为新表格设置方向;在【单元样式】下拉列表中,选择要应用到表格的单元样式,或单击该下拉列表右侧的按钮,创建一个新单元样式。

(6)然后,分别在【常规】选项卡中,设置表格特性和页边距等;在【文字】选项卡中,设置表格的文字特性;在【边框】选项卡中,设置表格边框线型特性等。

(7)设置完成后,单击【确定】按钮,即可完成新样式的创建。

提示:修改和删除表格样式都是在上述【表格样式】对话框中进行,不再赘述。

2)创建表格

在表格样式创建后,即可使用新的表格样式创建表格。创建一个表格主要有以下 3 种方法。

- 命令:键入 table。
- 图标:在功能区【常用】▶【注释】选项卡上,单击【表格】面板中【表格】按钮,或在【样式】工具栏中单击【表格】按钮。
- 菜单:选择下拉菜单中【绘图】▶【表格】命令。

基本操作:

(1)执行上述任意一种操作后,都将弹出【插入表格】对话框,如图 4-20 所示。

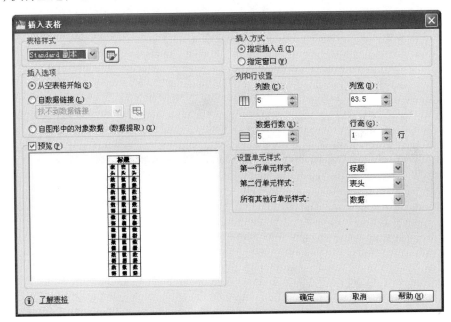

图 4-20 【插入表格】对话框

解释:在该对话框中,部分选项区的功能如下。

【表格样式】下拉列表框:用于选择表格样式,也可以单击其后的按钮来创建新的表格样式。

【插入选项】选项组:用于设置插入表格的形式。其中

◇【从空表格开始】单选项:用于创建可以手动填充数据的空表格。

◇【自数据链接】单选项:可通过外部电子表格中的数据创建表格,单击其右侧的按钮可建立与已有 Excel 数据表的链接。

◇【自图形中的对象数据(数据提取)】单选项:用于启动数据提取向导,并利用该向导来提取图形中的数据。

【预览】复选框:用于预览表格的样式。

【插入方式】选项组:用于确定表格插入到图形中的方式。

◇【指定插入点】:表示通过在绘图区域中指定一点作为表格一角点的方式来插入表格。

◇【指定窗口】:表示通过指定窗口的方式确定表格的大小与位置。

【列和行设置】选项组:用于设置表格的行数、列数、行高和列宽。

【设置单元样式】选项组:通过"第一行单元样式"、"第二行单元样式"和"所有其他行单元样式"所对应的下拉列表框选项,分别设置第一行、第二行和其他行的单元样式。

(2)在上述【插入表格】对话框设置完成后,单击【确定】按钮即可创建一个表格,如图 4-21 所示。

3)编辑表格内容

当表格创建完成后,用户可通过双击表格中的单元格来修改或编辑表格内容。此时,若在【AutoCAD 经典】工作空间中,系统会弹出【文字格式】工具栏;若在【二维草图与注释】工作空间中,系统会弹出【文字编辑器】选项卡;同时,被双击后的表格单元格切换为编辑模式,如图 4-22 所示。用户可在表格中输入或修改内容,也可利用弹出的工具栏和选项面板编辑文本属性,单击【关闭】按钮即可完成表格内容的编辑。

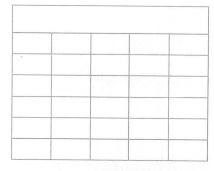

图 4-21 创建一个默认的表格

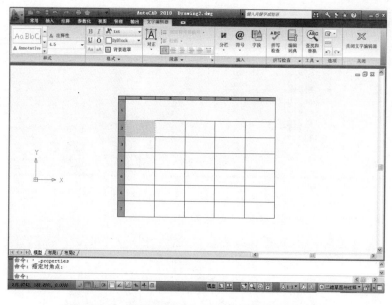

图 4-22 【二维草图与注释】空间下的表格内容编辑窗口

4）编辑表格和表格单元

在表格创建完成后,用户还可以对所创建的表格或表格单元进行插入、删除、合并等编辑操作。编辑表格常用如下几种方法:使用【夹点】功能编辑、使用【特性】选项板编辑、使用【表格单元】选项卡编辑和使用【表格】工具栏编辑。

(1)使用【夹点】功能编辑表格。

在表格的任意网格线上单击鼠标,该表格将被选中并呈现出若干个控制夹点,同时弹出一个【表格】属性选项板,如图4-23所示。用户可通过拖拽不同的夹点来移动表格、统一拉伸表格的高度或宽度以及分别改变表格的行高与列宽等,也可利用弹出的【表格】属性选项板来修改表格的有关设置。

(2)使用【特性】选项板编辑表格。

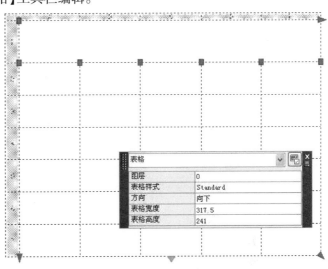

图4-23　使用【夹点】功能编辑表格

在表格的任意网格线上双击鼠标,系统会在上述基础上弹出一个【特性】选项面板,供用户改变表格的线型、颜色、样式、行数、列数、方向等设置,如图4-24所示。

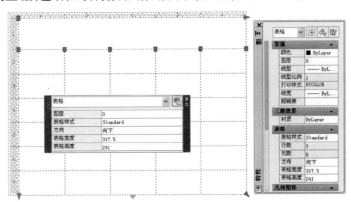

图4-24　编辑表格的【特性】选项面板

(3)使用【表格单元】选项卡编辑表格单元。

如果在【二维草图与注释】工作空间中,单击表格中要编辑的单元格,系统在选中该单元格的同时,在功能区选项面板中会出现【表格单元】选项卡,如图4-25所示。使用该选项卡中的行、列、合并、单元样式和单元格式等面板,可以对表格进行编辑。

解释: 在【表格单元】选项卡中,主要选项的含义如下。

【行】面板:用于在当前选定的单元或行的上方、下方插入行或删除行。

【列】面板:用于在当前选定的单元或列的左侧、右侧插入列或删除列。

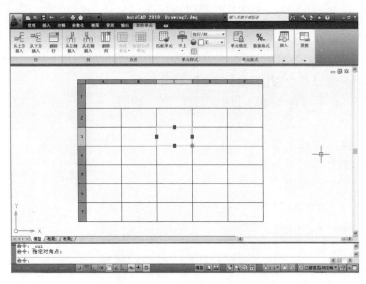

图4-25 使用【表格单元】选项卡编辑表格

【合并】面板:用于将选定的单元合并为一个大单元中,或将之前合并的单元取消合并。

【单元样式】面板:用于设置表格的单元样式,包括匹配单元、对齐方式、表格单元样式、单元背景颜色、单元边框等。其中

◇【匹配单元】:单击该按钮,可将选定单元的特性应用到其他单元。

◇【表格单元样式】列表框:在该下拉列表框中,可以为所选单元格设置一种表格单元样式,如数据、标题或表头等。

◇【单元边框】按钮:单击该按钮,将弹出【单元边框特性】对话框,用于设置选定表格单元的边界特性,如图4-26所示。

◇【表格单元背景颜色】下拉列表框:单击该下拉列表框,可为单元格指定背景填充颜色。通过"选择颜色…"选项,还可在弹出的"选择颜色"对话框中,选择更多的填充颜色。

◇【对齐】按钮:单击该按钮,可从弹出的列表中为单元内容设置对齐方式。

【单元格式】面板:用于设置单元锁定/解锁和数据格式。

◇【单元锁定】:单击该按钮,从弹出的下拉菜单中可对所选单元的格式、内容或两者同时进行锁定,单元被锁定后将不能被编辑,只有在该下拉菜单中选择"解锁"后才能进行编辑。

◇【数据格式】:单击该按钮,可从弹出的下拉菜单中为单元设置数据的类型,但无法设置具体的格式。

图4-26 【单元边框特性】对话框

【插入】面板:用于选择要插入的对象,其中包括块、字段、公式和管理单元内容。

(4)使用【表格】工具栏编辑表格单元。

如果在【AutoCAD 经典】工作空间中,单击表格中要编辑的单元,系统会在选中该单元的同时,弹出【表格】工具栏,如图 4-27 所示。使用该工具栏同样可进行表格单元的插入、删除、合并、单元样式设置和单元格式编辑修改等操作,具体方法同上。

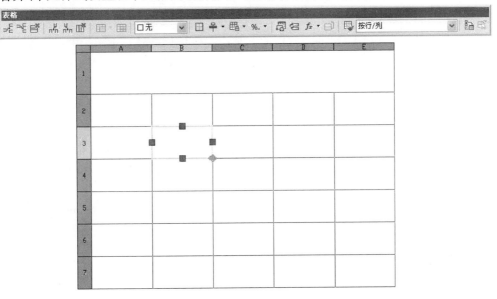

图 4-27 使用【表格】工具栏编辑表格

【实例 4-4】 利用表格功能,创建一个"道路监控系统"的图纸标题栏和明细表,如图 4-28 所示。

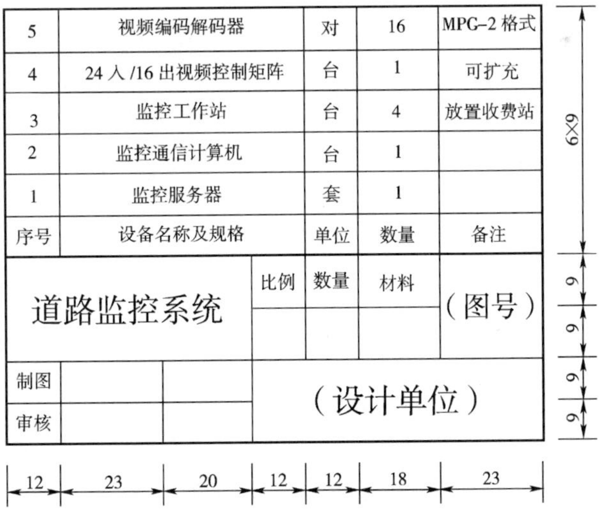

图 4-28 利用表格功能创建标题栏和明细表

操作步骤:

(1)新建一个图形文件,命名为"图纸明细表"。

（2）创建文字样式。键入"style"命令，弹出【文字样式】对话框；从中单击【新建】按钮，弹出【新建文字样式】对话框，在【样式名】文本框中输入"图纸明细表—文字"，单击【确定】按钮。在返回【文字样式】对话框后，设置字体为"仿宋"，高度为"3"，宽度因子为"1.0"，然后单击【应用】和【关闭】按钮，返回绘图区。

（3）创建表格样式。键入"ts"命令，弹出【表格样式】对话框；单击其中【新建】按钮，弹出【创建新的表格样式】对话框；在【新样式名】文本框中输入"图纸明细表—表格"，单击【继续】按钮。在弹出的【新建表格样式：图纸明细表—表格】对话框中，单击【单元格式】下拉列表框，从中选择"数据"选项；切换至【常规】选项卡，设置【对齐】方式为"正中"；切换至【文字】选项卡，设置【文字样式】为"图纸明细表—文字"。

（4）上述设置完成后，单击【确定】按钮，系统返回【表格样式】对话框；从中选择"图纸明细表—表格"表格样式，然后单击【置为当前】按钮和【关闭】按钮。

（5）创建新表格。键入"table"命令，弹出【插入表格】对话框；选择【指定插入点】单选项，设置列数为"7"，列宽为"12"，数据行数为"8"，行高为"1"，并置【设置单元格式】均为"数据"，设置完毕单击【确定】按钮。

（6）返回到绘图区域后，在合适的位置单击鼠标插入一个表格，如图4-29所示。

（7）依据图4-28所示的尺寸，使用【特性】选项板的功能调整各列宽度。先点选第2列中任一单元并右击鼠标，从弹出的快捷菜单中选择【特性】选项，打开【特性】选项板，用户从中设置【单元宽度】为"23"，则该单元所在的整个列宽都被设置为同样宽度；类似地，可以分别设置第3、6、7列的宽度为"20"、"18"和"23"；其他各列宽度不动。调整列宽后的表格如图4-30所示。

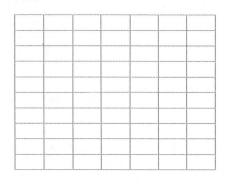 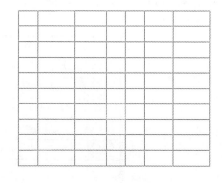

图4-29　创建明细表格　　　　　　　图4-30　调整列宽

（8）利用【表格】工具栏或【表格单元】选项卡合并单元。按住鼠标左键并拖拽，选择要合并的单元，如选择表格右下角的2行4列单元格，此时系统会依据所在的工作空间，自动弹出【表格】工具栏或【表格单元】选项卡，单击其中的【合并单元】按钮，于是所选中的单元即被合并。同理，可选择其他几组单元进行合并，如图4-31所示。

（9）输入表格文字。首先，在表格下方的标题栏内单元中双击鼠标，分别输入"制图"、"审核"、"比例"、"数量"、"材料"等字样，文字高度为默认值"3"。然后，在标题栏中三个合并后的单元内分别输入"道路监控系统"、"（图号）"和"（设计单位）"字样，并利用【文字格式】工具栏或【文字编辑器】选项卡更改其【文字高度】为"5"，也可利用快捷菜单中的【特性】选项板更改。最后,输入明细表中其他单元的文字,效果如图 4-32 所示。

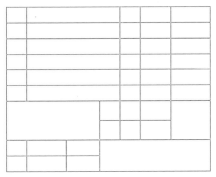

图 4-31　合并单元 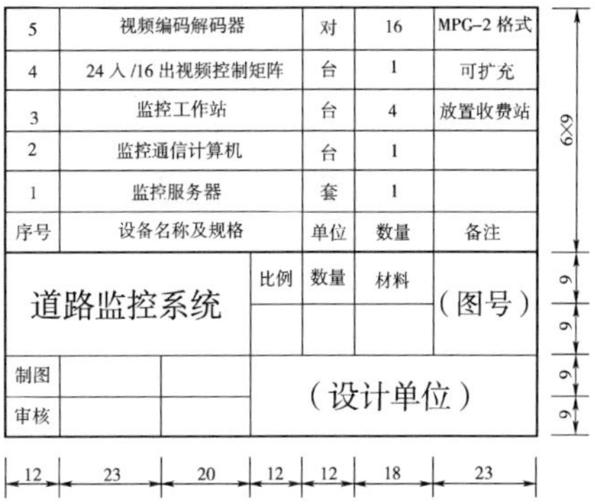　　　　　　　　　　图 4-32　输入和调整文字

提示:在单元输入文字后,如果显示位置不合适,可利用【表格】工具栏中的各种【对齐】功能进行调整。

(10)添加表格的边框粗实线。选择表格中的所有单元,从弹出的【表格】工具栏或【表格单元】选项卡中单击【单元边框】按钮；在弹出的【单元边框特性】对话框中,设置【线宽】为"0.3",然后点选【外边框】按钮,为整个明细表添加外边框粗实线。类似地,可选择标题栏中全部单元格或仅选择明细表中标题各单元格,利用添加上(下)边框线的方法,为标题栏和明细表间的分界线添加粗实线,最后效果如图 4-33 所示。

5	视频编码解码器	对	16	MPG-2 格式
4	24入/16出视频控制矩阵	台	1	可扩充
3	监控工作站	台	4	放置收费站
2	监控通信计算机	台	1	
1	监控服务器	套	1	
序号	设备名称及规格	单位	数量	备注
道路监控系统		比例	数量	材料	(图号)
		制图		(设计单位)	
		审核			

图 4-33　为表格添加边框粗实线

(11)上述操作完成后,在绘图区空白处单击鼠标,退出单元格的编辑状态。至此,整个标题栏和明细表绘制与编辑完毕。

4.2　尺寸标注与编辑

尺寸标注是交通工程绘图中很重要的环节,也是掌握的难点。下面主要介绍创建标注样式和尺寸标注的方法。

4.2.1 尺寸标注类型及关联性

在 AutoCAD 中,尺寸标注可分为 6 大类,即线性尺寸标注、径向尺寸标注、中心尺寸标注、角度尺寸标注、引线尺寸标注和坐标尺寸标注。其中线性尺寸标注包括水平标注、垂直标注、对齐标注、快捷标注、连续标注和基线标注 6 种,径向尺寸标注包括半径标注和直径标注,中心尺寸标注包括圆心标注和圆心线标注。各种尺寸标注类型如图 4-34 所示。

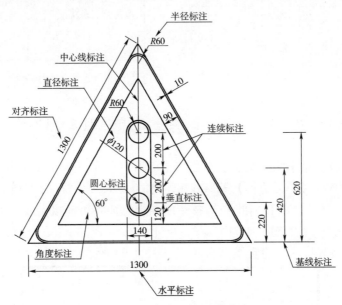

图 4-34　各种尺寸标注类型

一个完整的尺寸标注由尺寸线、尺寸界线、尺寸箭头和尺寸文本 4 个部分组成,如图 4-35 所示。在默认的情况下,AutoCAD 的尺寸标注是一个整体,相当于一个图块。当某一部分拉伸后,所标注的对应尺寸文本会自动地随之变化,这种性能称之为尺寸的关联性,这种尺寸标注被称为关联性尺寸标注。相反,如果一个尺寸标注的各部分都是单独的实体,相互之间没有联系,则这样的尺寸标注称之为非关联性尺寸标注。

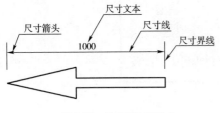

图 4-35　尺寸标注的组成

提示:尺寸标注的关联性是可以相互转换的,关联尺寸的标注值也可以更改。

(1) 对于已有的尺寸标注,若要将其改变为关联尺寸,只需选择该尺寸标注后执行 DIMREASSOCIATE 命令即可;若要将其改变为不关联,则要执行 DIMDISASSOCIATE 命令。

(2) 对于正在标注的尺寸,用户可以使用系统变量 DIMASO 来设置尺寸标注的关联性。当 DIMASO = ON 时,为关联性尺寸标注;当 DIMASO = OFF 时,为非关联性尺寸标注。

4.2.2 创建与修改尺寸标注样式

尺寸标注样式是尺寸标注的模板,其作用可以保证图纸上的所有标注具有相同的格式和外观。用户可使用系统提供的标准尺寸标注样式,也可以根据需要自行创建或编辑自定义的尺寸标注样式。与文本标注样式相似,在尺寸标注前,也必须先创建和设置好尺寸标注样式,然后进行尺寸标注。下面介绍创建和编辑尺寸标注样式所使用的命令与方法。

1)新建标注样式

新建标注样式有以下3种方式。

- 命令:键入 dimstyle 或 ddim 或 d。
- 图标:在【常用】▶【注释】选项面板中,单击【标注样式】按钮 。
- 菜单:单击下拉菜单中【格式】▶【标注样式】或【标注】▶【标注样式】命令。

【基本操作】:

(1)执行上述3种方式之一,启动【标注样式设置】命令,系统自动打开【标注样式管理器】对话框,如图4-36所示。用户可从中对标注样式进行【新建】、【修改】、【替代】、【比较】以及【置为当前】等操作。

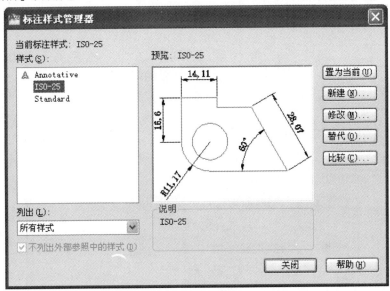

图4-36 【标注样式管理器】对话框

解释:在该对话框中,各选项含义如下。

【当前标注样式】:显示当前标注样式的名称,默认标注样式为ISO-25。

【样式】列表框:显示当前图形中包含的所有标注样式。若在该列表框中的标注样式上右击鼠标,会弹出一个包含【置为当前】、【重命名】和【删除】3个选项的快捷菜单,用户可从中点选某一个选项完成相应的操作。

【列出】下拉列表框:用于选择需要在上述【样式】列表框中显示的样式名称。若选择"所有样式",表示显示图形中包含的全部标注样式;若选择"正在使用的样式",则只显示图形中当前正在使用的标注样式。

【预览】区:用于显示正在编辑的标注样式缩略图。其下方的【说明】区显示有关标注样式的设置信息。

【新建】按钮:单击显示【创建新标注样式】对话框,从中可定义新的标注样式。

【修改】按钮:单击显示【修改标注样式】对话框,从中可修改标注样式。

【替代】按钮:单击显示【替代当前样式】对话框,从中可设置标注样式的临时替代值。

【比较】按钮:单击显示【比较标注样式】对话框,从中可比较两个标注样式或列出一个标注样式的所有特性。

【置为当前】按钮:将【样式】列表中被选中的标注样式设置为当前标注样式。

(2)如果新建一个标注样式,单击【新建】按钮,系统将打开【创建新标注样式】对话框,如图4-37所示。用户可在【新样式名】文本框中输入名称;在【基础样式】下拉列表中选择一种基础样式作为新建样式的基础,仅需对那些与基础特性不同的特性进行修改;如果选择【注释性】复选项,则表示创建注释性标注;在【用于】下拉列表中,用户可指定新建标注样式的适用范围,如"所有标注"、"线性标注"、"角度标注"、"半径标注"、"直径标注"、"坐标标注"和"引线和公差标注"等。

(3)设置完毕,单击【继续】按钮,系统将打开【新建标注样式】对话框,用户可在该对话框中为新的标注样式设置线、符号和箭头、文字、调整、主单位、换算单位、公差等内容,最后单击【确定】按钮,于是一个新的标注样式创建完成。

2)设置尺寸线和延伸线

在【新建标注样式】对话框中,包含有【线】、【符号和箭头】、【文字】、【调整】、【主单位】、【换算单位】和【公差】7个选项卡,如图4-38所示。【线】选项卡用于尺寸线和延伸线(又称尺寸界线)的样式设置,其中部分选项的功能如下。

图4-37 【创建新标注样式】对话框

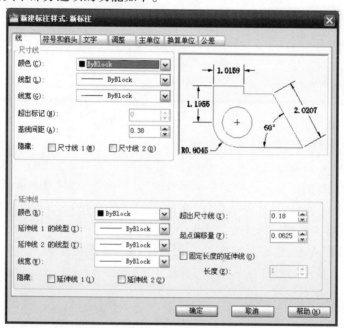

图4-38 【新建标注样式】对话框—【线】选项卡

【尺寸线】选项组:用于设置尺寸线的颜色、线型、线宽、超出标记和基线间距等属性。

其中：
　　◇【超出标记】：用于设置尺寸线超出尺寸界线的长度，如果是箭头形式的尺寸线则该选项不可用。
　　◇【基线间距】：用于设置基线标注中的尺寸线之间的距离。
　　◇【隐藏】选项：用于控制尺寸线的可见性，选中相应的复选框将隐藏相应的尺寸线。
　　【延伸线】选项组：用于设置延伸线的颜色、线型、线宽、超出尺寸线的长度和起点偏移量等属性。其中：
　　◇【超出尺寸线】：用于设置延伸线超出尺寸线的距离，也可以用变量 DIMEXE 设置。
　　◇【起点偏移量】：用于设置延伸线的起点与标注定义点的距离，也可以用变量 DIMEXO 设置。
　　◇【固定长度延伸线】复选框：设置固定长度的延伸线来标注尺寸，其中在【长度】文本框中可以输入延伸线的长度值。

3）设置符号和箭头

【符号和箭头】选项卡用于设置箭头、圆心标记、弧长符号、折弯半径标注等属性，如图4-39所示。该选项卡中部分选项的功能如下。

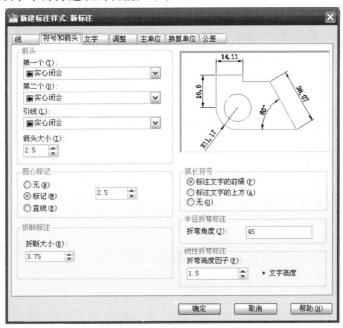

图 4-39 【新建标注样式】对话框—【符号和箭头】选项卡

【箭头】选项区：用于设置尺寸线和引线箭头的类型和大小。
　　提示：用户可以选用系统提供的箭头，也可使用自定义箭头。单击下拉列表框，从中选择"用户箭头"选项，弹出【选择自定义箭头块】对话框，在【从图形块中选择】文本框内输入当前图形中已有的块名，然后单击【确定】按钮，于是该块将作为箭头样式，块的插入基点与尺寸线的端点重合。
　　【圆心标记】选项区：用于设置圆或圆弧的圆心标记类型及中心线的外观与大小。

其中：
　　◇【无】单选项：表示不创建圆心标记或中心线。
　　◇【标记】单选项：表示对圆或圆弧绘制圆心标记。
　　◇【直线】单选项：表示对圆或圆弧绘制中心线。
　　◇【大小】文本框：用于设置圆心标记大小或中心线的长度。
　【折断标注】选项区：用于设置折断标注的间距宽度。
　【弧长符号】选项区：用于设置弧长标注符号的显示位置，包括【标注为文字的前缀】、【标注在文字的上方】和【无】3种方式。
　【半径折弯标注】：用于设置在圆弧半径标注时，标注线的折弯（Z字形）角度大小，其中【折弯角度】文本框用于输入折弯半径标注中尺寸线的横向线段的角度。
　【线性折弯标注】：设置在线性标注时，标注线折弯的高度大小，其中【折弯高度因子】文本框用于设定形成折弯角度的两个顶点之间的距离（即折弯高度）相对于文字高度的大小。

4）设置文字

【文字】选项卡用于设置标注文字的外观、位置和对齐方式等，如图4-40所示，其中部分选项功能如下。

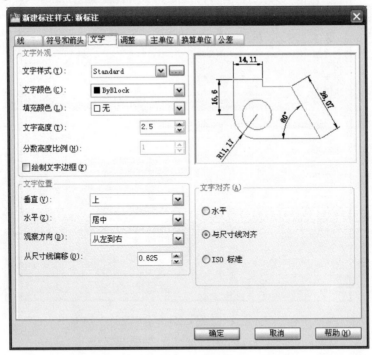

图4-40 【新建标注样式】对话框—【文字】选项卡

【文字外观】选项区：用于设置文字样式、文字颜色、填充颜色、文字高度、分数高度比例及是否绘制文字边框等属性。其中：
　　◇【文字样式】下拉列表框：用于选择要使用的文字样式。如果尚未创建文字样式，可单击右侧的▭按钮，从弹出的【文字样式】对话框中创建。

◇【文字高度】文本框:用于设置标注文字的高度。如果所选文字样式中设置了文字高度,则将自动采用该文字高度。

◇【分数高度比例】文本框:用于设置标注中分数形式的文字相对于其他标注文字的比例。在 AutoCAD 中,将该比例值与标注文字高度的乘积作为分数的高度。只有在【主单位】选项卡中设置单位格式为"分数"时,此选项才可用。

【文字位置】选项区:用于设置文字的位置、方向和偏移尺寸线的距离。

◇【垂直】和【水平】下拉列表框:用于设置标注文字相对于尺寸线的垂直或水平方向的位置。其中"居中"表示把文字标注在尺寸线中间,"上/下"表示把文字标注在尺寸线的上、下方位置,"外部"则表示把文字标注在远离第一定义点的尺寸线一侧。默认垂直方向设为"上方",水平方向设为"居中"。

◇【观察方向】下拉列表框:用户控制标注文字的观察方向。

◇【从尺寸线偏移】文本框:用于设置标注文字与尺寸线之间的距离。

【文字对齐】选项区:用于设置文字的对齐方式。

◇【水平】单选项:表示所有方向上的标注文字都将水平放置。

◇【与尺寸线对齐】单选项:表示标注文字将与尺寸线平行方式。默认为该单选项。

◇【ISO 标准】单选项:表示当标注文字位于尺寸界线内部时,文字与尺寸线对齐;当文字位于尺寸线外部时,文字以水平方式对齐。

5)设置调整

【调整】选项卡用于调整标注文字或箭头的最佳位置,设置标注特性比例及优化方式等,如图 4-41 所示,其中部分选项功能说明如下。

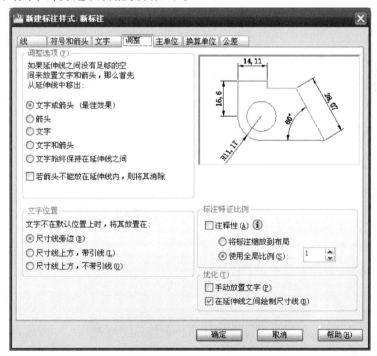

图 4-41 【新建标注样式】对话框—【调整】选项卡

【调整选项】选项区:用于设置尺寸界线之间可用空间的文字和箭头的布局方式。

【文字位置】选项区:用于设置当文字无法标注在默认位置时,可以另外放置文字的位置,其中包括可以放置在【尺寸线旁边】、【尺寸线上方,带引线】和【尺寸线上方,不带引线】3个单选项。

【标注特征比例】选区:用于设置标注特征的全局比例或图纸空间比例。所谓标注特征比例是指对前面设置的箭头大小、文字尺寸、各种距离或间距等标注特征的缩放比例设置。其中:

◇【将标注缩放到布局】单选项:该选项表示根据当前模型空间视口与图纸空间之间的缩放比例关系来确定标注比例因子,通常不使用。

◇【使用全局比例】单选项:用于设置标注特征在整个图纸中的缩放比例,其后的数值框中输入值表示所有以该标注样式为基础的尺寸标注特征,都将按该值放大相应的倍数,但尺寸的实际测量值不会改变。如在模型空间采用"1∶10"出图时,可将该值设置为出图比例的倒数"10",以保证出图效果,这对于解决大尺寸图形中标注特征尺寸过小的不协调现象非常有用。该选项的默认值为1,即按全局比例1∶1出图。

◇【注释性】:该复选项表示为尺寸标注特征添加注释性,可以方便地解决在后续图纸打印输出过程中图形与标注特征尺寸间的比例不协调问题。该项内容的使用将在第8章图形打印输出中详细阐述。在此勾选该选项即可。

【优化】选项区:用于对所标注的文字和所绘制的尺寸线进行优化设置。

◇【手动放置文字】多选项:表示忽略标注文字的水平设置,在标注时由用户手动点选放置标注文字的位置。

◇【在延长线之间绘制尺寸线】多选项:表示当尺寸箭头放置在延伸线之外时,仍在延伸线之内绘制尺寸线。

6)设置主单位

【主单位】选项卡用于设置标注单位的格式与精度等属性,如图4-42所示,其中部分选项功能说明如下。

【线性标注】选项区:用于线性标注单位和精度的设置。

◇【单位格式】下拉列表框:用于设置除角度之外的所有标注类型的当前单位格式,包括小数、工程、建筑、分数等类型。

◇【精度】下拉列表框:用于设置标注尺寸中要保留的小数位数。

◇【分数格式】下拉列表框:用于设置分数格式,包括水平、对角和非堆叠三种方式。只有在【单位格式】下拉列表框中选择了"分数"选项后,才会激活该项设置。

◇【小数分隔符】下拉列表框:用于设置小数格式的分隔符,默认为"逗号"选项。

◇【测量单位比例】栏:用于设置线性标注测量值的比例因子。

◇【清零】选项区:用于清除所有小数标注中的前导零和后续零,如将0.5600变为.5600,将18.6000变为18.6。

【角度标注】选项区:用于进行角度标注单位和精度的设置。

7)设置换算单位

【换算单位】选项卡用于设置不同单位尺寸间的换算格式、精度、倍数等,如在英制单位下绘制的图样换算为公制单位的尺寸标注,如图 4-43 所示。只有在【显示换算单位】复选项被选中后,才能激活其他选项。

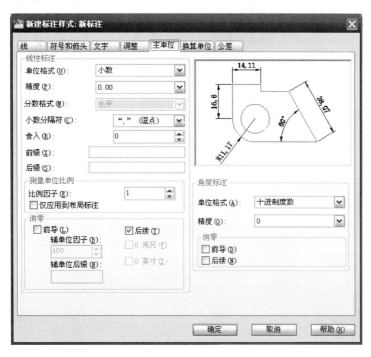

图 4-42 【新建标注样式】对话框—【主单位】选项卡

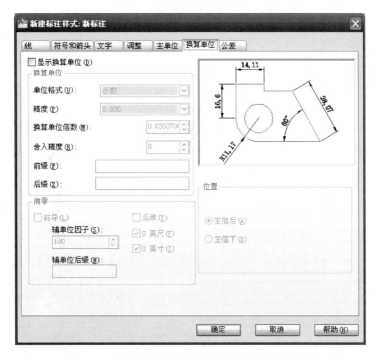

图 4-43 【新建标注样式】对话框—【换算单位】选项卡

8)设置公差

【公差】选项卡用于设置尺寸公差的格式、对齐方式以及换算单位公差等内容,如图4-44所示,其中部分选项的功能说明如下。

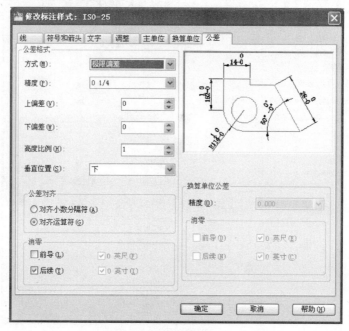

图4-44 【新建标注样式】对话框—【公差】选项卡

【公差格式】选项区:用于设置公差的格式与相关属性。

◇【方式】下拉列表框:用于设置尺寸标注的公差方式,包括无公差、对称公差、极限偏差、极限尺寸和基本尺寸等选项,默认为"无"公差方式。用户在选择一种公差方式后,才能激活该选项卡中的其他选项。

◇【精度】下拉列表框:用于设置公差值的小数位数。

◇【上偏差】和【下偏差】文本框:用于指定上下偏差值。如果为对称公差,则只需指定上偏差,而基本尺寸方式则无上下偏差。

◇【高度比例】文本框:用于设置公差文字的高度比例。

◇【垂直位置】下拉列表框:用于设置对称公差和极限公差的文字对正方式,包括上、中、下3种方式。

【对齐公差】选项区:用于设置公差文字的对齐方式。

【换算单位公差】选项区:用于设置换算单位公差的精度等。

9)修改、替代和比较标注样式

【修改】标注样式:在【标注样式管理器】对话框中,单击【修改】按钮,系统会打开【修改标注样式】对话框,用户可重新编辑已存在的标注样式,具体操作同"新建标注样式"。

【替代】标注样式:在【标注样式管理器】对话框中,单击【替代】按钮,系统会打开【替代当前标注样式】对话框,用户可在该对话框中修改当前样式,然后单击【确定】按钮返回到【标注样式管理器】对话框中,此时在【样式】列表框中自动添加了一个名为"样式替代"的标注样式。此样式是当前样式的一个临时替代样式,当重新设定当前样式后,该样式会自动消失。

【比较】标注样式:在【标注样式管理器】对话框中,单击【比较】按钮,系统会打开【比较标注样式】对话框,用户可利用该对话框对已创建的样式进行比较,找出各样式之间的区别,如图4-45所示。

【置为当前】标注样式:如果用户需要更改当前使用的标注样式,可先在【标注样式管理器】对话框的【样式】列表框中选中需要设置的标注样式,然后单击【置为当前】按钮即可。

4.2.3 线性尺寸标注

在创建标注样式后,即可对图形进行尺寸标注。依据不同的标注对象,AutoCAD提供了不同的标注命令与标注方式,如线性尺寸标注、径向尺寸标注、角度尺寸标注、坐标尺寸标注以及多重尺寸标注等。

图4-45 【比较标注样式】对话框

线性尺寸标注是使用最多的尺寸标注形式之一,它可分为水平和垂直尺寸标注、对齐尺寸标注、基线标注、连续标注以及快速标注等。

1)水平和垂直尺寸标注

启动水平和垂直尺寸的【线性】标注命令有如下3种方式。

- 命令:键入dimlinear或dli。
- 图标:单击【常用】▶【注释】或【注释】▶【标注】面板中 (线性标注)按钮。
- 菜单:选择菜单中【标注】▶【线性】命令。

(1)通过指定延伸线标注线性尺寸。

基本操作:

①执行上述3种方式之一,启动水平和垂直尺寸的【线性】尺寸标注命令。

②当命令行显示【指定第一条延伸线原点或 <选择对象>:】提示信息时,用户可在图形上要标注尺寸的位置A点单击鼠标,以确定第一条尺寸界线的起点。

③在命令行显示【指定第二条延伸线原点:】提示信息时,用户可点选第二条尺寸界线的起点位置B点。

④当命令行显示【指定尺寸线位置或[多行文字(M)/文字(T)/角度(A)/水平(H)/垂直(V)/旋转(R)]:】提示信息时,用户可用鼠标直接指定尺寸线和标注文字的位置,也可通过键入选项字母来设置参数或进行其他选项操作。

⑤当分别指定了第一条延伸线的起点、第二条延伸线的起点和尺寸线的位置3个基本要素后,一个水平或垂直的线性尺寸标注完成,如图4-46所示。

在上述操作过程中,命令行的提示与交互信息如下。

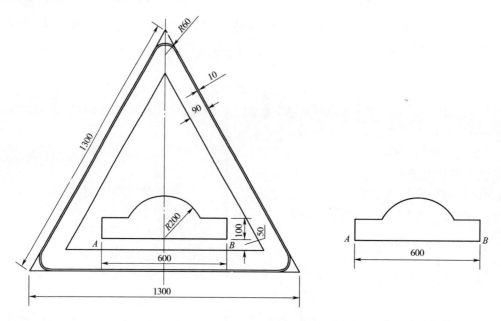

图 4-46 通过指定延伸线标注线性尺寸

```
命令:_dimlinear                                    (启动水平和垂直的线性标注命令)
指定第一条延伸线原点或 <选择对象>:                  (提示选择第一条尺寸界线起点或选择标注对象)
指定第二条延伸线原点:                               (提示选择第二条尺寸界线起点)
指定尺寸线位置或
[多行文字(M)/文字(T)/角度(A)/水平(H)/垂直(V)/旋转(R)]:
                                                   (指定尺寸线标注位置或选择设定参数)
标注文字 = 600                                     (系统显示标注尺寸文字,完成标注)
```

解释:在上述命令行中,有关选项的含义如下。

【多行文字(M)】:用于多行文字输入。在命令行中键入"M"按【回车】后,系统将打开【文字编辑器】选项卡,用户可在其中编辑和修改尺寸文本,单击【关闭文字编辑器】按钮可返回。

【文字(T)】:用于手工输入尺寸文本。键入"T"按【回车】后,系统会转换为用命令行来输入尺寸文本的方式,并显示【输入标注文字＜＊＊＊＞:】提示信息。此时,如果用户直接按【回车】键,表示默认以括号中系统自动测量的数据为标注的尺寸文本;如果用户输入另一个尺寸文本,则系统将按所输入的文本尺寸进行标注。

【角度(A)】:用于指定尺寸文本的旋转角度。键入"A"并按【回车】键,系统会显示【指定标注文字的角度:】提示信息,此时用户可输入一个尺寸文本的旋转角度值;若直接按【回车】键,则按默认角度进行标注。

【水平(H)】/【垂直(V)】:选择这两个选项,分别用于水平、垂直线性标注,该两项不常用。

【旋转(R)】:用于确定尺寸线的旋转角度。键入"R"并【回车】,在系统【指定尺寸线角度＜0＞:】提示信息下,输入一个角度值即可作为设置的旋转角度。

(2)通过拾取对象标注线性尺寸。

除了上述方法进行线性尺寸标注外,还可以通过拾取对象的方法进行标注,具体命令形式与操作如下。

命令:_dimlinear	(启动水平和垂直线性标注命令)
指定第一条延伸线原点或 <选择对象>:	(按【回车】键,默认"选择对象"操作方式)
选择标注对象:	(提示用户选择要标注的对象,这里单击 BC 边)
指定尺寸线位置或	
[多行文字(M)/文字(T)/角度(A)/水平(H)/垂直(V)/旋转(R)]:	(拖动鼠标指定合适的尺寸标注线位置)
标注文字 =100	(系统显示选中对象的标注尺寸)

该操作的标注效果如图 4-47 所示。

【**实例 4-5**】 按照表 4-1 所给的参数设置尺寸标注样式,并为单行路(直行)指示标志标注部分线性尺寸,如图 4-48 所示。

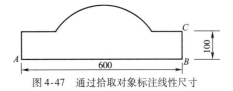

图 4-47 通过拾取对象标注线性尺寸

标注样式参数设置一览表　　　　表 4-1

选项卡	选择区	选项(参数)	设置值
直线和箭头	箭头	第一个	实心闭合
		第二个	实心闭合
		箭头大小	30
	尺寸线	基线间距	40
	尺寸界线	超出尺寸线	30
		起点偏移量	20
调整	标注特征比例	使用全局比例	1
	调整选项	取最佳效果	True
文字	文字外观	文字高度	25
	文字位置	从尺寸线偏移	20
		垂直	上方
		水平	居中
	文字对齐	与尺寸线对齐	True
主单位	线性标注	单位格式	小数
		精度	0.00
		后缀	
	消零	前导	True
	测量单位比例	比例因子	1
公差	公差格式	方式	无

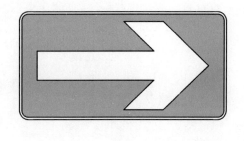 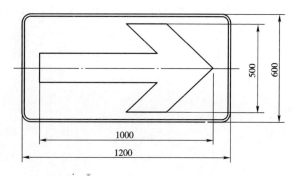

图4-48 单行路(直行)指示标志的部分线性尺寸标注

操作步骤：

(1)首先,绘制如图4-48所示的指示标志图形。

(2)在命令行输入"d",打开【标注样式管理器】对话框。

(3)单击对话框中【新建】按钮,打开【创建新标注样式】对话框,在【新样式名】栏输入"交通标志",在【基础样式】下拉列表中选择"Standard",然后单击【继续】按钮,进入【新建标注样式:交通标志标注】对话框,用户可按照表4-1所给定的参数设置新标注样式。

(4)在命令行中键入"dli",或单击【常用】▶【注释】工具面板中【线性】按钮，或选择菜单中【标注】▶【线性】命令,启动【线性】标注命令,系统将在命令行中依次显示如下交互与提示信息,引导用户完成矩形水平边框的尺寸标注。

```
命令: dli                                          (启动线性标注命令)
dimlinear
指定第一条延伸线原点或 <选择对象>：                 (提示用户指定第一条尺寸界限的起点位置)
指定第二条延伸线原点：                              (提示指定第二条尺寸界限的起点位置)
指定尺寸线位置或
[多行文字(M)/文字(T)/角度(A)/水平(H)/垂直(V)/旋转(R)]： (提示指定尺寸线的适当位置)
标注文字 = 1200                                    (显示标注尺寸)
```

(5)按【空格】键,再次启动【线性】标注命令,用户可完成矩形的垂直边框尺寸标注。

以此类推,用户可对指示箭头的总长和总宽等尺寸进行线性尺寸标注。

2)对齐尺寸标注

线性尺寸标注仅限于水平和垂直两种标注形式,即使对于斜线也只能标注其水平长度和垂直长度,而不能标注其平行长度。为此,AutoCAD还提供了对齐标注(Dimaligned)命令,以便用户方便地标注斜线和斜面的尺寸。

启动对齐尺寸标注的命令有如下3种方式:

- 命令:键入 dimaligned 或 dal。
- 图标:单击【常用】▶【注释】工具面板中【对齐】按钮 。
- 菜单:选择菜单中【标注】▶【对齐】命令。

基本操作：

(1)执行上述3种方式之一,启动【对齐】尺寸标注命令,系统将在命令行中显示如下提示与交互信息。

```
命令:_dimaligned                          (启动对齐尺寸标注命令)
指定第一条延伸线原点或 <选择对象>:          (提示用户指定第一条尺寸界线的起点,若按回车键则
                                          表示通过选择对象的方式来确定其尺寸界线)
指定第二条延伸线原点:                     (提示指定第二条尺寸界线的起点)
指定尺寸线位置或 [多行文字(M)/文字(T)/角度(A)]:(提示指定尺寸线位置或输入其他选项)
标注文字 = 131.53                         (显示对齐标注的尺寸)
```

(2)依次完成上述操作,一个对齐尺寸标注完毕。

说明:【对齐】尺寸标注的方法和命令行中各选项含义同【线性】尺寸标注。

【实例4-6】 利用【对齐】尺寸标注方法,对如图4-53所示警告标志边框图进行有关尺寸的标注。

操作步骤:

(1)首先,绘制如图4-49所示的警告标志边框图。

(2)键入"dal",启动【对齐】尺寸标注命令。分别点选A、B两点作为三角形外边框斜边的对齐标注延伸线的原点,向左上方移动鼠标,并在适当的位置单击鼠标指定要标注文字的位置,于是对齐尺寸"1300"标注完成。

在该操作过程中,命令行的提示与交互信息如下。

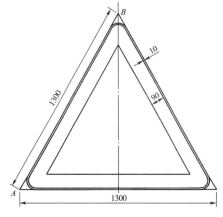

图 4-49 对齐尺寸标注实例

```
命令:_dimaligned                          (启动对齐尺寸标注命令)
指定第一条延伸线原点或 <选择对象>:         (提示用户指定第一条延伸线原点,如A点)
指定第二条延伸线原点:                     (提示用户自定第二条延伸线原点,如B点)
指定尺寸线位置或
[多行文字(M)/文字(T)/角度(A)]:             (提示指定尺寸线位置,这里在三角形左上侧单击鼠标)
标注文字 = 1300                           (显示对齐标注的尺寸)
```

(3)按【空格】键,再次启动【对齐】标注命令,同时打开【对象捕捉】中的【最近点】和【垂足】功能,将鼠标移动到内边框右侧边线上捕捉一个最近点并单击鼠标,垂直该边线移动鼠标,捕捉相邻边框的垂足点后再单击鼠标,适当拖动鼠标指定标注文字位置,于是尺寸"90"标注完成。

同理,可利用【对齐】尺寸标注方法,标注最外两边框间的距离尺寸"10"。

3)基线标注

基线标注是指基于同一基准线测量和标注的多个尺寸的标注形式。在交通工程绘图中,也常见以某个面或某条线为定位基准来标注其他尺寸的情况,即基线标注。AutoCAD为用户提供了这类【基线】标注命令。然而必须说明,在进行基线标注前,用户必须先行创建一个线性尺寸标注、对齐尺寸标注或角度尺寸标注,系统默认以前一个尺寸标注的起始延伸线为基准创建基线标注。也就是说,除非特别指定了另一点作为参考原点外,基线标注通常是

从前一个标注尺寸的起始延伸线处开始测量和标注的。

启动【基线】尺寸标注命令有如下3种方式。

- 命令:键入 dimbaseline 或 dba。
- 图标:单击【注释】▶【标注】工具面板中的【基准】按钮。
- 菜单:选择菜单中【标注】▶【基线】命令。

基本操作:

(1)首先,创建一个线性尺寸标注"100",如图4-50所示。

(2)执行上述3种方式之一,启动【基线】尺寸标注命令。

(3)在命令行【指定第二条延伸线原点或［放弃(U)/选择(S)］＜选择＞:】提示下,用鼠标点选"T"形右边界端点作为【基线】标注的第二条尺寸界线的起点,于是系统会在先前标注的基础上创建一个新的基线标注,如尺寸"400",标注效果如图4-54所示。

解释: 在上述命令行中,有关选项操作的含义如下:

- 如果用户输入"u"并按【回车】键,系统会取消最近的一次基线标注。
- 如果在上述提示信息下,用户直接按【回车】键,系统会进入默认【选择】选项,同时显示【选择基准标注:】提示。此时,要求用户重新选择标注的基线,而后又将重复上述提示。

(4)系统会反复出现上述提示,供用户连续标注基线尺寸,直到按【Esc】键结束。

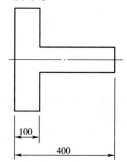

图4-50 【基线】标注实例

说明: 在【基线】标注中,如果两尺寸线间的距离过大或过小,可预先进入【标注样式管理器】中修改【基线间距】的设定值。

提示: 基线标注必须是线性尺寸、对齐尺寸、角度尺寸或坐标尺寸中的某一类型尺寸。在进行基线标注之前,用户必须先行标注一个尺寸,系统将默认该标注尺寸的第一尺寸界线为基线。

【**实例4-7**】 利用【基线】尺寸标注方法进行基线标注,如图4-51所示。

操作步骤:

(1)首先,按照如图4-51所示的尺寸绘制图形。

(2)键入"dli"命令,启动【线性】尺寸标注命令,同时打开【对象捕捉】中的"端点"捕捉功能,通过捕捉A、B两点标注线性尺寸"220"。

(3)键入"dba"命令,或单击菜单中【标注】▶【基线】命令,启动【基线】标注命令;在命令行第一次出现【指定第二条延伸线原点或［放弃(U)/选择(S)］＜选择＞:】提示时,用鼠标点选图中C点,系统将创建第一个【基线】标注尺寸"650"。

(4)在命令行第二次出现【指定第二条延伸线原点或［放弃(U)/选择(S)］＜选择＞:】提示时,用鼠标点选图中D点,标注基线尺寸"770";以此类推,点选图中O点、E点和F点,依次标注其他基线尺寸。

(5)最后,按【Esc】键结束基线尺寸标注。

4)连续标注

连续标注用于标注同一方向上的连续线性尺寸或角度尺寸。与基线标注相似,在连续标注之前,也必须先行创建一个线性、对齐或角度标注。但是,连续尺寸全部都是以上一个尺寸标注的终止尺寸界线位置为基准开始新的一个尺寸测量和标注的。

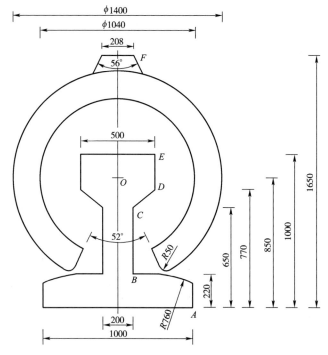

图 4-51 【基线】尺寸标注

启动【连续】尺寸标注命令,通常有以下 3 种方式。
- 命令:键入 dimcontinue 或 dco。
- 图标:单击【注释】➤【标注】工具面板中【连续】按钮 。
- 菜单:选择下拉菜单中【标注】➤【连续】命令。

基本操作:

(1) 执行上述 3 种方式之一,启动【连续】尺寸标注命令,系统将在命令行中显示如下提示与交互信息。

```
命令:_dimcontinue                                      (启动连续标注命令)
指定第二条延伸线原点或［放弃(U)/选择(S)］<选择>:      (选择下一个连续标注的第二尺寸界线点)
指定第二条延伸线原点或［放弃(U)/选择(S)］<选择>:      (继续选择下一个连续标注点)
指定第二条延伸线原点或［放弃(U)/选择(S)］<选择>:*取消*  (按【Esc】,结束基线标注)
```

(2) 在命令行【指定第二条延伸线原点或［放弃(U)/选择(S)］<选择>:】提示下,用户可指定下一个连续标注尺寸的第二条尺寸界线的起点,并在系统反复提示下完成若干个连续尺寸的标注,直至按【Esc】键退出基线标注为止。

提示:

(1) 如果用户输入"u"并【回车】,则系统将自动取消上一个连续标注尺寸。
(2) 如果用户直接按【回车】键,系统则会显示【选择连续标注:】提示信息,要求用户重新指定连续标注的第一条尺寸线的起点,而后又将重复出现上述提示信息。

【实例4-8】 绘制如图4-52所示的"出入口标线大样图",并用 Dimcontinue 命令进行连续尺寸标注。

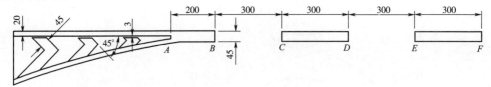

图4-52 连续尺寸标注实例(尺寸单位:cm)

操作步骤:

(1)首先,按照如图4-56所示的尺寸绘制"出入口标线大样图"。

(2)键入"dli"命令,或单击菜单中【标注】▶【线性】选项,启动【线性】尺寸标注命令;同步打开【对象捕捉】功能,设置对象捕捉模式为【端点】;分别捕捉第一条尺寸界线的起点 A 和第二条尺寸界线的起点 B,标注第一个尺寸"200"。

(3)键入"dco"命令,或单击菜单中【标注】▶【连续】选项,启动【连续】标注命令;在命令行【指定第二条延伸线原点或［放弃(U)/选择(S)］＜选择＞:】反复提示下,依次捕捉需要标注连续尺寸的端点 C、D、E 和 F,然后按【Esc】键结束。于是,图中连续尺寸标注完成。

5)快速标注

所谓快速标注,就是快速地创建一系列标注。这个命令在创建系列基线或连续标注中,或者在为一系列圆或圆弧创建标注时特别有用。执行【快速标注】命令通常有以下3种方式。

- 命令:键入 qdim。
- 图标:单击【注释】▶【标注】工具面板中【快速标注】按钮 。
- 菜单:选择菜单中【标注】▶【快速标注】命令。

基本操作:

(1)执行上述3种方式之一,启动【快速标注】命令,系统将在命令行中显示如下提示与交互信息。

```
命令:_qdim                              (执行快速标注命令)
关联标注优先级 = 端点                     (系统显示关联标注优先级为端点优先)
选择要标注的几何图形:找到 1 个           (提示用户选择要标注的几何图形)
选择要标注的几何图形:找到 1 个,总计 2 个  (提示用户继续选择下一个几何图形)
……
选择要标注的几何图形:                   (提示继续选择,按【回车】则完成标注图形选择)
指定尺寸线位置或 [连续(C)/并列(S)/基线(B)/坐标(O)/半径(R)/直径(D)/基准点(P)/编辑(E)/设置(T)]
<连续>:                                (提示用户指定标注尺寸线位置,结束标注,或选择其他选项操作)
```

解释: 在上述命令提示行中,有关选项的含义说明如下。

【连续(C)】:创建一系列连续标注,与【连续】尺寸标注功能相同,但它无需在已有的线性标注基础上进行。

【并列(S)】：创建一系列并列标注，可标注对称性的尺寸。
【基线(B)】：创建一系列基线标注，与【基线】尺寸标注功能相同。
【坐标(O)】：以某一基点为基准，标注其他端点相对于该基点的相对坐标。
【半径(R)】：创建一系列半径标注。
【直径(D)】：创建一系列直径标注。
【基准点(P)】：为基线标注和坐标标注设置基准点。
【编辑(E)】：编辑标注，用于增加或减少尺寸标注中尺寸界线原点的数目。
【设置(T)】：为指定尺寸界线原点设置默认的对象捕捉模式。

（2）在命令行【选择要标注的几何图形：】提示下，用户可用鼠标点选或框选要标注尺寸的几何图形对象，随后系统将根据所选对象的类型自动采用一种最合适的标注方式进行尺寸标注，用户也可自行选择其他选项创建标注。

（3）完成上述操作，系统即自行创建一个快速尺寸标注。

【实例4-9】 用【快速标注】命令为"车道纵向减速线"标注相关尺寸，如图4-53所示。

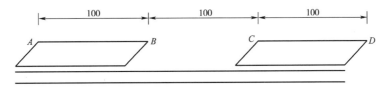

图4-53 【快速标注】实例（尺寸单位：cm）

操作步骤：

（1）在命令行中键入"qdim"，或单击菜单中【标注】▶【快速标注】，启动【快速标注】命令。

（2）在命令行【选择要标注的几何图形：】提示下，点选或框选要标注尺寸的一组几何图形，如图线段 *AB* 和 *CD* 等，按【空格】键结束图形选择。

（3）在命令行【指定尺寸线位置或［连续(C)/并列(S)/基线(B)/坐标(O)/半径(R)/直径(D)/基准点(P)/编辑(E)/设置(T)］＜连续＞：】提示下，选择要创建的尺寸类型，此处键入"C"表示为连续标注。

（4）在图形上方的适当位置处单击鼠标指定要标注尺寸线的位置，于是一组线性快速标注完成。

说明：该命令也可为一系列圆或圆弧创建快速标注。

4.2.4 径向尺寸标注

径向尺寸标注包括半径尺寸标注、直径尺寸标注和圆弧尺寸标注等。

1）半径尺寸标注

在 AutoCAD 中，标注半径尺寸的命令是 dimradius。启动【半径】标注命令常用如下3种方式。

- 命令：键入 dimradius 或 dra。
- 图标：单击【常用】▶【注释】工具面板或【注释】▶【标注】工具面板上【线性】标注的

下拉选项中【半径】按钮 。
  • 菜单:单击菜单中【标注】▶【半径】命令。

基本操作:

(1)执行上述3种方式之一,启动【半径】标注命令,系统将在命令行中显示如下提示与交互信息。

命令:_dimradius	(执行半径标注命令)
选择圆弧或圆:	(提示用户选择要标注的圆弧或圆)
标注文字 = 40	(系统自动测量并显示半径尺寸)
指定尺寸线位置或[多行文字(M)/文字(T)/角度(A)]:	(提示指定尺寸线位置或设置其他选项)

(2)在命令行【选择圆弧或圆:】提示下,用户可用鼠标点选要标注的圆弧或圆。

(3)在命令行【指定尺寸线位置或[多行文字(M)/文字(T)/角度(A)]:】提示下,用户可直接指定尺寸线的标注位置,或选择其他功能选项,如输入"M"选择多行文字标注,输入"T"选择单行文字标注,输入"A"则选择角度标注。

(4)两种形式的半径尺寸标注效果如图4-54所示。

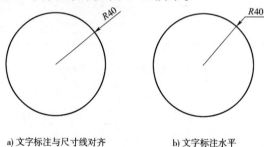

a) 文字标注与尺寸线对齐   b) 文字标注水平

图4-54 【半径】标注实例

2)直径尺寸标注

在AutoCAD中,标注直径尺寸的命令是dimdiameter。启动【直径】标注命令常用如下3种方法。

  • 命令:键入dimdiameter或ddi。
  • 图标:单击【常用】▶【注释】工具面板或【注释】▶【标注】工具面板上【线性】标注的下拉选项中【直径】按钮 。
  • 菜单:选择菜单中【标注】▶【直径】命令。

基本操作:

(1)执行上述3种方式之一,启动【直径】标注命令,系统将在命令行中显示如下提示与交互信息。

命令:_dimdiameter	(执行直径标注命令)
选择圆弧或圆:	(提示用户选择要标注的圆弧或圆)
标注文字 = 40	(系统自动测量并显示直径尺寸)
指定尺寸线位置或[多行文字(M)/文字(T)/角度(A)]:	(提示指定尺寸线位置或设置其他选项)

(2)在命令行【选择圆弧或圆:】提示下,用户可用鼠标点选要标注的圆弧或圆。

(3)在命令行【指定尺寸线位置或［多行文字(M)/文字(T)/角度(A)］:】提示下,用户可直接指定尺寸线的标注位置,或选择其他功能选项。

(4)具体标注效果如图4-55所示。

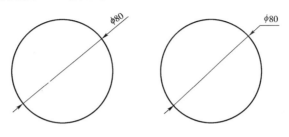

a) 文字标注与尺寸线对齐　　　　b) 文字标注水平

图4-55　【直径】标注实例

【**实例4-10**】　绘制禁令标志的图框,并为其中的圆或圆弧标注直径和半径尺寸,如图4-56所示。

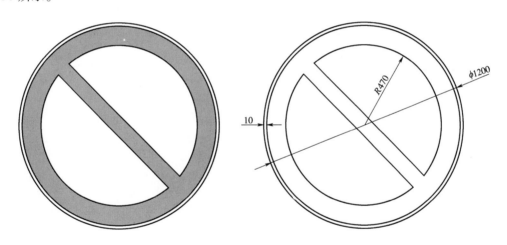

图4-56　【直径】和【半径】标注实例

操作步骤:

(1)首先,绘制如图4-56所示的禁令标志图框。

(2)在命令行中键入"dra"命令,启动【半径】标注命令。

(3)在命令行【选择圆弧或圆:】提示下,点选图中内圆形弧。

(4)在命令行【指定尺寸线位置或［多行文字(M)/文字(T)/角度(A)］:】提示下,选择适当的位置为半径尺寸指定标注位置。

(5)在命令行中键入"ddi"命令,启动【直径】标注命令。

(6)在命令行【选择圆弧或圆:】提示下,点选图中最外侧的圆形。

(7)在命令行【指定尺寸线位置或［多行文字(M)/文字(T)/角度(A)］:】提示下,为直径尺寸指定标注位置。

标注效果如图 4-56 所示。

说明：如果用户希望所标注的半径或直径的文字为水平放置,可进入【标注样式管理器】,在【文字】选项卡中将【文字对齐】方式修改为【水平】方式即可。

4.2.5　角度尺寸标注

在 AutoCAD 中,标注角度尺寸的命令是 dimangular。启动【角度】尺寸标注命令常用如下 3 种方式。

- 命令:键入 dimangular 或 dan。
- 图标:单击【常用】▶【注释】工具面板或【注释】▶【标注】工具面板上【线性】标注的下拉选项中【角度】按钮△。
- 菜单:选择菜单中【标注】▶【角度】命令。

基本操作:

(1) 执行上述 3 种方式之一,启动【角度】标注命令。

(2) 在命令行【选择圆弧、圆、直线或 <指定顶点>:】提示下,先由用户选择需要角度标注的对象,系统将依据用户所选对象的类型(如圆弧、圆或直线等),自动生成如下 4 种不同的标注方法分类标注角度值。

①圆弧角度标注。

当用户选择了圆弧对象标注角度时,系统会自动以圆弧的两个端点作为尺寸界线的起点来标注角度,此时在命令行中将显示如下的提示与交互信息。

```
命令:_dimangular                              (执行角度标注命令)
选择圆弧、圆、直线或 <指定顶点>:              (提示选择角度标注对象,这里选择了圆弧为对象)
指定标注弧线位置或 [多行文字(M)/文字(T)/角度(A)/象限点(Q)]:
                                              (要求用户指定标注弧线的位置)
标注文字 = 97                                 (系统自动测量和标注,并显示标注后圆弧角度值)
```

②圆心角度标注。

当用户选择一个圆形对象标注角度时,系统会以鼠标点选的第一个点为标注角度的第一条尺寸界线起点,同时在命令行中将显示如下提示与交互信息。

```
命令:_dimangular                              (执行角度标注命令)
选择圆弧、圆、直线或 <指定顶点>:              (此时用户点选圆为对象,以点击处为第一条尺寸界限起点)
指定角的第二个端点:                           (提示选择圆上另一点作为角度标注的第二条尺寸界线起点)
指定标注弧线位置或 [多行文字(M)/文字(T)/角度(A)/象限点(Q)]:
                                              (要求指定标注位置或其他选项,这里单击鼠标为标注弧线指定位置)
标注文字 = 108                                (系统自动测量和标注,并显示标注后圆心角度值)
```

③两直线夹角标注。

当用户选择了一条直线对象时,系统会自动将该直线作为角度尺寸的第一条尺寸界线起点,同步在命令行中显示如下提示与交互信息。

```
命令:_dimangular                                      (执行角度标注命令)
选择圆弧、圆、直线或 <指定顶点>：                    (提示用户选择标注对象,这里点选一条直线为标注对象)
选择第二条直线：                                      (提示继续选择第二条直线作为角度尺寸的第二条尺寸界线)
指定标注弧线位置或［多行文字(M)/文字(T)/角度(A)/象限点(Q)］：
                                                      (含义同前)
标注文字 = 65                                        (含义同前)
```

④三点法角度标注。

在【选择圆弧、圆、直线或 <指定顶点>：】提示下,如果用户直接按【回车】键,则默认选择【三点】法来标注角度。此时,系统会依次提示用户指定角度顶点、第一个端点及第二个端点,并依据该三点组成两条尺寸界线,从而完成角度标注。在该过程中,命令行将依次显示如下提示和交互信息。

```
命令:_dimangular                                      (执行角度标注命令)
选择圆弧、圆、直线或 <指定顶点>：                    (直接按【回车】,选择【三点】法来标注角度)
指定角的顶点：                                        (提示用户指定标注角的顶点)
指定角的第一个端点：                                  (提示指定第一角边上的一点)
指定角的第二个端点：                                  (提示指定第二角边上的一点)
指定标注弧线位置或［多行文字(M)/文字(T)/角度(A)/象限点(Q)］：
                                                      (含义同前)
标注文字 = 65                                        (含义同前)
```

【实例4-11】 运用【角度】标注命令,练习图中圆弧、圆形、直线夹角及三点法角度标注,如图4-57所示。

a) 圆弧角度标注　　　b) 圆形角度标注　　　c) 直线夹角标注　　　d) 三点法角度标注

图4-57 【角度】标注实例

操作步骤：

(1)首先,绘制一组如图4-57所示的圆弧、圆形、直线等各类图形。

(2)键入"dan"命令,或单击菜单中【标注】▶【角度】命令,启动【角度】标注命令,在【选择圆弧、圆、直线或 <指定顶点>：】提示下,首先选择圆弧图形,并在标注圆弧的外侧指定一点,完成对圆弧对象角度标注,如图4-57a)所示。

(3)按【空格】键,重启【角度】标注命令,在【选择圆弧、圆、直线或 <指定顶点>：】提示下,单击图中圆形上的一点(作为圆心角的起始边位置)；在【指定角的第二个端点：】提示下,再点选圆形上另一点(作为圆心角终止边位置),然后在圆的外侧指定一点作为标注弧线的位置,于是圆形对象的圆心角标注完成,如图4-57b)所示。

(4)重启【角度】标注命令,在【选择圆弧、圆、直线或 <指定顶点>：】提示下,先点选图中的一条直线；在【选择第二条直线：】提示下,再点选图中的另一条直线,然后在两线间指定一点确定尺寸线的位置,于是两线间夹角标注完成,如图4-57c)所示。

(5)再启【角度】标注命令,在【选择圆弧、圆、直线或 <指定顶点>:】提示下,直接按【回车】键,并依据命令行的提示,依次指定标注角的顶点和两角边上各一点,然后指定标注弧线的位置,于是利用【三点】法标注角度完成,如图4-57d)所示。

【实例4-12】 综合运用线性尺寸标注、径向尺寸标注和角度尺寸标注等工具,为"环岛交叉口警示标志"标注尺寸,如图4-58所示。

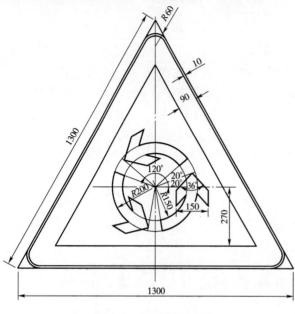

图4-58 【角度】标注实例

操作步骤:

(1)首先,绘制如图4-58所示的警告标志图。

(2)启动【线性】标注命令,标注三角形外边框的水平尺寸"1300"、指示箭头宽度尺寸"150"和旋转指示箭头的中心垂直定位尺寸"270"。

(3)启动【对齐】标注命令,标注三角形左侧外边框尺寸"1300"、边缘宽度尺寸"10"和边框宽度尺寸"90"。

(4)启动【半径】标注命令,标注三角形圆角半径值"R60"、旋转指示箭头的内外圆半径尺寸"R150"和"R200"。

(5)启动【角度】标注命令,标注旋转指示箭头的顶角值"86°"以及3个旋转箭头沿圆周的各定位角度值"20°"、"20°"和"120°"。

至此,该图尺寸标注完毕。

4.2.6 坐标尺寸标注

坐标标注主要用于测量或表示原点(称为基准点)到要素(又称为特征点,如部件上的一个孔或台等)的水平或垂直距离,这种标注保持了特征点与基准点的精确偏移量,从而避免增大误差。

坐标标注由 X 或 Y 值和引线组成。X 基准坐标的标注是沿 X 轴测量特征点与基准点的距离的;Y 基准坐标的标注是沿 Y 轴测量距离的。在创建坐标标注之前,通常要设置 UCS 原点以与基准相符,以便由当前 UCS 的位置和方向来确定坐标值。

启动【坐标】标注命令通常有以下3种方式。

- 命令:键入 dimordinate 或 dor。
- 图标:单击【常用】▶【注释】工具面板或【注释】▶【标注】功能面板上【线性】标注的下拉选项中【坐标】按钮 。
- 菜单:选择菜单中【标注】▶【坐标】命令。

【基本操作:】

(1)执行上述3种方式之一,启动【坐标】标注命令,系统将在命令行中显示如下提示与交互信息。

```
命令:_dimordinate                                        (启动坐标标注命令)
指定点坐标:                                              (提示指定要标注尺寸的点)
指定引线端点或［X 基准(X)/Y 基准(Y)/多行文字(M)/文字(T)/角度(A)］: (指定引线端点或设置选项)
标注文字 = 50                                            (显示标注坐标信息)
```

解释: 在上述命令行中,各选项的含义说明如下。

【指定引线端点】:确定指引线的端点位置。系统将根据用户所指定点与基准点间的坐标差来标注尺寸,并将该尺寸的文本标注在指引线终点处。

【X 基准】:选择该项为标注 X 向坐标。

【Y 基准】:选择该项为标注 Y 向坐标。

【多行文字】/【文字】/【角度】:这 3 个选项功能同前。

(2)在命令行【指定点坐标:】提示下,用户可输入标注点的坐标或用鼠标点选指定标注点位置。

(3)在命令行【指定引线端点或［X 基准(X)/Y 基准(Y)/多行文字(M)/文字(T)/角度(A)］:】提示下,用户可指定引线端点位置,或选择其他选项设置。

完成上述操作,则一个【坐标】尺寸的标注完成。

【**实例 4-13**】 试将图中的四孔定位尺寸,用坐标尺寸标注法表示,如图 4-59 所示。

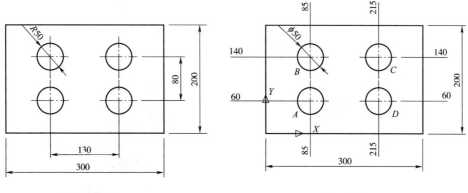

a)线性尺寸标注　　　　　　　　　　b)坐标尺寸标注

图 4-59 【坐标】尺寸标注应用实例

操作步骤:

(1)首先,按照图示尺寸绘制有关图形,如图 4-59a)所示。

(2)用户切换到【AutoCAD 经典】工作空间,单击菜单中【工具】▶【新建 UCS】▶【原点】命令;或切换到【二维草图与注释】工作空间,单击【视图】▶【坐标】选项面板中【原点】按钮，启动创建新用户坐标系【原点】的命令。

(3)在命令行【指定新原点 <0,0,0>:】提示下,用户可为新建坐标系指定原点,这里点选矩形板左下角点为原点(0,0,0),于是系统在该点处显示一个用户坐标系标志,其中 X、Y 轴方向为默认的水平和垂直方向,如图 4-59b)所示。

(4)键入"dor"命令,或单击菜单中【标注】▶【坐标】命令,启动【坐标】标注命令。在命令行【指定点坐标:】提示下,用户可先点选 A 点,并水平左移鼠标指定引线位置,为 A 点标注相对于用户坐标原点为"60"的垂直坐标尺寸;重启【坐标】标注命令,再次点选 A 点,并垂直下移鼠标指定引线标注位置,为 A 点标注相对于用户坐标原点为"85"的水平坐标尺寸。

同理,用户可以分别为 B、C 和 D 点标注坐标尺寸,效果如图 4-59b)所示。

4.2.7 多重引线标注

多重引线标注常用于对图形中的某些特定对象进行注释和说明,使图形表达更清楚。多重引线对象通常包含箭头、可选的水平基线、引线或曲线和多行文字对象或块。多重引线标注有其单独的样式,在不同的情况下可以设置不同的标注样式。默认情况下,多重引线标注为两段引线形式:一段为箭头线,一段为引线基线。

1)创建多重引线的样式

直接使用默认的多重引线样式来创建引线标注,往往不能满足绘图中引线标注的需要。这时,用户可以创建一个新的多重引线标注的样式。创建多重引线样式是在【多重引线样式管理器】对话框中完成的,打开【多重引线样式管理器】的方法有以下几种。

• 命令:键入 mleaderstyle。
• 功能区:单击【常用】▶【注释】工具面板下拉列表中的【多重引线样式】按钮 ,或单击【注释】▶【引线】功能面板右下角处的箭头 。
• 菜单:选择菜单中【格式】▶【多重引线样式】命令。

【基本操作:】

(1)执行上述 3 种方式之一,启动【创建多重引线样式】命令,系统将打开【多重引线样式管理器】对话框,如图 4-60 所示。

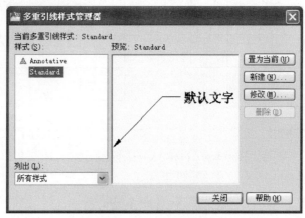

图 4-60 【多重引线样式管理器】对话框

解释: 在该对话框中,右侧 4 个按钮的功能说明如下。

【置为当前】按钮:将【样式】列表中选定的多重引线样式设置为当前样式,此后所有新的多重引线都将使用此多重引线样式进行标注。

【新建】按钮:单击该按钮,将打开【创建新多重引线样式】对话框,从中可定义新的多重引线样式。

【修改】按钮:单击该按钮,将打开【修改多重引线样式】对话框,从中可以修改多重引线样式。

【删除】按钮:用于删除【样式】列表中选定的多重引线样式,但不能删除图形中正在使用的样式。

(2)如果用户需要创建一个新的多重引线样式,可在该对话框中单击【新建】按钮,打开【创建新多重引线样式】对话框,如图4-61所示,用户可从中设置新样式的名称和基础样式等选项。

(3)设置完毕,单击"继续"按钮,系统将打开【修改多重引用样式:交通标线】对话框,用户可从中设置或修改多重引线的格式、引线结构和内容,如图4-62所示。

图4-61 【创建新多重引线样式】对话框

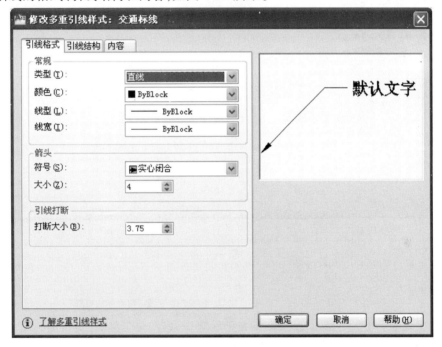

图4-62 【修改新多重引线样式】对话框—【引线格式】选项卡

解释:在该对话框中,包含有3个选项卡,分别用于设置多重引线格式、引线结构和内容,其中有些选项只能通过该对话框才能设置,而有些选项也可通过绘制多重引线标注过程中的【选项】设置。该3个选项卡中的部分选项含义如下。

【引线格式】选项卡:用于设置引线的有关格式,如图4-62所示。其中

◇【常规】选项组:用于设置引线类型、颜色、线型、线宽。

◇【箭头】选项组:用于设置箭头符号类型与大小。

◇【引线打断】选项组:用于设置折线标注引线中被打断部分折线的大小。

【引线结构】选项卡:用于设置引线的构成形式,如图4-63所示。其中

◇【约束】选项组:用于设置最大引线点数、第一段角度和第二段角度值。其中,【最大

引线点数】用于设置引线的最大折点数目;【第一段角度】用于设定引线的第一个点的角度值;【第二段角度】用于设定引线的第二个点的角度值,默认均不设定。

◇【基线设置】选项组:用于设置是否自动包含基线、设置多重引线的基线距离。其中【自动包含基线】表示将水平基线附着到多重引线内容中;【设置基线距离】表示为多重引线基线确定固定的距离。

◇【比例】选项组:用于指定多重引线的注释性以及多重引线的缩放比例等。

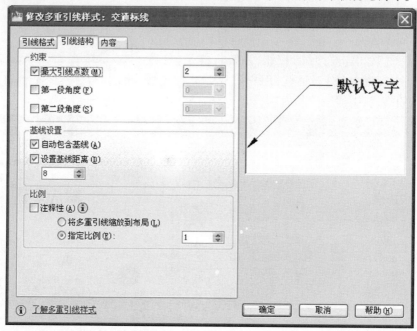

图 4-63 【修改新多重引线样式】对话框—【引线结构】选项卡

【内容】选项卡:用于设置多重引线中文字的格式以及引线连接方式,如图 4-64 所示。其中:

◇【多重引线类型】下拉列表框:用于设定多重引线是包含文字还是块。

◇【文字选项】选项组:用于为多重引线设置默认文字、文字样式、文字旋转角度、文字颜色、文字高度以及文字是否左对正或是否添加文字边框。

◇【引线连接】选项组:用于设置引线与文字内容的对齐方式和基线间距等。

(4)上述选项设置完成后,单击【确定】按钮,返回到上一层的【多重引线样式管理器】对话框。

(5)如果用户需要重新编辑已存在的引线样式,可先在图 4-60 所示的【多重引线样式管理器】对话框的【样式】列表中选中要编辑的样式,再单击右侧【修改】按钮,此时系统会再次打开【修改多重引线样式】对话框,如图 4-62 ~ 图 4-64 所示,用户可自行修改或重新设置。

(6)单击【多重引线样式管理器】中【关闭】按钮,一个新的多重引线样式创建或编辑完成。

2)多重引线标注

在 AutoCAD 中,启动【多重引线标注】命令可以采用如下 3 种方法。

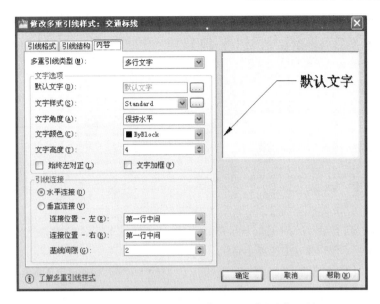

图 4-64 【修改新多重引线样式】对话框—【内容】选项卡

- 命令:键入 qleader 或 mleader 或 mld。
- 图标:单击【常用】▶【注释】工具面板或【注释】▶【引线】功能面板上的【多重引线】按钮 /° 。
- 菜单:选择菜单中【标注】▶【多重引线】命令。

【基本操作】:

执行上述 3 种方式之一,启动【多重引线标注】命令,系统将在命令行中显示如下提示与交互信息。

命令:_mleader   (启动多重引线标注命令)
指定引线箭头的位置或 [引线基线优先(L)/内容优先(C)/选项(O)] <选项>:
                                                    (提示指定引线箭头位置或选择其他选项设置)
指定引线基线的位置: (要求指定引线基线的位置)

解释:在上述命令行中,有关选项的含义如下。

【引线基线优先(L)】:输入"L",在创建引线标注时,将首先要求指定引线基线的位置,再指定引线箭头的位置,最后输入文字内容。

【内容优先(C)】:输入"C",在创建引线标注时,将要求首先指定文字内容的放置位置,再指定引线箭头位置,最后输入文字的内容。

【选项(O)】:输入"O",可以对多重引线的各组成部分进行详细的设置。其中:

◇【引线类型(L)】:设置引线的类型为直线,还是样条曲线或无引线。

◇【引线基线(A)】:设置多重引线标注中是否包含引线基线,默认值为包含引线基线。如果设置为"否",则不出现引线基线。

◇【内容类型(C)】:设置文字内容的类型为单行文字,还是多行文字。

◇【最大节点数(M)】:设置引线的最大节点数,默认值为2。

◇【第一个角度(F)】或【第二个角度(S)】:设置引线中的第一个点和第二个点的角度。

【实例4-14】 创建一个名为"交通标志引线"的多重引线标注样式,并利用该样式为如图4-65所示的道路标注道路名称及创建"交叉口向右转弯标志"的引线标注等。

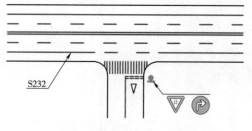

图4-65 【多重引线标注】示例

操作步骤:

(1)新建一个"无样板打开—公制"图形文件,命名为"多重引线标注实例",绘制如图4-69所示的交叉口示意图。

(2)创建一个多重引线样式。键入"mleaderstyle"命令,或单击菜单中【格式】▶【多重引线样式】命令,系统打开【多重引线样式管理器】对话框。

(3)单击【新建】按钮,在弹出的【创建新多重引线样式】对话框中,输入【新建样式名】为"交通标志引线",然后单击【继续】按钮。

(4)在弹出的【修改多重引线样式:交通标志引线】对话框中,切换到【引线格式】选项卡,在【箭头】选区中【符号】下拉列表框中选中"实心闭合"选项。

(5)再切换到【内容】选项卡,在【引线连接】选区中的【连接位置—左】和【连接位置—右】下拉列表框中均选中"最后一行加下划线"选项。

(6)单击【确定】按钮,返回到【多重引线样式管理器】对话框,在左侧的【样式】列表框中会显示所创建的多重引线样式;选中该样式,单击【置为当前】按钮。

(7)单击当前对话框中的【关闭】按钮,完成该【多重引线样式】的创建。

(8)下面标注道路名称多重引线。键入"mld"命令,或单击菜单中【标注】▶【多重引线】命令,启动【多重引线】命令。

(9)在命令行【指定引线箭头的位置或［引线基线优先(L)/内容优先(C)/选项(O)］<选项>:】提示时,拾取道路左段中任意一点;在【指定引线基线的位置:】提示下,向左下方移动十字光标到适当的位置单击指定引线基线的位置。随后,系统会显示文字编辑框并打开【文字格式】工具栏;从工具栏中设置字体为"仿宋",字体大小为"20",并在文字编辑框中输入"S232",于是一个"文字"多重引线标注完成。

与上述操作类似,可创建另一个带"向右转弯标志"的多重引线标注。重启【多重引线】命令,拾取图中的路边标志点作为引线箭头位置,再向右下方移动鼠标指定引线基线位置,然后连续按【空格】键预留一定的标志插入空间。

打开预先绘制的"减速让行禁令标志"图,圈选并在其上右击鼠标,从弹出的快捷菜单中选择【复制】命令;切换到原"多重引线标注实例"窗口,在绘图区右击鼠标,从弹出的快捷菜单中选择【粘贴为块】命令,并在适当位置单击鼠标指定该图块的插入位置,于是该标志以图块的形式被插入到当前图形文件中;选择插入后的标志图块,使用【缩放】工具将其缩小为约"0.12"倍左右(用户视情适当调整),再使用【移动】命令将其移至图示位置处。于是,在引线标注中插入一个交通标志操作完成。

同样,可以打开另一个"向右转弯标志"图,复制并粘贴到当前图形文件中,设置缩放比例并调整插入位置。于是,一个"图标"多重引线标注完成。

说明:如果上述交通标志预先创建为图块,将其作为图块插入到图形中则更为便捷,具体操作将在后面章节阐述。

至此,一个"文字"多重引线和"图标"多重引线的标注完毕。

4.2.8 编辑尺寸标注

在 AutoCAD2010 中,编辑尺寸标注命令用于更改尺寸标注文字的内容和尺寸界线的倾斜角度等。编辑尺寸标注常有两种方法,其命令形式与操作方法分述如下。

1)利用 dimedit 命令编辑尺寸标注
- 命令:dimedit。

【基本操作】:

(1)在命令行中键入"Dimedit"命令,即可启动该命令,同时系统会在命令行中显示如下提示与交互信息。

命令:dimedit	(启动编辑尺寸标注)
输入标注编辑类型[默认(H)/新建(N)/旋转(R)/倾斜(O)]<默认>:	(提示用户输入标注编辑类型)
选择对象:找到 1 个	(提示选择要编辑的标注对象)
选择对象:	(按【回车】键,退出编辑)

解释:在上述操作过程中,各选项的含义如下。

【默认(H)】:输入"H",按默认位置和方向放置尺寸文字。

【新建(N)】:用于修改尺寸文字。当输入"N"后,系统会弹出一个文字输入框,同时打开【文字格式】工具栏,用户可输入需要修改的文本内容或编辑文本格式。

【旋转(R)】:输入"R",可设定尺寸文字的旋转角度。

【倾斜(O)】:输入"O",为非角度标注的尺寸界线设置一定的倾斜角度。该操作过程为先选择尺寸对象,再输入倾斜角度值。

(2)在命令行【输入标注编辑类型[默认(H)/新建(N)/旋转(R)/倾斜(O)]<默认>:】提示下,用户可从中选择【新建】、【旋转】、【倾斜】或【默认】等选项。

(3)选项设置完成后,系统会继续显示【选择对象:】提示信息,要求用户选取一个或多个需要更改标注的对象,然后按【回车】键退出标注编辑状态。此时,系统会自动更改所选对象的标注形式与内容。

2)利用 ddedit 命令编辑尺寸标注
- 命令:ddedit。

【基本操作】:

(1)在命令行中输入"ddedit"命令,即可启动该命令,同时系统会在命令行中显示如下提示与交互信息。

命令:ddedit	(启动编辑尺寸标注)
选择注释对象或[放弃(U)]:	(用鼠标点选要编辑的对象,若输入 U 放弃上一步操作)
选择注释对象或[放弃(U)]:	(继续选择编辑对象,按【回车】结束编辑)

(2)在命令行【选择注释对象或[放弃(U)]:】提示下,用户可使用鼠标点选要编辑的对

象;如果输入"u",则取消前一步操作。

(3)当选择了"注释对象"后,系统将打开一个文本编辑框,同时弹出【文字格式】工具栏;用户可在文本编辑框中修改编辑内容,还可利用工具栏编辑文本格式。

(4)修改完毕,单击【确定】按钮退出【文字格式】编辑状态。

(5)再按【回车】键,结束该尺寸标注的编辑。

说明:如果只修改标注文字的内容,可使用 ddedit 命令,但一次只能修改一个标注的文本内容。当需要将多个标注的文字内容修改为相同内容时,使用 dimedit 命令更快捷方便。

【实例 4-15】 按照如图 4-66 所示的要求,编辑有关标注尺寸的形式。

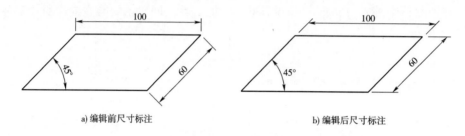

a) 编辑前尺寸标注　　　　　　　b) 编辑后尺寸标注

图 4-66　编辑尺寸标注形式

操作步骤:

(1)先绘制一个平行四边形,并按如图 4-66a)所示的要求标注尺寸。

(2)键入 dimedit 命令,在命令行【输入标注编辑类型 [默认(H)/新建(N)/旋转(R)/倾斜(O)]〈默认〉:】提示下,输入"O";在【选择对象:】提示下,点选水平尺寸"100",按【空格】键结束对象选择;在后续【输入倾斜角度(按 ENTER 表示无):】提示下,输入倾斜角度"45";于是该尺寸线被倾斜45°。

(3)按【空格】键,重启 dimedit 命令,再次选择倾斜选项,选择尺寸"60",输入倾斜角"0",于是该尺寸线被调整为水平位置。

(4)重启 dimedit 命令,在命令行【输入标注编辑类型 [默认(H)/新建(N)/旋转(R)/倾斜(O)]〈默认〉:】提示下,输入"r"选择旋转选项;在后续【指定标注文字的角度:】提示下,输入"1";然后,点选角度尺寸"45°",于是该角度值被旋转为接近水平位置。

至此,有关标注尺寸编辑完毕。

4.3　公差标注与编辑

公差标注是机械制图特有的标注,用于说明机械零件允许的误差范围,是加工生产和装配零件必须具有的标注,也是保证零件具有通用性的手段。

4.3.1　尺寸公差标注

尺寸公差是指在切削加工中零件尺寸允许的变动量,它可用于控制零部件所需的精度等级。在实际绘图中,可以通过为标注文字附加公差的方式,直接将公差添加到标注中。

在 AutoCAD 中，公差的标注可用两种方法：第一种方法是直接在创建尺寸标注的时候，使用【多行文字】选项实现，该方法可创建的公差类型有限；第二种方法是在【标注样式】设置过程中，通过如图 4-67 所示的【公差】选项卡来设置并保存标注样式中的有关参数，在需要创建公差时可从【样式】工具栏中【标注样式控制】下拉列表框中调用该标注样式即可。有关【公差】选项卡的内容介绍详见第 4.2.2 节"创建和修改尺寸标注样式"。

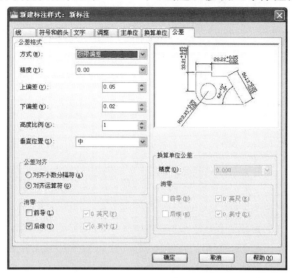

图 4-67 【标注样式】对话框中【公差】选项卡

提示：

(1) 对于线性尺寸公差，垂直位置的设置对其没有影响；但对于半径尺寸公差，垂直位置的设置会影响其标注效果。

(2) 在【公差】选项卡的【方式】列表框中，当设置为"无"时，【高度比例】无效；当设置为其他选项时，【高度比例】设置效果与【文字】选项卡中【分数高度比例】的功用及设置一致。

利用上述设置的"尺寸标注样式"标注的尺寸公差效果如图 4-68 所示。

除了上述方法外，还可以利用【特性】选项板来修改已有标注的公差。该方法更适用于为已经标注的尺寸添加公差，如在上图中为直径"φ12"添加对称公差"±0.02"。

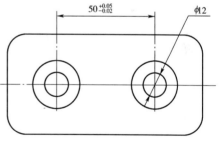

图 4-68 利用【尺寸标注样式】标注尺寸及公差

基本操作：

(1) 在图中直径尺寸"φ12"上双击鼠标左键，弹出【特性】选项板；拖动选项板左侧的滑块，拉到最下面的【公差】选项区域。在【显示公差】下拉列表中，选择"对称"；在【公差精度】下拉列表中，选择"0.00"；在【公差下偏差】文本框中输入"0.02"，系统会自动设置【公差上偏差】为相同值；在【公差文字高度】中设置为"1"，如图 4-69 所示。

(2) 关闭【特性】选项板，按【Esc】键取消标注对象的选择，于是半径"φ12"的对称公差添加完成，标注效果如图 4-70 所示。

说明：用同样的方法可以标注"对称"、"极限偏差"、"极限尺寸"和"基本尺寸"等形式的带有公差的尺寸。

4.3.2 形位公差标注

1）形位公差的组成

形位公差是指机械零件的表面形状和有关部位的相对位置允许变动的范围，是指导生产、检验产品和控制质量的技术依据。形位公差分为形状公差和位置公差，它的组成部分如图4-71所示。

2）创建形位公差

形位公差用于定义图形的形状或轮廓、方向、位置以及跳动的精确度，比如垂直度、同轴度、平行度等。【创建形位公差】主要有以下几种方法。

- 命令：键入 tolerance 或 tol。
- 图标：在功能选项面板中切换到【注释】选项卡，在【标注】面板中单击【公差】按钮 。
- 菜单：选择菜单中【标注】▶【公差】命令。

图4-69 【特性】选项板中【公差】选项区

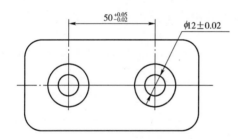

图4-70 尺寸对称公差标注

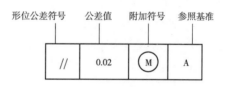

图4-71 形位公差的组成

基本操作：

（1）执行上述3种方式之一，打开【形位公差】对话框，如图4-72所示。在该对话框中，可单击相应的选项图标框或文本框来设置形位公差。

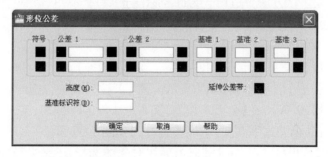

图4-72 【形位公差】对话框

解释：在该对话框中，各选项的含义如下。

【符号】栏：单击该栏中的图标框，将弹出【特征符号】对话框，如图 4-73 所示。用户可从中点选所需标注的公差符号，随后系统即刻关闭该对话框并在【符号】栏中显示所选的符号。

【公差】栏：该栏左边的图标框代表直径，单击该图标框将在形位公差前面加注直径符号"φ"，中间的文本框用于输入形位公差值，右边的图标框代表附加符号，单击该图标框将弹出【附加符号】对话框，用于选择附加符号，包括"Ⓜ"（材料的一般中等状况）、"Ⓛ"（材料的最大状况）和"Ⓢ"（材料的最小状况）三种符号，如图 4-74 所示。

【基准】栏：用于输入设置的参照基准，可分别在【基准1】、【基准2】和【基准3】栏中设置。

【高度】文本框：用于创建投影公差带的高度值。

【基准标识符】文本框：创建由参照字母组成的基准标识符号。基准是理论上精确的几何参照，用于建立其他特征位置和公差带。

图 4-73　"特征符号"对话框

【延伸公差带】图标：用于在延伸公差带值后插入延伸公差带符号。

（2）设置完毕后，单击【确定】按钮返回绘图区，指定形位公差的标注位置即可完成一个形位公差的标注。比如：同轴度形位公差的标注效果如图 4-75 所示。

图 4-74　"附加符号"对话框

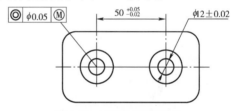

图 4-75　形位公差标注效果

说明：在实际标注中，由于形位公差有时需要用引线箭头指向标注目标，因此通常需要跟多重引线标注命令结合使用，即创建多重引线时不输入任何文字，而在引线基线旁边创建公差标注。

本 章 小 结

本章主要阐述了文字标注与尺寸标注的基本方法，包括文字样式的设置、文字标注、文字编辑、表格的创建与编辑、尺寸标注样式的创建与修改、尺寸的标注方法等；还简要介绍了公差的标注与编辑。通过本章的学习，应该掌握文字标注和尺寸标注的基本方法，灵活运用。

练习与思考题

1. 绘制如题图 4-1 所示的"减速让行"禁令标志，白底、红边、黑字，添加字体为"T Arial

Unicode MS",字号为"168 磅"。

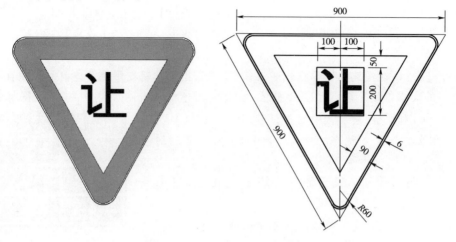

题图 4-1 "减速让行"禁令标志示意图

2. 绘制"上陡坡警告"标志,并进行尺寸标注,如题图 4-2 所示。

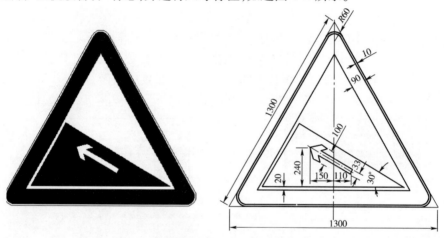

题图 4-2 上陡坡警告标志

3. 绘制道路"里程碑"并添加文字,如题图 4-3 所示。

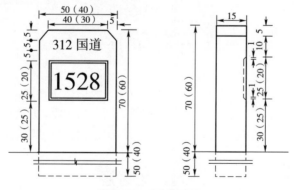

题图 4-3 道路里程碑

4. 绘制如题图 4-4 所示的"轨道交通指示标志"图,并综合运用线性尺寸标注方法标注尺寸。

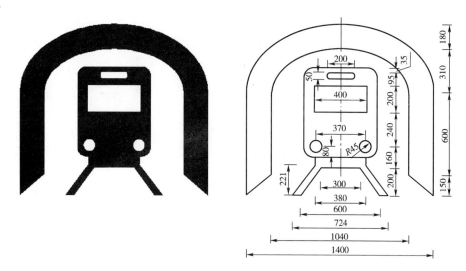

题图 4-4　轨道交通指示标志

5. 绘制如题图 4-5 所示的"机场指示标志"图，并标注尺寸。

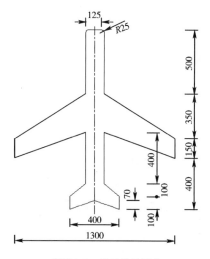

题图 4-5　机场指示标志

第 5 章 图层的创建与使用

【本章学习目标】

本章重点讲述图层的创建与使用的基本方法,将介绍图层功能、图层创建、图层特性设置、图层状态控制、图层编辑以及图层状态的保存与调用等内容。通过本章的学习,读者应该掌握以下内容:

(1)创建新图层的基本方法。
(2)设置图层的颜色、线型、线宽特性。
(3)控制图层的显示状态的主要操作。
(4)编辑图层及保存、调用图层状态。

图层是 AutoCAD 的重要功能之一,它是绘制图形的基础空间,利用它可方便地实现对图形的分层管理。使用图层有两大优势:既可以通过改变图层的属性,统一调整该图层上所有对象的线型与颜色等;又可以利用图层的操作,统一隐藏、冻结该图层上的所有图形对象,实现对每个图层的单独控制,以便于图形绘制。

5.1 创建图层

5.1.1 图层的功能

图层可以被形象地比喻成相互重叠的透明图片,每一个图层上可以绘有不同的图形对象,当图层相互叠加时便显示出一幅完整的图形。这种方式对于分类存放和控制图形对象是非常有利的。

在 AutoCAD 中,允许在不同的图层上绘制不同的实体,然后将其叠加在一起获得最终的图形;也可以抽掉其中一些图层,组成另外一幅图形。在实际绘图中,用户可根据需要创建若干个图层,不同的图层放置不同的图形对象,并为每一个图层命名不同的名称、设置不同的颜色或线型等属性;也可根据需要将某些具有共同特征的图形对象绘制在同一图层中使其相关联。如:可将基准线、轮廓线、虚线、剖面线、标注、标题栏以及文字说明等不同元素绘制在不同的图层中,也可将道路几何线型、隔离带、交通标志、交通标线等不同类型的对象绘制在不同的图层中。这样,既便于分类管理,也利于统一控制,还能使图形的各种信息表达清晰、有序,便于管理和编辑,从而大大提高绘图效率和图形的清晰度。由此可见,做好工程图绘制过程中的图层规划与设置十分必要。

在 AutoCAD 中,位于上层的图形对象会遮挡下层的图形对象。在创建一个新图形文件时,系统会自动创建一个"0"图层,并允许用户不断构建新的图层,以适用于各类复杂图形的绘制。每次创建的新图层默认位于当前图层的上层。

在 AutoCAD2010 中,利用图层可以实现如下控制功能:

(1)设置图层上的对象是可见还是隐藏。
(2)设置图层上所有对象的颜色。
(3)设置图层上所有对象的默认线型和线宽。
(4)设置是否允许修改图层上的对象。
(5)设置对象是否在各个布局视窗中显示不同的图层特性。
(6)设置是否打印对象以及如何打印对象。

5.1.2 创建新图层

新建图层或设置图层通常都是利用【图层特性管理器】对话框进行。启动【图层特性管理器】对话框常用以下 3 种方式。

- 命令:键入 layer 或 la。
- 图标:在【常用】➤【图层】选项面板中,单击【图层特性】按钮 。
- 菜单:单击菜单中的【格式】➤【图层】命令。

【基本操作】:

(1)执行上述 3 种方式之一,系统将打开【图层特性管理器】对话框,如图 5-1 所示。在该对话框中,用户可以新建图层、删除图层、置为当前图层以及进行各种图层的属性设置。

图 5-1 【图层特性管理器】对话框

解释:在该对话框中,有关选项的含义如下。

【新建特性过滤器】按钮 :单击该按钮,打开【图层过滤器特性】对话框,从中可以根据图层名称和图层的一个或多个特性创建图层特性过滤器。

【新建组过滤器】按钮：单击该按钮，创建图层组过滤器。创建图层组过滤器时，不依赖图层名称或特性，而是人为地将选择的某些图层放入到一起的一种过滤器。

【图层状态管理器】按钮：单击该按钮，打开【图层状态管理器】对话框，从中可以将图层的当前特性设置保存到一个命名图层状态中，以后可以再恢复这些设置。

【新建图层】按钮：单击该按钮，列表中将创建一个新图层。新图层会继承图层列表中当前选定图层的特性（如颜色、开关状态等）。

【在所有视口中都被冻结的新图层视口】按钮：用于创建新图层，然后在所有现有布局视口中将其冻结，可以在模型选项卡或布局选项卡上访问此按钮。

【删除图层】按钮：将选定的图层标记为要删除的图层。单击【应用】或【确定】按钮时，将删除这些图层，但只能删除未被参照的图层。被参照的图层包括图层 0 和 Defpoints、包含对象（包括块中对象）的图层、当前图层以及依赖外部参照的图层。局部打开图形中的图层也被视为已被参照，故不能删除。

【置为当前】按钮：将选定图层设置为当前图层，在当前图层上创建对象。

【搜索图层】框：输入字符时，按名称快速过滤图层列表。关闭【图层特性管理器】时，不保存此过滤器。

【反转过滤器】复选框：用于显示所有不满足选定图层特性过滤器中条件的图层。

(2) 创建新图层。在【图层特性管理器】对话框中，单击【新建】按钮，可以在图层列表中创建一个新图层，默认图层名为"图层1"，以后每单击一次便会自动生成"图层2"、"图层3"等，如图 5-2 所示。

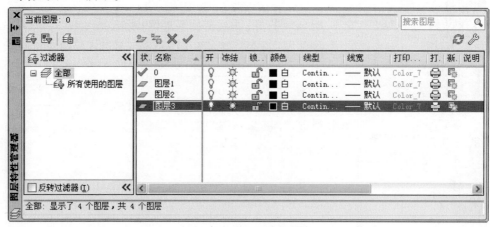

图 5-2　创建新图层

(3) 更改图层名称。在当前对话框中图层【名称】栏的"图层1"文字上两次单击鼠标，系统会自动切换到文字输入状态，用户可按照一定规则输入新的图层名称，如"中心线"，然后按【回车】，即可将"图层1"改名为"中心线"，以此类推。

提示：图层名称的设置不允许重名。图层名最长可达 255 个字符，可以是数字、字母和"＄"、"－"和"＿"组成，但不允许出现空格、逗号以及"＜＞/\"：；？*｜＝'"等符号。

(4) 设置其他属性。如果用户需要对新建图层做进一步设置，可在该对话框右侧列表栏中的【颜色】、【线型】、【线宽】以及【开】、【冻结】、【锁定】等图标框或开关按钮上单击鼠标，通过弹出的对话框来设置图层特性，或通过改变开关的属性来控制图层的状态，具体操作详见下节。

（5）上述设置完成后，图层即设置完毕。

5.2 设置图层特性

图层特性主要包括图层颜色、线型和线宽。对于一个新建图层来说，用户可在创建图层的过程中，直接在【图层特性管理器】对话框中设置图层特性；而对于一个已经建立的图层来说，用户可利用【图层特性管理器】对话框来重新设置图层特性，一旦重新设置图层特性后，该图层上的图形将自动应用新设置的颜色、线型和线宽等特性。

5.2.1 设置图层颜色

为不同的图层设置不同的颜色，有利于区分不同类型的图形对象。

基本操作：

（1）在【图层特性管理器】对话框中，单击【颜色】列表中对应的图标，系统将弹出【选择颜色】的对话框，如图5-3所示。

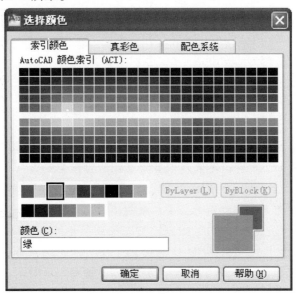

图5-3 【选择颜色】对话框

（2）从该对话框中选择所需的颜色，然后单击【确定】按钮，即可完成图层颜色设置，并返回到【图层特性管理器】对话框中。图层颜色的设置情况可从【图层特性管理器】中或在【图层】工具栏的【图层控制】下拉列表中查看到。

提示：在上述【选择颜色】对话框中，用户可以在【索引颜色】、【真彩色】和【配色系统】选项卡中选择一种颜色。其中【索引颜色】中包含255中颜色可供用户选用；【真彩色】中包含1600多万种24位真彩色，还可以配合使用色调、饱和度和亮度等颜色模式或RGB颜色模式;【配色系统】使用第三方配色系统(例如 PANTONE)或用户定义的配色系统指定颜色。

5.2.2 设置图层线型

为不同的图层设置不同的线型,将有利于提高绘图效率及统一管理。在 AutoCAD 中,默认的线型为"Continuous"线型,若要更改图层的线型,可按如下操作方法。

【基本操作】:

(1)在【图层特性管理器】对话框中单击【线型】列表中的"Continuous",系统将打开【选择线型】对话框,如图 5-4 所示。在该对话框的【已加载的线型】列表中选择一种所需线型,然后单击【确定】按钮,即可完成对图层线型的设置。

(2)倘若在上述【已加载的线型】列表中没有合适的线型可选,用户可单击其下方的【加载】按钮,从弹出【加载或重载线型】对话框的【可选线型】列表中选择需要加载的线型,然后单击【确定】即加载完成,如图 5-5 所示。此时,系统自动返回【选择线型】对话框中,用户可再次选中刚刚加载的线型并单击【确定】按钮,将该线型加载到指定的图层中。

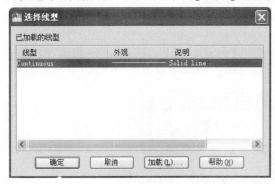

图 5-4 【选择线型】对话框　　　　图 5-5 【加载或重载线型】对话框

说明:所谓线型是由虚线、点和空格组成的重复图案,显示为直线或曲线。用户可以通过图层将线型指定给对象,也可以不依赖图层而直接给对象指定线型。

提示:在【加载或重载线型】对话框中,若单击【文件】按钮,用户可从弹出的【选择线型文件】对话框中选择并为系统添加新的需要加载的线型文件。

(3)有时,由于线型的比例不合适,绘制出的图形线条不能正确反映线型,如虚线、中心线等显示仍为实线。此时,可单击菜单中【格式】▶【线型】命令,从弹出的【线型管理器】对话框中单击【显示细节】按钮,展开【详细信息】选项区,如图 5-6 所示。在该选项区中,设置【全局比例因子】的数值,可调整和改变整个图形中所有对象的线型比例;设置【当前对象缩放比例】的数值,可改变新创建对象的线型比例。例如,若当前图形的中心线显示为实线,可通过改变【全局比例因子】放大或缩小,使得中心线得以正常显示;或设置【当前对象缩放比例】的大小,使得后续绘制的中心线正常显示。此外,若要修改已经绘制的某对象的线型显示比例,还可双击该对象,从打开的【特性】选项板中【线型比例】栏中设置新的显示比例即可。

提示:在同时使用上述两种方法设置线型比例的情况下,所生成的实际比例值为全局比例因子与对象缩放比例因子之积。

图 5-6 【线型管理器】对话框

5.2.3 设置图层线宽

为图层设置不同的线宽,有利于提高绘图效率,方便修改及统一管理,也有利于增强图形的表达能力和可读性。

基本操作:

(1)在【图层特性管理器】对话框中,单击【线宽】栏中的对应图标,系统将打开【线宽】对话框,如图 5-7 所示。用户可从中选择一种所需的线宽,随后单击【确定】按钮即可完成线宽设置。

(2)在设置完成后,如果需要查看或显示线宽,可单击状态栏上的【显示线宽】按钮；也可在【AutoCAD 经典空间】中单击菜单中【格式】▶【线宽】命令,打开【线宽设置】对话框,从中勾选【显示线宽】复选项,或拖拽【调整显示比例】滑块来设置线宽显示效果,如图 5-8 所示。

图 5-7 【线宽】对话框

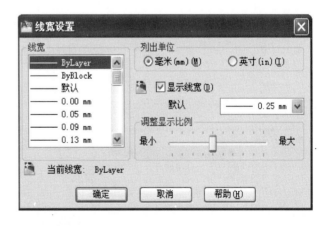

图 5-8 【线宽设置】对话框

5.3 控制图层显示状态

图层显示状态的控制主要用于复杂图形的绘制过程中,所控制的内容包括图层的打开/关闭状态、锁定/解锁状态和冻结/解冻状态等。控制图层显示状态的具体操作方法如下。

5.3.1 打开与关闭图层

图层可以根据需要被打开或关闭。当图层打开时,该图层上的内容才能被显示、编辑和打印;当图层关闭时,图层上的内容被全部隐藏,且不可被编辑或打印。【打开】或【关闭】图层常用以下两种方法。

基本操作:

(1)利用【图层特性管理器】"开/关"图层。

在【AutoCAD 经典】工作空间中,单击菜单中【格式】▶【图层】命令;或在【二维草图与注释】工作空间中,单击【常用】▶【图层】选项面板中【图层特性】按钮,打开【图层特性管理器】对话框,在其中的【图层】列表框中,单击图层上 (开)或 (关)图标,即可切换图层的打开与关闭状态,如图 5-9 所示。

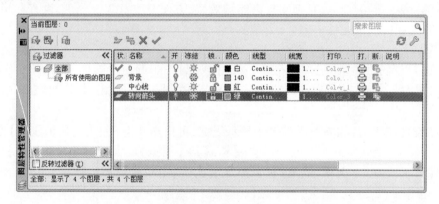

图 5-9 利用【图层特性管理器】"开/关"图层

(2)利用【图层控制】列表框"开/关"图层。

在【AutoCAD 经典】空间中,单击【图层】工具栏中【图层控制】下拉列表框;或在【二维草图与注释】空间中,单击【常用】▶【图层】选项面板中【图层】下拉列表框,在弹出的图层信息中,单击 或 图标,也可实现图层开/关状态切换,如图 5-10 所示。

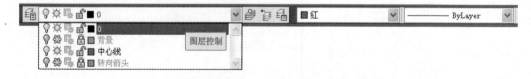

图 5-10 利用【图层控制】列表框"开/关"图层

说明: 被关闭的图层,不能被编辑或打印,但在图形重新生成时可被一起生成。

5.3.2 解冻与冻结

冻结图层时,图层上的内容全部隐藏,且不可被编辑或打印,从而有利于减少复杂图形的重新生成时间。解冻/冻结图层的操作方法基本同上。

【基本操作】:

(1)在【图层特性管理器】对话框的【图层】列表中,单击图层上 ☼ (冻结)或 ❋ (解冻)图标,即可切换图层的冻结与解冻状态,如上图5-9所示。

(2)单击【图层】工具栏中的【图层控制】列表框,当列表中弹出图层信息时,再单击或图标也可实现图层冻结/解冻状态切换,如上图5-10所示。

5.3.3 解锁与锁定

锁定图层时,图层上的内容仍然可见,并且能够捕捉或添加新对象,也能被打印输出,但不能被编辑和修改。解锁图层是将图层恢复为可以编辑和选择的状态。默认情况下,图层是解锁的。

【基本操作】:

(1)在【图层特性管理器】对话框的【图层】列表中,单击图层上 🔓(解锁)或 🔒图标,即可切换图层的锁定/解锁状态,如上图5-9所示。

(2)单击【图层】工具栏中的【图层控制】列表框,当列表中弹出图层信息时,再单击🔓或🔒图标也可实现图层锁定/解锁状态切换,如上图5-10所示。

5.3.4 打印与不打印

【基本操作】:

在【图层特性管理器】对话框的【图层】列表中,单击图层上 🖨(打印)或 🖨(不打印)图标,即可切换图层的打印与不打印。

5.4 编辑图层

编辑图层包括删除多余图层、设置当前图层、设置图层过滤等操作。

5.4.1 删除图层

【基本操作】:

(1)首先选中一个或多个要删除的图层。

(2)单击【图层特性管理器】对话框中的 ✖(删除)按钮(或按 Delete 键),即可删除所选图层。

说明:图层 0、图层 Defpoints、当前图层、包含对象的图层和依赖外部参照的图层不能被删除。

5.4.2 设置当前图层

当前图层就是当前选定的绘图图层。用户只能在当前图层中绘制图形,而且所绘制实体的属性将继承当前层的属性。当前图层的名称和属性状态都会显示在【对象特性】工具栏中。切换当前层有如下几种方法。

【基本操作】

(1)在【图层特性管理器】对话框的【图层】列表中,选择某一图层后使其高亮显示,然后单击对话框上方的 ✓(置为当前)按钮,即可将该图层设置为当前层。

(2)选中某一图层,在该图层上右击鼠标,从弹出的菜单中选择【置为当前】即可。

(3)单击【图层】面板上的 ❧(将对象的图层设置为当前层)按钮,然后选择某个图形实体,即可将该实体所在的图层设置为当前层。

(4)在命令提示行中,输入"clayer"并按【回车】键,在提示要求下输入要设置当前图层的图层名称,再按【回车】键即可完成设置。

5.4.3 合并图层

合并图层是将选定的图层合并到目标图层中,并将以前的图层从图形中删除。

【基本操作】

(1)键入"laymrg",或单击菜单中【格式】▶【图层工具】▶【图层合并】选项,启动【图层合并】命令,系统在命令行中将显示如下提示与交互信息。

```
命令:_laymrg                                    (启动图层合并命令)
选择要合并的图层上的对象或[命名(N)]:            (提示用户选取要合并的图层上的对象)
选定的图层:图层1。                               (显示已选定了图层1上的对象)
选择要合并的图层上的对象或[名称(N)/放弃(U)]:    (继续选择要合并对象,按【空格】结束选择)
选择目标图层上的对象或[名称(N)]:                (提示选择目标图层上的对象,这里选定图层2)
* * * * * * * * 警告 * * * * * * * *
将要把图层"图层1"合并到图层"图层2"中。          (系统发出警告提示信息)
是否继续?[是(Y)/否(N)]<否(N)>:y               (提示用户是否继续,这里输入"y")
删除图层"图层1"。                               (系统显示合并后的操作信息)
已删除1个图层。
```

(2)在命令行【选择要合并的图层上的对象或[命名(N)]:】提示下,用户可在绘图窗口中点选"要合并的图层上的对象",选择完成按【空格】结束。

(3)在命令行【选择目标图层上的对象或[名称(N)]:】提示下,用户可在绘图窗口中选择要合并到的"目标图层上的对象",选择完成按【空格】结束。

(4)此时,系统会提示图层合并的警告信息,并要求用户确认"是否继续?";输入"Y",即可完成图层合并;若输入"N",则取消图层合并操作。

5.4.4 设置图层过滤

当图形中包含大量图层时,找到需要的图层就比较困难,这时就可以利用【图层特性管理器】对话框中的图层过滤设置,它可以在图层列表中显示所有使用的图层、所有图层或所有依赖于外部参照的图层。

在【过滤器】选项中的"全部"字样上右击鼠标,弹出快捷菜单,如图 5-11 所示,其中包括可见性、锁定、视口、隔离组、新建特性过滤器、新建组过滤器、转换为组过滤器、重命名和删除等命令选项，从中点选要执行的命令选项，即可完成相应的设置。

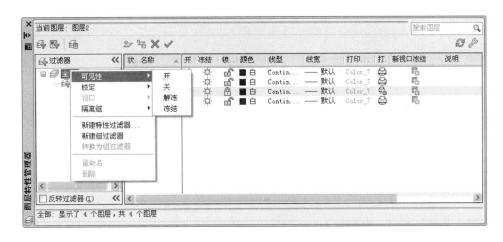

图 5-11　设置图层过滤器

解释：在该快捷菜单中，有关命令选项说明如下。

【可见性】：用于更改选定过滤器中所有图层的可见性状态，包括"开"、"关"、"解冻"和"冻结"4 个选项。

【锁定】：用于控制是否可以修改选定过滤器中图层上的对象，包括"锁定"和"解锁"两种状态。

【视口】：在当前布局视口中，控制选定图层过滤器中的图层【视口冻结】设置，包括"冻结"和"解冻"两种状态。此选项对于模型空间视口不可用。

【隔离组】：用于关闭所有不在选定过滤器中的图层，而只有选定过滤器中的图层是可见图层，包括"所有视口"和"仅活动视口"两种选项。

【新建特性过滤器】：选择该命令选项后，系统自动打开【图层过滤器特性】对话框，用户可根据图层名称和设置（如打开或关闭、锁定与解锁、颜色或线型等）属性创建新的图层过滤器。

【新建组过滤器】：用于创建一个新的图层组过滤器，并将其添加到目录结构中。默认的图层组过滤器名为"组过滤器 1"。用户可在目录结构中选择"全部"或其他任何图层过滤器，此时在列表框中将显示出相应过滤器所包含的图层内容，从中选取一个或多个图层，将其拖拽到新建的"组过滤器"中即可。

提示：用鼠标点选图层时，如果同时按下"Shift"键可连续选择多个图层；如果同时按下"Ctrl"键可不连续选择多个图层。

【转换为组过滤器】：用于将选定的图层特性过滤器转换为图层组过滤器。

【重命名】：用于重新命名选定的过滤器。

【删除】：用于删除选定的图层过滤器，但不是过滤器中的图层。无法删除"全部"过滤器、"所有使用的图层"过滤器或"外部参照"过滤器。

5.5 保存与调用图层状态

用户可根据需要，将图层设置保存为图层状态，并恢复或编辑这些图层设置，也可从其他图形和文件中输入这些图层设置或将其输出以便在其他图形中调用。

5.5.1 保存图层状态

在图形绘制的不同阶段或在打印过程中，往往需要返回到图层设置的特定环境中，此时保存图层设置将十分方便。

图层设置包括图层状态（如打开或锁定）和图层特性（如颜色或线型）。在保存图形状态中，可以任意选择以后需要恢复的图层状态和图层特性，例如只选择恢复图形中图层的【冻结/解冻】设置而忽略所有其他设置，这样在以后恢复该图层状态时，除了所选择的冻结或解冻相应图层外，所有其他设置均保持当前设置不变。【保存图层状态】的基本操作如下。

【基本操作：】

（1）在当前绘图状态下，单击【图层】面板上的【图层特性】按钮 ，打开【图层特性管理器】对话框，如图 5-12 所示。

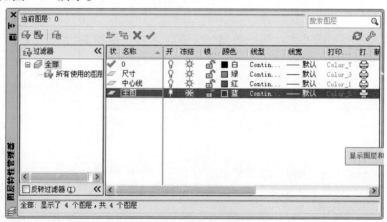

图 5-12 【图层特性管理】对话框

（2）单击该对话框左上方工具栏中的【图层状态管理器】按钮 ，又会弹出【图层状态管理器】对话框，如图 5-13 所示。

（3）单击该对话框中【新建】按钮，弹出【要保存的新图层状态】界面，用户可在【新图层状态名】文本框中输入要保存的图层状态名称，如"交通标线图层设置"，如图 5-14 所示。

（4）单击界面下方的【确定】按钮，系统将保存当前图层状态，并返回到【图层状态管理器】对话框中，如图 5-15 所示。

提示： 如果需要重新保存、编辑、重命名或删除已有的图层状态文件，可直接在上图【图层状态】列表栏中选取相应的图层状态名，然后单击其右侧的相应按钮即可。

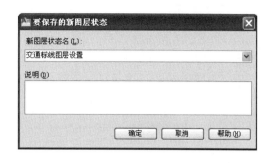

图 5-13 【图层状态管理】对话框　　　　图 5-14 【要保存的新图层状态】对话框

图 5-15　创建新图层后的【图层状态管理器】对话框

5.5.2　编辑图层状态

在图层状态保存后，如果需要重新修改，可在上图中单击【编辑】按钮，打开相应的【编辑图层状态】对话框，从中可更改图层状态的名称、开关、颜色以及线型等属性，如图 5-16 所示。

图 5-16　【编辑图层状态】对话框

说明:如果图形中包含有新添加的图层,需要追加到原已保存的图层状态中时,可在上述【编辑图层状态】对话框中,点击左下角的按钮,打开【选择要添加到图层状态的图层】对话框,从中选定需要添加的图层对象,单击【确定】按钮;最后,在返回后的【图层状态管理器】中,单击【保存】按钮即可。

5.5.3 恢复图层状态

在图层状态保存完成后,用户还可以将图形中所有图层的当前状态及特性设置恢复为先前保存的图层状态。

【基本操作:】

(1)在【图层状态管理器】对话框中,从【图层状态】列表框中选择要恢复的图层状态名称。

(2)单击【图层状态管理器】对话框右下角的【更多恢复选项】按钮,展开【要恢复的图层特性】选项区,如图 5-17 所示。从该选项区内,指定要恢复的图层特性选项,并单击【恢复】按钮,于是系统会按照指定的选项自动将当前的图层状态恢复到原先保存的状态。对于未选定的图层特性选项,将在当前图形中保持不变。

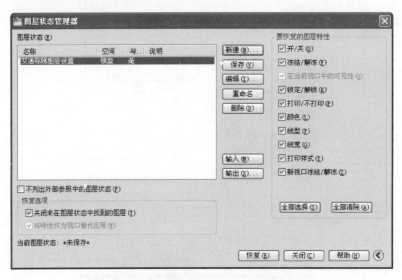

图 5-17 【图层状态管理器】展开对话框

5.5.4 输出图层状态

所谓图层状态输出是指将当前选定的命名图层状态保存到图层状态文件(.LAS)中。

【基本操作:】

(1)在【图层状态管理器】对话框中,从【图层状态】列表框中选择要输出的图层状态名称。

(2)单击【输出】按钮,系统会弹出【输出图层状态】对话框,如图 5-18 所示。用户可在其中指定图层状态要保存的路径及文件名称,文件类型系统默认为后缀".las",然后单击【保存】按钮,即可完成图层特性的输出保存。

图 5-18 【输出图层状态】对话框

5.5.5 调用图层状态

调用图层状态及特性是指将保存的图层状态文件调用到新图形文件中。

【基本操作】

（1）新建一个图形文件。

（2）打开【图层状态管理器】对话框，单击【输入】按钮，系统会弹出【输入图层状态】对话框，如图 5-19 所示。

图 5-19 【输入图层状态】对话框

（3）在【文件类型】下拉列表框中，选择"图层状态（*.las）"选项，并在文件列表中选择需要输入和调用的图层状态文件，如"交通标线图层设置.las"文件。

（4）单击【打开】按钮，系统会将选中的图层状态文件输入到【图层特性管理器】对话框中，并提示"是否要恢复图层状态？"。如果单击【恢复状态】按钮，则新建图形文件的图层设置被恢复到与输入文件的保存设置相同；如果单击【关闭窗口】，则系统暂时不恢复图层状态，用户可随后进行有选择性的恢复。

5.6 图形特性控制

在 AutoCAD 中，用户可以为图层设置常用特性，有时也需要改变这些特性。下面介绍几种如何通过改变图层特性来改变图形特性的简便实用方法。

5.6.1 利用【特性】工具栏快速改变图形对象特性

通过【特性】工具栏可以快速修改图形对象的特性,如图5-20所示。该工具栏自左至右的3个下拉列表框分别为【颜色控制】、【线型控制】和【线宽控制】。用户只需选中对象,在【特性】工具栏中重新设置其属性即可。

图5-20 【特性】工具栏

说明:在该工具栏的3个下拉列表选项中,都包含有两个重要的选项"ByLayer"和"By-Block"。

【ByLayer】(随层):表示设置"对象的属性随其所在的图层"而定,即设置当前图层中的图形对象特性与其所在的图层特性设置相一致,这是大多数特性的设置值。当设置为"By-Layer"时,该图层中的图形对象在打印输出或改变图层时其特性将随其所在图层而变化;当作为图块插入图层时,其特性将保持与生成图块时的原图层设置一致。

【ByBlock】(随块):表示设置"对象的属性随其所在的图块"而定,即当设置为"By-Block"时,图形对象在打印输出或改变图层时其特性不随图层而变,而与图块的性质有关。在创建图块时,若将其中某些对象的颜色或线型设置为"ByBlock",则在插入块时其特性将与插入的图层相一致。

在AutoCAD中,"ByLayer"和"ByBlock"都是为了便于统一修改而设定的。例如,当某图层的图形对象线宽设为"ByLayer"时,则用户可以通过改变该图层在【图层特性管理器】中设定的线宽值实现所有图形对象线宽值的统一改变,无须逐一修改。

5.6.2 通过改变图形对象所在的图层修改对象特性

在绘图过程中,常常会遇到所绘制的图形对象没有在指定的图层上。若要将其移至某个图层上,只需选中这些图形对象,然后在【图层】工具栏的【图层控制】下拉列表框中点选要移至的图层名即可。

提示:如果所绘图形对象的原特性设置为"ByLayer",则所在图层改变后其特性也将随图层而改变。

5.6.3 利用【特性】选项板查看并修改图形特性

在AutoCAD中绘制的图形对象,都可以通过【特性】选项板来查看并修改其特性。它不仅可以修改图层颜色、线型、线宽等特性,还可以修改对象本身的特性,如直线的长度、圆的半径、矩形的长宽等。打开【特性】选项板的方法有以下几种。

- 命令:键入 properties。
- 图标:单击【标准】工具栏上【特性】按钮。
- 菜单:选择菜单中【修改】▶【特性】命令。
- 快捷菜单:在选中的对象上右击鼠标,从弹出的快捷菜单中选择【特性】选项。

- 直接双击要编辑的图形或对象。

基本操作:

(1) 执行上述任意一种操作后,打开【特性】选项板,如图 5-21 所示。

(2) 用户在绘图窗口中选择要查看或编辑的对象,在【特性】选项板中会自动显示其当前的特性设置;选择不同的对象,其【特性】选项板的选项也有所不同。

(3) 若需修改图形对象的某项特性值,可直接在该选项右面的列表栏中输入或选择新值即可。

(4) 若需要修改某一类对象的特性,可单击【特性】选项板右上角的按钮,打开【快速选择】对话框,如图 5-22 所示。在其中的【对象类型】选项中选择筛选的类型,如所有图元、直线、圆等;在【特性】列表框中选择类别选项,如图层、颜色、线型比例等;在【运算符】中设置筛选条件,如等于、大于、小于等;在【值】选框中选择具体满足的选值,如不同的颜色、不同的图层、不同的线型或线宽等;然后,单击【确定】按钮,于是可选中符合条件的一类对象。在重返【特性】选项板后,用户再次修改或设置有关特性,此时所选全部对象的特性将一同改变。

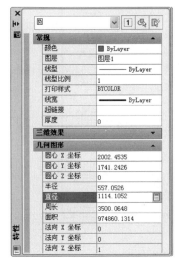

图 5-21 【特性】选项板

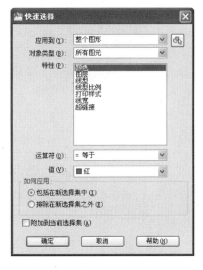

图 5-22 【快速选择】选项板

说明: 如果用户一次性选择了多个不同特性的对象,那么在【特性】选项板中只显示这些对象的共有特性。

5.6.4 利用【特性匹配】选项板改变图形特性

在 AutoCAD 中,利用【特性匹配】功能也可以进行对象特性的复制,如复制对象的颜色、线型、线宽及所在图层等特性等,但不复制对象本身。这相当于 Word 中的格式刷功能。启动【特性匹配】命令常用以下 3 种方式。

- 命令:键入 matchprop 或 ma。
- 图标:单击【标准】工具栏上【特性匹配】按钮。
- 菜单:选择菜单中【修改】▶【特性匹配】命令。

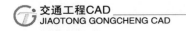

(1)执行上述任意一种操作,启动【特性匹配】命令,系统在命令行中显示如下提示与交互信息。

```
命令:_matchprop                                    (启动特性匹配命令)
选择源对象:                                        (提示用户选择特性匹配的源对象)
当前活动设置: 颜色图层线型比例线宽厚度打印样式标注文字填充图案多段线视口表格材质阴影显示多重引线
                                                 (系统显示当前可进行特性匹配的对象特性)
选择目标对象或[设置(S)]:                          (提示选择需要特性匹配的目标对象)
选择目标对象[设置(S)]:                            (提示继续选择,若【回车】结束)
```

解释:在上述操作过程中,当命令行显示【选择目标对象或[设置(S)]:】提示信息时,若用户输入"S",则系统将弹出【特性设置】对话框,如图 5-23 所示。在该对话框中,用户可以勾选希望复制的【基本特性】和【特殊特性】选项,取消不需要复制的特性勾选项。

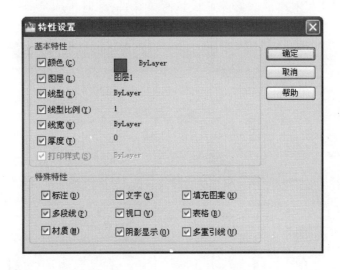

图 5-23 【特性设置】对话框

(2)依次执行上述各步操作,即可完成对象的特性匹配。

5.7 交通工程绘图中图层应用实例

在交通工程绘图中,合理使用图层会有利于提高绘图及编辑效率,也方便打印输出与统一管理。图层的设置与使用方式多种多样,可以依据线型、标注、文字等不同的绘图元素来创建与管理图层,也可以根据图形的组成或结构形式创建与管理图层,对于大型复杂的工程绘图还可以综合应用多种方式创建和管理图层。总之,目的只有一个,就是方便图形的绘制、编辑与管理。

【实例 5-1】 按线型创建图层和设置图层属性,保存图层状态为"交叉口标线设置.las"文件,并分图层绘制"平面交叉路口标线设置"示意图,如图 5-24 所示。

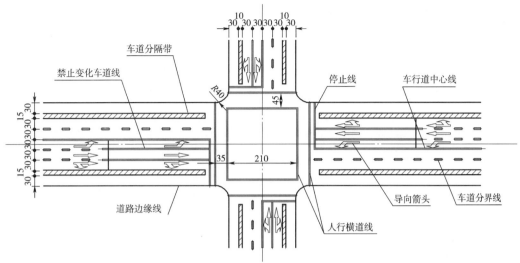

图 5-24 【平面交叉路口标线设置】示例

说明：在实际绘制平面交叉口的标线之前，应根据其形状、交通量、车行道宽度、转弯车辆的比率及交通组织等情况进行合理设置，具体包括车行道中心线、人行横道线、停车线、导向箭头、禁止变换车道线等。同时，可以根据路口交通流量、流向等情况，适当增设附加专用车道，使路口进口道的机动车道数尽可能大于其相连路段上的机动车道数。对于一般出口道的机动车道数，不应少于任何一个信号相位进口道与其对应方向的机动车道数。

操作步骤：

（1）新建一个【无样板打开—公制(M)】的图形文件，保存为"平面交叉路口标线设置.dwg"。

（2）键入"layer"命令，系统打开【图层特性管理器】对话框。

（3）在对话框的工具栏上，连续单击【新建图层】按钮 9 次，创建 9 个默认的新图层；依次在【名称】列表框中，将新建图层重新命名为"1 辅助中心线"、"2 路缘隔离带细实线"、"3 车道分界虚线"、"4 车行道等粗实线"、"5 人行横道线"、"6 隔离带填充线"、"7 导向箭头"、"8 尺寸标注"和"9 指示文字"。

（4）分别在【属性】列表框中设置新图层的特性，如设置"1 辅助中心线"图层线型为"Center"、线宽为"0.15"、颜色为"红"；"2 路缘隔离带细实线"图层线型为"Continuous"、线宽为"0.20"、颜色为"蓝"；"3 车道分界虚线"图层线型为"ACAD_ISO03W100"、线宽为"0.3"、颜色为"黄"；以此类推，设置其他各图层的线型、线宽和颜色等，如图 5-25 所示。

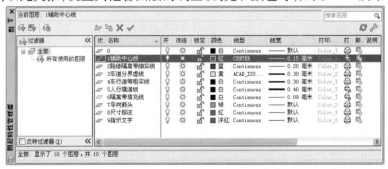

图 5-25 图层创建与图层属性设置

(5) 在上述设置完成后,单击该对话框左上方的【图层状态管理器】按钮,在新弹出的【图层状态管理器】对话框中再单击【新建】按钮;然后,在随之打开的【要保存的新图层状态】对话框中,输入要保存的图层状态名称"交叉口标线设置.las",单击【确定】。于是,系统自动将当前图层状态保存,并返回到【图层状态管理器】对话框,再由用户关闭之。

(6) 当图层创建完成并保存后,随即分图层绘制交叉口图。首先,在【图层特性管理器】对话框的名称列表框中,选中图层"1 辅助中心线",单击按钮（置为当前),关闭【图层特性管理器】对话框。

(7) 在【特性】工具栏中,分别设置【线型控制】、【线宽控制】和【颜色控制】三个下拉列表框选项均为"ByLayer"(通常为默认值);启动【直线】命令,在当前图层中绘制两条相互垂直的中心线。此时,所绘制对象的线型(点划线)、线宽(0.15)和颜色(红色)等均自动与当前图层的设置相一致。

(8) 类似地,单击【图层控制】下拉列表框,从中选择图层"2 路缘隔离带细实线",启动【直线】和【圆角】命令,在该图层中分别绘制道路的边缘细实线和车道分隔带(蓝色细实线);随后,切换至"6 隔离带填充线"图层上,为车道隔离带的区域绘制或填充黑色斜向细实线(黑色细实线)。

(9) 以此类推,在【图层控制】下拉列表框中选择图层"4 车行道等粗实线",绘制车行道中心线、禁止变化车道线和停止线等(黑色粗实线);切换到图层"3 车道分界虚线"中,绘制同向车道分界线等(黄色虚线);切换到图层"5 人行横道线"中,绘制人行横道线区域边界线(0.40mm 的黑色粗实线)。

(10) 切换到图层"7 导向箭头"中,绘制导向箭头(绿色细实线),也可由外部复制或插入导向箭头,并调整到合适的位置。

(11) 切换到图层"8 尺寸标注"中,分别启动【线性】尺寸标注、【连续】尺寸标注和【半径】尺寸标注等命令,为图形添加尺寸标注(青色)。

(12) 切换到图层"9 文字标注"中,启动【多行文字】标注命令,从弹出的【文字格式】对话框中设置【字体】为"宋体"、【字号】为"25"、【颜色】为"ByLayer"等;然后输入各文字内容(洋红色)。(提示:多重引线样式用户可提前设置。)

至此,分层绘制的"平面交叉路口标线设置"示意图完成。

【实例 5-2】 根据"环岛行驶"指示标志的图形结构与属性特点,创建一组图层并进行属性设置,然后分图层绘制该指示标志,如图 5-26 所示。

操作步骤:

(1) 新建一个图形文件;键入"layer",打开【图层特性管理器】对话框。

(2) 在该对话框中,连续单击【新建图层】按钮 6 次,创建 6 个新图层,并依次重新命名为"辅助

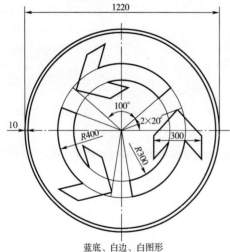

图 5-26 分图层绘图"环岛行驶"指示标志

中心线"、"辅助细实线"、"标志底板"、"指示箭头"、"尺寸标注"和"文字标注"。

（3）分别设置"辅助中心线"图层线型为 Center、线宽为 0.09、颜色为红；"辅助细实线"图层线型为 Continuous、线宽 0.15、颜色为蓝；"标志底板"图层线型为 Continuous、线宽 0.3、颜色为黑；"指示箭头"图层线型为 Continuous、线宽 0.3、颜色为青；"尺寸标注"图层线型为 Continuous、默认线宽、颜色为绿；"文字标注"图层线型为 Continuous、默认线宽、颜色为洋红；上述图层创建及属性设置情况如图 5-27 所示。

（4）关闭[图层特性管理器]对话框，返回绘图区域。首先，单击"图层控制"下拉列表框，切换至"辅助中心线"图层，分别在"特性"工具栏中设置"线型控制"、"线宽控制"和"颜色控制"三个下拉列表框选项均为"ByLayer"；启用直线命令，绘制两条长约 1400 的相互垂直的红色点划中心线，其线型、线宽和颜色均与当前图层设置一致。

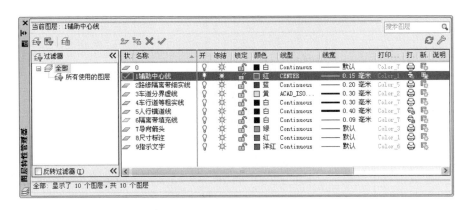

图 5-27　图层创建与图层属性设置

（5）切换至"辅助细实线"图层，启动绘圆命令，在该图层上分别绘制半径为 300 和 400 的两个蓝色细实线的同心圆；再启动直线命令，分别绘制与基线夹角为 20°、40°、160°和 280°的蓝色细实线型径向辅助线。

（6）再切换到"标志底板"图层，绘制半径分别为 600 和 590 的两个黑色粗实线的底板边框同心圆。

（7）切换到"指示箭头"图层，运用直线工具、绘圆工具、偏移命令和旋转命令等，绘制 3 个黑色粗实线的旋转指示箭头。

说明：上述"指示箭头"与"标志底板"两图层的属性设置相同，之所以要分两个图层绘制图形，主要是便于用户在后期的单独修改与编辑。

（8）切换到"尺寸标注"图层，分别启用线性尺寸标注、半径尺寸标注和角度尺寸标注命令，为图形添加绿色的尺寸标注。其中"尺寸标注样式"用户可提前创建或设置。

（9）切换到"文字标注"图层，启动多行文字标注命令，从弹出的"文字格式"对话框中设置字体"宋体"、字号"50"、颜色"ByLayer"（洋红）等；然后输入文字内容"蓝底、白边、白图形"字样。至此，分层绘制的"环岛行驶"指示标志完成。

提示：如果用户需要保存上述图层属性设置，可先打开"图层特性管理器"对话框，从中单击"图层状态管理器"按钮，再从该对话框中单击"新建"按钮，输入要保存的图层状态名称"交通指示标志图层设置",然后单击"确定"按钮即可。该图层状态文件用户可在以后的绘图与编辑过程中调用。

本 章 小 结

本章重点阐述了图层的创建与使用的基本方法,介绍了图层的功能、图层的创建、图层特性的设置、图层状态的控制、图层的编辑以及图层状态的保存与调用等内容。通过本章的学习,要求读者熟练掌握创建新图层的基本方法,熟悉图层颜色、线型和线宽等特性的设置操作,了解控制图层显示状态、编辑图层、保存和调用图层状态的操作方法等。

练习与思考题

1. 简述图层的作用是什么?新建一个图层时应如何设置?
2. 控制图层的显示状态时,通常包括哪些内容?
3. 用户新建一个图形文件,练习创建不同的图层,并分别对所有新建图层进行锁定、关闭、冻结、打印以及删除等操作,再对0层执行上述操作,考察结果如何?
4. 应该如何设置图层过滤?
5. 简述保存、恢复和调用图层状态的基本操作。
6. 按线型或按图形组成与结构创建一组图层,并分图层绘制如题图5-1所示的"T"形交叉口警告标志。

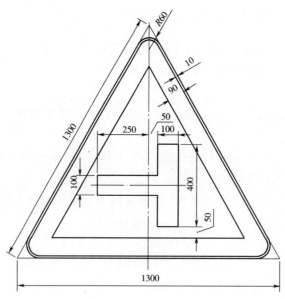

题图5-1 "T"形交叉口警告标志

第 6 章　图块与外部参照

【本章学习目标】

本章主要讲述图块与外部参照的操作方法与应用,其中包括图块的创建、保存、插入、编辑、属性设置以及外部参照的使用等。通过本章的学习,读者应掌握以下内容:

(1)图块创建与保存的基本方法。

(2)单个图块、多个图块、嵌套图块的插入方法。

(3)图块属性的设置。

(4)图块及其属性的编辑。

(5)外部参照的附着、编辑与绑定。

在交通工程绘图中,经常需要绘制一些固定的图形符号或结构相同的图形,如各类标志、标牌、构造物、安全装置与设施等。如果每次都从头重复绘制这些图符或图形,将会增大很多绘图工作量,造成工作效率低下。AutoCAD 为用户提供了一种定义图块的方法,可将这些固定的图形符号或相同结构的图形预先定义成图块,在需要时将其插入到图形的指定位置,还可以使用复制、移动、旋转、比例缩放、镜像、删除和阵列等方法进行编辑。这样,不仅可简化绘图,提高效率和水平,便于统一修改,而且还可减少图形储存的磁盘空间。

6.1　创建图块

图块是由一组图形或实体组成的集合实体,是绘制在几个图层上的不同特性对象的组合。在绘制大量相同或相似的图形内容时,用户可以利用图块功能将雷同的部分定义成图块,然后在需要时直接插入使用;也可以将已有的图形文件插入到当前图形中编辑和修改,从而提高绘图效率。

图块总是在当前图层上,但块参照则保存了该块对象的原图层、颜色和线型特性等信息。用户可以控制图块中的对象使其保留原特性或继承当前的图层、颜色、线型或线宽设置。

图块的确定通常需要三个要素:图块名、图块所包含的对象和图块的插入基点。图块的三要素在图块的定义和使用中都会用到。

图块分为内部块和外部块两种形式。内部块跟随定义它的图形文件一起保存在图形文件的内部,它只能在本图形文件中插入或调用。外部块不依赖于某一个图形文件,其本身就是一个图形文件,即在图形文件中创建图块后,该图形文件中并不包含这个图块,图块以文件的形式存储在计算机中。

创建内部图块有多种方法,这里主要介绍【使用对话框方式定义图块】和【使用命令行方式定义图块】两种方法。

6.1.1 使用对话框方式定义图块

使用【块定义】对话框方式定义图块,通常有如下 3 种方式。

- 命令:键入 block 或 b 或 bmake。
- 图标:在【常用】➤【块】选项面板中,单击【创建块】按钮；或在【绘图】工具栏中,单击【创建块】按钮。
- 菜单:选择菜单中【绘图】➤【块】➤【创建】命令。

基本操作:

(1)执行上述 3 种方式之一,启动【创建块】命令,系统将打开【块定义】对话框,如图 6-1 所示。

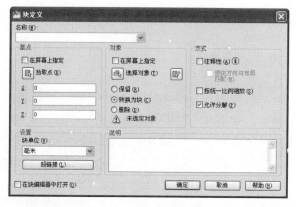

图 6-1 【块定义】对话框

解释:在该对话框中,各选项的含义说明如下。

【名称】文本框:用于输入新定义图块的名称。

【基点】选项区:用于指定图块插入基点的位置。每个图块都有一个插入基点,该插入基点最好选择图形的特征点,如圆心、左下角等。当插入该图块时,此插入基点变为图块的坐标系原点。确定插入基点的方法有如下 3 种:

◇【在屏幕上指定】复选项:选中该复选项,系统会在关闭对话框后,提示用户在屏幕上指定一点作为插入基点,默认值是(0,0,0)。

◇【拾取点】按钮：单击该按钮,系统会返回到绘图区,用户可用鼠标在当前图形中拾取一点作为插入基点。

◇【X/Y/Z】文本框:直接在文本框中输入 X、Y、Z 坐标值来确定插入基点的位置。

【对象】选项区:用于选择组成图块的对象。其中包括 3 种图块对象的选择方法和 3 种定义图块后图块对象的处理方法。

◇【在屏幕上指定】复选项:选中该复选项,系统会在关闭对话框后提示用户在屏幕上指定图块对象。

◇【选择对象】按钮:单击该按钮,系统将返回绘图区,由用户在绘图区选取图块对象,选择完毕后可单击鼠标右键或按【回车】键退出。

◇【快速选择】按钮:单击该按钮,可利用弹出的对话框定义选择集。

◇【保留】单选项:选择该选项表示,在生成图块后原来选取的对象仍然保留在绘图区中。

◇【转换为块】单选项:选择该选项表示,在生成图块后原选取的对象转化成图块。

◇【删除】单选项:选择该选项表示,在生成图块后原来选取的对象从图中被删去。此时用户可用"Oops"命令恢复被删除的块对象。

◇【未选定对象】:该提示信息表示当前还没有选定任何块对象。当用户选定了块对象后,该提示信息会改显所选定的对象数目。

【方式】选项区:该选区用于设置图块的创建方式。

◇【注释性】:选择该复选框,表示启用指定块的注释性功能。

◇【使块方向与布局匹配】:用于指定在图纸空间视口中的块参照的方向与布局的方向相匹配。如果未选择【注释性】选项,则该选项不可用。

◇【按统一比例缩放】:用于设定块参照是否必须按统一的比例缩放。

◇【允许分解】:用于指定块参照是否允许被分解。

【设置】选项区:用于设置图块插入单位与超链接。

◇【块单位】下拉列表框:用于设置插入块时的尺寸单位,默认为 mm。

◇【超链接】按钮:用于为图块设置一个超级链接。

【在块编辑器中打开】复选项:若选择该复选项,则在单击【确定】按钮后,会在块编辑器中打开当前的块定义。

【说明】文本框:用于输入有关图块预览时的文字说明。

(2)在【块定义】对话框中,用户可根据需要分别输入或指定新定义块的名称、基点、对象、方式以及块单位等选项内容,然后单击【确定】按钮,于是一个图块在当前图形中定义完成。

【实例 6-1】 利用"块定义"的对话框方式,创建一个"限制速度"禁令标志图块,如图 6-2 所示。

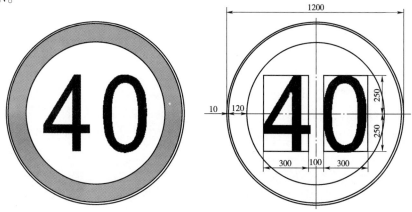

图 6-2 【限制速度】禁令标志

操作步骤：

（1）首先，绘制如图6-2所示的"限制速度"禁令标志的图形，其中文字设置字体为"T Arial Unicode MS"、字高为"500"、字间距为"1.12"、宽度因子为"0.9"。

（2）在命令行中输入block或b，系统会弹出【块定义】对话框。

（3）在对话框的【名称】文本框中输入图块名"限速标志"。

（4）单击【拾取点】按钮，系统切换至图形窗口中，用鼠标捕捉并单击圆心点，指定该点为插入基点。

（5）单击【选择对象】按钮，系统再次切换至图形窗口中，用鼠标圈选或交叉选择构成图块的图形。

（6）根据作图需要，选择【保留】、【转换为块】或【删除】三个单选项之一。这里选择【转换为块】单选项。

（7）单击【确定】按钮，于是一个【限速标志】的图块定义完成。

6.1.2 使用命令行方式定义图块

使用命令行方式定义图块的方法可以便捷地创建一个图块，具体命令与操作如下。

命令：键入 –block。

基本操作：

（1）在命令行输入"–Block"，启动【块定义】命令，系统将在命令行中显示如下提示与交互信息。

命令：–Block	（启动块定义命令）
输入块名或[?]：禁止通行标志	（提示用户输入创建的图块名，或输入"?"来查询已建立的图块，这里输入块名为"禁止通行标志"）
指定插入基点或[注释性(A)]：	（要求指定图块的插入基点，或输入"A"建立注释性）
选择对象：找到1个	（提示用户选择图块包含的对象，并显示所选对象的数目）
选择对象：	（提示继续选择对象，若按【空格】键结束选择并完成图块定义）

（2）执行上述各步操作后，即完成一个图块的定义。

提示： 在使用命令行方式创建图块后，选定的图块对象将会从图形中被删除。如果用户需要找回，可在执行"block"命令后，即刻输入"oops"命令来恢复已删除的对象。

【**实例6-2**】 利用命令行方式，创建一个【注意危险】标志图块，如图6-3所示。

操作步骤：

（1）绘制如图6-3所示的【注意危险】警告标志。

（2）在命令行中键入"–block"，启动【块定义】命令。

（3）在命令行【输入块名或[?]：】提示下，输入要创建的图块名"注意危险标志"。

（4）在【指定插入基点或[注释性(A)]：】提示下，点选内三角形的顶点 F 作为图块的插入基点。

（5）在【选择对象：】提示下，框选整体标志为图块对象。

（6）按【空格】键结束图块定义。此时，所选对象从图中被删除，键入"oops"命令可恢复查看。

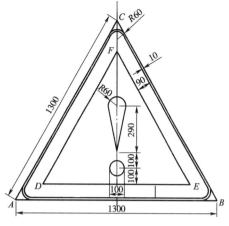

图 6-3 【注意危险】警告标志

提示：上述两种用"block"命令定义的图块，均属于"内部块"。它只能依附在当前图形中，且在当前图形文件中使用，不能独立存在。若要在其他的图形文件中使用该图块，必须先使用"wblock"（保存图块）命令将其以图形文件的形式存储起来，然后才能为其他图形所调用。

6.2 保存图块

保存图块是指将创建的图块以图形文件的形式保存到计算机中，也就是创建外部图块。该项操作的命令形式只有一种，即在命令行中执行"Wblock"命令，具体操作如下。

- **命令**：键入 wblock 或 w。

基本操作：

（1）在命令行键入"wblock"或"w"，启动【保存图块】命令，系统将弹出【写块】对话框，如图6-4所示。通过该对话框，用户可定义外部图块，具体方法与定义内部图块相似，所不同的是这里需要在【文件名和路径】下拉列表框中指定图块保存的位置及名称。

解释：在该对话框中，部分选项的含义说明如下。

【源】选项组：用于选择外部图块的对象来源，系统提供了如下3种选择方式。

◇【块】单选项：用于指定将内部图块转换为外部图块。选择该项后，它右边的下拉列表框被激活，其中包含所有已存在的图块，用户可从中选择需要写入文件的内部块名称。

◇【整个图形】单选项：选择该选项，系统会将当前的整个图形生成为一个外部块。

◇【对象】单选项：选择该选项后，【基点】区和【对象】区被激活，用户可参照【使用对话框方式定义图块】的方法选择插入点和块对象。

图 6-4 【写块】对话框

【目标】选项区:用于输入新建外部块的文件名、存储路径以及插入时的尺寸单位。

(2)用户可根据需要,在该对话框中选择图块源文件,指定要保存的块文件名与路径,确定其插入单位等。

(3)上述各项设置完成后,单击【确定】按钮,系统就会将"图块"按指定路径保存到磁盘中。

6.3 插入图块

在图块创建和保存后,如果需要将其调入到当前绘图窗口中,可利用 AutoCAD 中的插入图块功能将其插入到指定位置。在插入图块时,用户需要确定以下 4 个参数:插入的图块名、插入点坐标、被插入图块的缩放比例以及图块的旋转角度。在 AutoCAD 中,可以分别插入单个图块、多个图块或嵌套图块。

6.3.1 插入单个图块

插入单个图块的启动命令有如下 3 种方法。

- 命令:键入 insert 或 i 或 ddinsert。
- 图标:在【常用】▶【块】选项面板中,单击【插入块】按钮。
- 菜单:单击菜单中的【插入】▶【块】命令。

【基本操作】:

(1)执行上述 3 种方式之一,启动【插入块】命令,系统将打开【插入】对话框,如图 6-5 所示。

图 6-5 【插入】对话框

解释:在该对话框中,各选项的含义及使用方法如下。

【名称】下拉列表框:用于选择要插入的图形文件名称或图块名。用户可以单击下拉按钮,从当前图形的所有块中选择某一图块;也可以单击【浏览】按钮,用浏览方式从所有文件夹中选择要插入的图块或图形。一旦选中图块名,【名称】框右侧将显示图块的预览效果。如果选择的是图形,在插入时系统自动将其转换为图块。如果勾选了【路径】中的复选框,则表示使用地理数据进行定位。

【插入点】选项组:用于设置图块插入点的位置。用户可以在对话框中直接输入插入点的 X、Y、Z 的坐标,也可以选中【在屏幕上指定】复选框后在屏幕上指定插入点位置。

【比例】选项组:用于设置图块在 X、Y、Z 方向的缩放比例,默认值均为 1;也可以勾选【在屏幕上指定】复选框,在屏幕上指定缩放比例。若选中【统一比例】选项,则表示三个坐标的比例系数相同;若缩放比例系数为负值,那么插入的块将作镜像变换。

【旋转】选项组:用于设置插入图块的旋转角度,默认值为 0。用户可以直接在【角度】文本框中输入角度值,也可以通过选中【在屏幕上指定】复选框后在屏幕上指定。系统规定:角度为正时,按逆时针方向旋转;否则,按顺时针方向旋转。

【块单位】选项组:用于设置块的单位及比例。其中,【单位】栏用于指定插入块的插入单位;【比例】栏用于显示单位比例因子,它是根据块和图形单位间的插入单位值计算得出的。

【分解】复选项:选中该复选项,系统可将插入的图块自动分解成组成块的各基本对象。选择【分解】时,只能指定统一的比例因子。

(2)在上述对话框中,用户可分别输入或选择要插入的图块名、插入点坐标、插入图块的缩放比例和图块的旋转角度等参数。

(3)在各选项设置完成后,单击【确定】按钮,于是一个图块被插入到当前图形中。

【实例 6-3】 用"insert"命令,在当前的道路图形中插入"停车让行"禁令标志图块和"车道导向箭头"图块,如图 6-6 所示。

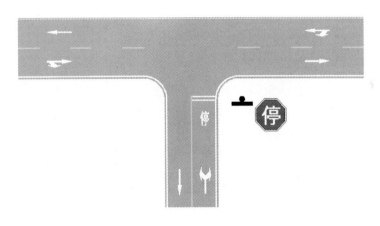

图 6-6 插入单个图块示例

操作步骤:

(1)首先,绘制如图 6-6 所示的道路基础线型与道路标线,并将路面填充为浅灰色。

(2)绘制或调用已有的"停车让行"标志图和各有关的"车道导向箭头"图形,依次将它们保存命名为"停车让行"、"直行箭头"、"直左箭头"、"直右箭头"和"左右转箭头"等图块,如图 6-7 所示。

提示:在保存图块时,"停车让行"标志的图层颜色设置为"黑",所有元素属性均设置为"ByLayer";"导向箭头"的图层颜色设置为"白",所有元素属性均设置为"ByLayer",内部填充为白色。

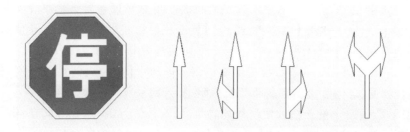

图 6-7　停车让行标志图块和车道导向箭头图块

（3）在命令行键入"insert"或"i"，系统打开【插入】对话框。在【名称】文本框中选择图块名"停车让行"，在【插入点】选项区勾选【在屏幕上指定】复选框，在【比例】选项组中输入图块缩放比例为"0.6"，在【旋转】选项组中输入图块旋转角为"0"，其他均为默认值。设置完成后，单击【确定】按钮，系统将关闭对话框，返回绘图窗口中。此时，在需要插入图块的位置处点击鼠标指定"插入点"位置。于是，一个"停车让行"标志的图块被插入到当前图形中。

（4）重启"insert"命令，此次在【插入】对话框中选择图块名"直行箭头"，设置旋转角度为"90"，比例均为"0.6"，在图中横向车道的左上位置指定为插入点，于是一个水平向左指向的"直行箭头"图块被插入到当前图形的相应车道中。重复上述操作，分别设置旋转角度为"180"和"-90"，其他设置不变，可以在图中插入其他两个"直行箭头"图块。

（5）类似地，可为当前图形中的车道插入其他几个"直左箭头"、"直右箭头"和"左右转箭头"的图块。

6.3.2　插入多个图块

当用户需要一次插入多个图块时，可应用系统提供多个块阵列插入命令"minsert"。在插入过程中，用户除了要输入图块名、插入点、插入比例外，还要输入阵列的行数、列数以及行间距和列间距，下面举例说明。

【实例6-4】　用"minsert"插入多个图块的方法，为如图6-8所示的道路添加"无人看守铁道路口"警告标志。

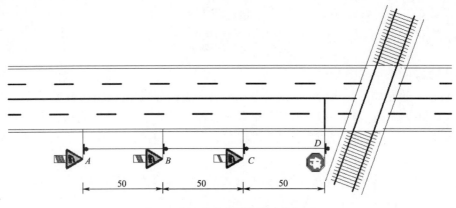

图 6-8　插入块阵列示例（尺寸单位：m）

说明：假设已经创建并保存了如图 6-9 所示的图块，分别命名为"铁道路口"、"斜杠符号1"、"斜杠符号2"、"斜杠符号3"、"标牌"以及"停车让行"，下面要将它们以块阵列的形式或单图块的形式分别插入到道路图形中去。

a) "无人看守铁道路口"警告标志

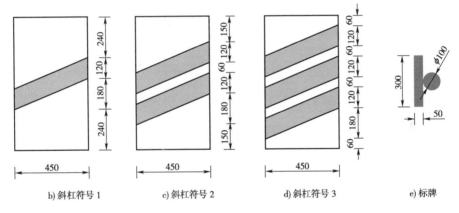

b) 斜杠符号1　　c) 斜杠符号2　　d) 斜杠符号3　　e) 标牌

图 6-9　标志与"标牌"图块

操作步骤：

(1) 首先，按照如图 6-8 所示绘制道路与铁道基本线型示意图，同时创建如图 6-9 所示的图块。

(2) 以块阵列的方式插入"标牌"图块。在命令行中键入"minsert"，启动【插入多个图块】命令；在【输入块名或[?]：】提示下，用户可直接输入要插入的图块名"标牌"，如果不知道确切的块名则可键入"?"查询；在【指定插入点或[基点(B)/比例(S)/旋转(R)]：】提示下，用鼠标在绘图区指定插入图块的位置点 A；在【指定比例因子 <1>：】提示下，输入比例因子值"0.1"（可视情调整）；在【指定旋转角度 <0>：】提示下，输入图块旋转角度值"0"；在【输入行数(---) <1>：】提示下，输入块阵列的行数"1"；在【输入列数(|||) <1>：】提示下，输入块阵列的列数"4"；在【指定列间距(|||)：】提示下，输入列间距值"50"。于是，系统在图中 A、B、C 和 D 四个位置各插入一个"标牌"图块。

(3)与上述操作相似,可插入"铁路道口"标志。重启【插入多个图块】命令;输入块名"铁路道口",单击 A 点处作为图块插入点,输入比例因子为"0.1",输入旋转角度为"270",输入块阵列的行数为"3"、列数为"1",输入行间距值"50"。于是,3 个"铁路道口"标志块阵列插入完成,其中命令行的同步提示信息如下。

```
命令:Minsert                              (启动插入多个图块命令)
输入块名或[?]<斜杠符号1>:铁道路口          (提示输入块名,这里输入"铁路道口")
单位:毫米   转换:    1.0000               (系统显示块单位及转换比例)
指定插入点或[基点(B)/比例(S)/旋转(R)]:    (要求用户指定图块插入点,这里点选 A 点)
指定比例因子<1>:0.1                        (提示输入块缩放比例因子值,这里为 0.1)
指定旋转角度<0>:270                        (输入块旋转角度值,这里为 270)
输入行数(---)<1>:3                        (输入块阵列的行数值,这里为 3)
输入列数(|||)<1>:1                        (输入块阵列的列数值,这里为 1)
指定行间距(|||):50                         (指定行间距,这里为 50,系统自动完成块阵列)
```

(4)再键入"insert"命令,分别将"斜杠符号3"、"斜杠符号2"、"斜杠符号1"以及"停车让行"标志块以单个块的形式插入到图示位置。

至此,全部图块插入完毕。

6.3.3 图块嵌套

在 AutoCAD 中,允许一个图块中包含着另一个图块,这种情况称为图块嵌套。使用嵌套块可以简化复杂块定义的组织。当用户【分解】一个嵌套图块时,嵌套在该图块中的另一个图块并没有被分解。若要使其进一步分解,必须连续使用"Explode"命令。

6.4 设置与使用图块属性

6.4.1 属性的概念及特点

属性是附属于图块的文本信息,是图块的一个组成部分。它就好比是附在商品上的标签一样,包含着其标题、类别、格式、属性值等各种信息。图块属性可以通过【属性定义】命令以字符串的形式表示出来。一个具有属性的块,由两部分组成:图形实体和属性。一个图块可以包含多个属性,在每次块插入时属性可以隐藏,也可以自动显示,还可以根据需要改变其属性值。用户可以对任意图块添加属性和修改属性。

属性虽然是图块中的文本信息,但它不同于图块中的一般文字实体,它有以下特点:

(1)一个属性包括属性标签(Attribute Tag)和属性值(Attribute Value)两个内容。例如,把"Name(名称)"定义为属性标签,而每一个块引用时的具体名称,如"交通警示标志"就是属性值,即称为属性。

(2)在定义图块之前,每个属性也要用【属性定义】命令(attdef)进行定义,由此来确定属性标签、属性提示、属性默认值、属性显示格式及属性在图中的位置等。属性定义完成后,该属性以其标签形式在图形中显示出来,并把有关的信息保留在图形文中。

(3)在定义图块前,可以用 properties、ddedit 等命令修改属性定义,属性必须依赖于块而存在,没有块就没有属性。

(4)在插入图块时,通过属性提示,要求用户输入属性值;在插入图块后,属性以属性值形式显示。因此,同一个定义块,在不同的插入点可以有不同的属性值。

(5)在插入图块后,可以用【属性显示控制】命令(attdisp)来改变属性的可见性,可以用【属性编辑】命令(attedit)对属性做修改,也可以用【属性提取】命令(attext)把属性单独提取出来写入文件,以供制表使用。

6.4.2 定义及使用图块属性

1)定义块属性

定义块属性实际上就是为图块建立文字说明。【定义块属性】常用如下 3 种方式。

- 命令:键入 attdef 或 ddattdef 或 att。
- 图标:在【常见】▶【块】选项面板中,单击【定义属性】按钮。
- 菜单:选择菜单中【绘图】▶【块】▶【定义属性】命令。

【基本操作:】

(1)执行上述 3 种方式之一,启动【定义块属性】命令,弹出【属性定义】对话框,如图 6-10 所示。

解释:在该对话框中,各选项的含义及用法如下。

【模式】选项组:用于设定图块属性的模式,其中有 6 种模式可供用户选择。

◇【不可见】模式:表示在插入块时,不显示或打印属性值。

◇【固定】模式:表示在插入块时,赋予属性固定值。

◇【验证】模式:表示在插入块时,提示验证属性值是否正确。

◇【预设】模式:表示在插入包含预设属性值的块时,将属性设置为默认值。

图 6-10 【属性定义】对话框

◇【锁定位置】模式:表示锁定块参照中属性的位置。解锁后,属性的位置可以相对适当移动,并且可调整多行文字属性的大小。

◇【多行】模式:表示指定属性值可以包含多行文字,也可指定属性的边界宽度。

【属性】选项组:用于设置图块的以下属性。

◇【标记】文本框:用于输入标识图形中每次出现的属性。用户可以使用除空格以外的任何字符组合来输入属性标记。

◇【提示】文本框:用于输入在插入带属性的块时,出现在命令行中的提示信息。如果不输入该提示信息,属性标记将作为提示。如果在【模式】选区组中选择【固定】模式,则该【提示】选项将不可用。

◇【默认】文本框:用户指定默认属性值。

◇【插入字段】按钮:单击该按钮,将打开【字段】对话框,可以利用该对话框插入一个字段作为属性的全部或部分值。

◇【插入点】选项组:用于指定属性值的插入点位置。用户可以在 X、Y、Z 文本框中直接输入插入点坐标,也可以选择【在屏幕上指定】选项,在关闭对话框后由系统提示用户在屏幕上指定属性值的插入点。

【文字设置】选项组:用于设置属性文字的对正方式、样式、高度和旋转角度等。

◇【注释性】选项:用于指定属性为注释性。

◇【边界宽度】文本框:用于设置多行文字属性中文字行的最大长度。只有在选择【多行】模式后此项被激活。

◇其他选项,不再重复。

【在上一个属性定义下对齐】复选框:选中该选项,表示将按照前属性的对齐方式进行对齐。

(2)在该对话框中,用户可为图块定义各种属性或设置有关参数,如模式、属性、插入点和文字设置等,在各项设置完成后单击【确定】,即可完成对块属性的定义。

2)在图中插入带属性的图块

属性只有和图块在一起才有意义。一旦给图块附加了属性或者在图形中定义了属性,用户就可以使用前面介绍过的方法插入带属性的图块。用户插入一个带属性的块或图形文件时,其提示信息与插入一个不带属性的块完全相似,只是在提示后面多增加了属性输入提示。用户可在各种属性提示下输入属性值或接受默认值。

用户可使用系统变量 ATTDIA 来控制提示用户输入属性时的方式:当 ATTDIA 设置为 0 时,表示在命令行中显示属性提示;当 ATTDIA 设置为 1 时,表示在对话框中显示属性提示。

通常,在插入带属性的块时,属性的提示顺序与创建块时选择属性的顺序相同。但是,如果使用交叉选择或窗口选择方式时,则提示顺序与创建属性的顺序相反。用户可以使用块属性管理器来修改在插入图块时输入属性信息的提示顺序。

【实例 6-5】 利用图块属性功能,为"限制速度"标志创建块属性,并在图中插入带属性的图块,如图 6-11 所示。

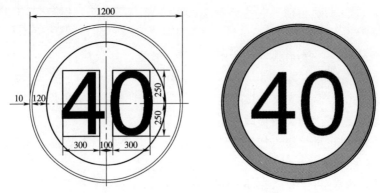

图 6-11 为"限制速度"标志创建块属性

操作步骤：

（1）首先，规划哪些对象作为块对象，需要设置哪些块属性。这里拟选取限速标志图案为块对象，拟分别设置"限速值"和"限速范围"两个块属性。

（2）创建组成块的对象。先绘制一个如图 6-11 所示的限速标志边框图并填充颜色（白底、红边）；打开【文字样式】对话框，从中新建一个"可变限速标志"文字样式，其中设置【字体】为"Swis721 BT"、【字体样式】为"Roman"、【高度】为"500"、【宽度因子】（字间距）为"1.000"、【倾斜角度】为"0"，其他为默认值，并将该样式【置为当前】。

（3）定义"限速值"属性。单击【插入】▶【属性】功能面板中的【定义属性】按钮，打开【属性定义】对话框；在【属性】选项区内【标记】文本框中输入"限速值"，在【提示】文本框中输入"请输入限速值"，在【默认】文本框中输入值"80"；在【模式】选项区中选择【预设】复选框，其他均不选择；在【插入点】选项区中，选择【在屏幕上指定】复选框；在【文字设置】选项区中，设置文字【对正】方式为"正中"，【文字样式】为"可变限速标志"。上述设置完毕后，单击【确定】，系统退出属性定义，并返回到绘图区中。此时，用户可在限速标志边框图的中心点单击鼠标，指定其为属性插入点。至此，该属性的定义完成，效果如图 6-12 所示。

（4）重复上述操作，可定义"限速范围"为不同属性，以便对比效果。重新打开【属性定义】对话框，在【标记】文本框中输入"限速范围"，在【提示】文本框中输入"请输入限速范围"，在【默认】文本框中输入值"40～90km/h"，在【模式】选项区中选中【不可见】、【预设】和【锁定位置】复选框，同时勾选【在上一个属性定义下对齐】复选框，其他设置同上。上述设置完毕后，单击【确定】，于是"限速范围"属性定义完成。

（5）定义带属性的块。单击【插入】▶【块】功能面板中的【创建】按钮，弹出【块定义】对话框；输入块名称为"可变限速标志"，拾取圆形标志中心为基点，选取对象时将边框连同属性一起选中，并选取【删除】选项，最后单击【确定】按钮。于是，该图形被定义成一个块并存放在文件内的块库中，但在当前图形中因被删除而不显示。

（6）插入定义好的包含属性的块。单击【插入】▶【块】选项面板中的【插入】按钮，打开【插入】对话框；从中选择要插入的块名称"可变限速标志"，设置比例值、旋转角度值（这里均为默认值），在屏幕上用鼠标指定一个插入点位置，于是一个包含默认属性值的块被插入到当前图形中，如图 6-13a）所示。如果该属性值的显示位置不合适，可单击并拖拽夹点进行调整；如果需要更改属性值，可双击该属性值，从弹出的【增强属性编辑器】中修改其属性值、文字样式与设置以及其他特性等。比如，将属性值改为"50"后，其效果如图 6-13b）所示。

图 6-12 定义块属性实例

a）按默认属性值插入的图块　　b）修改属性值后图块效果

图 6-13 插入和修改块效果

提示： 如果在【模式】选项区不选择【预设】，则在插入块时就会在命令行或动态文本框中提示用户输入属性值。由于"限速范围"属性选择了【不可见】,因而在插入后没有被显示出来,可单击或双击属性值,从弹出的相应属性栏中查看。

【**实例6-6**】 为图中无统一编号的高速公路"里程牌"标志添加块属性,并利用块属性功能插入带属性的图块,如图6-14所示。

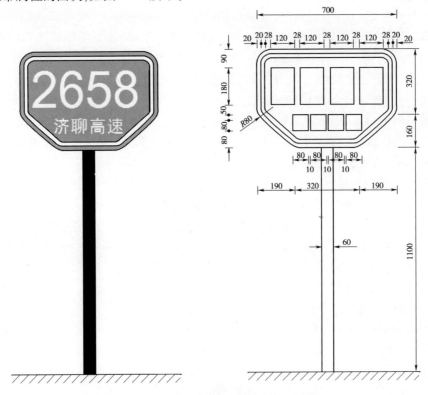

图6-14 定义和使用块属性绘制里程碑(示意图)

操作步骤:

(1)首先,绘制"公路里程牌标志"底板图,填充颜色为"绿底白边",同时绘制文字定位框,如图6-15所示。(为了方便,这里仅绘制里程牌底板图,忽略立柱。)

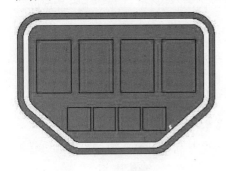

图6-15 "公路里程牌标志"底图

(2)启动【文字样式】创建命令,打开【文字样式】对话框;从中新建一个"公路里程"文字样式,设置【字体名】为"Arial Unicode MS"、【字体样式】为"常规"、【高度】为"180"、【宽度因子】为"1.0",其他为默认值,并将该样式【置为当前】;再新建"公路名称"文字样式,设置【字体】为"黑体"、【字体样式】为"常规"、【高度】为"60"、【宽度因子】为"1.0"。

(3)为"公路里程牌标志"定义属性。先单击【插入】▶【属性】选项面板中的【定义属性】按钮,打开【属性定义】对话框;在【属性】选项区内的【标记】文本框中输入属性标记"0006",在【提示】文本框中输入"请输入公路里程数",在【默认】文本框中输入值"1234";在【模式】选项区内所有复选框均不选择;在【插入点】选项区选中【在屏幕上指定】复选框;在【文字设置】选项区设置文字【对正】方式为"左中",【文字样式】为"公路里程"。上述设置完毕后,单击【确定】按钮,系统退出属性定义,并返回到绘图区。此时,用户可在公路里程文字框的最左边中点单击鼠标,指定属性插入点位置,于是一个"公路里程"属性定义完成,效果如图6-16所示。

(4)按照此法,定义"公路名称"属性。不同之处是,在【模式】选项区选中【预设】复选框;在【标记】文本框中输入"公路名称",在【提示】文本框中输入"请输入公路名称",在【默认】文本框中输入"济聊高速",设置文字【对正】方式为"左中"、【文字样式】为"公路名称",其他设置不变。上述设置完成后,单击【确定】按钮,然后在绘图区中"公路名称"文字框的最左边中点单击鼠标,确定属性的插入点。于是,第二个属性定义完成,效果如图6-17所示。

图6-16 定义"公路里程"属性　　　　图6-17 定义"公路名称"属性

(5)删除上图中所有的文字边框,将字样"0006"和"公路名称"单独所在的图层颜色更改为"白",并将两元素的"颜色"特性设置为"Bylayer"。

(6)定义带属性的块。单击【插入】▶【块】功能面板中的【创建】按钮,打开【块定义】对话框;输入块名称为"公路里程牌标志",拾取边框下边中点为基点,选取对象时将图形与属性一并选中,并选取【删除】选项;最后单击【确定】按钮。于是,该图形与所定义的属性一起被创建为块,但在屏幕上不显示。

(7)插入带属性的块。单击【插入】▶【块】选项面板中的【插入】按钮,打开【插入】对话框;从中选择要插入的块名称"公路里程牌标志",勾选【在屏幕上指定】插入点复选框,设置【比例】为"0.5"、【旋转】角为"0";然后,单击【确定】按钮,在屏幕上单击鼠标指定一个插入点位置。此时,在命令行或动态文本框中系统会显示【请输入公路里程数 <1234>:】提示信息,用户可根据需要输入一个新的里程数,如"2658";随后,系统会在公路里程的下方自动标注【预设】的默认公路名称"济聊高速"。至此,一个完整的带属性值的块被插入到当前图形中,效果如图6-18a)所示。

提示:如果在设置"公路名称"属性时,没有勾选【预设】复选项,则系统会紧接在公路里程输入后,继续提示【请输入公路名称 <济聊高速>:】,此时要求用户输入实际要标注的公路名称,如"沈海高速"等。默认为"济聊高速"。

(8)在插入带属性的块后,如果需要修改属性值,可单击该属性值,从弹出的属性栏中直接输入新内容即可;也可双击该属性值,从弹出的【增强属性编辑器】中修改其属性值、文字选项及特性等。比如,将"公路里程"的"0006"属性值改为"2016",将"公路名称"的属性值修改为"莱威高速",修改后的效果如图 6-18b)所示。

a) 插入一个带属性的块　　　　　　b) 修改属性值后块效果

图 6-18　插入带属性块及修改块属性的效果

6.4.3　修改和编辑块属性

块属性的修改与编辑分为两个层次,即创建块之前和创建块之后。

1) 创建块之前修改属性

当指定了块的属性值后,但又尚未定义块之前时,如果用户需要修改属性,常用以下 3 种命令方式。

- 命令:键入 ddedit 或 ed。
- 菜单:选择菜单中【修改】▶【对象】▶【文字】▶【编辑】命令。
- 快速选择:双击属性定义。

基本操作:

(1) 执行上述任意一种操作后,启动【修改属性定义】命令,系统将在命令行中显示【选择注释对象或[放弃(U)]:】提示信息,提示用户拾取要修改属性定义的对象。

(2) 在选择对象之后,系统自动弹出【编辑属性定义】对话框,如图 6-19 所示。用户可在该对话框中修改属性的标记、提示和默认值等信息。

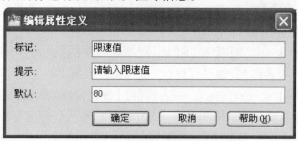

图 6-19　【编辑属性定义】对话框

2) 在创建块之后修改属性

在创建或插入属性块后,如果用户需要进行属性修改,则可以使用以下命令方式。

- 命令:键入 eattedit。
- 图标:在【插入】▶【属性】选项面板中,单击【编辑属性】按钮下的【单个】选项。
- 菜单:单击菜单中【修改】▶【对象】▶【属性】▶【单个】命令。

基本操作:

(1) 执行上述任意一种操作后,启动【编辑块属性】命令,此时在命令行中显示【选择块提示信息。

（2）当用户选择要编辑的属性块后，系统将弹出【增强属性编辑器】对话框，如图6-20所示。用户可在此对话框中修改属性、文字选项和特性等内容。

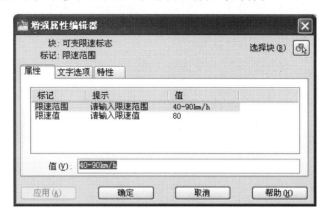

图6-20 【增强属性编辑器】对话框—【属性】选项卡

解释：在该对话框中，3个选项卡的功能如下。

【属性】选项卡：用于显示图块中每个属性的标记、提示和值。当选定一个属性后，在【值】文本框中将显示对应的属性值，用户可修改其属性值。

【文字选项】选项卡：用于修改属性的文字格式，包括文字样式、对齐方式、文字高度、旋转角度、宽度因子和倾斜角度等，如图6-21所示。

图6-21 【增强属性编辑器】对话框—【文字选项】选项卡

【特性】选项卡：用于修改属性文字的图层、线型、颜色、线宽以及打印样式等，如图6-22所示。

此外，该对话框中还包含有【选择块】和【应用】等按钮。【选择块】按钮用于重新选择要编辑的带属性的块对象，【应用】按钮则是将修改后结果应用于属性块中。

3）属性显示控制

用于控制属性值的可见性显示。启动该命令的常用方法有如下2种。

- 命令：键入 attdisp。
- 菜单：单击菜单中【视图】➤【显示】➤【属性显示】➤【普通/开/关】命令。

图 6-22 【增强属性编辑器】对话框—【特性】选项卡

基本操作：

(1)当执行第一种操作后,将启动【属性显示控制】命令。此时,命令行中将显示【输入属性的可见性设置[普通(N)/开(ON)/关(OFF)]<普通>:】提示信息,用户可选择其中的一种属性可见性显示方式。

说明：【普通(N)】——表示正常显示方式,即按属性定义时的可见方式来显示属性；【开(ON)】——表示打开方式,即所有属性均为可见；【关(OFF)】——表示关闭方式,即所有属性均不可见。

(2)当执行第二种操作后,用户可直接通过下拉菜单的选项来设置属性的可见性。

4)块属性管理器

该功能用于块中的属性管理。启动【块属性管理器】有如下 3 种方式。

• 命令：键入 battman。

• 图标：在【常用】▶【块】选项面板中,或在【插入】▶【属性】选项面板中,单击【管理属性】按钮 。

• 菜单：单击下拉菜单中【修改】▶【对象】▶【属性】▶【块属性管理器】命令。

基本操作：

(1)执行上述 3 种方式之一,打开【块属性管理器】对话框,如图 6-23 所示。

(2)在该对话框中,用户可设置有关选项和修改各种属性参数。

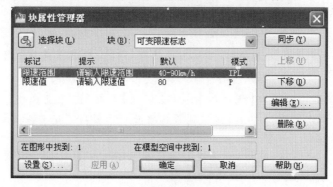

图 6-23 【块属性管理器】对话框

解释：在该对话框中，有关选项的含义如下。

【选择块】按钮：用于选择要编辑的块。单击该按钮，可切换到绘图窗口，从中选择需要编辑的图块。

【块】下拉列表框：显示当前选择块的名称。该下拉列表框中列出了当前图形中所有包含属性的图块名称，供用户选用。

【属性】列表框：位于对话框的中间区域，列出了当前所选择块的所有属性，包括属性标记、提示、默认、模式等。

【同步】按钮：同步更新已修改的属性块实例。

【上移】和【下移】按钮：将属性列表框中选中的属性行上移一行或下移一行，这将影响到在插入块时的属性提示顺序。

【编辑(E)】按钮：修改和编辑属性的特性。单击该按钮，系统弹出【编辑属性】对话框，如图 6-24 所示。其中包含三个选项卡：【属性】、【文字选项】和【特性】，分别用于编辑或重新设置块的属性、文字选项和特性等。其中

◇ 在【属性】选项卡中，【模式】选项组——用于修改块属性的模式；【数据】选项组——用于修改属性的定义；【自动预览修改】复选框——用于确定是否在绘图窗口预览所做的修改。

◇ 在【文字选项】和【特性】两个选项卡中，其形式和功能与【增强属性编辑器】对话框完全相同。

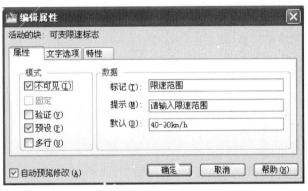

图 6-24 【编辑属性】对话框

【设置(S)】按钮：用于设置在【块属性管理器】对话框的【属性】列表框中显示的内容。单击该按钮，弹出【块属性设置】对话框，用户可确定要显示的内容，如图 6-25 所示。

【删除】按钮：用于删除在【属性】列表框中选中的属性定义，块中所对应的属性值也将同步被删除。

【应用】按钮：将修改后的属性应用于编辑块中。

5) 提取属性

在 AutoCAD 的块及其属性中含有大量的数据，如块名称、块插入点坐标、插入比例以及各属性的值等。用户可根据需要将这些数据提取出来，并将它们写入文件保存，以供后续分析使用。

基本操作：

在命令行输入 attext 命令，即可提取块属性的数据。此时，系统将打开【属性提取】对话

框,如图 6-26 所示,不再细述。

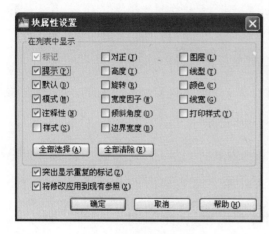

图 6-25 【块属性设置】对话框

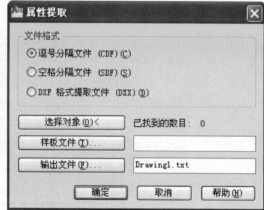

图 6-26 【属性提取】对话框

6.5 编辑图块

编辑图块是指对已定义的图块进行重新编辑的操作过程。编辑图块包括分解图块、重定义块、在位编辑块和块编辑器等功能。

6.5.1 分解图块

分解图块是指将块由一个整体分解为组成块的各个部分,然后对其进行修改和编辑的操作。启动【分解】命令有以下 3 种方式。

- 命令:键入 explode 或 x。
- 图标:单击【常用】▶【修改】面板中的【分解】按钮,或单击【修改】工具栏上【分解】按钮。
- 菜单:选择菜单中【修改】▶【分解】命令。

【基本操作】

(1)执行上述任意一种操作后,启动【分解】命令,系统将在命令行中显示如下操作提示信息。

```
命令:_explode                    (执行分解命令)
选择对象:找到 1 个              (提示用户选择需要分解的对象)
选择对象:                         (继续选择分解对象,或按【回车】键结束选择,完成分解)
```

(2)依次执行上述操作后,即可完成对象的分解。

说明:分解图块一次只能分解一级,对于嵌套图块需要逐级分解。对于在创建块时没有选择【允许分解】复选框的图块,不能被分解。

6.5.2 重定义图块

重定义块是指对已定义的图块进行重新定义的操作过程。在 AutoCAD 绘图中,常常会遇到这样的情形,当一个已创建的图块在图形中被反复插入若干次后,却发现原图块不符合要求需要修改。此时,倘若采用分解图块、逐一修改方法,不仅烦琐量大,而且也存在着很大的局限性。一方面,所修改的内容仅限于当前被编辑的图形本身,无法对已插入的块内容统一更改;另一方面,所修改的内容也无法反映在块库中源图块定义中,当再次插入新图块时还将保持原样内容。因此,要真正实现对块的方便修改和统一更新,最好的方法就是将修改后的块重定义为一个同名的块,用重定义的块来替换块库中的源图块,这样既可以满足对已插入块内容的自动更新,也可保证新插入的块内容是重定义后的块内容。

重定义块的操作非常简单,与创建块的过程基本一样。重定义块的命名时应与要替换的块名相同。在重定义块的最后一步,系统会弹出一个【块—重新定义块】的警示信息框,提示用户是否继续重新定义块的操作,如图 6-27 所示。此时,如果用户单击【重新定义块】按钮,表示继续上述操作,系统将覆盖源块定义并自动更新所有块参照;如果单击【不重定义】按钮,系统将自动取消上述操作。

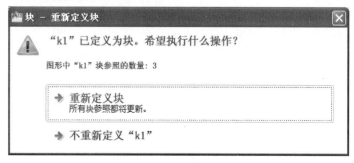

图 6-27 【重新定义块】警示信息框

6.5.3 块的在位编辑

除了上述重定义块的方法外,AutoCAD 还有一个【在位编辑块】工具可供用户修改块库中的块定义。所谓在位编辑,就是在原来图形的位置上进行编辑,这是一个非常便捷的工具,不必分解块就可以直接对它进行修改,而且可以不必理会插入点的位置和原始图线所在的图层。

启动【在位编辑块】命令,常用如下两种方式。

- 命令行:键入 refedit。
- 快捷菜单:在选中的块上右击鼠标,从弹出的快捷菜单中选择【在位编辑块】命令。

【基本操作】:

(1)执行上述任意一种方式,系统打开【参照编辑】对话框,如图 6-28 所示。在对话框的【参照名】列表框中显示有要编辑的块名。如果这些块中包含有

图 6-28 【参照编辑】对话框

嵌套的块,还会将嵌套的树状结构显示出来,以便用户自主选择编辑当前的根块,或编辑嵌套其中的子块。

(2)当用户选定要编辑的图块后,单击【确定】按钮,系统就会进入参照和块的编辑状态。此时,除了块定义的图形以外,其他图形全部褪色显示。如果目前处于【二维草图与注释】工作空间,系统还会在功能区的【插入】选项卡中增加一个【编辑参照】选项面板,如图6-29a)所示;如果目前处于【AutoCAD 经典】工作空间,系统则会弹出【参照编辑】工具栏,如图6-29b)所示。

a)【编辑参照】选项面板　　　　　b)【参照编辑】工具栏

图6-29　新增或弹出的【参照编辑】面板或工具栏

说明:在上述选项面板或工具栏中,分别包含有4个主要按钮:【添加到工作集】按钮、【从工作集删除】按钮、【放弃修改】按钮和【保存修改】按钮,功用不再细述。

(3)在块编辑状态下,用户可修改和完善块内容,从而完成对块定义的编辑。单击【编辑参照】面板或工具栏中【保存修改】按钮,在弹出的警告对话框中单击【确定】按钮,于是将修改内容保存到块的定义中,至此块的在位编辑完成。

提示:【在位编辑块】命令可以快速修改块定义。那么,何时使用【重定义块】命令,何时使用【在位编辑块】命令呢?一般来说,如果已经绘制好了一个可以替代块的图形后,使用【重定义块】比较方便;如果仅仅是在块上做简单修改而没有一个可以替代块的图形时,使用【在位编辑块】更快捷一些。

6.5.4　块编辑器

AutoCAD 还有一种【块编辑器】功能,它的使用方法和块的在位编辑相似,不同的是它将会打开一个专门的编辑器,而不是在原来图形的位置上进行编辑。它主要是为动态块的创建而设计的,是一个功能更强大的编辑器。启动【块编辑器】常用如下3种方式。

- 命令行:键入 bedit 或 be。
- 功能区:单击【插入】▶【块】选项面板中【块编辑器】按钮。
- 快捷菜单:选择块,在右键快捷菜单中选择【块编辑器】。

关于块编辑器的使用与操作,不再细述。

6.6　使用外部参照

外部参照块是指在一幅图形中对另一幅外部图形的引用。外部参照有两种基本用途:首先,它是当前图形中引入不必修改的标准元素的一个高效率途径;其次,它提供了在多个图形中应用相同图形数据的一种手段。

当用户对外部参照块进行修改后,AutoCAD2010 都会自动地在它所附加或覆盖的图形中将其更新,这是外部参照和块引用的显著区别。

在绘制一个图形时,如果需要参照其他图形或者图像来绘图,但又不希望占用太多的存储空间,这时使用 AutoCAD 的外部参照功能更为方便。因为附着的外部参照连接至另一图形,并非真正插入。因此,使用外部参照可以生成图形而不会显著增加图形文件的大小。

6.6.1 附着外部参照

所谓附着外部参照就是将存储在外部媒介上的外部参照链接到当前图形中。如果附着一个图形,而此图形中又包含附着的外部参照,则该附着的外部参照也将显示在当前图形中。附着的外部参照与图块一样是可以嵌套的。如果当前还有一个用户正在编辑此外部参照,则附着的图形将为最新保存的版本。

一个图形文件可以作为外部参照同时附着到多个图形中,反之也可以将多个图形作为参照图形附着到同一个图形中。

启动【附着外部参照】命令常用如下 3 种方法。

- 命令:键入 xattach。
- 图标:单击【插入】▶【参照】选项面板中的【附着】按钮 。
- 菜单:选择菜单中【插入】▶【DWG 参照】命令。

基本操作:

(1)执行上述三种方法之一,启动【附着外部参照】命令,系统将打开【选择参照文件】对话框,如图 6-30 所示。

图 6-30 【选择参照文件】对话框

(2)在该对话框中,选择要附着的文件,这里选择"停车检查禁令标志",然后单击【打开】按钮,弹出【附着外部参照】对话框,如图 6-31 所示。

解释:在该对话框中,有关选项的含义如下。

【名称】下拉列表框:用于显示选定的要附着的外部参照文件名。

【浏览】按钮:单击该按钮,打开【选择参照文件】对话框,重新选择外部参照文件。

【预览】区:用于显示选定的外部参照文件中图形的缩略图。

【参照类型】选区:用于指定外部参照类型为"附着型"或"覆盖型"。如果选择【附着型】单选项,外部参照图形将被整体附着到当前图形中;如果选择【覆盖型】单选项,则外部参照图形在附着到当前图形中时,其所包含的任何嵌套的外部参照将被忽略。

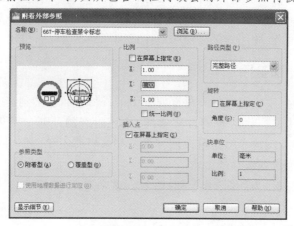

图 6-31 【附着外部参照】对话框

【比例】选区:用于指定附着外部参照的比例系数。

【插入点】选区:用于指定外部参照的插入点。

【路径类型】下拉列表:用于设定外部参照文件的路径,其中包含【完整(绝对)路径】、【相对路径】和【无路径】三种选择。当选择【无路径】选项时,外部参照文件必须与当前图形文件位于同一个文件夹中。

【旋转】选区:用于指定外部参照的旋转角度,即可在屏幕上指定,也可在文本框中直接输入角度值。

【块单位】:指定附着外部参照的单位和比例。

(3)在【参照类型】选区中选择【附着型】单选项,该类型包含所有嵌套的外部参照。

(4)在【比例】选区中设置缩放比例值为"1";在【旋转】选区设置角度为"0";在【插入点】选区选中【在屏幕上指定】复选框,以便在绘图窗口中用鼠标指定插入点位置。

(5)设置完成后,单击【确定】按钮,然后在绘图窗口中指定插入基点位置,则附着参照的图形创建完毕,效果如图 6-32 所示。

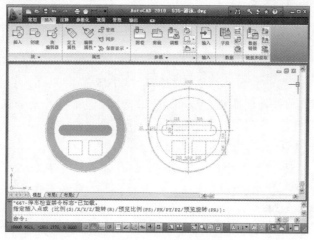

图 6-32 【附着外部参照】效果图

6.6.2 编辑参照图形和块中的选定对象

在 AutoCAD 中,用户可以使用在位参照编辑来修改当前图形中的外部参照,也可以重定义当前图形中的块定义。无论块和外部参照都被视为参照。

一般来说,每个图形都包含有一个或多个外部参照和多个块参照。在使用块参照时,可以选择块并进行修改、查看、编辑其特性以及更新块定义。有关编辑参照图形和块中选定对象的具体操作方法如下。

【基本操作】:

(1)在上述创建附着参照图形后,单击该参照图形,如果系统处于【二维草图与注释】模式下,将自动打开并切换到【外部参照】选项卡中,该卡包括【在位编辑参照】、【打开参照】、【创建剪裁边界】、【删除剪裁】和【外部参照】共 5 个选项按钮,如图 6-33 所示。

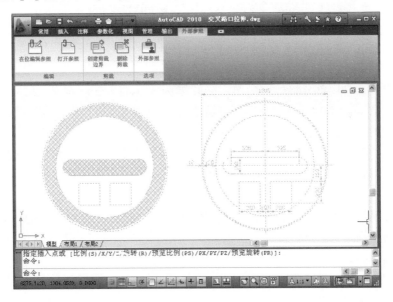

图 6-33 【外部参照】选项卡

(2)在该选项卡中,分别单击各选项按钮,即可进行相应的编辑操作。

解释:上述各选项按钮的功能含义如下。

【在位编辑参照】:单击该按钮,弹出【参照编辑】对话框,用户可从中对块或外部参照的有关选项进行设置,详见前面章节。

【打开参照】:单击该按钮,在新窗口中打开参照图形的原始对象,用户可对其进行编辑,如图 6-34 所示。单击绘图区右上角的 按钮,则退出新窗口返回原窗口。

【创建剪裁边界】:单击该按钮,在命令行中将显示一系列【剪裁选项】提示,供用户选择裁剪工具和进行裁剪设置,创建裁剪边界。

【删除剪裁】:单击该按钮,可删除已创建的剪裁设置,恢复到剪裁前的状态。

【外部参照】:单击该按钮,弹出【外部参照】选项板,用于显示外部参照有关信息,如图 6-35 所示。

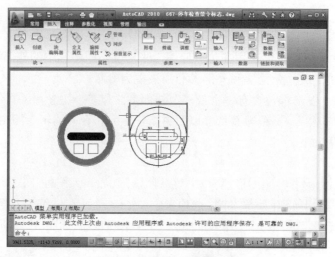

图 6-34　在新窗口中编辑参照

6.6.3　绑定外部参照

所谓绑定外部参照就是将外部参照定义转换为标准的内部块定义,使之成为当前图形的一部分。在绑定过程中,外部参照图形中的符号表将被添加到当前图形的数据库中,如图块、文字样式、标注样式、图层和线型等。

将外部参照绑定到当前图形有两种方法,即【绑定】和【插入】。在插入外部参照时,【绑定】方式会改变外部参照的符号表名称,而【插入】方式不改变符号表名称。

1）完整绑定

完整绑定是指将外部参照作为一个整体绑定到当前图形中,其外部参照及依赖命名对象都将成为当前图形的一部分。

基本操作:

(1)在上述【外部参照】选项板中,选择【文件参照】栏中的图形文件名并右击鼠标,系统将弹出一个快捷菜单,如图 6-36 所示。

图 6-35　【外部参照】选项板

图 6-36　【外部参照】选项板中右键快捷菜单

(2)从快捷菜单中点选【绑定】选项,继续弹出【绑定外部参照】对话框,如图6-37所示。其中:

【绑定】单选项:将选定的外部参照定义绑定到当前图形。

【插入】单选项:用类似于拆离和插入参照图形的方法,将DWG参照绑定到当前图形中。

(3)从该对话框中,选择【绑定】或【插入】单选项后,单击【确定】按钮,即可完成一个外部参照的绑定操作。

图6-37 "绑定外部参照"对话框

提示:图层和图块等符号表可能会因重名而重定义。若出现重名,应注意图形中色彩、线型、标注样式、字体和图块等变化。

2)局部绑定

局部绑定与完整绑定不同,它只使单独的符号成为当前图形的一部分,而不是整个外部参照。局部绑定的操作步骤如下。

基本操作:

(1)单击菜单中【修改】▶【对象】▶【外部参照】▶【绑定】命令,或在命令行中键入"xBind"命令,系统将弹出【外部参照绑定】对话框,如图6-38所示。

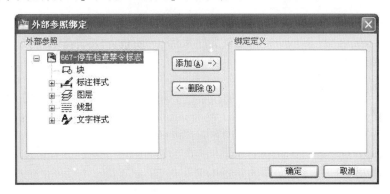

图6-38 【外部参照绑定】对话框

(2)从对话框左侧的【外部参照】视窗中选取要绑定的对象,将其添加到右侧的【绑定定义】视窗中,单击【确定】按钮,即可完成对参照的局部绑定。

提示:若要绑定一个具有嵌套的外部参照,必须要选择其上一级外部参照;若要使用"xBind"命令显示【外部参照绑定】对话框,则当前图形中必须已经附着了外部参照。

6.7 交通工程图块与外部参照应用实例

下面通过几个实例,说明图块和外部参照在交通工程中的应用。

【**实例6-7**】 创建图中交通指示与禁令标志块,并用"Insert"命令在当前图形中插入各标志块,如图6-39所示。

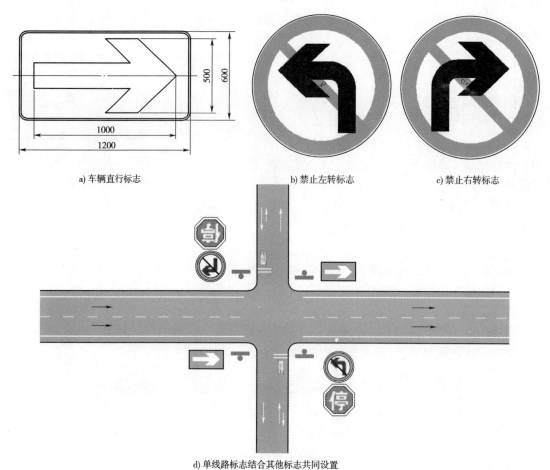

图 6-39 插入单个图块综合应用

操作步骤：

(1) 首先,绘制图示道路交叉口的基础图形与标线,车道宽度为 3.5m,将路面填充为"浅灰"色。

(2) 分别按照图示尺寸绘制或调用"停车让行"、"禁止左转"、"禁止右转"、"单行路(直行)"等交通标志图形,绘制或调用"直行"、"停车让行"等地面车道导向标志图,绘制"标牌"示意图等。

(3) 重复键入"block"或"b",启动【创建块】命令,打开【块定义】对话框;依次输入新定义块的名称,指定块的基点、对象、方式以及块单位等选项内容,然后单击【确定】按钮,系统就会将上述各标志或图形转换为同名的图块。

(4) 重复键入"insert",启动【插入单个块】的命令;分别选择上述块名,将其依次插入到当前图形的图示位置处;设置比例为"0.2";交叉路口左上方的"停车让行"和"禁止右转"标志块旋转角度为"180",部分地面指示标志块和标牌块也要根据具体情况设置旋转一定的角度;选中【插入点】选项区的【在屏幕上指定】复选框,单击【确定】按钮,系统会自动切换到绘图区,用鼠标左键指定插入点的位置。于是,选定的各图块即被插入到当前图形中。

(5) 类似地,可以使用插入单个块的方法,为道路绘制或添加各地面导向箭头标志。

至此,该交叉路口标志和导向箭头等综合设置完毕。

【实例 6-8】 在"服务区预告"标志中定义"服务区名"和"距离"两个块属性,并利用块属性功能在图中插入带属性的块,如图 6-40 所示。

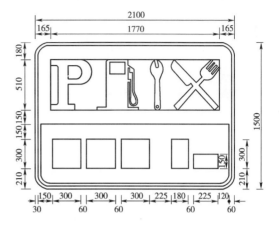

图 6-40 定义及使用块属性

操作步骤:

(1)首先,绘制"服务区预告标志"基础图形,并在相应的区域和图案中填充"绿色";同时,绘制文字定位图框和输入里程单位"km",如图 6-41 所示。

(2)启动【文字样式】创建命令,打开【文字样式】对话框;从中新建"指示标志"文字样式,设置字体为"T Arial Unicode MS"、字体样式为"常规"、文字高度为"250"、宽度因子为"1.000"、其他为默认值,并将该样式【置为当前】。

(3)分别为"服务区预告标志"定义"服务区"和"L"两个属性。先单击【插入】➤【属性】功能选项面板中的【定义属性】按钮,弹出【属性定义】对话框;在【属性】选项区内的【标记】文本框中输入属性标记"服务区",在【提示】文本框中输

图 6-41 "服务区预告标志"基础图形

入"请输入服务区名称",在【默认】文本框中输入"服务区";选取【模式】选项区的【锁定】复选框,其他不选择;在【插入点】选项区【在屏幕上指定】复选框;在【文字设置】选项区,设置文字【对正】方式为"左中",【文字样式】为"指示标志";设置完毕,单击【确定】按钮,系统退出属性定义并返回到绘图区。在第一个文字框的左边中点单击鼠标,指定属性插入点位置,于是一个属性定义完成,此时效果如图 6-42 所示。

(4)按照此法,可完成"L(公里数)"属性的定义。注意:在定义中应选取【预设】复选框;在【标记】文本框中输入"L",在【提示】文本框中输入"请输入公里数",在【默认】文本框中输入"2",其他设置不变。上述设置完成后,单击【确定】按钮,并在显示数字文字框的左边中点单击鼠标确定属性插入点。于是,第二个属性定义完成,此时效果如图 6-43 所示。

图6-42 定义"服务区"属性　　　　　图6-43 定义"公里数"属性

(5)删除上图中所有的文字边框,将字样"服务区"和"L"所在的图层颜色更改为"白"色,并设置两元素的颜色特性为"Bylayer"。

(6)定义带属性的块。单击功能选项面板上【插入】▶【块】面板中的【创建】按钮,弹出【块定义】对话框;输入块名称为"服务区预告标志",拾取边框上边中点为基点,选取对象时将图形与属性一并选中,并选取【删除】选项;最后,单击【确定】按钮。于是,该图形与所定义的属性一起被创建为块。

(7)插入带属性的块。单击【插入】▶【块】功能选项面板中的【插入】按钮,弹出【插入】对话框;从中选择要插入块的名称"服务区预告标志",勾选【在屏幕上指定】复选框,设置比例为"0.5"、旋转角为"0";单击【确定】按钮后,在屏幕上用鼠标指定插入点位置;此时,系统在命令行或动态文本框中将提示"请输入服务区名称<服务区>:",用户可根据需要输入一个新的服务区名,如"天目山";然后,系统会继续提示"请输入公里数<1>:",用户可输入实际到服务区的里程数,如"2",默认为1km。至此,一个完整的带属性值的块被插入到当前图形中,效果如图6-44a)所示。

(8)如果在插入块后,需要修改属性值,可单击该属性值,从弹出的属性栏中直接输入新内容修改即可;也可双击该属性值,从弹出的【增强属性编辑器】中修改其属性值、文字样式与设置以及其他特性等。比如,将"服务区"属性值改为"三门峡",将"L"属性值修改为"1",修改后的效果如图6-44b)所示。

a)插入一个带属性的块　　　　　b)修改属性值后块的效果

图6-44 插入带属性块及修改块的效果

本 章 小 结

本章讲述了图块与外部参照的操作方法与技术应用,重点阐述了图块的创建、保存、插入、编辑、属性的设置以及外部参照的使用等。通过本章学习,读者应该熟练掌握图块和外部参照的基本使用方法,并灵活运用到交通工程实际中,为下一步交通工程CAD的综合应用奠定基础。

练习与思考题

1. 创建和保持图块常用的方法有几种?简述其操作过程。
2. 怎样插入单个图块和多个图块?
3. 如何定义和使用图块的属性?怎样修改和编辑块属性?
4. 常见的块编辑方法有哪些?简述其操作过程。
5. 什么是外部参照?如何编辑参照图形和块中的选定对象?
6. 绘制道路交叉口图形与标线示意图,创建所需的指示标志块、禁令标志块和车道指示标志块等,将其插入到当前道路图形中,如题图 6-1 所示。
7. 创建如题图 6-2 所示的禁止停车标志等图块,并分别利用单个图块和多个图块插入功能,将其插入到当前路段中。

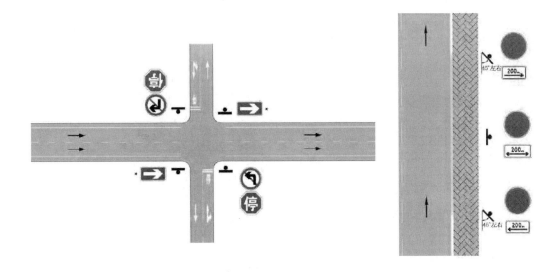

题图 6-1 设置十字交叉路口标志　　　　题图 6-2 设置路段禁止停车标志

8. 为题图 6-3 所示的示意图形创建"距离"属性,并利用定义属性后的块功能插入不同距离的隧道指示标志。

题图6-3 前隧道指示标志

第7章 设计中心与参数化工具

【本章学习目标】

本章主要讲述设计中心的功能、信息查询、几何约束、标注约束以及参数化绘图的操作方法与技术应用。通过本章的学习,读者应该掌握以下内容:

(1)设计中心的功能与使用。
(2)信息查询。
(3)添加与编辑几何约束。
(4)添加与编辑标注约束。
(5)参数化绘图的方法与步骤。

7.1 AutoCAD 设计中心

AutoCAD2010 设计中心类似于 Windows 资源管理器,其主要功能是共享 AutoCAD 图形中的设计资源,方便相互调用。利用该设计中心不但可以浏览、查找、打开、预览、管理和共享 AutoCAD 图形、图块和外部参照等文件,还可以共享尺寸标注样式、文字样式、表格样式、布局、图层、线型、图案填充、外部参照和光栅图像;不仅可以调用本机上的图形,也可以调用局域网上其他计算机上的图形。设计中心是一个协同设计过程的共享资源库,用户可以利用和共享大量的现有资源来简化绘图过程,提高绘图效率。

7.1.1 启动设计中心

启动【设计中心】的命令有如下 3 种方式。

- 命令:键入 adcenter。
- 图标:单击【视图】▶【选项板】选项面板上的【设计中心】按钮 。
- 快捷键:"Ctrl+2"。

【基本操作】

执行上述 3 种方式之一,启动【设计中心】,系统打开【设计中心】选项板,如图 7-1 所示。该选项板分为两部分,类似于 Windows 资源管理器,左边是树状图,右边是内容区域,其中包括许多各专业常用的图块,上边还有一排工具栏和选项卡。

提示：默认的设计中心路径指向样例文件夹中的"DesignCenter"子目录中的文件，这些文件中包含了许多各专业的常用的图块，如机械、电子、建筑、景观等。

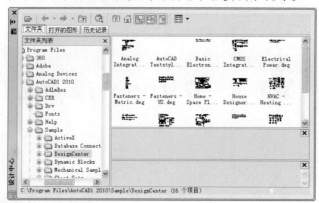

图7-1 【设计中心】选项板

7.1.2 设计中心的功能

设计中心主要具有以下功能：
（1）浏览用户计算机、网络驱动器和Web页上的图形内容。
（2）在定义表中查看图形文件中命名对象（如块和图层）的定义，然后将定义插入、附着、复制和粘贴到当前图形中。
（3）更新（重定义）块定义。
（4）创建指向常用图形、文件夹和Internet网址的快捷方式。
（5）向图形中添加内容，如外部参照、块和填充。
（6）在新窗口中打开图形文件。
（7）将图形、块和填充拖动到工具选项板上以便访问。

7.1.3 查看图形信息

在AutoCAD2010设计中心，利用工具按钮和选项卡可以选择和观察设计中心内的图形。

1）树状图

【设计中心】选项板的左边区域称为树状图，用于显示用户计算机和网络驱动器上的文件与文件夹的层次结构、所打开图形的列表、自定义内容以及上次访问过位置的历史记录。

在【设计中心】选项板中，包含有3个选项卡，其用途及使用方法如下。

【文件夹】选项卡：用于显示设计中心和网上邻居的内容，可以将其显示的内容设置为本地计算机的资源，与Windows资源管理器类似。

【打开的图形】选项卡：用于显示AutoCAD中打开的所有图形文件。单击某个图形文件的图标，可以在右侧的窗口中查看图形的相关信息，如标注样式、文字样式布局和图层等。

【历史记录】选项卡：用于显示最近在设计中心打开的文件列表。若要将文件从【历史记录】列表中删除，可在该文件上右击鼠标，在弹出的快捷菜单中选择【删除】命令即可。

2）内容区

【设计中心】选项板的右边区域称为内容区,用于显示在树状图中选定对象的内容。

3)工具栏

在【设计中心】选项板上端有一行工具栏按钮,依次提供了加载、上一页、下一页、上一级、搜索、收藏夹、主页、树状图切换、预览、说明、视图等多个工具。其中【预览】和【说明】两个按钮用于打开内容区的【预览】和【说明】两个窗口,【搜索】按钮用于搜索计算机或网络中的图形、填充图案和块等信息,其他工具都类似于资源管理器或 IE 浏览器中的功能,不再赘述。

7.1.4 利用设计中心查找内容

使用设计中心的查找功能,可以快速查找诸如图形、块、图层以及尺寸样式等图形内容。在【设计中心】选项板中,单击【搜索】按钮 ,即可弹出【搜索】对话框,如图 7-2 所示。

在该对话框中,用户可设置条件来缩小搜索范围,或者搜索【块定义】说明中的文字和其他任何【图形属性】对话框中指定的字段。

在【搜索】下拉列表中选择不同的选项,对话框中就会显示不同的选项卡。例如,当选择了【图形】选项时,对话框中就显示如下 3 个选项卡供用户在每个选项卡中设置不同的搜索条件。

【图形】选项卡:用于按文件名、标题、主题、作者或关键字等查找图形文件。

【修改日期】选项卡:通过设置创建或修改的日期、时间等条件查找图形文件。

【高级】选项卡:通过指定所包含的文字内容、大小等参数查找图形文件。

7.1.5 使用设计中心的图形

借助 AutoCAD 设计中心,可以方便地在当前图形中插入块、引用光栅图形及外部参照等,在图形之间复制块、图层、线型、文字样式、标注样式以及用户定义的内容等。

1)插入块

(1)在【设计中心】选项板的内容区中,右键单击需要插入的块,从弹出的快捷菜单中选择【插入为块】选项,系统将打开【插入】对话框,如图 7-3 所示。

图 7-2 【搜索】对话框

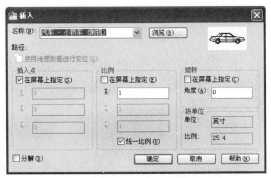

图 7-3 【插入】对话框

(2)在该对话框中,指定插入方式及位置、比例和旋转角度等,然后单击【确定】,于是一个图块由设计中心插入完成。

提示：在【设计中心】选项板的内容区，选定要插入的块后，将其直接拖拽到绘图窗口中所需位置处松开鼠标，也可将该图块直接插入到当前图形中。

2）引用外部参照

使用【设计中心】选项板，还可以引用外部参照。

【基本操作】

（1）在【设计中心】选项板的内容区中，右键单击需要引用的外部参照，在打开的快捷菜单中选择【附着为外部参照】选项，系统弹出【外部参照】对话框，如图7-4所示。

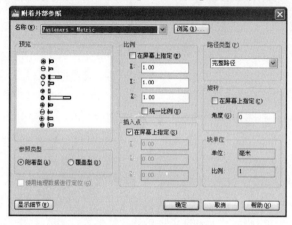

图7-4 【外部参照】对话框

（2）在该对话框中，指定插入点、插入比例和旋转角度，然后单击【确定】按钮即可。

3）在图形中复制操作

借助于【设计中心】还可以将图形文件中指定的图层复制到当前图形文件中，这样既方便又节省时间，还保持了图形的一致性。

具体操作很简单，在设计中心窗口中选择一个或多个图层，然后将其拖动到当前的图形文件中即可。

此外，使用同样的方法可以复制线型、文字样式、尺寸样式、布局及块等。

7.2 信息查询

在 AutoCAD 中，还可以查询相关的图形信息，如查询指定两点间的距离、圆或圆弧的半径、两线间的夹角、指定区域的面积或体积等。鉴于其中某些操作简单且类似，下面仅选择部分内容简要介绍。

7.2.1 测量两点间的距离

查询间距功能可以用于查询指定两点间的距离及其方位角，也可以查询多点之间的距离和等。启动该命令主要有以下几种方法。

- 命令：键入 dist 或 di。

- 图标：在【常用】▶【实用工具】功能面板中，单击【测量】下拉菜单中的【距离】按钮 。
- 菜单：选择菜单中【工具】▶【查询】▶【距离】命令。

基本操作：

（1）执行上述 3 种方式之一，启动测量两点间【距离】命令，系统将在命令行中显示如下提示与交互信息。

```
命令:dist                                          （启动测量两点间距离命令）
指定第一点：                                        （提示用户指定第一测量点）
指定第二个点或[多个点(M)]：                          （提示指定第二测量点，或选择多点测量）
距离 = 800.0000,XY 平面中的倾角 =60， 与 XY 平面的夹角 =0
X 增量 =400.0000， Y 增量 =692.8203， Z 增量 =0.0000  （显示测量结果）
```

（2）用户只需在命令行信息的提示下，依次指定要测量间距的两个端点，系统就会自动生成测量结果。如这里测量结果表明，测量对象是一条位于 xoy 平面内的长度为 800 单位、与 X 轴夹角为 60°的直线段，它在 x 轴上投影是 400 单位，在 y 轴上投影是 692.8203 单位。

7.2.2 测量面积

查询面积功能可以测量多种对象的面积和周长。此外，该命令还可使用"加模式"和"减模式"来测量组合图形的面积。启动该命令主要有以下几种方法。

- 命令：键入 area。
- 图标：在【常用】▶【实用工具】功能面板中，单击【测量】下拉菜单中的【面积】命令按钮 。
- 菜单：选择菜单中【工具】▶【查询】▶【面积】命令。

基本操作：

（1）执行上述 3 种方式之一，启动【测量面积】命令，系统将在命令行中显示如下提示与交互信息。

```
命令:area                                                （启动测量面积命令）
指定第一个角点或[对象(O)/增加面积(A)/减少面积(S)]<对象(O)>：（提示用户指定第一测点，或选择其他
                                                          选项）
指定下一个点或[圆弧(A)/长度(L)/放弃(U)]：                  （提示指定第二测点，或选择其他选项）
指定下一个点或[圆弧(A)/长度(L)/放弃(U)]：                  （提示指定第三测点，或选择其他选项）
指定下一个点或[圆弧(A)/长度(L)/放弃(U)/总计(T)]<总计>：    （继续指定下一测点，按【回车】结束）
面积 =400.0000,周长 = 104.7214                           （系统显示测量结果）
```

解释： 在上述操作过程中，部分选项的含义说明如下。

【指定第一个角点】：提示指定要测量面积的开始边界点。

【指定下一点】：提示指定要测量面积的其他边界点。

【对象（O）】：选择要测量面积的对象，用于面域对象等。

【增加面积（A）】：使用加模式在原来测量面积的基础上增加测量范围。

【减少面积(S)】:使用减模式在原来测量面积的基础上减少测量范围。
【圆弧(A)】:选择弧线确定测量面积的边界。
【长度(L)】:输入直线长度值确定测量面积的边界。
【总计(T)】:计算所测量面积的总值。

(2)在命令行信息的提示下,用户依次指定要测量面积的各顶点或边界后,系统会自动生成面积与周长的测量值。如这里通过指定三角形的三个顶点来测量三角形的面积与周长,测量结果显示在最后一行。

7.2.3 查询点坐标

查询点坐标功能可以显示点在当前 UCS 坐标系下的 X、Y 和 Z 坐标。启动该命令主要有以下几种方法。

- 命令:键入 id。
- 图标:在【常用】▶【实用工具】选项面板上,单击【点坐标】按钮。
- 菜单:选择下拉菜单中【工具】▶【查询】▶【点坐标】命令。

【基本操作】:

(1)执行上述 3 种方式之一,启动查询【点坐标】命令,系统将在命令行中显示如下提示与交互信息。

| 命令:id | (启动查询点坐标命令) |
| 指定点: X=1881.7238 Y=821.2889 Z=0.0000 | (显示点坐标查询结果) |

(2)用户只需使用鼠标点选要查询点即可。

7.2.4 查询图形创建与修改时间

在 AutoCAD2010 中使用"time"命令,可以在命令行及窗口中显示图形相关的日期和时间等统计结果。该命令使用系统时钟来完成时间计时功能。

【基本操作】:

在命令行中输入"time"命令,随后在命令行和【AutoCAD 文本窗口】中会显示统一的统计结果,如图 7-5 所示。

图 7-5 【AutoCAD 文本窗口】显示时间信息

7.2.5 显示对象的数据库信息

使用【列表】命令可以显示对象的类型，对象图层，相对于当前用户坐标系的 X、Y、Z 位置以及对象位于模型空间还是图纸空间等信息。启动该命令主要有以下两种方法。

- 命令：键入 list。
- 菜单：选择下拉菜单中【工具】➤【查询】➤【列表】命令。

【基本操作】

执行上述任意一种方式，启动【列表】命令，在选择一个或多个图形对象后，系统将在命令行和【AutoCAD 文本窗口】中同步显示相关的对象信息，如图 7-6 所示。

图 7-6 【AutoCAD 文本窗口】显示对象信息

7.3 几何约束

参数化设计是 AutoCAD2010 新增的功能，其主要思想是通过对基于设计意图的图形对象的约束来提高设计能力。所谓约束是指将选择的对象进行尺寸和位置的限制，以保障在对象修改后还能继续保持特定的位置关联及尺寸关系。参数化设计包括两方面的内容：几何约束和标注约束。本节首先讲述几何约束。

7.3.1 几何约束类型及功能

几何约束用于确定二维对象间或对象上各点间的相互几何关系，如平行、垂直、同心或重合等。在 AutoCAD 中，几何约束包含有十几种不同的形式，其功能按钮都集中在【参数化】选项卡中的【几何】选项面板上，如图 7-7 所示，用户可从中选择为图形添加几何约束。

下面具体介绍有关几何约束的类型与功能。

【水平】：强制使一条直线或一对点与当前 UCS 的 X 轴保持平行。

【竖直】：强制使一条直线或一对点与当前 UCS 的 Y 轴保持平行。

【垂直】：强制使两条直线或多段线的夹角保持 90°。

图 7-7 【参数化】选项卡—【几何】面板

【平行】//:强制使两条直线保持相互平行。

【相切】:强制使两条曲线保持相切或与其延长线保持相切。

【相等】=:强制使两条直线或多段线具有相同长度,或使圆弧具有相同半径值。

【平滑】:强制使一条样条曲线与其他样条曲线、直线、圆弧或多段线保持几何连续性。

【重合】:强制使两个点或一个点和一条直线重合。

【同心】:强制使选定的圆、圆弧或椭圆保持同一中心点。

【共线】:强制使两条直线位于同一条无限长的直线上。

【对称】:强制使对象上的两条曲线或两个点关于选定直线保持对称。

【固定】:使一个点或一条曲线固定到相对于世界坐标系(WCS)的指定位置和方向上。

此外,还有几个其他功能按钮。

【自动约束】按钮:根据选择对象自动添加几何约束。单击【几何】面板右下角的箭头,打开【约束设置】对话框,通过【自动约束】选项卡设置添加各类约束的优先级以及是否添加约束的公差值。

【显示】按钮:显示选中对象相关的几何约束。

【全部显示】按钮:显示用于图形的所有几何约束。

【全部隐藏】按钮:隐藏图形中所有的几何约束。

7.3.2 添加几何约束

通常为对象添加约束时,先添加几何约束,以确定结构设计的形状不变,再添加标注约束,以确定对象的大小不变。用户可以将多个约束应用于图形中的每个对象。创建几何约束后,这些约束将限制可能会违反约束的所有更改。

添加什么类型的几何约束,由结构设计的目的来决定。具体可由 AutoCAD 推断,也可以由用户添加。

添加【几何约束】主要有以下 2 种方法。

- 命令:键入 gcon。
- 图标:在【参数化】▶【几何】选项面板上,单击相应功能的几何约束按钮。

基本操作:

方法一:执行上述"gcon"命令方式,启动添加【几何约束】命令,系统会在命令行中显示如下提示信息,由用户交互完成几何约束的设置。

命令:gcon　　　　　　　　　　　　　　　　　　(启动添加几何约束命令)
GEOMCONSTRAINT
输入约束类型
[水平(H)/竖直(V)/垂直(P)/平行(PA)/相切(T)/平滑(SM)/重合(C)/同心(CON)/共线(COL)/对称(S)/相等(E)/固定(F)]　　　　　　　　　(提示用户选择约束类型,并按要求选择约束对象)
<垂直>:p　　　　　　　　　　　　　　　　　　(假设这里键入"p",表示设置垂直约束)

| 选择第一个对象: | （要求用户选择第一个对象） |
| 选择第二个对象: | （要求用户选择第二个对象等,自动结束） |

方法二：执行上述第二种方式,在功能面板中的【几何】选项面板上单击需要添加的约束按钮,然后在绘图区选择约束对象即可实现为图形添加几何约束。

提示：在添加几何约束时,选择两个对象的顺序将直接影响到相互位置的参考基准。通常,所选的第二个对象会依据第一个对象进行调整。例如,在添加垂直约束时,所选的第二个对象将被调整到垂直于第一个对象。

【实例 7-1】 绘制一个上陡坡警告标志的简化图,图形尺寸为任意,练习为图中对象添加几何约束,如图 7-8 所示。

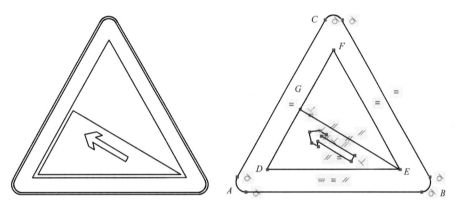

图 7-8 添加几何约束练习

操作步骤：

(1) 首先,利用【直线】工具和【圆角】工具绘制一个带圆角的三角形边框 ABC,尺寸为任意,如图 7-9 所示。

(2) 单击【参数化】选项卡【几何】面板上的【自动约束】按钮 ,然后选择所有图形对象,系统会自动对已选对象添加几何约束,如图 7-10 所示。

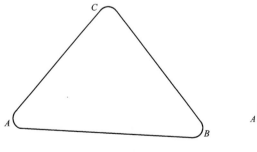

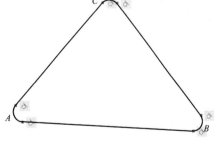

图 7-9 绘制带圆角的三角形　　　　图 7-10 为三角形自动添加几何约束

(3) 为图形添加其他约束。单击按钮 ,选择线段 AB,为其添加水平约束;单击按钮 ,先后选择线段 AB 和 BC,为它们添加相等约束;同理,单击按钮 ,先后选择线段 AB 和 AC,

也为之添加相等约束。此时,效果如图7-11所示。

(4)执行【直线】命令,绘制内三角形 DEF 和线段 EG,然后单击【自动约束】按钮,选中内三角形各边及线段 EG,为其添加自动几何约束,如图7-12所示。

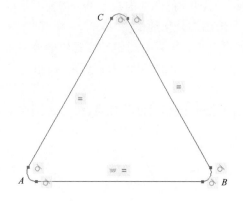

图7-11 添加水平和相等约束

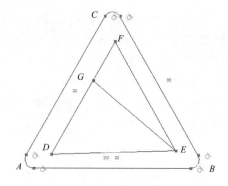

图7-12 绘制内三角形并添加自动约束

(5)继续添加其他约束。单击按钮,先后选择线段 AB 和 DE,添加平行约束;单击按钮=,先后选择线段 DE 和 DF,添加相等约束;同理,也可为线段 DE 和 EF 添加相等约束;单击按钮,先后选择 DF 和 EG,添加垂直约束,效果如图7-13所示。

(6)再次启动【直线】命令,设置线型为"Center",绘制外三角形的两条中垂线 AH 和 CK,如图7-14所示。

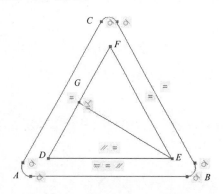

图7-13 为内三角形添加其他约束

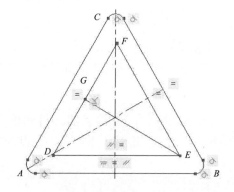

图7-14 绘制两条中垂线

(7)设置内三角形的对称约束。单击按钮,分别选择线段 FD 和 FE,再选择对称轴 CK;同理,单击按钮,分别选择线段 DF 和 DE,再选择对称轴 AH,效果如图7-15所示。

(8)先在图形外部绘制一个水平方向的指示箭头,图形尺寸任意;然后,将其旋转一个角度并移动到图形内,如图7-16所示。

(9)单击按钮,捕捉 F 点,为内三角形添加固定约束;再选中指示箭头为其添加自动约束;然后,单击按钮,在箭头和线段 EG 间添加平行约束,结果如图7-17所示。

(10)删除上述两条辅助中垂线 AH 和 CK,最终简化图的效果如图7-18所示。

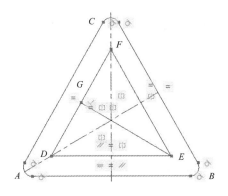

图 7-15 添加内三角形的对称约束

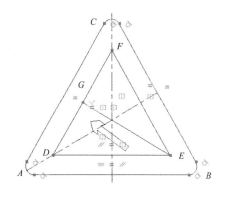

图 7-16 绘制指示箭头并移动和旋转

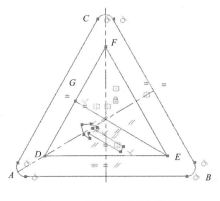

图 7-17 为指示箭头添加约束

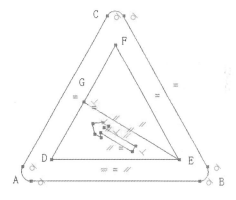

图 7-18 删除辅助中垂线

7.3.3 编辑几何约束

1）几何约束显示、隐藏与删除

添加几何约束后,会在对象的旁边出现约束图标。将光标移动到图标或图形对象上,AutoCAD 将亮显相关的对象及约束图标。在图标上单击鼠标右键,将弹出如图 7-19 所示的快捷菜单,通过此菜单可对图形中的几何约束进行显示、隐藏和删除等操作。

2）约束设置

选择菜单中的【参数】▶【约束设置】选项,或单击【参数化】▶【几何】选项面板右下角的箭头,系统将弹出【约束设置】对话框,如图 7-20 所示。在该对话框中,用户可分别在【几何】选项卡中设置要显示的几何约束类型、约束栏图标的透明度等;在【标注】选项卡中设置标注约束格式等;在【自动约束】选项卡中设置自动约束的类型及优先级等。

图 7-19 【几何约束编辑】快捷菜单

3）删除全部约束

选择被约束对象,单击【参数化】选项卡中【管理】面板上的【删除约束】按钮 ,将删除被选对象中的所有几何约束和标注约束。

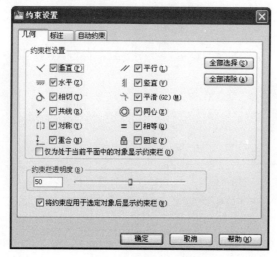

图 7-20 【约束设置】对话框

【**实例 7-2**】 绘制如图 7-21 所示的平面图形,添加几何约束并进行编辑。

操作步骤:

(1)绘制平面图形,并添加几何约束,如图 7-22 所示。其中,图中两条长线段平行且相等;两条短线段垂直且相等。

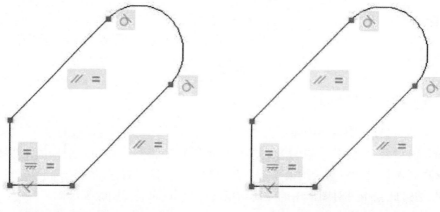

图 7-21 添加和编辑几何约束练习　　　图 7-22 绘制图形并添加约束

(2)单击【参数化】选项卡中【几何】选项面板上的按钮 全部隐藏,可将图形中的所有几何约束将全部隐藏。

(3)单击【参数化】选项卡中【几何】选项面板上的按钮 全部显示,则图形中的所有几何约束将全部显示。

(4)将光标放到某一约束上,该约束会加亮显示,单击鼠标右键将弹出快捷菜单,如图 7-23 所示。如若选择快捷菜单中的【删除】选项,可将该几何约束删除;如若选择快捷菜单中的【隐藏】选项,该几何约束将被隐藏;如若重新显示该几何约束,则单击【参数化】选项卡中【几何】面板上的按钮 显示。

308

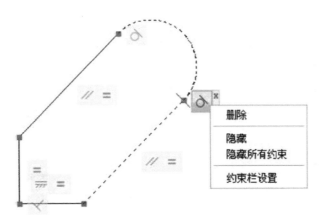

图 7-23　编辑几何约束

(5) 选择上述快捷菜单中的【约束栏设置】选项，或单击【几何】选项面板右下角的箭头，系统将弹出【约束设置】对话框如前所述，用户可设置显示在约束图标中的约束类型，还可以设置约束图形的透明度。

(6) 选择受约束的对象，单击【参数化】选项卡中【管理】面板上的按钮，将删除图形中所有几何约束和标注约束。

7.3.4　修改已添加几何约束的对象

通过以下方法，可编辑受约束的几何对象。
- 当使用关键点编辑模式来修改受约束的几何图形时，将会保留应用的所有约束。
- 当使用 move、copy、rotate 和 scale 等命令修改受约束的几何图形后，也将会保留应用于对象的约束。
- 在某些情况下，使用 trim、extend 和 break 等命令修改受约束的对象后，所有约束将被删除。

7.4　标 注 约 束

7.4.1　标注约束类型及功能

1) 类型与功能

标注约束用于控制二维对象的大小、角度及两点间距离等。此类约束可以是数值，也可以是变量及方程式。改变标注约束，约束将驱动对象发生相应的改变。添加标注约束主要是通过功能选项面板中的【参数化】→【标注】面板上的各功能按钮实现，如图 7-24 所示。

下面具体介绍一下有关标注约束的类型与功能。

图 7-24　【参数化】选项卡—【标注】面板

【线性】约束：强制约束两点之间的水平或竖直距离，单击图标下方的三角形可展开下拉图标，从中选择"水平"和"竖直"选项。

【对齐】约束:强制约束两点、点与直线、直线与直线间的距离。

【半径】约束:强制约束圆或者圆弧的半径。

【直径】约束:强制约束圆或者圆弧的直径。

【角度】约束:强制约束直线间的夹角、圆弧的圆心角或3个点构成的角度。

【转换】约束:将标注转换为标注约束。

【显示动态约束】:显示或隐藏图形内的动态约束。

2）动态约束和注释性约束

标注约束分为两种形式:动态约束和注释性约束。默认情况为动态约束,系统变量 Cconstraintform 为 0;若为 1,则标注约束为注释性约束。

【动态约束】:标注外观由固定的预定义标注样式决定,不能修改,且不能被打印。在缩放操作过程中,动态的约束保持相同大小。

【注释性约束】:标注外观由当前标注样式控制,可以修改,也可以打印。在缩放操作过程中,注释性约束的大小发生变化。注释性约束可以放在同一图层上设置颜色及改变可见性。

图7-25 【特性】选项卡

说明:动态约束与注释性约束间可以相互转换。选择标注约束,在其上右击鼠标,从弹出的快捷菜单中选择【特性】选项,打开【特性】选项卡,如图7-25所示。在其中的【约束形式】下拉列表中可以指定标注约束要采用的具体形式。

7.4.2 添加标注约束

添加标注约束常用以下两种方法。

• 命令:输入 dimconstraint 或 dcon。

• 图标:在【参数化】▶【标注】选项面板上,单击相应的标注约束按钮。

【基本操作】

方法一:执行上述"dcon"命令操作方式,系统将启动添加【标注约束】功能,并在命令行中显示如下提示信息,由用户交互完成几何约束的设置。

```
命令:dcon                              (启动添加标注约束命令)
dimconstraint
当前设置：  约束形式＝动态           (显示系统状态信息)
选择要转换的关联标注或[线性(LI)/水平(H)/竖直(V)/对齐(A)/角度(AN)/半径(R)/直径(D)/形式(F)]<
对齐>：
                              (提示用户输入约束类型,按要求选择约束点或其他选项)

指定第一个约束点或[对象(O)/点和直线(P)/两条直线(2L)]<对象>：
                              (选择第一个约束点或其他选项)
```

指定第二个约束点:	(指定第二个约束点位置)
指定尺寸线位置:	(用鼠标指定尺寸线标注位置)
标注文字 =414.56	(显示标注后的尺寸值)

方法二：执行上述图标操作方式，则可直接从功能选项面板中单击相应的约束按钮，然后在绘图区选择约束对象，即可为图形添加标注约束。

说明：标注约束包括【名称】和【值】。【名称】由系统给定，用户可在【参数化】选项卡中【管理】选项面板上单击【参数管理器】图标，打开【参数管理器】对话框进行修改，如图7-26所示。其中【值】中可以输入数值，也可以输入公式。当编辑标注约束中的值时，关联的几何图形会自动调整大小。

【实例7-3】 绘制"停车检查禁令标志"的平面图形，添加几何约束及标注约束，使图形处于完全约束状态，如图7-27所示。

图7-26 【参数管理器】选项板

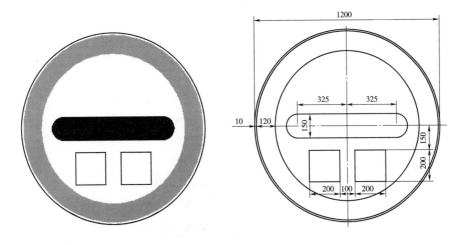

图7-27 添加几何约束及标注约束练习

操作步骤：

(1) 首先，启动【直线】命令，绘制两条相互垂直的中心线；再执行【绘圆】命令，绘制三个同心圆，三圆半径可任意，如图7-28所示。

(2) 单击【参数化】▶【几何】选项面板上的【自动约束】按钮，选中三个圆添加自动约束；然后，单击【固定】按钮，对圆心O添加固定约束，如图7-29所示。

(3) 添加以下标注约束。单击【直径】按钮，选择外圆，输入直径1200，创建一个直径标注约束；再单击【直径】按钮，选择第二个圆，输入直径1180，创建第二个直径标注约束；单击【半径】按钮，选择内圆，输入半径470，创建一个半径标注约束，效果如图7-30所示。

(4) 绘制圆内图形，图形尺寸可任意，修剪多余线条；选中所绘图形，添加自动几何约束；单击对称按钮，为图中两个半圆弧和两个正方形添加对称几何约束，效果如图7-31所示。

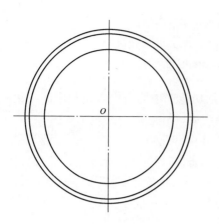

图 7-28 绘制三圆并添加自动约束

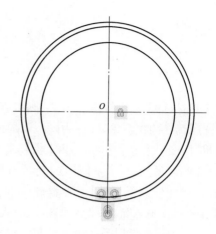

图 7-29 绘制三圆并添加自动约束

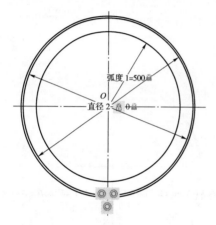

图 7-30 添加直径与半径标注约束

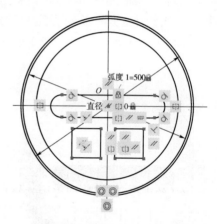

图 7-31 绘制圆内图形并添加约束

(5) 添加如下标注约束。单击线性按钮 ![icon]，指定两圆弧的左右切点，输入约束值 650，创建线性标注约束；重复上述操作，指定两圆弧的上下切点，输入约束值 150；指定两正方形内侧边框角点，输入约束值 100；指定正方形各边框端点，输入约束值 200；指定正方形上边与水平中心线距离，输入约束值 150，分别为图形创建线性标注约束，最终效果如图 7-32 所示。

至此，该图形的几何约束与标注约束全部添加完毕。

保存该图形，后续将调用。

7.4.3 编辑标注约束

对于已创建的标注约束，可以采用以下方法进行编辑。

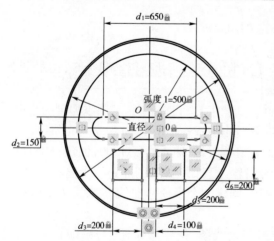

图 7-32 圆内图形添加标注约束

基本操作:

(1)用鼠标双击标注约束,编辑约束的值、变量名称或表达式。

(2)利用 ed(ddedit)命令编辑约束的值、变量名称或表达式。

(3)选中标注约束,拖动与其关联的三角形关键点改变约束的值,同时驱动图形对象改变。

(4)选中标注约束,单击鼠标右键,利用快捷菜单中相应选项编辑约束。

【实例7-4】 在上述【实例7-3】的基础上,修改尺寸值及转换标注约束。

操作步骤:

(1)双击"直径1",在尺寸框中将外圆直径由1200改为1300;同理,双击"直径2"将第二个圆的直径由1180改为1220。此时,图中两圆的大小将随之改变,结果如图7-33所示。

(2)单击【参数化】选项卡中【标注】面板上的【显示动态约束】按钮,图中所有标注约束将全部隐藏(默认下该按钮处于选中状态),再次单击该按钮,所有标注约束又显示出来。

(3)选中所有标注约束,单击鼠标右键,选择【特性】选项,弹出【特性】对话框,如图7-34 所示。在【约束形式】下拉列表中选择【注释性】选项,此时系统由【动态】标注约束转换为【注释性】标注约束,效果如图7-35 所示。

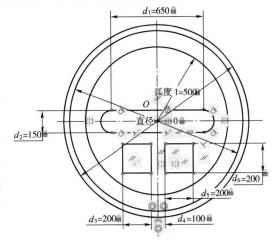

图 7-33　修改图形尺寸值

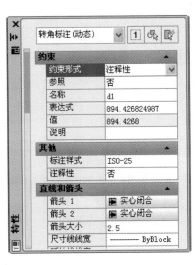

图 7-34　【特性】对话框

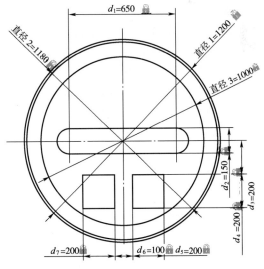

图 7-35　标注约束转换为【注释性】标注约束

(4)修改"标注"中"标注名称格式"。单击【标注】选项面板右下角的箭头,弹出【约束设置】对话框,如图 7-36 所示。在【标注】选项卡的【标注名称格式】下拉列表中选择

【值】选项,同时取消【为注释性约束显示锁定图标】选项的选择,此时最终标注效果如图7-37 所示。

图 7-36 【约束设置】对话框

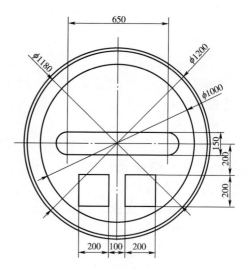

图 7-37 设置【标注名称格式】选项为"值"

7.4.4 用户变量及方程式

标注约束通常是数值形式,但也可以采用自定义变量或数学表达式的形式。启动 PAR（Parameters）命令,或单击【参数化】选项卡中【管理】面板上的【参数管理器】按钮 fx,打开【参数管理器】选项框,如图 7-38 所示。该管理器中列有所有的标注约束及用户变量,可利用它方便地对约束和变量进行管理,具体操作方法简介如下。

基本操作:

(1)单击标注约束的名称,可亮显图形中的约束。
(2)双击名称或表达式,可进行相应的内容编辑。
(3)单击鼠标右键并选择【删除】选项,可以删除选中的标注约束或用户变量。
(4)单击列标题名称对应的列,可进行相应的排序。

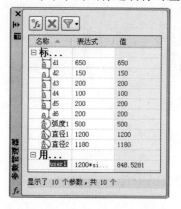

图 7-38 【参数管理器】选项框

说明:在该选项框中,有关按钮和选项的功能说明如下。

【创建】按钮 fx:用于创建新的用户参数。

【删除】按钮 ✖:用于删除选定参数。

【过滤】按钮 ▼:指定用于显示参数的过滤器类型。

【名称】列:用于显示或输入标注约束的名称。

【表达式】列:用于显示或输入标注约束的表达式。表达式可以是算术式、变量表达式或函数表达式。

【值】列:表示尺寸标注的数值大小。

标注约束或变量采用表达式时,常用的运算符及数学函数如表 7-1 及表 7-2 所示。

在表达式中使用的运算符　　　　　　　　　　　　　　　　　　表 7-1

运算符	说明	运算符	说明
+	加	/	除
-	减或取负值	^	求幂
*	乘	( )	圆括号或表达式分隔符

表达式中支持的函数　　　　　　　　　　　　　　　　　　　　表 7-2

函数	语法	函数	语法
余弦	cos（表达式）	反余弦	acos（表达式）
正弦	sin（表达式）	反正弦	asin（表达式）
正切	tan（表达式）	反正切	atan（表达式）
平方根	sqrt（表达式）	幂函数	pow（表达式 1；表达式 2）
对数，基数为 e	ln（表达式）	指数函数，底数为 e	exp（表达式）
对数，基数为 10	lg（表达式）	指数函数，底数为 10	exp10（表达式）
将度转换为弧度	d2r（表达式）	将弧度转换为度	r2d（表达式）

【实例 7-5】 定义用户变量，并以变量及表达式的方式添加图形约束。

操作步骤：

(1) 指定当前标注约束为【注释性】约束，并设定尺寸格式为【名称】。

(2) 绘制平面图形，添加几何约束及标注约束，使图形处于完全的约束状态，如图 7-39 所示。

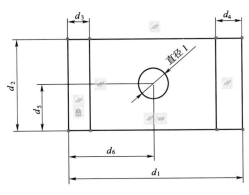

图 7-39　绘制平面图形及添加约束

(3) 单击【管理】面板上的按钮 fx，打开【参数管理器】对话框，利用该管理器修改变量名称、定义用户变量以及建立新的表达式等，如图 7-40 所示。单击按钮 f_x，可建立新的用户变量。

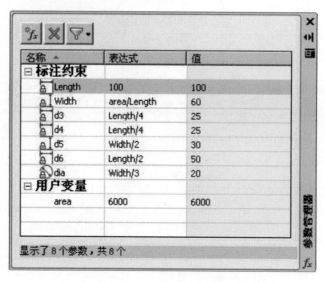

图 7-40 【参数管理器】对话框

(4)利用【参数管理器】,将矩形面积改为 3000,结果如图 7-41 所示。

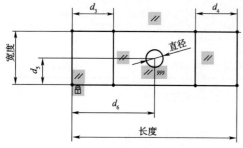

图 7-41 修改矩形面积

说明:变为【注释性】后的标注约束,看上去与常规的尺寸标注相同,但实际上还是有很大区别的。一方面,【注释性】的标注约束仍然可以驱动图形元素;另一方面,如果要在标注中加一些前缀、后缀或公差,就不能如同普通标注那样使用多行文字编辑器处理了,也不能直接在【特性】窗口的文字替代中通过添加或修改文字来达到添加前缀、后缀或公差的目的。

7.5 参数化绘图的一般步骤

用 line(直线)、circle(圆)及 offset(偏移)等命令绘图时,必须输入准确的数据参数,绘制完成的图形是精确无误的;若要改变图形的形状及大小,一般要重新绘制。利用 AutoCAD 的参数化功能绘图,创建的图形对象是可变的,其形状及大小由几何约束和标注约束来控制。当修改这些约束后,图形就发生相应变化。

利用参数化功能绘图的步骤与采用一般绘图命令绘图是不同的,主要作图过程如下:

(1)根据图样的大小设定绘图区域的大小,并将绘图区充满图形窗口显示,这样有利于总体把握随后所绘草图轮廓的大小,而不至于使其形状失真太大。

(2)将图形划分为由外轮廓及多个内轮廓而组成,按先外后内的顺序绘制。

(3)绘制外轮廓的大致形状,创建图形对象的大小是任意的,相互间的位置关系(如平行、垂直等)是近似的。

(4)根据设计要求对图形元素添加几何约束,以确定它们之间的几何关系。一般地,先让系统自动创建重合、水平、竖直及平行等约束,然后再加入其他约束。为了使外轮廓在

XOY 平面的位置固定,应对其中某点施加固定约束。

(5)添加标注约束,确定外轮廓中各图形元素的精确大小及位置。所创建的尺寸包括定形尺寸及定位尺寸,标注顺序一般是"先大后小,先定形后定位"。

(6)在绘制外轮廓并添加约束之后,采用相同的方法依次绘制各个内轮廓,并添加相应的几何约束和标注约束。至此,一个完整的参数化绘图过程结束。

本 章 小 结

本章主要介绍了设计中心与参数化工具的概念与使用,重点讲述了设计中心的功能及组成、信息查询的内容与方法、几何约束的添加与编辑、标注约束的添加与编辑以及参数化绘图的一般步骤与操作方法等。通过本章的学习,应了解设计中心的主要功用,熟练掌握信息查询方法、几何约束与标注约束的使用方法,掌握参数化绘图的基本方法与步骤。熟练掌握和灵活运用参数化工具,对于提高绘图速度和质量具有重要的实用意义。

练习与思考题

1. AutoCAD 设计中心的主要功能有哪些?
2. 如何使用设计中心的功能进行信息查询? 主要查询内容有哪些?
3. 简述几何约束的类型及主要功能。一般应该如何添加和编辑几何约束?
4. 简述标注约束的类型及主要功能。通常如何添加和编辑标注约束?
5. 简述参数化绘图的一般步骤。
6. 利用 AutoCAD 参数化功能,绘制如题图 7-1 所示的左转指示箭头的平面示意图并添加几何约束,图形尺寸任意。

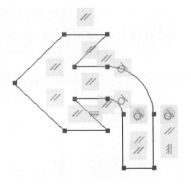

题图 7-1　添加几何约束

第8章 图形的打印与输出

【本章学习目标】
　　本章主要讲述图形的打印与输出,内容包括模型空间与图纸空间、打印输出设置、在模型空间和图纸空间中打印输出图纸、图形文件发布与输出、数据交换与格式转换等。通过本章的学习,读者应该掌握以下内容:
　　(1)模型空间与图纸空间的概念及两者的关系。
　　(2)打印参数设置与打印样式表的使用。
　　(3)图形、文字、标注与打印比例协调设置及"注释性"应用。
　　(4)布局的创建与编辑基本方法。
　　(5)多视口的创建与编辑。
　　(6)在模型空间和图纸空间中打印输出图纸的方法。
　　(7)电子打印、批处理打印及图形文件输出。
　　(8)数据交换与格式转换。

　　打印输出是工程绘图的一个重要环节。通常情况下,用户都是在【模型空间】绘制二维和三维图形,然后通过【模型空间】直接打印输出图形,或通过创建和编辑布局从【图纸空间】打印输出图形。打印输出的过程涉及打印参数设置、打印样式表使用、打印比例协调设置、注释特性的应用以及布局的创建与编辑等多方面的技术和方法。

8.1 模型空间与图纸空间

　　在 AutoCAD 中有两个工作空间,即【模型空间】和【图纸空间】。【模型空间】用于1:1设计绘图,【图纸空间】则用于排版输出。

8.1.1 模型空间

　　【模型空间】是设计绘图的常用工作空间,它是一个无限大的设计领域。在模型空间中,用户通常是按照与实物1:1的比例来绘制图形对象,比如绘制交通标志标牌、交叉口渠化、道路交通安全设施、城市路网结构等。尽管这些对象尚未被建造出来,所绘制的也仅是一个模型,但它却全方位地反映了现实世界物体的真实大小和形态,故将该空间称为【模型空间】。在模型空间中所建立的二维或三维图形对象统视为"模型"。在前面各章节中的绘图操作都是在模型空间中完成的。在启动 AutoCAD 后,系统默认为模型空间,此时在绘图窗口下方的【模型】选项卡处于激活状态。

8.1.2 图纸空间

在模型空间中绘制图形后,总是要进行图纸输出的,其中一种方式就是在图纸空间中排版输出。

所谓【图纸空间】是用来创建打印布局的工作空间,有时又称为【布局空间】。在图纸空间中,可以对视图的位置和大小进行排列布局,可以创建一个或多个视口显示不同比例的视图并给它们标注尺寸,还可以给图纸添加图框、标题栏、明细表和文字注释等,然后打印输出。图纸空间相当于真实版的图纸样式,在图纸空间中的每一个布局选项卡就相当于一张具有特定样式的输出图纸。图纸空间的"图纸"是按比例缩小的实物图形,从图纸空间输出到物理图纸上的过程是按 1:1 比例打印输出的过程。

8.1.3 模型空间与图纸空间的关系

模型空间与图纸空间是一个并行体系,相当于两个平行的平面。模型空间是画图的纸,位于下方;图纸空间是用来观察图的镜框和透明玻璃,位于上方。透过图纸空间的镜框玻璃可以看到模型空间的图形,但在模型空间却看不到玻璃正面以及镜框的形状。

由于两者是并行的两个系统,因而在模型空间中绘制的图形不能在图纸空间中直接选中,在图纸空间中绘制的图形也无法在模型空间中显示。但是,在图纸空间中通过"视口"可以临时编辑模型空间中的图形,就像是将镜框临时拿掉,穿过镜框对下面的图形进行操作。

模型空间的图与打印出来的物理图纸是"实物"与图纸的关系,图纸空间与打印出来的物理图纸是电子文件与物理图纸的关系,就像 Word 文件与打印出来的书面文本之间的关系一样。从模型空间直接打印图纸,需要设置打印比例,因此完全可以把模型空间到图纸空间理解成假想的"打印",这个假想"打印"的比例就是视口比例。也就是说,预先把模型打印到图纸空间,然后从图纸空间以 1:1 进行实际打印。

说明: 在一个图形文件中,模型空间只有一个"模型"选项卡,而图纸空间中可以有多个不同命名的布局选项卡。这样可以方便地使用多张图纸、从多个侧面来反映同一个实体或图形对象。例如,可以将模型空间中绘制的交通工程总图拆成多张模块图或施工图,或将交通设施或设备图拆成若干零部件图等。

提示: 在实际工作中,如需要在模型空间与图纸空间之间相互切换,只需单击绘图区域下方的【布局】及【模型】选项卡即可。

8.2 打印输出设置

在图形打印输出前,首先应对打印参数、打印样式表、打印比例以及注释性等进行相应的设置。AutoCAD 为用户提供了全面详细的打印参数设置以及不同方式的打印输出功能。打印参数用于打印输出环境的设置,包括打印设备、打印样式和打印区域设置等;打印输出则是指将所绘制的图形通过模型空间或图纸空间打印输出的过程,可以将图形打印在图纸上,也可以输出为电子文件以供其他应用程序使用。

8.2.1 设置打印参数

1)利用【打印—模型】对话框设置打印参数

设置打印参数主要是在【打印—模型】对话框中进行,打开该对话框的方法有以下几种。

- 图标:单击【输出】▶【打印】功能选项面板中【打印】按钮 。
- 菜单:选择下拉菜单中【文件】▶【打印】选项。
- 命令:键入 plot,或按下【Ctrl + P】组合键。

基本操作:

执行上述 3 种操作方式之一,即可打开【打印—模型】对话框,如图 8-1 所示,用户可从中设置各种打印参数。

图 8-1 【打印—模型】对话框

解释: 在该对话框中,各项功能及打印设置说明如下。

【页面设置】选项组:用于显示或保存当前页面的设置,以便以后打印时可方便地由【页面设置】选项区的【名称】下拉列表中调用,以免每次打印时反复设置,特别适用于需要打印一批图纸的情况。其中:

◇【名称】下拉列表框:用于显示当前页面的设置名称,单击该下拉列表框,可从弹出的选项中选择或改变页面设置的名称及内容。

◇【添加】按钮:单击该按钮,打开【添加页面设置】对话框,用户可从中输入新页面设置名称,并将【打印—模型】对话框中的当前设置保存到所命名的页面设置中。

提示: 在"新建页面"设置并保存后,用户可单击【文件】▶【页面设置管理器】命令,在弹出的【页面设置管理器】对话框中,对已保存的页面设置进行【修改】。

【打印机/绘图仪】选项组:用于打印机或绘图仪的选型及参数设置。

◇【名称】下拉列表框:用于设置打印机或绘图仪选型。该下拉列表框中列出了 Windows 系统打印机和 AutoCAD 内部打印机的名称,在选择了打印设备后,其下方将显示选择的打印设备的名称、位置及相关说明,同时在其右侧的【预览】窗口中显示其最大打印图纸尺寸的大小。

◇【特性】按钮:单击该按钮,将弹出【绘图仪配置编辑器】对话框,如图8-2所示。在该对话框中,可以设置打印机的配置情况,打印机不同,参数选项也不同。一般情况下,【常规】选项卡中显示了打印机配置(PC3)文件的基本信息;【端口】选项卡中可以修改打印机与用户计算机或网络系统之间的通信设置;【设备和文档设置】选项卡中可以指定图纸的尺寸、图纸的来源、过滤图纸的尺寸以及打印分辨率等。

【图纸尺寸】下拉列表:用于设置所需打印的图纸尺寸。

【打印份数】列表框:用于设置打印图纸的份数。

【打印范围】下拉列表:用于设置图形的打印的区域或范围,其中包括如下4个选项。

◇窗口选项:用户可用鼠标拖拽窗口的大小或精确输入矩形窗口对角点坐标的方式来设置图形的打印范围。它是最准确的区域设置方式。

◇【图形界限】选项:若图中使用 limits 命令定义过图形界限,选中此项后则打印图形界限范围内的所有图形对象;若没有定义过图形界限,则会打印出空白。

◇【范围】选项:类似于 zoom 命令缩放时的【范围】选项。选择该选项,系统会自动查找图中的所有图形对象,并以这些对象的最外边界为窗口大小打印输出图形。

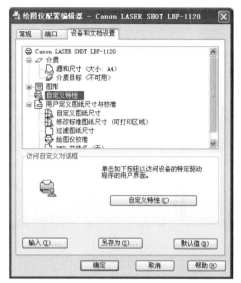

图8-2 【绘图仪配置编辑器】对话框

◇【显示】选项:仅打印当前绘图区中所显示的图形部分。

【打印比例】选择组:用于精确设置打印输出比例、图形显示单位及与打印单位之间的相对关系,系统默认的打印比例为【布满图纸】,即按照能够布满图纸的最大可能尺寸打印图形。

说明:如果用户需要按精确比例打印输出图形,可取消【布满图纸】复选框勾选,并在【比例】下拉列表框中选择确定的打印比例。如果列表框中没有所需的打印比例,可单击"自定义"选项,并在其下方的文本框中输入数值自行定义打印比例。

【打印偏移】选项组:用于设置打印图形相对图纸的位置,即指定打印区域相对于可打印区域左下角或图纸边界的偏移量,适用于打印图形与打印区域错位的情况。其中:

◇【X】文本框:用于指定打印原点在 X 轴方向上的偏移量。

◇【Y】文本框:用于指定打印原点在 Y 轴方向上的偏移量。

◇【居中打印】复选框:设置图形将在图纸上居中打印。

【打印样式表】选项组:用于显示或编辑指定给当前【模型】选项卡或【布局】选项卡的打印样式表,并提供当前可用的打印样式表的列表,详见后续介绍。

【着色视口选项】选项组:用于指定着色和渲染视图的打印方式和打印质量。其中:

◇【着色打印】下拉列表框:用于指定视图的打印方式,如图8-3所示。其中"按显示"

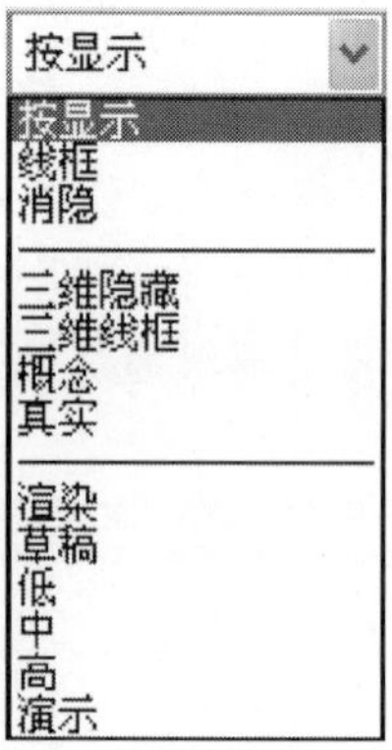

表示按对象在屏幕上的显示方式打印;"线框"表示按线框方式打印对象;"消隐"表示打印对象时消除隐藏线;"三维隐藏"表示应用三维隐藏视觉样式打印对象;"三维相框"表示应用三维线框视觉样式打印对象;"概念"表示应用概念视觉样式打印对象;"真实"表示应用真实视觉样式打印对象;"渲染"表示按照渲染方式打印对象;"草稿"表示将渲染和着色模型空间视图设置为线框打印;"低"表示使用低渲染预设打印对象,以生成质量高于"草稿"的渲染;"中"表示使用中渲染预设打印对象,可以提供质量和渲染速度之间的良好平衡;"高"表示使用高渲染预设打印对象;"演示"表示使用适用于真实照片渲染图像的演示渲染预设打印对象,处理所需时间最长。

图 8-3 【着色打印】下拉列表

◇【质量】下拉列表:用于指定着色和渲染视口的打印分辨率,如图 8-4 所示。其中"草稿"表示将渲染和着色模型空间视图设置为线框打印;"预览"表示将渲染模型和着色模型空间视图的打印分辨率设置为当前设备分辨率的四分之一,最大值为 150DPI;"常规"表示将渲染模型和着色模型空间视图的打印分辨率设置为当前设备分辨率的二分之一,最大值为 300DPI;"演示"表示将渲染模型和着色模型空间视图的打印分辨率设置为当前设备的分辨率,最大值为 600DPI;"最高"表示将渲染模型和着色模型空间视图的打印分辨率设置为当前设备的分辨率,无最大值;"自定义"表示将渲染模型和着色模型空间视图的打印分辨率设置为"DPI"框中指定的分辨率设置,最大可为当前设备的分辨率。

图 8-4 【质量】下拉列表

◇【DPI】文本框:用于指定渲染和着色视图的每英寸点数,最大可为当前打印设备的最大分辨率。只有在【质量】下拉列表框中选择"自定义"选项后,该文本框才能被激活。

【打印选项】选项组:用于打印过程中的有关设置。

【图形方向】选项组:用于设置图形的打印方向,包括【纵向】、【横向】以及【上下颠倒打印】3个选项。其中【上下颠倒打印】用于与纵向和横向打印方式配合使用,可将图形在图纸上旋转 180°后再进行打印。

【预览】按钮:执行打印预览命令,可按照在图纸上打印的方式显示图形效果。若要退出打印预览,可按 Esc 键,或单击鼠标右键从弹出的快捷菜单中选择【退出】选项。

【应用到布局】按钮:将当前【打印—模型】对话框中的设置保存到当前布局中。

【折叠 ◀】或【展开 ▶】按钮:用于控制是否显示【打印—模型】对话框中其他选项。

2)利用【页面设置管理器】设置打印参数

除了在上述【打印—模型】对话框中设置打印参数外,也可通过【页面设置管理器】调用【页面设置—模型】对话框进行设置,启动【页面设置管理器】的方法如下。

• 命令:键入 pagesetup。

• 图标:单击【输出】▶【打印】功能面板上的按钮 。

• 菜单:选择【文件】▶【页面设置管理器】命令。

• 快捷菜单:在激活的【模型】选项卡或【布局】选项卡上单击鼠标右键,从弹出的菜单中选择【页面设置管理器】。

基本操作:

(1) 执行上述4种方式之一,系统将打开【页面设置管理器】对话框,如图8-5所示。

解释: 在该对话框中,有关选项功能简介如下。

【当前页面设置】列表框:列出了所有当前页面设置选项,供用户选择。

【新建】按钮:单击该按钮,可弹出【新建页面设置】对话框,用于创建一个新的页面设置。

【修改】按钮:用于修改一个已经创建的页面设置。

【输入】按钮:用于从其他图形格式DWG、DWT或图形交互格式DXF等文件中输入一个或多个页面设置。

【置为当前】按钮:表示将【当前页面设置】列表框中的选中的页面设置为当前页面。

【创建新布局时显示】复选框:表示每次创建新图形布局时都显示【页面设置管理器】对话框。

(2) 若单击【新建】按钮,则弹出【新建页面设置】对话框,如图8-6所示,用户可从中输入新页面设置的名称,如"交通工程标志";选择一种基础样式,也可不选;然后,单击【确定】按钮继续。

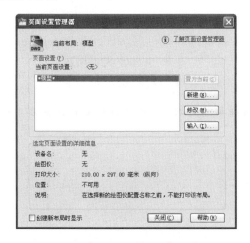

图8-5 【页面设置管理器】对话框

图8-6 【新建页面设置】对话框

(3) 系统自动打开【页面设置—模型】对话框,如图8-7所示。该对话框的内容及设置方法与上述【打印—模型】对话框基本相同,不再赘述。

提示: 当页面设置完成后,在【布局】空间中的虚线框表示当前配置的图纸尺寸和绘图仪的可打印区域。

【实例8-1】 创建一个名为"交通工程图形打印设置"的打印页面设置。

操作步骤:

(1) 在菜单栏中,单击【文件】▶【页面设置管理器】选项,弹出【页面设置管理器】对话框。

(2) 单击【新建】按钮,弹出【新建页面设置】对话框,在【新页面设置名】文本框中输入"交通工程图形打印设置",然后单击【确定】按钮。

图 8-7 【页面设置－模型】对话框

（3）此时，系统自动弹出【页面设置—交通工程图形打印设置】对话框。从中选择打印机【名称】为"DWF6 ePlot.pc3"；【图纸尺寸】设置为"ISO full bleed A3（420.00×297.00 毫米）"；【打印范围】设为"窗选"，并在返回绘图区后设定窗口显示区域；【打印比例】选为"1∶1"；【打印偏移】设置为【居中打印】；【打印样式表】选择单色打印样式表"nonochrome.ctb"；【图纸方向】设为"横向"；设置完成后，单击【确定】按钮，效果如图 8-8 所示。

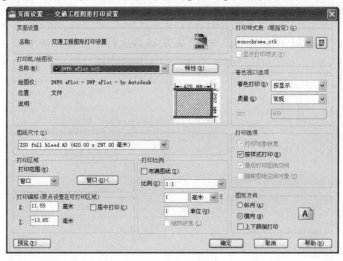

图 8-8 【页面设置—交通工程图形打印设置】对话框

（4）在返回【页面设置管理器】对话框后，选中新建的页面设置名称，单击【置为当前】，然后单击【关闭】按钮，则完成新建页面设置。

（5）如果需要修改已保存的页面设置，可在【页面设置管理器】中单击【修改】按钮，重新打开【页面设置—交通工程图形打印设置】对话框进行相应设置。

（6）若要从文件中输入一个或多个页面设置，可单击【输入】按钮，打开【从文件选择页面设置】对话框，从中选择适当格式的文件导入相应的页面设置。

8.2.2 设置与使用打印样式表

通常,在图形绘制完成后各对象都位于不同的图层中和指定有不同的颜色。在打印输出时,多数情况需要将图形打印成黑色,但又不希望改变原有的设置;也有时需要对已经指定了线条宽度的图形在打印输出时因比例变化而进一步调整线宽。为此,需要在打印输出时统一使用打印样式表。所谓打印样式表实际上就是通过设置打印特性(例如线宽、颜色和填充样式等)来控制图形对象或布局的打印输出方式。

1)打印样式表的分类

打印样式表分为两类:颜色相关样式表(*.CTB)和命名样式表(*.STB)。颜色相关样式表是根据图形对象的颜色指定打印输出的"线宽"、"端点"、"连接"等参数,即每一种颜色相同的图形对象对应着一种相同的打印输出方式。命名样式表则只是给图层或对象指定某些特定的打印参数,并非所有的颜色和物体都被指定样式,故以名字定义来集中设置打印的输出方式。使用命名样式表可以使图形中的每个对象以不同颜色打印,且与对象本身的颜色无关。

在 AutoCAD 中,颜色相关样式表通过颜色来控制打印输出的颜色、线宽,操作起来比较简单,应用较多,而命名样式表使用较少。在实际绘图过程中,为了便于观察,通常都不显示线宽,而是将不同线宽的图形用不同的颜色来绘制,而后再利用颜色相关样式表对全部图形的打印样式进行精确的设定,这样既操作便捷又不易于设置遗漏。

一个图形在打印输出时只能使用一种类型的打印样式表,这取决于在新建图形文件时所选用的是与颜色相关的样板,还是与命名打印样式相关的样板,如图 8-9 所示。如果选用的样板文件名后有"Named Plot Styles"字样,表示是命名打印样式样板文件。

图 8-9 【选择样板】对话框

用户使用命令"Convertpstyles",可以将当前图形由颜色相关样式表转换为命名样式表,或者将命名样式表转换为颜色相关样式表。

2)添加打印样式表

添加打印样式表的基本操作方法有如下 2 种。

基本操作：

方法一：

（1）在菜单栏中单击【文件】➤【打印样式管理器】命令，弹出【Plot Styles】窗口，如图8-10所示。双击窗口中【添加打印样式表向导】快捷方式，弹出【添加打印样式】对话框，再单击【下一步】按钮。

图8-10 【打印样式管理器】窗口

（2）在弹出的【添加打印样式表—开始】对话框中，选择【创建新打印样式表】单选项，单击【下一步】按钮，如图8-11所示。

（3）在弹出的【添加打印样式表—选择打印样式表】对话框中，用户可选择【颜色相关打印样式表】单选项，然后单击【下一步】按钮，如图8-12所示。

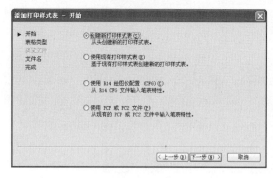 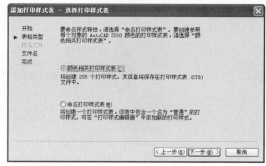

图8-11 【添加打印样式表—开始】对话框　　图8-12 【添加打印样式表—选择打印样式表】对话框

（4）在弹出的【添加打印样式表—文件名】对话框中，用户可在【文件名】文本框中输入文件名，如"交通工程打印样式"，然后单击【下一步】按钮，如图8-13所示。

（5）在弹出的【添加打印样式表—完成】对话框中，用户可单击【打印样式表编辑器】，如图8-14所示。

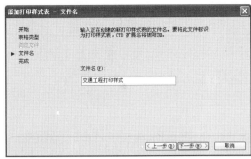
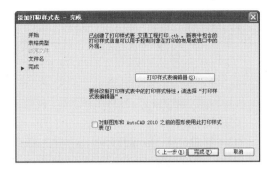

图 8-13 【添加打印样式表—文件名】对话框　　　　图 8-14 【添加打印样式表—完成】对话框

（6）在打开的编辑器中，切换到【表格视图】选项卡，在其中【打印样式】列表中分别选择"颜色1"、"颜色2"等不同的打印样式颜色，或按住 Shift 或 Ctrl 键一次选择多种颜色，然后单击【特性】选项区中的【颜色】或【线宽】等下拉列表，依次对每一种颜色或统一对多种颜色进行输出颜色或线宽的设置。同理，用户也可单击【特性】选项区中的灰度、线型、端点、连接、填充等下拉列表，分别进行打印样式表的其他参数设置，如图 8-15 所示。

（7）上述各项设置完成后，单击【保存并关闭】按钮，系统返回到原来对话框中，再单击【完成】按钮，结束打印样式表的创建。

方法二：

在前面已经打开的【打印—模型】对话框中，单击右侧【打印样式表】下拉列表中的"新建"选项，如图 8-16 所示，系统弹出【添加颜色相关打印样式表—开始】向导对话框，在其引导下用户逐步完成打印样式表的创建任务，操作同上，不再赘述。

图 8-15 【打印样式表编辑器】对话框—【表格视图】选项卡

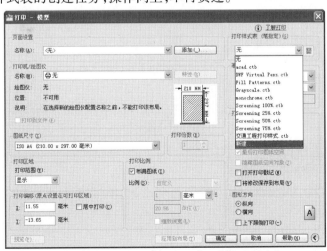

图 8-16 【打印—模型】对话框中【新建】打印样式表

3) 设置打印样式表

对于已创建的打印样式表，还可以进行编辑或重新设置。颜色相关样式表中有 256 种打印样式，每种样式对应着一种颜色，用户可在其中编辑打印样式，但不能添加或删除；命名样式表中具有相同颜色的对象可能会以不同的样式打印。

(1) 设置"颜色相关打印样式表"。

【基本操作】：

①在菜单栏中，单击【文件】▶【打印样式管理器】命令，弹出【Plot Styles】窗口，如图 8-10 所示。

②在打开的窗口中，选择要编辑的打印样式文件(如：交通工程打印样式.ctb)并双击鼠标，系统会自动打开该文件并弹出【打印样式表编辑器】对话框，如图 8-17 所示。

图 8-17 【打印样式表编辑器】对话框—【常规】选项卡

③切换到【表格视图】选项卡中，如前图 8-11 所示，按照前述操作方法分别选择需要修改的【打印样式】中颜色，逐一对其相对应的【特性】选项区中的输出颜色和线宽等参数进行修改或重新设置。

④上述内容设置后，单击【保存并关闭】按钮，即可完成"颜色相关样式表"的设置。

说明：在颜色相关打印样式表中的颜色仅包括有 256 种索引色，所以用户在设置打印样式颜色时只能选择这 256 种颜色中的一种，不能使用真彩色或其他配色系统的颜色，否则打印设置将不起作用。此外，在进行打印样式表的设置时，通常打印输出颜色和线宽两个参数应用最多，其他均使用非常少，一般无须逐个参数设置。

提示：除了上述打印样式表的编辑方法外，用户还可通过打开【打印—模型】对话框，在【打印样式表】下拉列表中选择一个(*.CTB)格式的打印样式表文件，然后单击其后的【编辑】按钮 ，同样可以打开【打印样式表编辑器】从中进行打印样式表编辑。

(2) 设置"命名打印样式表"。

利用【图层特性管理器】为对象所在的图层进行打印样式设置，具体操作方法如下。

【基本操作】：

①首先，新建一个图形文件并选用与"命名打印样式表"相关的图形样板，如"acadISO-Named Plot Styles.dwt"，否则后续的【打印样式】按钮为灰色，不能启用。

②单击【图层】工具栏中【图层特性管理器】按钮 ，打开【图层特性管理器】窗口，从中单击【新建】按钮 创建若干个新图层，如图 8-18 所示。

③在该窗口中单击"图层 1"对应的【打印样式】选项栏按钮，打开【选择打印样式】对话框，如图 8-19 所示。

④在该对话框下方的【活动打印样式表】下拉列表中，列有可供选用的 AutoCAD 预定义的打印样式表文件，用户可从中选择一个打印样式表文件，如 monochrome.stb，此时该文件

中的所有可用的打印样式都将被显示在上方的【当前打印样式】列表区中。

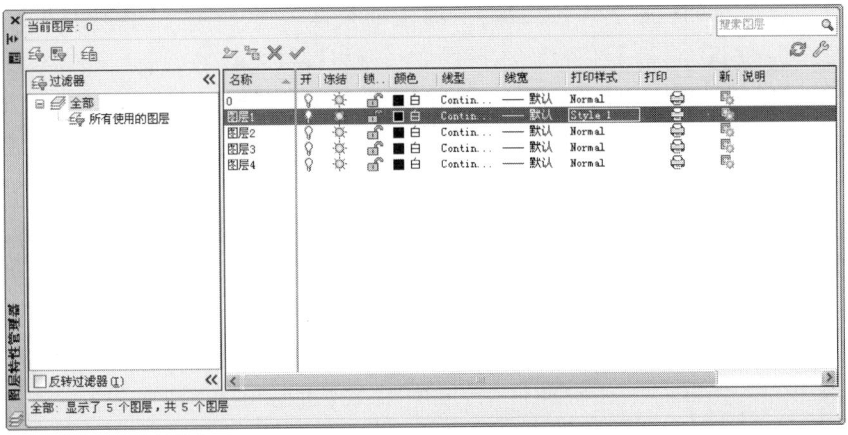

图 8-18 【图层特性管理器】窗口

⑤如果此时用户希望为打印样式表添加新的打印样式或编辑原有的打印样式,可在已打开的【选择打印样式】对话框中单击【编辑器】按钮,在随后打开的【打印样式表编辑器】对话框中切换至【表格视图】选项卡,如图 8-20 所示,单击其下方的【添加样式】按钮,于是即可为样式表添加新样式。此时,用户可在【特性】选项区为"新样式"设置颜色、线型、线宽、填充等打印特性,或选取原有的打印样式进行编辑。设置或编辑完毕后,单击【保存并关闭】按钮退出编辑器。

图 8-19 【选择打印样式】对话框

图 8-20 【打印样式表编辑器】对话框

⑥在系统退出【编辑器】后将自动返回【选择打印样式】对话框中,用户可从中的【打印样式】列表中为所选图层指定一种打印样式(例如 Style1),单击【确定】按钮,于是该图层的打印样式添加完成。此时,只要该图层上图形对象的打印样式特性是【随层】的,则打印时就会按照 Style1 所定义的样式打印输出。类似地,用户可为其他各图层指定相应的打印样式。

提示：修改图层上图形【随层】特性的方法如下：先选中绘图区中的图形对象，并在该图形上右击鼠标，从弹出的快捷菜单中选择【特性】选项，打开【特性】选项板，如图8-21所示。从【打印样式】选项栏中设置其属性为"ByLayer"，也可同时选择多个图形对象一起设置为"ByLayer"。"ByLayer"属性设置完成后，即可使用"命名样式"来打印图形了。

4）两种打印样式表的使用

使用打印样式表是AutoCAD利用绘图仪精确控制最终绘图效果的最有效的一种方法。通常，在工程绘图打印时使用的卷筒式打印机都可配合样式表打印。前面阐述了打印样式表的分类与设置，下面将介绍两种打印样式表的使用方法。

（1）颜色相关打印样式表的使用。

基本操作：

①单击菜单中【文件】▶【打印】命令选项，打开【打印—模型】对话框，如图8-22所示。

图8-21 【特性】选项板

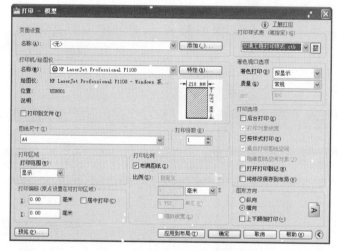

图8-22 【打印—模型】对话框

②从该对话框的右上角【打印样式（笔指定）】下拉列表中，选择预定义或自定义的颜色相关打印样式表，其中AutoCAD为用户提供有多种预定义的打印样式表，如彩色的、灰度的（grayscale.ctb）、单色的（monochrome.ctb）等，用户可从中选用并在系统弹出的"是否将此打印样式表指定给所有布局？"对话框中单击【是】按钮，于是所选定的打印样式表将被应用到所有布局中要打印的图形上。

提示：在使用颜色相关打印样式表时，用户不能为某个对象或图层指定打印样式。若要为单个对象指定打印样式特性，必须先修改对象或图层的颜色。例如，图形中所有被指定为红色的对象均以相同的打印方式打印。

（2）命名打印样式表的使用。

"命名打印样式表"的使用方法与"颜色相关打印样式表"的使用基本相同，只是只有在使用了与"命名打印样式表"相关的图形样板下，才能载入相应的命名打印样式表。不再赘述。

8.2.3 图形、文字、标注与打印比例的协调设置

在 AutoCAD 绘图比例与出图比例不相同的情况下,如果用户没有使用【注释性】,则往往会在打印输出的图纸上造成原图文字大小、尺寸标注及其他符号性图形的改变,这将直接影响到工程制图的规范性和标注的一致性。为此,在打印出图之前,用户须根据尺寸、文字标注的情况及实际打印图幅的大小,预先进行图形、文字、标注与打印比例的合理规划与协调设置,以便满足打印输出时对工程制图技术标准的要求。

下面重点介绍常用绘图比例的设置与协调方法。

1)绘图比例

在工程绘制中,图形尺寸与实物尺寸之比称为绘图比例。这项比例在手工绘图时,往往需要根据实物与图纸大小的关系先设定再绘图,而在 AutoCAD 中则完全不同。在 AutoCAD 绘图时,通常都是按 1∶1 的比例绘图,很少使用 1∶n 的绘图比例,因为这样可使绘图大为简便,而具体输出图纸的大小则完全可由打印比例控制。

AutoCAD 的绘图过程,实际上是按照设定的图形单位、以实物的实际尺寸值来绘制图形的。也就是说,用户可以根据需要设定图形单位为 mm、m 或 km 等,一旦确定后只要按照图形的标称尺寸值绘图即可。例如,当设定图形单位为 mm 后,绘制 100mm 长的线段,只要输入图形尺寸为 100 图形单位即可;而绘制 1m 长的线段,则需要输入图形尺寸为 1000 图形单位。需要明确,在 AutoCAD 中实际绘图尺寸的单位并非一定是 mm 或 m,而是图形单位。究竟一个图形单位相当于多长,在绘图时由用户确定,而只有在打印输出比例设定后才能准确地确定 1 个图形单位究竟为多少。

2)打印比例

打印比例是用于设定图形打印输出的比例大小。在 AutoCAD 中,通常都是按 1∶1 尺寸绘图,然而由于实物大小不一,很难做到按实物大小出图,于是就需要根据图纸的大小按一定的比例(1∶n)缩放打印输出,这个比例通常称为打印比例。

在【模型空间】打印输出图纸时,一种方法是将图形按比例缩放至标准图纸的图框中,然后在【打印—模型】的【打印比例】选区中设定打印输出比例为 1∶1;另一种方法是将选定的图框按适当比例放缩恰好罩住输出图形,然后在【打印—模型】的【打印比例】选区中设定相反的比例打印输出图形。

在【布局空间】打印输出图纸时,由于图纸规格设置、图形绘制与标注等均按实际尺寸布局,故无须再按比例缩放,只要按 1∶1 打印输出即可。

在 AutoCAD 中,图形文件仅仅是一个图形电子文档,将它打印输出时需要把图形单位转换为工程单位。例如,当设定图形单位为 mm 的情况下,如果按 1∶100 打印比例输出图形,就相当于把图中的一条 100 图形单位长的直线打印成 1mm 长的直线;换一种方式说,若要将电子文档中 1000 图形单位长的直线打印为图纸上的 20mm 长,则其打印出图比例就是 1∶50(1000/20=50)。

3)文字标注与尺寸标注字高比例

在 AutoCAD 中,如果不使用【注释性】比例标注,则当图形按照 1∶n 比例打印输出后,图中标注的尺寸、文字和符号性图形的大小都将会按同样的比例缩放打印,这样就会使得打

印输出到物理图纸上的字符高度与原本期望值不一致。因此，必须事先对所标注的文字或字符的高度放大或缩小一定倍数，该放缩的倍数称为文字或尺寸标注字高比例。

文字标注的字高通常在【文字样式】对话框的【高度】文本框中设定；尺寸标注中的字符高度一般随文字样式字高标注而定，也可单击【标注样式】对话框的【文字】选项卡中【文字样式】选项右侧的按钮，返回到【文字样式】对话框中进行设置。假如要在物理图纸上打印出 4mm 高的文字，若打印比例为 1∶10，则需要在 AutoCAD 电子文件中利用【文字样式】对话框来设定标注文字的高度为 40 图形单位（假设已经在标注样式中设定 1 图形单位 = 1mm），即 $4 \times 10 = 40$，这样才能保证在按 1∶10 出图时获得所需的 4mm 文字高度。由此可见，当图形输出比例为 $1∶n$ 时，标注文字和字符须预先放大 n 倍。

对于已经标注的文字，也可以通过改变【标注样式】或【文本样式】中的相应比例因子，或使用"scale"命令或【特性】快捷菜单等多种操作方法来修改比例值及调整文字大小。同样，对于不分颜色绘制的图形或没有设置使用颜色相关打印样式表的打印输出情况，在输出图形时所绘制线条的宽度也应该考虑上述比例设置，其设定宽度应等于输出宽度乘以输出比例的倒数。

4）全局比例因子与测量单位比例因子

在尺寸标注样式中还有两个比例，一个是全局比例因子(DIMSCALE)，另一个是测量单位比例因子(DIMLFAC)。通常，会根据不同的需要对其进行相应的设置，具体功用与设置方法如下。

（1）全局比例因子。

全局比例因子(DIMSCALE)是为全图各尺寸要素（文字字高、箭头大小、距离偏移等）设定的统一比例因子。它位于【标注样式】对话框【调整】选项卡的【标注特征比例】选项区中。该比例因子对标注的尺寸值本身并没有影响，当尺寸标注要素设置为打印出图的实际大小时，该比例因子应设置为打印比例的倒数。

目前，很多公司为了标准化绘图，统一设定了自己的绘图模板，对一些绘图要求做出了基本规定。比如，规定绘图模板标注要素中的文字高度为 4，箭头大小为 3.5。这样，当标注全局比例设置为 2 时，则相关的尺寸要素都会增大一倍，但标注的尺寸值不会改变。

（2）测量单位比例因子。

测量单位比例因子(DIMLFAC)是图示尺寸值与测量尺寸值之间的系数。它位于【标注样式】对话框【主单位】选项卡中，其功用是为线性标注测量值设置比例因子。默认该比例因子的初始值为 DIMLFAC = 1。标注中的所有线性距离（包括半径、直径和坐标）在转换成标注文字前都要乘以 DIMLFAC 的值，即尺寸标注值 = DIMLFAC × 实际测量尺寸值。比如，某图形中的一个实际尺寸是 10，按照 2∶1 的比例将图形放大后，在 CAD 中的长度变为 20。若在测量单位比例因子设为 1 的情况下标注，系统会自动给出缺省值为 20，所以需要将该测量单位比例因子调整为 1∶2 才能保持原尺寸值不变。类似地，若要将图形按 $n∶1$ 放缩时，相应的测量单位比例应调整为 $1∶n$。DIMLFAC 对角度标注无影响，也不应用于系统变量 DIMRND、DIMTM 或 DIMTP 中设置的值。

在尺寸标注时，若不使用该系统变量，也可使用【替代文字】功能或将尺寸打碎后更改其数值等方法来保障打印输出尺寸值的准确性，但这样的结果会使得该尺寸不再具有关联性。

5）视口比例

视口是指在布局空间中打开的透视区域。视口可以用图纸空间的概念形象的比喻如下：在一张绘制好图文的图纸上面，再覆盖一张白纸，结果什么内容也看不到。但在这张白纸上开个小方孔，粘贴上一片透明纸，于是就可以看到其下面图纸上的一部分内容；拉大两张纸间的距离，可看到的图纸内容越来越多，但也越来越小。在此，将位于下面的图纸称为【模型空间】，位于上面的纸张称为【图纸空间】，那个透视的小孔称之为【视口】，而两张纸间的距离用 zoom 表示便是【视口比例】。

由于上述小方孔上粘贴有透明纸，所以用户只能观看，而无法修改其下面的图纸内容。如果把小方孔上的透明纸掀开，便形成了一个真正的孔洞，此时就可以拿笔伸进该小方孔去修改下面的图纸内容了，这就叫作【激活视口】。

如果不断地拉大两张图纸间的距离，只要两者间的距离足够大，则不管下面图纸上的东西有多大，总可以将其罩在小方孔中，即总能够透过小方孔看到下面图纸的所有内容，这就是在一张小小的图纸也能够绘制一幅大型工程图纸的原理。

然而，当距离拉的太大后，就难以看清图形中的某些局部内容。于是，可以设想再打开一个小方孔，使新的小方孔能够贴近下面的图纸，这样便能够在一张图纸上显示不同的比例图形。因为具有表现不同比例视图的功用，所以 AutoCAD 中文版把图纸空间又称为【布局】。显然，有了这项功能后，在同一张图纸上绘制不同比例的图形就无须人为地缩放图形了，所以在【模型空间】的图形对象只需按 1∶1 绘制了即可。

当利用【图纸空间】出图时，打印比例自然是 1∶1，这样的视口比例与打印比例毫无关系，而与图纸比例有关，因而对于不同的比例就要开不同的视口，设置不同的视口比例。

在【图纸空间】中，对于新创建的视口，默认的显示比例都是将模型空间中全部图形最大化地显示在视口中。然而，对于规范的工程图纸，需要使用规范的出图比例，于是可使用状态栏右下侧的【视口比例】下拉列表来设置当前视口的比例，也可在选定视口后使用【特性】选项板来调整。

8.2.4 【注释性】在不同出图比例视图的尺寸标注和文字标注中应用

在 AutoCAD 绘图比例与出图比例不相同的情况下，除了可以通过图形、文字、标注与打印比例的协调设置来满足打印输出的要求外，还可以通过对相应的尺寸标注、文字标注的【注释性】设置，从而方便、快捷地满足图纸打印输出时对图面字符与图形间规范性和一致性的要求。

下面分别从尺寸标注和文字标注两个方面阐述【注释性】比例的设置方法及应用。

1）使用【注释性】为不同出图比例的视图标注尺寸

按照工程制图的国家标准，无论图纸上的视图采用什么样的比例表示，所标注的尺寸必须是形体的真实尺寸，且在同一张图纸上尺寸标注的数字大小及样式要一致。为此，AutoCAD2010 提供了一种利用标注的【注释性】对不同比例视口中图形进行尺寸标注的新功能。利用该功能，用户可以方便地实现在非 1∶1 出图的情况下对每个视口的比例进行单独的缩放调整，以便满足图纸标注对文字、尺寸及符号的标准化和一致性的要求。为了确保在 AutoCAD 的各视口中所标注的尺寸符合国家标准，用户必须注意做好两方面的工作：一是预先设置好尺寸的【标注样式】,二是巧妙利用好【标注特征比例】选项中【注释性】。

基本操作:

(1)打开一个图形文件(如"注意信号灯"警告标志),切换到模型空间;添加一个名为"标注"的图层并单击【置为当前】,如图8-23所示。

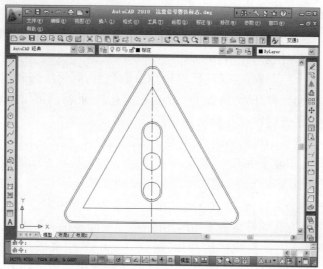

图8-23 "注意信号灯"警告标志

(2)在绘图区域内单击鼠标右键,从弹出的快捷菜单中选择【选项】;在打开的【选项】对话框中选择【用户系统配置】选项卡,在【关联标注】选项区中选中【使新标注可关联】复选框,为图形设置尺寸标注的关联性,如图8-24所示。

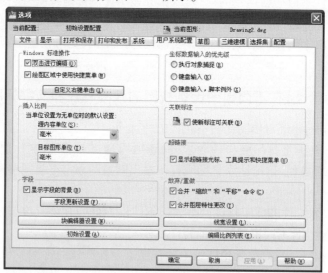

图8-24 在【选项】对话框中设置"关联标注"

(3)根据输出图幅的大小和图形的复杂程度,选择一种符合制图技术标准和图形输出需求的尺寸标注样式;如果没有合适的标注样式,可单击【新建】按钮,创建一个新的尺寸标注样式;或单击【修改】按钮,修改原有的尺寸标注样式。这里以【新建】为例说明如下:单击菜单中【格式】>【标注样式】选项,从打开的【标注样式管理器】对话框中,单击【新建】按钮,创建一个名为"交通"的尺寸标注样式,并在打开的【新建标注样式:交通】对话框中按照图纸上元素应标注的真实大小设置有关参数,如设置尺寸箭头长度为 3.5、尺寸字符的高度为 4 等,其他参数也按照相应要求设置,如图 8-25 所示。

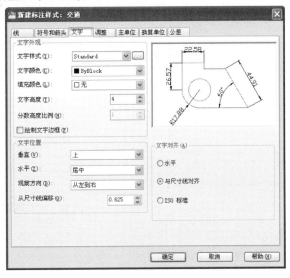

图 8-25 新建尺寸标注样式

(4)在【新建标注样式:交通】对话框中,切换至【调整】选项卡,在【标注特征比例】选项区中勾选【注释性】复选框,为标注样式添加"注释性",以便于后续对非 1∶1 出图的文字、标注和符号等进行比例调整,如图 8-26 所示。[当然,在这里也可暂不勾选【注释性】复选框,有待于后续步骤(8)在【快捷特性】选项板中另行添加。]

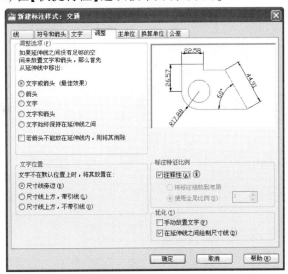

图 8-26 添加标注【注释性】

(5)上述设置完成后,单击【确定】,返回【标注样式管理器】对话框。
(6)在【标注样式管理器】对话框的【样式】选项栏中,选择刚刚创建的"交通"标注样式,单击【置为当前】按钮,然后【关闭】对话框,如图 8-27 所示。

(7)在返回后的绘图窗口中,用户可借助已添加的【注释性】分别为图形标注带注释性的尺寸。在第一次使用【注释性】标注尺寸时,系统会弹出【选择注释比例】对话框,提示用户从下拉列表中选择一个所需要的注释比例值,这里选择默认比例 1∶1,如图 8-28 所示。

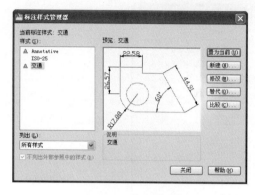 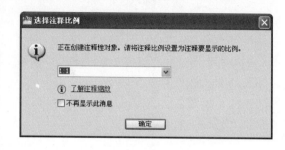

图 8-27 选择标注样式　　　　　　　　图 8-28 【选择注释比例】对话框

提示:如果图形已按要求标注了尺寸,则无论是否使用了【注释性】,上述步骤(3)~(7)的操作均可省略,后续一旦需要用到【注释性】或【注释比例】时,用户可参照步骤(8)和(9)在【快捷特性】选项板中另行添加。

(8)在上述操作完成后,如需继续添加新的【注释比例】或增添多个【注释比例】,或者用户希望对原无注释性的尺寸增添【注释性】和【注释比例】,则可切换至【模型】空间,打开状态栏中的【快捷特性】按钮,点选需要添加【注释性】或【注释比例】的尺寸对象,此时系统会自动弹出一个【快捷特性】选项板,如图 8-29 所示。若将鼠标在该选项板的左、右标题栏上悬停,则选项板还会展开更多的选项。

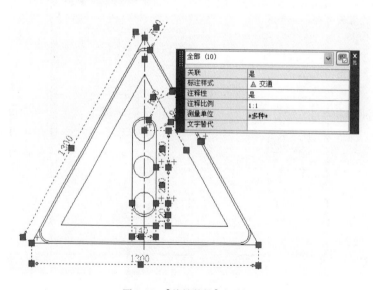

图 8-29 【快捷特性】选项板

(9)在该选项板中,单击【注释性】选项栏,设置为"是",即为尺寸标注打开了【注释性】;再单击【注释比例】选项栏,并在其右侧按钮上点击鼠标,系统将打开【注释对象比例】对话框,供用户添加所需注释比例,如图 8-30 所示。最初,在【对象比例列表】中只有"1∶1"这个比例,点击【添加】按钮可将 1∶2、1∶5、1∶8 和 1∶10 等出图比例依次添加进去,单击【确定】关闭对话框,然后关闭【快捷特性】选项板。

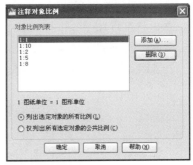

图 8-30 【注释对象比例】对话框

(10)此时,再次点击选中标注的尺寸对象,会发现尺寸对象出现了多个不同大小的字高显示,其中警告标志底边的注释性尺寸显示情况如图 8-31 所示。若将十字光标移动到的文字对象上,在光标右上角还会显示注释性的三角比例尺提示符号。

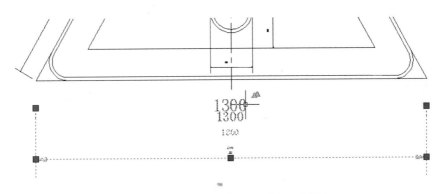

图 8-31 附带【注释性】的尺寸对象显示效果

至此,利用【注释性】对不同出图比例的设置完成。经设置后的注释性比例尺寸,为下一步在模型空间直接打印出图,或在图纸空间布局排版打印出图提供了方便及规范化标注的保障。

说明:在上面添加的注释比例,不是随意的,都是根据出图比例及各视口的显示比例需要而定的。也就是说,需要以什么样的比例出图或视口显示比例,在这里就添加什么样的注释比例。

提示:利用【注释性】可为不同比例的视图标注相同字高的尺寸。在 AutoCAD 中,标注尺寸的【注释性】允许添加或设置多个注释比例,使之与需要出图的多个视口的显示比例相一致。这样,只需在模型空间中标注一次,就可以在布局的不同显示比例视口中输出统一设定字高的尺寸标注。

2)使用【注释性】为不同出图比例的视图标注文字

按照工程制图国标规定,在同一张图纸上文字的标注也同样应满足统一性和一致性要求。对于多视口中的文字标注,同样也可以利用标注的【注释性】特性为不同的比例视口标注相同字高的文字,具体操作方法基本同尺寸标注,不再赘述。但也有如下两点不同之处,需要加以说明。

(1)要在【文字样式】(而不是【尺寸样式】)对话框中新建或修改【字体名称】、【字体样式】、【图纸文字高度】以及【宽度因子】等参数,并勾选【注释性】复选项及其下方的【使文字方向与布局匹配】复选项,单击【置为当前】并【关闭】。

(2)利用前面章节所阐述的文字标注方法为图形标注单行文字或多行文本,随后点选标注的文字,从弹出的【快捷特性】选项板中设置【注释性】选项为"是";在【注释比例】栏添加需要输出的比例或多视口显示的比例值。

说明:该【注释性】比例的设置方法,对于模型空间和图纸空间都适用。

8.3 在模型空间中打印输出图纸

利用模型空间创建二维图形并直接在该空间打印输出图纸,是 AutoCAD 最传统的应用方式。使用模型空间打印输出图纸较便捷,但出图形式也较单一,比较适用于出图量不大且出图要求简单的情况。下面通过一个实例来说明在模型空间中打印输出图纸的具体操作方法。

【实例 8-2】 在模型空间中,利用注释性标注方式将"人行横道指示标志"图形打印输出为一张 A3 幅面的图纸。

操作步骤:

(1)单击菜单栏中【文件】▶【打开】命令,打开已经绘制完成的图形文件"人行横道指示标志.dwg",如图 8-32 所示。

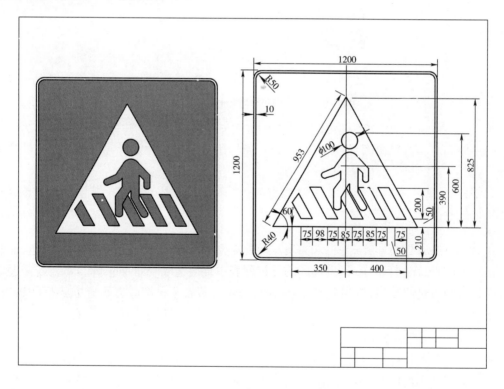

图 8-32 "人行横道指示标志"示意图

(2)由于这里采用【注释性】标注方式在模型空间中打印输出图纸,故需参照第 8.2.4 节的(8)、(9)步骤的要求,先为图中已标注的尺寸和文字添加相应的【注释比例】。即点选图中的尺寸和文字对象,系统弹出的【快捷特性】选项板,如图 8-33 所示。在选项板中设置

【注释性】为"是",设置【注释比例】为 1∶8。(该比例值是图形输出的实际缩放倍数,它由图形大小及输出图幅间的关系换算确定。)

说明: 如果用户希望以传统的方式打印输出图形,则可参照第8.2.3节的要求先对图形、文字、标注与打印比例等进行协调设置。

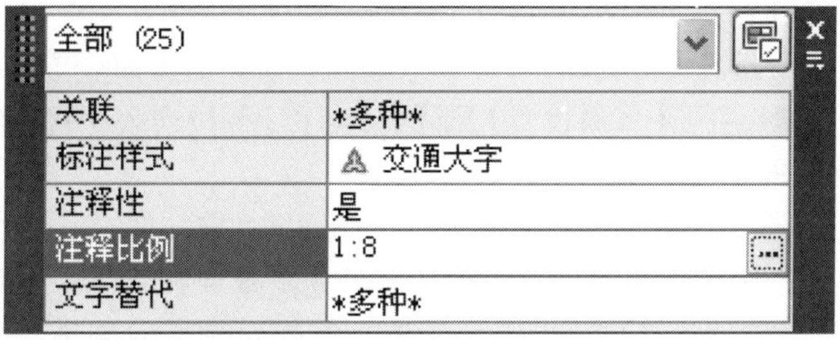

图 8-33 【快捷特性】选项板

(3)在【模型】空间,单击菜单栏中【文件】▶【打印】命令,弹出【打印—模型】对话框。在对话框的【打印机/绘图仪】选区中【名称】下拉列表中,选择已连接的打印设备。如未安装打印机,则可选择一个虚拟的电子打印机,如选择"DWF6 ePlot. pc3"。

(4)在【图纸尺寸】选项区中设置打印幅面大小,这里选择"ISO full bleed A3(420.00 × 297.00 毫米)",这是一个全尺寸的 A3 图纸。

(5)在【打印范围】下拉列表框中选择"窗口"选项,此时系统会切换到绘图窗口方式下供用户选择要打印的窗口范围。为了便于精确地选择窗口,用户可事先激活【对象捕捉】功能中的【端点】捕捉方式,并分别选择图纸边框的左上角点和右下角点,将整个图纸或图形包含在打印区域中。同时,勾选下方【打印偏移】选区中的【居中打印】复选框。

(6)取消【打印比例】选区中【布满图纸】复选框。在【比例】下拉列表中,根据图形大小选择适当的比例(这里选择1∶8),这里的【打印比例】应该与状态栏中的【注释比例】设置相一致,否则在后续操作中会出现不一致的提示信息。

说明: 如果仅仅是为了检查出图效果,也可选择【布满图纸】选项以便最大限度地打印输出图形。

(7)如果用户需要精细设置打印输出的线宽、颜色和填充样式等参数,可参照第8.2.2节的要求,通过创建【打印样式表】来实现。即若需要将所有颜色的图线都打印成黑色,而非彩色或灰度的,可在【打印样式表】选区的下拉列表中直接选取"monochrome. ctb";若需要将图线以灰度颜色打印输出,则可选择"Grayscale. ctb";若希望将图线以彩色方式打印输出,可选用彩色打印样式表或自定义打印样式表,并进行相应的打印颜色与线宽等参数设置。本例设置为黑色打印出图。

提示:

①对于使用了多种颜色绘制的图形,在使用黑白打印机出图时,为了避免打印出不同灰度的线条,用户也可利用【打印样式表编辑器】中的【表格视图】选项卡,从【打印样式】选项栏中选中所有打印样式颜色,然后在【特性】选项组中将打印【颜色】统一设置为"黑色",则打印输出图线将全部为黑色。

②用户也可根据工程绘图的规范设置线条宽度,如设置黄色线条代表边框粗实线,故可

将其设置为比较粗的笔宽;若设置红色线条代表尺寸线,则可设置为比较细的笔宽等;对于加宽后的线条,用户还需进一步设置线条的转角和端点处是圆角还是方角以及设置其他连接与填充方式等。

(8)如果用户希望对上述的设置进行保存以便后续调用,可单击【打印—模型】对话框中【页面设置】选区的【添加】按钮,从弹出的【添加页面设置】对话框中输入【新页面设置名】并单击【确定】,于是该页面的设置信息被保存到新命名的页面设置文件中。随后,当用户需要再次打印输出时,可在【页面设置】选区的【名称】下拉列表中选择调用即可。这样,可避免每次在打印时的重复设置。

(9)单击【预览】按钮,用户可以查看和预览即将打印输出的图纸效果。如果对预览效果不满意,可右击鼠标从右键菜单中选择【退出】命令或按【Ecs】键返回到【打印—模型】对话框中,重新调整设置参数并预览效果图。如果对预览效果满意,则在右键菜单中选择【打印】命令,或在返回【打印—模型】对话框后单击【确定】按钮,于是该图形被打印输出。

(10)由于这里选择了虚拟电子打印机,此时打印输出时系统会弹出【浏览打印文件】对话框,要求用户选择输出路径和文件名,然后单击【保存】。此时,系统会自动打印输出,并在绘图区的右下角状态栏的托盘中显示一个【完成打印和发布作业】的气泡通知。单击该气泡通知,系统会弹出【打印和发布详细信息】对话框,其中记录了打印作业的详细信息。至此,一个在【模型空间】中打印输出的作业完成。

8.4 在图纸空间中通过布局排版打印输出图纸

8.4.1 创建布局

图纸空间在 AutoCAD 中的表现形式就是布局。若通过布局输出图形,首先要创建布局,然后在布局中打印出图。使用"布局"是绘图方式的一个升华,是由直观构图向科学构图的一次质变。

启动【创建布局】命令的方法有如下几种。

● 命令:键入 layout 或_layout。

● 菜单:在下拉菜单【插入】▶【布局】中,单击【新建布局】或【来自样板的布局】或【创建布局向导】命令。

● 快捷键:在布局选项卡上右击鼠标,从弹出的快捷菜单中选择【新建布局】。

● 工具栏:单击菜单中【工具】▶【工具栏】▶【AutoCAD】▶【布局】命令,调出【布局】工具栏,如图8-34 所示,从中点选【新建布局】或【来自样板的布局】或【创建布局向导】按钮。

● 通过设计中心,从已有的图形文件或样板文件中,把已建好的布局拖入到当前图形文件中。

本节重点讲述使用"layout"命令创建布局和使用【布局向导】创建布局的方法。

图 8-34 【布局】工具栏

1)使用"layout"命令创建布局

基本操作:

(1)在命令行中键入"layout"命令,启动【创建布局】命令,系统将在命令行中显示如下提示与交互信息。

命令:layout　　　　　　　　　　　　　　　　　（启动创建布局命令）
输入布局选项［复制(C)/删除(D)/新建(N)/样板(T)/重命名(R)/另存为(SA)/设置(S)/?］＜设置＞:n
　　　　　　　　　　　　　　　　　　　　　（提示用户输入选项,这里键入"n"选择新建布局）
输入新布局名 ＜布局3＞:交通标志　　　　　　（输入新布局名,这里输入"交通工程"）

解释: 在上述提示信息中,各选项的含义如下。

【复制(C)】:用于复制一个新布局。
【删除(D)】:用于删除一个原有的布局。
【新建(N)】:用于创建一个新布局。
【样板(T)】:输入该选项,打开【从文件选择样板】对话框,从中选择并导入一个布局模板。
【重命名(R)】:将选中的布局重新命名。
【另存为(SA)】:将当前的样板布局保持为另一个样板布局。
【设置(S)】:将选中的布局置为当前布局。

(2)在命令行【输入布局选项［复制(C)/删除(D)/新建(N)/样板(T)/重命名(R)/另存为(SA)/设置(S)/?］＜设置＞:】提示下,用户可选择相关的命令进行相应的操作,这里键入"N"表示选择【新建布局】选项。

(3)在命令行【输入新布局名:】提示下,输入新建布局名称,如"交通标志",于是一个新布局选项卡创建完成。

(4)用户可在绘图区下方新建"交通标志"布局选项卡上单击鼠标,切换并进入该布局空间进行相关设置。

2)使用【布局向导】创建布局

基本操作:

(1)打开一个图形文件,如"注意信号灯"警告标志图;新建一个名为"视口"的图层,并设置为当前层,后续创建视口的操作将在该图层上进行。

(2)键入"layoutwizard"命令,或单击菜单中【插入】▶【布局】▶【创建布局向导】命令,启动【创建布局】命令,系统将弹出【创建布局—开始】对话框,如图8-35所示。

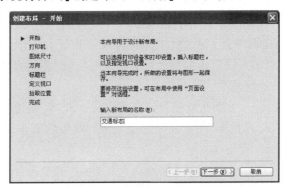

图8-35 【创建布局—开始】对话框

(3)在该对话框的左边列出了【创建布局】的8个步骤,其中当前步骤标有三角形符号。此时,用户可在【输入新布局的名称】文本框中输入"交通标志"字样,然后单击【下一步】继续。

(4)在弹出的【创建布局—打印机】对话框中,选择输出打印机的型号;如果没有连接打印机,也可选择"DWF6 ePlot.pc3"电子打印机,以便模拟打印输出效果。这里选择电子打印机,单击【下一步】继续。

(5)在弹出的【创建布局—图纸尺寸】对话框中,设置打印纸张的大小,如选择"ISO A3(420.00×297.00毫米)"图纸,单击【下一步】。

(6)在弹出的【创建布局—方向】对话框中,选择打印方向,如"横向",单击【下一步】。

(7)在弹出的【创建布局—标题栏】对话框中,选择布局所需要的边框或标题栏样式,并指定插入类型为【块】或【外部参照】。如果用户自定义了边框和标题栏,可事先将其复制到默认模板路径下,以便调用。

例如,用户创建了一个名为"A3图框标题栏"的带属性块,可使用wblock命令将其写入到模板路径"C:/Documents and Settings\×××\Local Settings\Application Data\Autodesk\AutoCAD2010\R18.0\chs\Template"下即可,其中"×××"是当前Windows的登录用户名。

(8)在【创建布局—定义视口】对话框中,可设置新建布局的相应视口,包括视口设置、视口比例等,如图8-36所示。此时,若选【标准三维工程视图】单选项,则需要设置行间距与列间距;若选【阵列】单选项,则还需设置行数与列数;【视口比例】设置可从下拉列表中选择。这里选择了【单个】视口选项,视口比例设置为【按图纸空间缩放】。

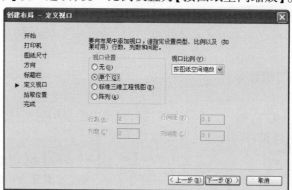

图8-36 【创建布局—定义视口】对话框

(9)在【创建布局—拾取位置】对话框中,单击【选择位置】按钮,切换到绘图窗口中,通过拖拽鼠标或指定两个对角点设定矩形视口位置和大小,此时系统自动转到【创建布局—完成】对话框。

(10)单击【完成】按钮,一个新布局和视口创建完成。此时,系统将自动切换到"交通标志"布局空间,创建后的视口、视图、图框和标题栏等布局效果如图8-37所示。

提示:

(1)在布局空间中创建的视口,称为【浮动视口】。在已创建的浮动视口中双击鼠标,可以透过该视口对模型空间的图形进行必要的编辑与修改操作。

图 8-37 创建新布局后的效果

(2) 在创建布局完成后,用户可能会发现图框超出了布局图纸以外,这是由于图框和布局图纸尺寸大小一样的缘故。布局图纸上的虚线框表示可打印的区域,因而要确保全部图线被打印出来,必须将图框缩小到虚线框以内,这样就必然导致图纸不再标准。除非使用大幅面的绘图仪,否则普通打印机因受硬件可打印区域的限制,总是无法打印所支持的最大幅面的标准图纸。

(3) 若要在布局输出时只打印视图而不打印视口边框,可以将所在的"视口"图层设置为不打印即可。这样,虽然在布局中会显示视口边框,但不会被打印,也不会在打印预览窗口中显示。

8.4.2 编辑布局

AutoCAD 对已创建的布局可以进行复制、删除、更名、移动位置等编辑操作。实现这些操作的方法非常简单,只需在某个【布局】选项卡上右击鼠标,从弹出的快捷菜单中选择相应的选项即可,如图 8-38 所示。在一个文件中可以有多个布局,但模型空间只有一个。

8.4.3 创建多个浮动视口

在第 1 章中曾经介绍了在模型空间中创建平铺视口。同样,在图纸空间中也可以创建视口,称为浮动视口。与平铺视口不同,浮动视口可以重叠,或进行编辑。

浮动视口实际上是在图纸空间中创建的透视区域。用户可根据需要在一个布局中创建一个或多个浮动视口,用于显示图形的不同侧面或方位。浮动视口可以实

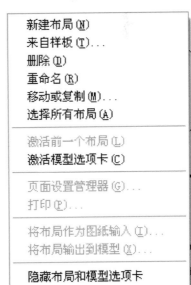

图 8-38 编辑布局快捷菜单

343

现在不同比例下显示同一个图形,也可以在同一张图中打印不同的比例图纸。在 AutoCAD 的布局中,创建浮动视口的形状和图层可以是任意的,创建的数目也不受限制。

创建浮动视口的形式有多种,可以是在一个布局中均布的矩形视口,平铺在图纸上;也可以是具有特殊形状的视口,放在指定位置处。启动【创建视口】命令的方式如下:

- 命令行:键入 vports。
- 功能区:在功能区【视图】➤【视口】选项面板中,单击【新建】按钮 或【创建多边形】按钮 。

下面重点介绍添加单个视口、创建多边形视口及将对象转换为视口等操作方法。

1）添加单个视口

【基本操作】:

（1）打开前面的"注意信号灯"交通警告标志图,创建"视口"图层并置为当前层。

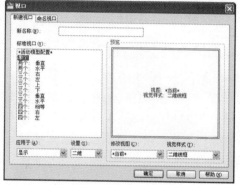

图 8-39 【视口】对话框

（2）单击已创建的"交通标志"布局选项卡,切换并进入该布局空间,系统会自动生成一个视口并显示当前图形。

（3）单击功能区【视图】➤【视口】选项面板中【新建】按钮 ,弹出【视口】对话框,如图 8-39 所示。从中【标准视口】列表框中选择"单个"选项,单击【确定】按钮。

（4）在"交通标志"布局空间的右上方中,用鼠标拖拽创建一个新的矩形视口,此时视口的显示效果如图 8-40 所示。

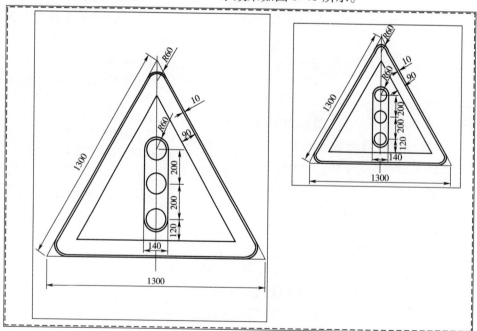

图 8-40 再创建一个【单个视口】后的效果

2）创建多边形视口

继续上述操作，创建一个多边形的视口。

▶ 基本操作:

（1）在功能区【视图】▶【视口】选项面板的【创建多边形】下拉选项中，单击【创建多边形】按钮，启动【创建多边形】视口命令，系统将在命令行中显示如下提示与交互信息。

```
命令：_-vports                                              （启动视口创建命令）
指定视口的角点或［开(ON)/关(OFF)/布满(F)/着色打印(S)/锁定(L)/对象(O)/多边形(P)/恢复(R)/图层
(LA)/2/3/4］<布满>：_P        （提示选择创建视口方式，这里自动启动创建多边形视口选项）
指定起点：                                                  （提示用户指定多边形起点）
指定下一个点或［圆弧(A)/长度(L)/放弃(U)］：                （指定下一点，或选择其他选项）
……
指定下一个点或［圆弧(A)/闭合(C)/长度(L)/放弃(U)］：c      （输入c，封闭多边形）
正在重生成模型。                                            （显示多边形视口创建完成）
```

解释: 在上述提示信息中，部分选项的含义说明如下。

【指定起点】：提示用户指定多边形视口边界的起点。

【指定下一个点】：提示用户指定多边形视口边界的下一点。

【圆弧(A)】：用于指定圆弧作为多边形视口的边界对象。

【长度(L)】：用于指定多边形视口边界的直线段长度。

（2）在命令行提示信息下，用户只需在布局空间中绘制一个封闭的多边形，于是一个多边形视口即可创建完成，其显示效果如图8-41所示。

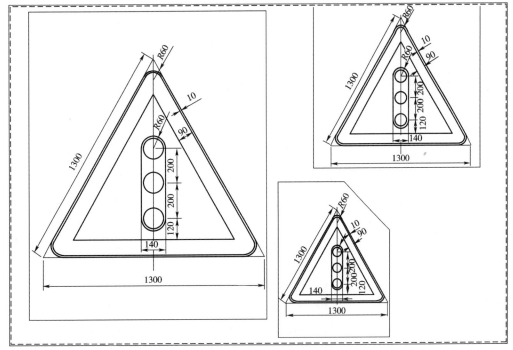

图8-41　创建多边形视口

3）将图形对象转换为视口

【基本操作】

（1）启动【绘圆】命令，在布局空间的右下角处绘制一个圆形。

（2）在功能区【视图】▶【视口】选项面板的【创建多边形】下拉选项中，单击【从对象创建】按钮，启动【从对象创建】视口命令。

（3）在命令行【选择要剪切视口的对象:】提示下，点选已绘制的圆形对象，系统自动将所绘制的封闭图形转换为视口，显示效果如图8-42所示。

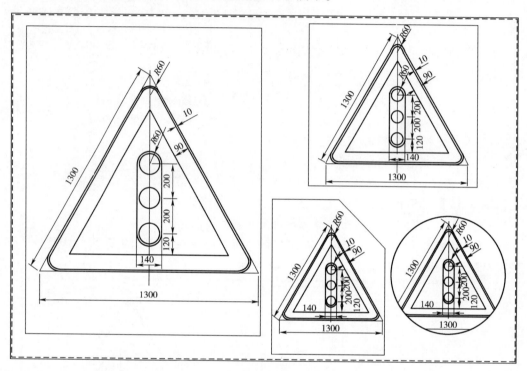

图8-42　将圆形对象转换为视口

8.4.4　视口的编辑与调整

在视口创建以后，用户还可根据需要对其进行显示比例调整、移动、复制或形状调整以及视口锁定等编辑操作。

1）调整视口的显示比例

前面讲述了浮动视口的创建操作。这些新创建的视口，其默认的显示比例都是将模型空间中全部图形最大化地显示在视口中。然而，并非所有视口都要求以最大化方式显示全部图形，这就需要进行视口显示比例调整，尤其是对于规范的工程图纸，都要求使用规范的比例出图。调整视口显示比例有多种方法，可以在选定视口后利用状态栏中【视口比例】下拉列表来调节当前视口的比例，也可以在选定视口后通过右键打开的【特性】选项板中【注释比例】下拉列表来调整比例。下面以【视口比例】下拉列表选项为例讲述视口比例的具体调整方法。

基本操作:

（1）在前面所创建的布局空间中，双击左侧的矩形视口，使其变为当前浮动视口。这时，模型空间的坐标系图标会显示在该视口的左下角，表明已进入了模型编辑空间。

（2）单击状态栏中右侧的【视口比例】按钮，弹出【视口比例】下拉列表选项，如图8-43所示，用户可从中选择浮动视口与模型空间图形的比例关系，如1∶10。

（3）此时，在该视口中的图形会按设置的比例自动调整，显示效果如图8-44所示。

（4）在圆形视口中单击鼠标，将其切换为当前浮动视口；打开【视口比例】下拉列表选项，设置视口显示比例为1∶5。同时，单击状态栏下侧的【平移】按钮，或直接按住鼠标滚轮，将圆形视口中的信号灯图形平移到中央位置，使之成为局部放大视图，如图8-45所示。

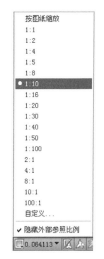

图8-43 【视口比例】下拉列表选项

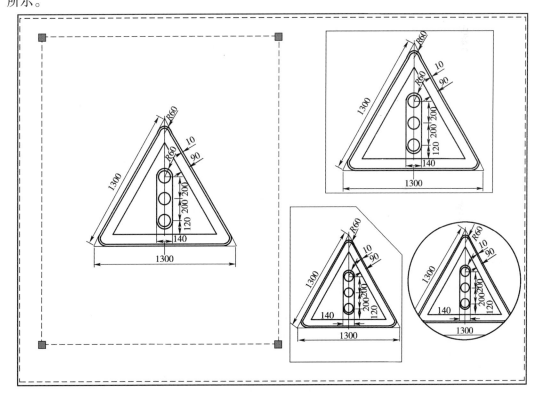

图8-44 调整比例后的矩形视口显示效果

（5）上述操作完成后，用户可在没有视口的区域双击鼠标，退出浮动视口编辑状态，使之由视口中模型空间切换回布局空间，至此该视口的显示比例调整完毕。

提示: 除了上述方法调整视口显示比例外，利用视口【属性】栏或【特性】选项板也可方便地调整视口比例。即在布局空间中，单击视口边框，弹出视口【属性】栏，如图8-46所示；

或选中视口边框后右击鼠标从快捷菜单中选择并打开【特性】选项板,如图 8-47 所示。在【属性】栏或【特性】选项板中,通过对【注释比例】、【标准比例】或【自定义比例】的设置,可以同步调整当前视口的比例。

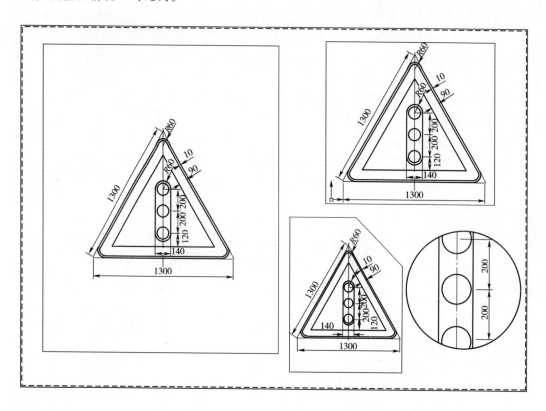

图 8-45　调整比例和平移后的视口显示效果

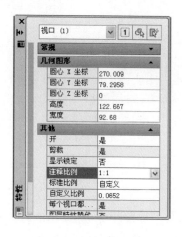

图 8-46　视口【属性】栏　　　　　　　　图 8-47　【特性】选项板

2)视口的编辑与调整

对于已创建的浮动视口,用户还可以通过右击鼠标,利用弹出的快捷菜单对视口进行移动、复制、旋转等编辑与调整,利用夹点调整视口的大小和形状。另外,利用【视图】>【视口】功能选项面板上的【剪裁】命令,还可以对视口边界进行剪裁。

当用户双击视口进入到模型空间后,可以直接对其中的对象进行修改,而修改后的结果将反映在所有显示修改对象的视口中。

3) 锁定视口和最大化视口

在视口的创建与编辑过程中,为了防止因操作不慎而改变了视口中视图的显示比例及内容,常常采用锁定当前视口的方法。

基本操作:

(1) 选择要锁定的视口边框。

(2) 单击鼠标右键,从弹出的快捷菜单中选择【显示锁定】中【是】选项。随后,无论是在图纸空间还是在浮动视口内,都不会因为"zoom"和"pan"命令而改变视口内图形的显示大小与内容。

提示:视口【显示锁定】只是锁定了视口内显示的图形,并不影响对浮动视口内图形本身的编辑与修改。

此外,使用最大化视口功能也可防止视图比例和位置的改变。具体方法是:在编辑和调整视口内对象之前,先双击视口设定为浮动视口,然后单击状态栏中的【最大化视口】按钮,使该浮动视口最大化,用户可在最大化视口中进行修改与编辑,待完成后再单击相同位置的【最小化视口】按钮即可。

8.4.5　在布局中打印输出图纸

在【模型空间】中打印输出虽然比较简单,但是却存在有很多局限性,如页面设置与图纸无关联,每次打印须重设或调用页面设置;不支持多比例视图和依赖视图的图层设置;由于图形缩放比例不同,相应的标注、注释以及线型比例设置每次都需要重新计算等。倘若在模型空间中绘制有 1:1 图形,要想以 1:10 比例出图,此时在文字标注和尺寸标注方面,就必须将文字大小及尺寸字号放大 10 倍,线型比例也要放大 10 倍,这样才能保证在模型空间中按 1:10 比例正确地打印出标准的图纸。然而,对于这类烦琐的比例设置问题,若要使用布局空间出图便迎刃而解。

实际上,布局就是一个打印输出的排版。鉴于在创建布局的时候,很多打印设置(如打印设备、图纸尺寸、打印方向、出图比例等)都已经预先设定了,故而在打印时就无须再行设置。

前面已经对图纸空间的布局和视口等内容进行了详细阐述,下面继续以"注意信号灯"警示标志图的打印输出为例,进一步梳理一下在【布局空间】中打印输出图纸的方法与步骤。

【**实例 8-3**】　在图纸空间中,通过创建、编辑布局和视口,利用【注释性】标注方式,将"注意信号灯"警告标志图打印输出为一张 A3 幅面的图纸。

操作步骤:

(1) 打开前面绘制的"注意信号灯"警告标志图形文件,如图 8-48 所示。参照第 8.2.4 节

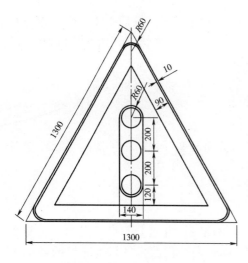

图 8-48 "注意信号灯"警告标志示意图

的要求,为图中的尺寸标注和文字标注添加【注释性】和【注释比例】。【注释比例】设置为 1∶2、1∶5、1∶8 和 1∶10 四种,以便在不同比例视口出图时确保尺寸和文字标注的规范性与一致性。

（2）单击菜单中【插入】▶【布局】下的【创建布局向导】命令,启动【创建布局】向导,在该向导的引导下,创建一个名为"信号灯"的新布局,设置打印机为"DWF6 ePlot.pc3",图纸幅面为"ISO full bleed A3(420.00×297.00 毫米)",图形单位为"毫米",图纸方向为"横向",标题栏暂时不设,视口设置为"单个",并在"信号灯"布局的左侧区域窗选视口显示范围,于是一个视口创建完成,效果如图 8-49 所示。

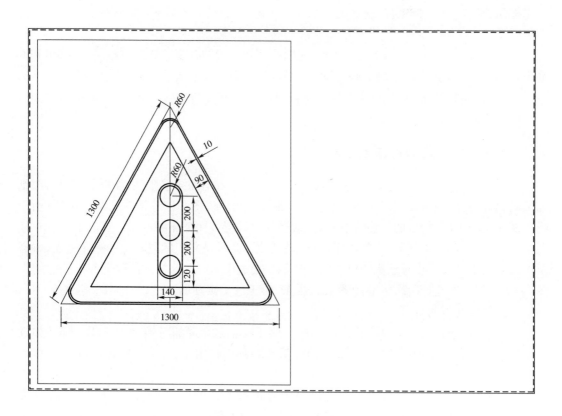

图 8-49 创建"信号灯"新布局

（3）键入 vports 命令,打开【视口】对话框,从【新建视口】选项卡中选择并创建一个"单个"视口,把该视口布设在图纸区域的右上角位置;同理,参照前述第 8.4.3 节创建多个浮动视口的其他方法,依次创建其他所需的多个视口,此时各视口均处于最大化显示状态,标注尺寸的字符也大小不一,如图 8-50 所示。

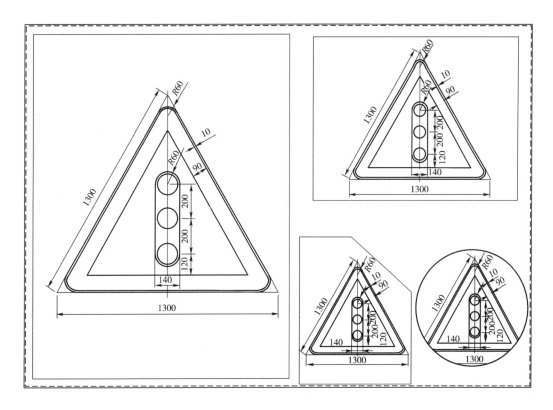

图 8-50 创建布局的多个视口

(4)设置视口显示比例。依次选中各视口的边框,使用状态栏上的【视口比例】工具分别将左侧矩形视口、右上正方形视口、中间斜角视口和右下圆形视口的注释比例分别设置为 1∶8、1∶10、1∶2 和 1∶5;也可在弹出的【快捷特性】选项板中将各视口的【注释比例】分别设置为上述比例,并双击需要编辑的视口对其中的图形进行必要的显示位置调整。

(5)至此,多视口的视口比例设置完成,效果如图 8-51 所示。显而易见,尽管图中各视口的显示比例各不相同,但所标注尺寸的字高完全相同,满足工程制图标注的规范性和一致性要求。

(6)上述标注和布局完成后,键入 plot 命令或单击菜单【文件】➤【打印】命令,打开【打印—信号灯】对话框,进入布局图形的打印输出程序,如图 8-52 所示。

(7)对话框中表明,打印设备、图纸尺寸、打印区域、打印比例均已按照布局里的设定设置好了,无须再进行设置,布局就像一个打印排版,所见即所得。在对话框中,如果没有设置打印样式表,可将其设置为"monochrome.ctb";如果事先设置了打印样式表,可以直接调用即可。设置完成后,单击【应用到布局】按钮,所有的打印设置修改会保存到布局设置中,下次再打印就不必重复设置了。

(8)单击【确定】按钮,即可开始打印输出。由于选择了虚拟打印机,此时会弹出【浏览打印文件】对话框,用户选择适当的路径和文件名后单击【保存】按钮,便开始打印输出。

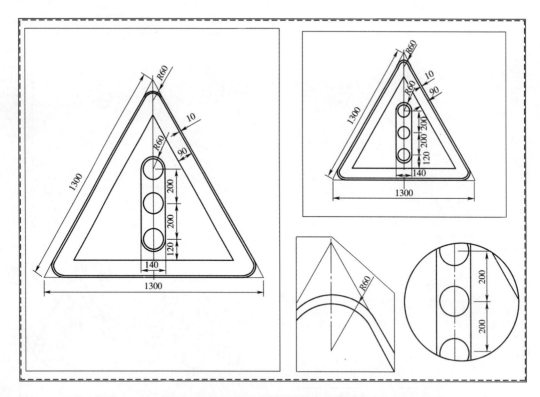

图 8-51 "注意信号灯"标志打印输出效果

图 8-52 【打印—信号灯】布局打印对话框

(9)与【模型空间】打印一样,打印完成后,在右下角的状态栏托盘中会显示【完成打印和发布作业】气泡通知。单击该通知,会显示详细的打印作业信息。

由此可见,在【布局空间】里打印要比在【模型空间】里打印简化了许多。

注意:

(1)如果视口边框所在图层已经设置为【不打印】,则它在布局中可见,但在打印时不会出现。如果不希望在布局中显示视口边框,可将其所在图层关闭或冻结即可,但这样会对视口的编辑造成不便。

(2)如果希望在布局中正确地将线型比例显示出来,需要单击【格式】➤【线型】菜单项,在弹出的【线型管理器】中再单击【显示细节】按钮,勾选【缩放时使用图纸空间单位】复选框即可。

8.5　图形文件发布与输出

除了上述图形打印输出方法外,在 AutoCAD2010 中还可通过以下方法将绘制的图形打印或输出为多种格式文件。

8.5.1　电子打印

在工程设计项目组的内部,设计人员之间多采用 DWG 图形文件进行图形信息交流。但在与客户的图形信息交流过程中,往往不能直接使用 DWG 源图形文件的形式。对此,设计组需要向客户提供一种既便于浏览又不可编辑和修改的图形文件形式。以往都是将打印好的图纸交给客户进行沟通,自从 AutoCAD 提供了新型图形输出方式——电子打印以来,用户可方便地把图形打印成一个 DWF 格式的电子文件形式,向对方或更多客户发布图形集,并允许客户使用特定的浏览器进行浏览,从而大大地节省了纸质材料,又加快了传递的速度。前面曾使用的"DWF6 eplot.pc3"打印机就是一种电子打印形式。

"DWF"的全称为 Drawing Web Format,是目前国际上通常采用的矢量压缩格式的图形文件,它为设计共享提供了一种简单、安全的方法。通常,可以将它视为设计数据包的容器,其中包含了在可供打印的图形集中发布的各种信息。DWF 与其他格式文件不同,它只能阅读,不能修改;但也有相同之处,都能实时放大或缩小图形,不影响其显示精度。

DWF 是一种开放的格式,可由多种不同的设计应用程序发布,同时又是一种紧凑的、可以快速共享和查看的格式。使用免费的 Autodesk Design Review 可以任意查看 DWF 文件,无须再用 AutoCAD 软件。

1)电子打印的特点

电子打印采用了多项新技术、新方法,使其表现出小巧、方便、智能、安全、快速和节约等特点。其中多层压缩技术使矢量图文件很小,便于网上交流与共享;特定的浏览器功能,无须再安装 AutoCAD 软件就可以完成缩放、平移等显示命令,便于查看和审阅;DWF 格式中还包含有内嵌设计智能的多页图形,更具智能化;以 DWF 格式发布的设计数据,保证原始数据不变,还可为图形集设置口令,确保商业机密安全。

2)电子打印方法

【基本操作】:

(1)单击菜单中【文件】➤【打印】命令,弹出【打印—模型】对话框。

(2)在该对话框的【打印机/绘图仪】选项组【名称】下拉列表框中,选择"DWF6 ePlot.pc3"选项,然后单击【确定】按钮。

(3)在系统弹出的【浏览打印文件】对话框中,默认的输出格式为 DWF,用户可从中设置输出路径和文件名。

（4）单击【保存】按钮，于是一个 DWF 格式文件创建和输出完成。

3）浏览电子打印文件

电子打印后的图形文件可以通过 Autodesk Design Review 进行浏览。通常，在 Auto-CAD2010 安装完成后，Autodesk Design Review2010 会自动被安装到计算机中，并将 DWF 文件自动关联到该程序上，因此直接双击 DWF 文件就可以用 Autodesk Design Review2010 来浏览图形。在 Autodesk Design Review2010 中可以像在 AutoCAD 中一样对图形进行缩放、平移等浏览，也可以打印输出。

此外，如果安装了 Autodesk Design Review，系统还会自动在 Internet Explorer（IE 浏览器）中安装 DWF 插件。通过 Internet Explorer 可以浏览 DWF 图形，其操作方法与 Autodesk Design Review 一样，这样便于 DWF 图形发布到互联网上。

8.5.2 批处理打印

在选择"DWF6 ePlot.pc3"电子打印输出后，可以将图形打印到单页的 DWF 格式文件中。然而，如果采用批处理打印图形集技术，则可将一个文件的多个布局、甚至是多个文件的多个布局一起打印到同一个图形集中。这个图形集可以是一个多页 DWF 文件或多个单页 DWF 文件，并具有文件加密功能。批处理打印有时也称为图形集发布。

对于在不同计算机上甚至是异地计算机上接收到的 DWF 图形集，都可通过 Autodesk Express Viewer 浏览器查看图形。若连接上打印机，还可借助于浏览器将整套图纸打印输出。

启动【批处理打印】命令的方法有如下 2 种：

- 命令：publish。

- 功能区：单击功能区【输出】▶【打印】选项面板中【批处理打印】按钮 。

【基本操作】

（1）打开一个具有多个布局且已经设置好视口比例的图形文件。

（2）执行上述两种操作方法之一，启动【批处理打印】命令，系统会弹出【发布】对话框，如图 8-53 所示。

（3）单击【发布为】下拉列表，其中包含 DWF、DWFx 和 PDF 三种文件输出格式，这里选择"DWF"格式，表示将把当前图形中的所有布局发布到同一个 DWF 文件中去。

（4）在对话框的中间列表栏中，列有当前图形中模型空间和所有布局空间的选项卡。用户可选中不需要发布的"—模型"文件，在其上右击鼠标，从弹出的快捷菜单中选择【删除】命令将其删除。

（5）如果需要将其他图纸一并发布，用户可单击列表左上方【添加图纸】按钮 ，将需要一起发布的图形添加进来，以便将多个 DWG 文件发布到同一个 DWF 文件中去。

（6）在对话框的中间列表栏中排列的文件顺序，也是发布后的多页 DWF 图纸的排列顺序。如果用户不满意该排列顺序，可单击列表左上方的【上移图纸】按钮 或【下移图纸】按钮 进行调整。

图形的打印与输出 第8章

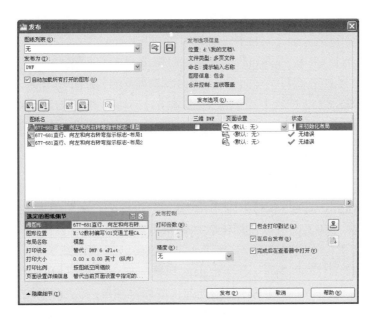

图 8-53 【发布】对话框

（7）单击【图纸列表】下拉列表框右边的【保存图纸列表】按钮，将弹出【列表另存为】对话框，用户可选择路径和文件名将其保存为一个后缀为".dsd"格式的发布列表文件，以备下次更改图形后再次发布时调用。

（8）单击【发布选项】按钮，打开【发布选项】对话框，如图 8-54 所示。在该对话框中，用户可以设置 DWF 文件的默认路径及其他选项，单击【确定】按钮，关闭该对话框返回到【发布】对话框中。

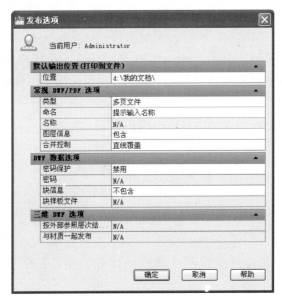

图 8-54 【发布选项】对话框

355

（9）单击当前对话框中的【发布】按钮，系统会自动将图纸发布到文件中。首先，系统弹出一个【指定 DWF 文件】对话框，用户可为 DWF 文件指定保存的路径及文件名；如果单击【选择】按钮，系统将弹出【发布—保存图纸列表】信息框，用户可从中单击【是(Y)】按钮将图纸列表进行保存；而后，系统会继续显示【输出—未保存的更改】信息框，用户可单击【关闭】；此时，系统将进一步显示【打印—正在处理后台作业】提示信息，单击【关闭】按钮，随后在状态栏的托盘中会显示【完成打印和发布作业】气泡通知，单击该通知可查看打印和发布的详细信息。至此，利用批处理打印输出图形集的操作完毕。

如果系统安装了 Autodesk Design Review2010，用户可启动该软件直接打开并查看刚刚发布的图形集效果。单击其左侧【略图】选项卡中的图纸，可以分页浏览图形；如果将这个 DWF 文件传递到异地，则任何人都可以使用该软件浏览图形文件，而不必安装 AutoCAD2010；如果连接上宽幅打印机，还可将整套图纸直接通过该软件打印到图纸上。对于多页 DWF 文件，同样可以使用该软件进行标记，每个标记的问题都将会记录到相应的布局中，在 AutoCAD2010 中通过标记集管理器可以方便地查看这些标记和批注，从而更加方便图纸的审阅与修改。

8.5.3 三维 DWF 图形发布

先前，通过电子打印及发布得到的 DWF 图形文件都是二维的。在 AutoCAD2010 中，增加了三维 DWF 图形发布工具，可以将三维实体 DWG 文件发布为三维的 DWF 文件。启动【输出三维 DWF】的命令有如下 2 种方式：

- 命令：3ddwf。
- 命令：3ddwfpublish。

【基本操作】

执行上述【输出三维 DWF】命令之一，系统会将图形发布为三维 DWF 文件。该格式的文件同样可以使用 Autodesk Design Review2010 进行浏览。在该浏览器中，用户可以像在 AutoCAD 中一样使用各向视图或动态观察器观察三维模型，同时该浏览器还提供了剖切工具，以便用户观察三维实体的剖切效果。

8.5.4 PDF 格式文件输出

在 AutoCAD2010 中，还可将图形文件输出为 PDF 格式的文件，具体操作步骤如下。

【基本操作】

（1）在【功能区】选项板中，切换到【输出】选项卡，在【输出为 DWF/PDF】面板中单击"PDF"输出按钮，即可弹出【另存为 PDF】对话框，如图 8-55 所示。

（2）在该对话框中，用户可设置 PDF 文件的保存位置和名称，然后单击【保存】按钮即可。

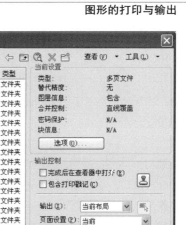

图 8-55 【另存为 PDF】对话框

8.6 数据交换与格式转换

8.6.1 数据交换

为了方便与 Windows 程序进行数据交换，AutoCAD2010 提供了两种数据交换的方式。

1）用剪贴板进行数据交换

剪贴板是 Windows 系统的一种数据交换方式，它是一个临时性的存储区。当数据（文本和图形）从一个应用程序复制到另一个应用程序的过程中，须先将其临时存放在剪贴板中，然后再【粘贴】到目标处。当然，在 AutoCAD 与 Windows 之间同样可以使用剪贴板来进行图形和数据的交换，这样既可以把 AutoCAD 中的图形插入到 Windows 应用程序中，也可以将 Windows 应用程序中的数据插入到 AutoCAD 中。

在 AutoCAD 中，用于剪贴板操作的命令有 3 个：cutclip（剪切）、copyclip（复制）和 pasteclip（粘贴）。启动这三个命令的方式有如下 4 种：

- 命令：分别键入 cutclip、copyclip、pasteclip。
- 菜单：在【编辑】下拉菜单中分别选择【剪切】、【复制】或【粘贴】命令。
- 功能区：在功能区【常用】▶【剪贴板】选项面板中，分别点选【剪切】、【复制】或【粘贴】按钮。
- 快捷键：分别使用 Ctrl + X、Ctrl + C 或 Ctrl + V。

下面通过一个例子来说明剪贴板在 AutoCAD 中应用。

【实例 8-4】 利用剪贴板把 AutoCAD 中的图形复制到 Word 文档中。

操作步骤：

（1）分别启动 AutoCAD2010 和 Word 应用软件。

（2）在 AutoCAD2010 中，绘制或打开一个图形文件，如"限速禁令标志"文件。

（3）利用 Ctrl + V 或单击菜单中的【复制】命令，启动【复制】命令，并选择要复制的图形对象。

（4）切换到 Word 文档中，按 Ctrl + V 或选择菜单中的【粘贴】命令，即可将图形复制到 Word 文档中的当前光标处。

2）用对象链接与嵌入方式进行数据交换

对象链接与嵌入是一种较为复杂的、以文档为中心的数据（对象）交换模式，对象链接与嵌入即 Object Linking and Embedding，简称 OLE。它可以在一个文档中嵌入一个对象，也可以把一个对象从一个应用程序链接到另一个应用程序中，并且还将与该应用程序保持着一定的关联，即当源对象发生改变时，嵌入的目标对象也将随之而变。

启动【对象链接与嵌入】命令的方式有如下 3 种：

- 命令：insertobj。
- 菜单：单击菜单中【插入】▶【OLE 对象】命令。
- 功能区：单击功能区【插入】▶【数据】选项面板中【OLE 对象】按钮 OLE 对象 。

下面通过一个实例来说明对象链接与嵌入在 AutoCAD 中的应用。

【实例 8-5】 应用 OLE 功能将 Word 文档中的表格插入到 AutoCAD 中。

操作步骤：

（1）启动 AutoCAD，执行上述 3 种操作方法之一，启动【对象链接与嵌入】命令。

（2）此时，系统自动弹出【插入对象】对话框，如图 8-56 所示。用户可从中选择【新建】单选项，再选择【对象类型】列表框中的"Microsoft Office Word 97 – 2003"文档，然后单击【确定】按钮，系统将自动启动 Word 应用程序。

图 8-56 【插入对象】对话框

（3）在 Word 文档中，用户可以创建一个表格，如图 8-57 所示。

（4）当表格创建完成后，单击 Word 文档菜单中的【文件】▶【关闭并返回】命令，此时系统会自动返回到 AutoCAD 中。同时，Word 文档中的表格也将被插入到 AutoCAD 图形中，如图 8-58 所示。

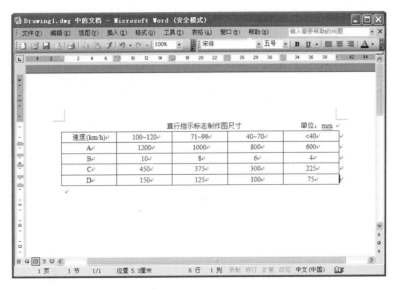

图 8-57 在 Word 中创建表格

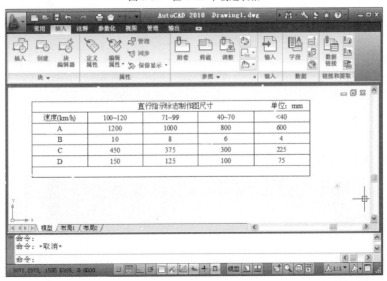

图 8-58 嵌入到 AutoCAD 中的表格

(5) 在 AutoCAD 中，双击该表格的边框，系统会自动打开 Word 文档并显示该表格。此时，用户可以对该表格的形式和内容进行编辑，编辑完成后可按上述的方法重返 AutoCAD 中。

(6) 在返回 AutoCAD 后，表格的形式和内容都将会自动更新。由此可见，利用 OLE 链接功能可以轻松地实现 AutoCAD 与 Word 之间的数据交换。

提示：除了 Word 外，Excel、Microsoft Graph 图表、Microsoft 公式及位图图像等多种对象均可利用【对象链接与嵌入】功能插入到 AutoCAD 中。

8.6.2 格式转换

AutoCAD 的图形是以 .dwg 格式存储的，这种格式只有在 AutoCAD 应用程序下才能被打开。若要将该格式的文件应用到其他应用程序中,就需要将其转换为其他应用程序所能接受的文件格式,如国际上通用的.dxf 文件、位图.bmp 文件等,以便于 AutoCAD 与其他应用程序之间建立联系,扩大应用范围。

在 AutoCAD2010 中,格式转换的方式有如下 2 种。

1) 键入相应的转换命令

【基本操作:】

(1) 在命令行中键入转换命令,可实现相应文件格式的转换。有关命令与文件转换格式的对应关系如表 8-1 所示。

命令与文件转换格式对照表　　　　　　　表 8-1

命令名	文件格式	命令名	文件格式	命令名	文件格式
Bmpout	.bmp	Stlout	.stl	Acisout	.sat
Dwfout	.dwf	Attext	.dxx	Wmfout	.wmf
Dxfout	.dfx	Psout	.eps		

(2) 由于执行了不同的转换命令,后续操作有可能是弹出对话框,也有可能是在命令行中显示操作信息。用户可依据系统提示的信息,依次指定文件的保存路径、转换后保存的文件名以及选择要转换的对象等。

(3) 上述操作完成后,系统会自动将.dwg 图形文件转换成用户所需的文件格式。

2) 利用"Export Data"对话框转换

【基本操作:】

(1) 在命令行中键入"export"命令,或单击菜单中【文件】▶【输出】命令,系统将弹出【输出数据】对话框,如图 8-59 所示。

图 8-59　【输出数据】对话框

(2) 在【文件夹列表框】中指定要保存的文件路径,在【文件名】下拉列表中输入文件名,在【文件类型】下拉列表中选择要保存的文件类型,然后单击【保存】按钮即可。

本章小结

本章主要讲述了图形的打印输出与数据交换,内容包括模型空间与图纸空间、打印输出设置、在模型空间和图纸空间中打印输出图纸、图形文件发布与输出、数据交换与格式转换等。通过本章的学习,读者应该深入理解模型空间与图纸空间的概念及两者的关系,了解如何使用两个不同的空间;掌握创建和编辑布局的基本方法、视口创建和编辑的基本方法、不同视口的比例标注;熟练掌握打印参数的设置、打印样式表的设置、打印机的设置、输出比例的设置以及打印输出的基本方法;掌握不同类型的图形文件的发布方法;一般掌握数据交换与格式转换的方法及应用。要求能够熟练掌握图形打印输出的设置与操作。

练习与思考题

1. 简述创建布局的常用方法与操作过程。
2. 练习多个浮动视口的创建与编辑。
3. 简述如何利用标注的【注释性】特性为不同比例的视图标注尺寸和文字。
4. 简述图形打印设置与输出的方法与操作过程。
5. 简述如何发布不同格式的图形文件,如何进行数据交换与格式转换。
6. 按照图示要求,绘制如题图 8-1 所示的单柱式交通标志结构图及局部放大图,并利用标注的【注释性】特性为不同比例的视图标注尺寸。

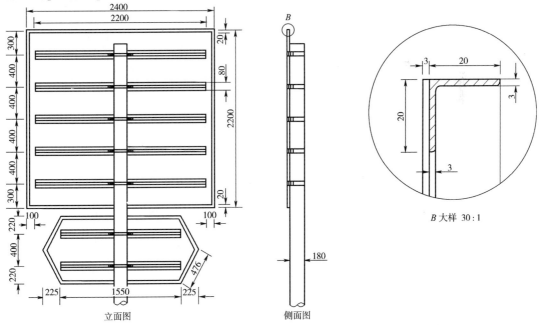

题图 8-1　单柱式交通标志结构图与局部放大图

7. 先绘制如题图 8-2 所示的"车距确认标线设计图",然后按 A3 图幅设置打印参数及打印样式表,并分别在模型空间和布局空间中打印输出。

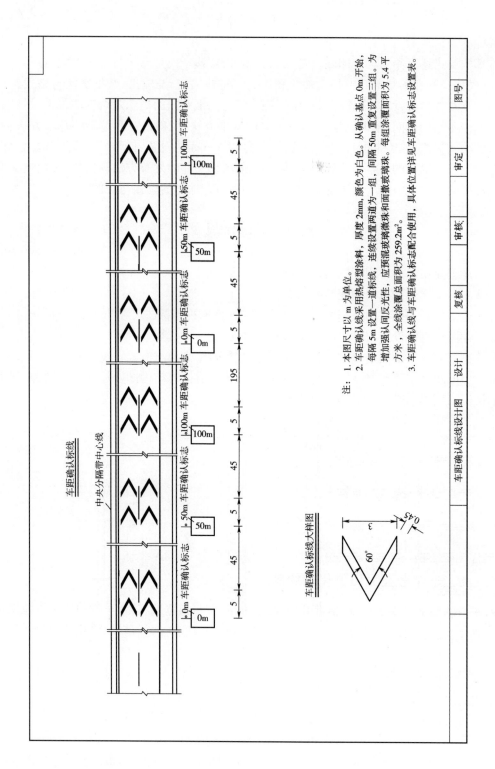

题图 8-2 车距确认标线设计图（尺寸单位：m）

第9章 交通工程绘图综合应用

【本章学习目标】

本章从实际应用的角度出发,结合交通工程实际给出了一系列 CAD 综合应用实例,包括道路交叉口及断面图绘制、道路交通标志与标线绘制、道路交通安全设施图绘制、道路服务设施图绘制、道路收费与服务设施图绘制、道路照明图绘制、机电系统设计图绘制、道路绿化及景观图绘制以及轨道交通设施图绘制等。读者可在教学或自学过程中适当取舍案例内容。通过本章的学习,应重点掌握以下内容:

(1) 交通工程绘图的基本方法。
(2) 交通工程 CAD 的综合应用。
(3) CAD 技术在交通工程中应用的技巧。

9.1 道路交叉口及断面图绘制

按照交通管理方式的不同,平面交叉口可分为全无控制交叉口、主路优先控制交叉口、信号控制交叉口、环形交叉口等几种类型。按照交叉口的构成形状不同,可划分为十字形交叉口、T 形交叉口、X 形交叉口、Y 形交叉口、环形交叉口、多路畸形交叉口以及互通式立体交叉口等类型。下面举例说明几种典型交叉口的渠化图绘制。

9.1.1 十字形交叉口渠化图绘制

对于道路的平面交叉口,应根据其形状、交通量、车行道宽度、转弯车辆的比率以及交通组织等具体情况,合理设置路口的标线,包括行车道中心线、人行横道线、停止线、导向箭头、禁止变换车道线等。

根据路口交通流量和流向等情况,也可增设附加专用车道,使路口进口道的机动车道数尽可能大于其相连路段上的机动车道数。一般出口道的机动车道数不应少于任何一个信号相位进口道与其对应方向的机动车道数,无专用右转信号控制的右转车流不计。

附加专用车道的长度为停止线前等候车辆排队长度与减速变换车道渐变段长度之和,如图 9-1 所示,其计算方法如下:

$$L = L_S + L_t \tag{9-1}$$

式中：L——附加专用车道的长度(m)；

L_s——停止线前等候车辆排队长度(m)，$L_s \geq 2MS$，其中 M 为平均一个周期的红灯和黄灯时间内到达等候车道的车辆数；S 为等候车辆平均车头间距，一般小型车为6m、大型车为12m、铰接式公交车辆为17m；

L_t——渐变段长度(m)，$L_t \geq VB/3$，V 为进口道行车速度(km/h)，B 为附加车道宽度(m)。

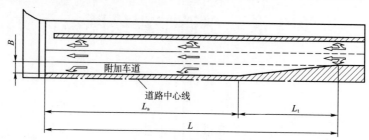

图9-1 路口附加专用车道长度设计图

进口道应设置禁止变换车道线，其长度应以等候信号放行车辆排队的平均长度为依据，也可按表9-1选取。

禁止交换车道线长度 L 与箭头重复次数　　　　表9-1

设计速度(km/h)	≥60	<60
禁止变化车道线长度(m)	50~100	30~50
箭头重复次数	≥3	≥2

进口道的车道内应设置导向箭头。导向箭头应重复设置，重复设置的次数及间距可按表9-1所示的规定选取，导向箭头的间距一般采用禁止变换车道线的长度。第一组导向箭头应设在距离停止线3~5m处，第二组导向箭头应设置在禁止变换车道线的末尾，其后各组导向箭头应等距离依次设置。

进口道的车行道中心线、禁止变换车道线、机动车道边缘线等均应设置到停止线为止；出口道的车行道分界线和机动车道边缘线应设置到停止线的延长线为止；T形路口无横向交叉道路的一侧，其车行道边缘线应连续设置。

【实例9-1】 根据规范要求，绘制如图9-2所示的"十字形"交叉口平面渠化示意图(尺寸单位为m)。

绘图要求：除特别注明的人行横道线外，车道边缘线、车道分界线(虚线)的宽度均为0.15m，停车线宽度为0.30m。绘图要规范，布局要合理，线型使用要得当，文字标注大小要适宜，标志标线运用要正确。

操作步骤：

(1)首先，根据图形的结构与线型创建9个不同的图层，分别命名为：1中心线、2道路几何线、3分隔带、4路缘线和车道分界线、5停车线、6人行横道线、7地面标志、8尺寸标注、9文字标注。

(2)选中"1中心线"图层，在该图层上确定十字交叉口的中心点位置，并运用红色点划线绘制该交叉口的中心线。

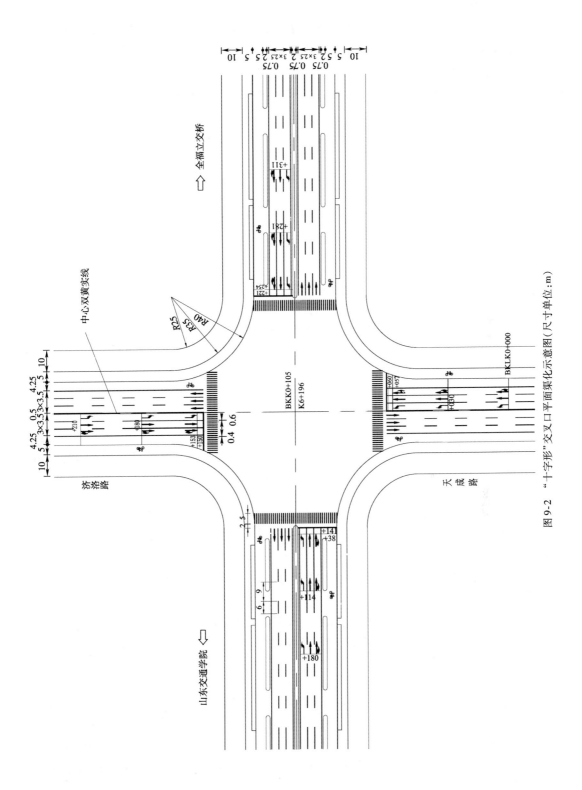

图 9-2 "十字形"交叉口平面渠化示意图（尺寸单位：m）

（3）选中"2 道路几何线"图层，按图示尺寸要求，使用0.15单位宽的黑色细实线在该图层上绘制交叉口的有关道路几何形状，如道路边线、人行道线、非机动车道线、机非车道分界线、交叉口区域半径线等，如图9-3所示。

（4）选中"3 分隔带"图层，在该图层中使用0.15单位宽的绿色细实线分别绘制中央分隔带、机非车道间绿化带以及人行道与非机动车道间的隔离带等，如图9-4所示。

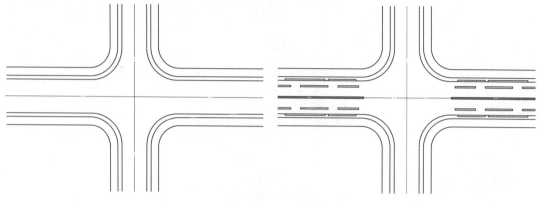

图9-3　绘制道路几何形状　　　　　　图9-4　绘制中央分隔带和机非车道绿化带

（5）选中"4 路缘线和车道分界线"图层，使用0.15单位宽的多段线分别绘制交叉口南北方向的中心双黄实线，绘制四个方向的粉色车道路缘线（实线）；设置"69"线线型并使用粉色多段线绘制车道分界线（虚线），如图9-5所示。

（6）选中"5 停车线"图层，在该图层中使用0.30单位宽的多段线绘制各向进口道的停车线，如图9-5所示。

（7）选中"6 人行横道线"图层，使用0.4m宽多段线绘制间距为1m的各向人行过街横道线，如图9-6所示。

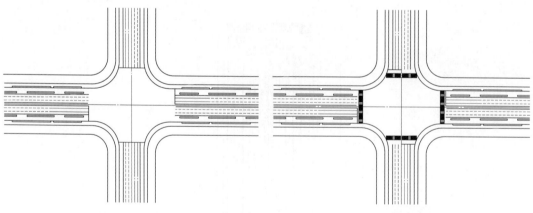

图9-5　绘制车道分界线和停车线　　　　　图9-6　绘制人行横道线

（8）选中"7 地面标志"图层，绘制或调用车道导向箭头、自行车标志图块等，其中车道导向箭头尺寸如图9-7所示。然后，经复制和旋转后，按图示要求分别为各车道进行相应的导向箭头或自行车标志标注，如图9-8所示。

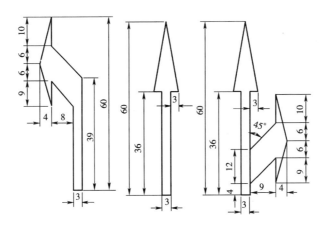

图 9-7 地面车道导向箭头尺寸(尺寸单位:cm)

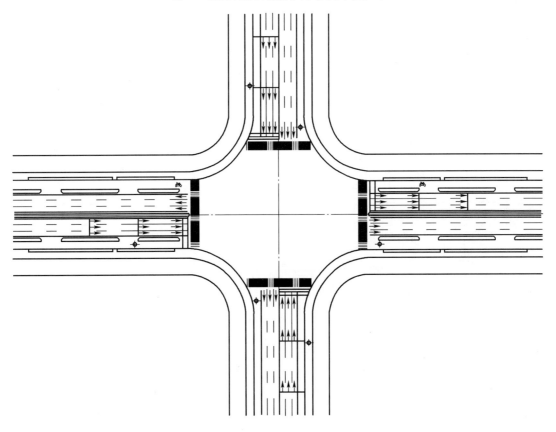

图 9-8 标注车道导向箭头和自行车标志

(9)选中"8 尺寸标注"图层,设置尺寸标注样式中的文字和箭头等标注参数,分别为图形标注道路几何尺寸、车道宽度、线型标准等尺寸,如图 9-9 所示。

(10)选中"9 文字标注"图层,设置标注文字的样式,进行道路名称的标注,并绘制或插入道路方向指示箭头,如图 9-9 所示。

至此,该"十字形"交叉口平面渠化示意图绘制完毕。

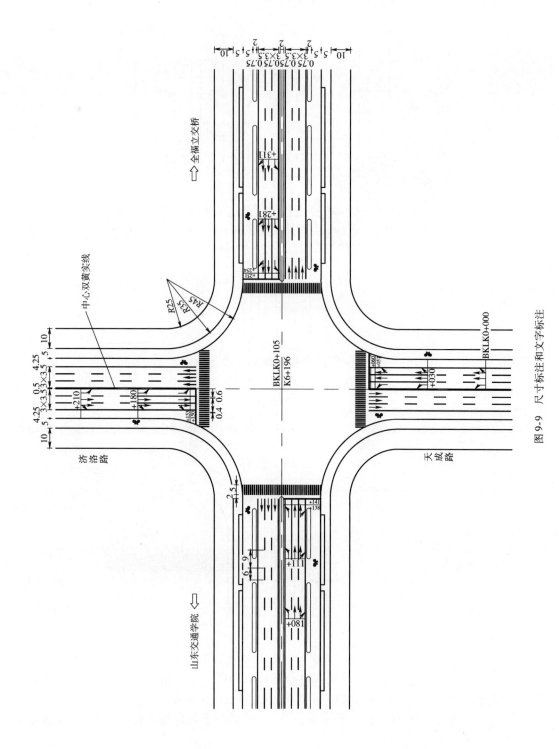

图 9-9 尺寸标注和文字标注

9.1.2 Y 形交叉口渠化及标志设置图绘制

"Y"形交叉口是平面交叉口的常见形式之一。由于各路段相交的角度不同,Y 形交叉口的形状也不尽相同。下面给出一个对称的 Y 形平面交叉口的渠化图及标志设置示意图的绘制实例。

【实例 9-2】 根据规范要求,绘制如图 9-10 所示的复杂"Y 形"交叉口渠化图和路径指引标志设置示意图。

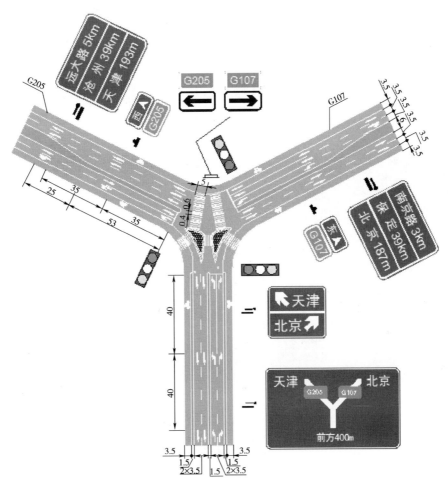

图 9-10 "Y 形"交叉路口渠化与路径指引标志设置示意图(尺寸单位:m)

操作步骤:

(1)首先,根据绘图具体要求,分别设置以下 9 个图层:1 道路几何形状、2 中央分隔带、3 车道分界线和停车线、4 安全岛及行人过街横道线、5 地面导向箭头与标志、6 信号灯、7 路径指引标志、8 道路名称标注、9 尺寸标注。

(2)选择"1 道路几何形状"图层,按图示尺寸要求,使用 0.15m 线宽的多段线绘制道路边缘线、机非车道分隔线以及交叉口南段垂直中心线。

(3)选择"2 中央分隔带"图层,使用0.15m 线宽的实线分别绘制交叉口南路段中央分隔带和东路段中央隔离带,并以南路段垂直中心线为对称轴,利用对象镜像工具将东路段上的中央分隔带镜像到西路段上。

(4)选择"3 车道分界线和停车线"图层,分别使用0.15m 和0.30m 线宽的多段线绘制三个路段上的车道分界线和停车线。

(5)选择"4 安全岛及行人过街横道线"图层,先使用0.15m 线宽的细实线绘制其中右侧的一个安全岛边界线并填充斜线图案;然后,使用0.4m 线宽的多段线依次绘制交叉口右侧的人行横道线;最后,分别选择上述绘制的图形,并以南路段垂直中心线为对称轴,利用镜像工具生成左侧部分的安全岛和人行横道线图形。

(6)选择"5 地面导向箭头与标志"图层,绘制或插入地面导向箭头标志及非机动车道标志图形或图块。

上述第(2)~(6)操作步骤后的绘图效果如图9-11所示。

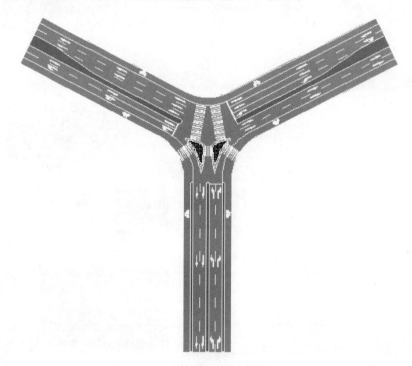

图9-11 "Y形"交叉口的绘制与渠化

(7)选择"6 信号灯"图层,绘制或插入信号灯图标或图块以及信号灯板位置图。

(8)选择"7 路径指引标志"图层,分别绘制或插入路径指引标志板及安装位置图。

(9)选择"8 道路名称标注"图层,标注道路名称G107 和G205 等。

上述第(7)~(9)操作步骤后的绘图效果如图9-12所示。

(10)最后,选择"9 尺寸标注"图层,标注道路几何尺寸、车道宽度、线型标注或信号灯及标志板位置尺寸等,最终效果如图9-10所示。至此,该交叉口的渠化及路径指引标志设置示意图绘制完毕。

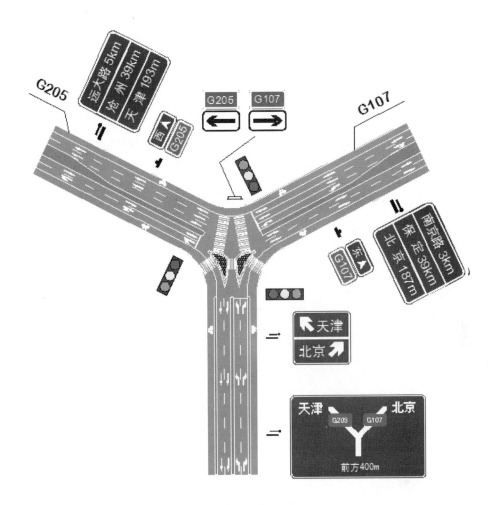

图 9-12　添加信号灯和路径指引标志等

9.1.3　环形交叉口渠化及标志设置图绘制

环形交叉口是在几条相交道路的平面交叉口中央设置一个半径较大的中心岛,使所有经过交叉口的直行和左转车辆都绕着中心岛作逆时针方向行驶,在其行驶过程中将车流的冲突点变为交织点,从而保证交叉口的行车安全,提高交叉口的通行能力。

根据交叉口的占地面积、中心岛的形状与大小、交通组织原则等因素的不同,环形交叉口分成三种基本形式。

(1)普通(常规)环形交叉口:具有单向环形车道,其中包括交织路段,中心岛直径大于 25m。

(2)小型环形交叉口:具有单向环形车道,中心岛直径为 4～25m。

(3)微型环形交叉口:具有单向环形车道,中心岛直径小于 4m。

【实例 9-3】　根据规范要求,绘制如图 9-13 所示的复杂"环形"交叉口渠化图和有关标志设置图。

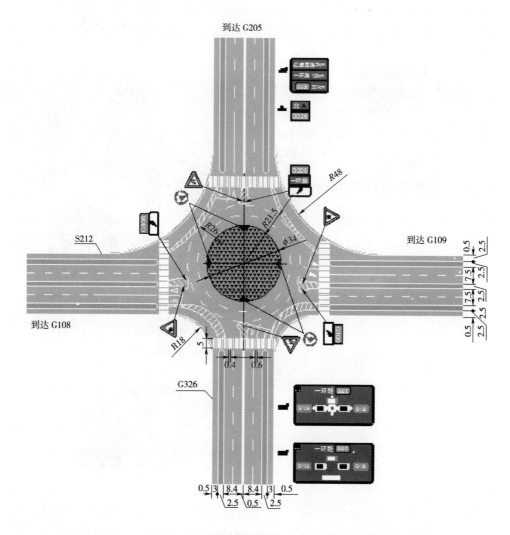

图 9-13 "环形"交叉路口渠化和告知标志设置示例图(尺寸单位:m)

操作步骤:

(1)根据图形与线型要求,创建如下 9 个图层:1 道路基本形状、2 中央分隔带、3 车道分界线、4 安全岛及行人过街横道线、5 导流线、6 地面导向箭头、7 道路标志及设置、8 尺寸标注、9 道路名称标注。

(2)按照线型的要求,在"1 道路基本形状"图层中,设置细实线线型,绘制环形交叉路口的道路基本形状线、中心岛和路缘线等。

(3)在"2 中央分隔带"图层中,选择细实线,绘制四个方向的道路中央分割带,并填充分隔带中树草等图案。

(4)在"3 车道分界线"图层中,选择 0.2m 宽度的"46"虚线和实线,分别绘制四个方向的车道分界线、禁止车道变换线以及路口中央区域的环形车道线等。

(5)在"4 行人过街横道线"图层中,选择宽度为 0.4m 的多段线,绘制四个进口处的人行横道线车道。

(6) 在"5 安全岛与导流线"图层中,选择白色细实线绘制导流线等。

(7) 在"6 地面导向箭头"图层中,绘制或插入道路中相应的地面导向箭头以及让行地面标志等。

(8) 在"7 道路标志及设置"图层中,绘制标志牌的位置图,绘制或插入指路标志、指示标志和警告标志等,为道路添加指示标志。

(9) 在"8 尺寸标注"图层中,设置适当的标注样式,为图形标注尺寸。

(10) 在"9 道路名称标志"图层中,设置文字标注样式,为各道路标注道路名称等。

至此,该环形交叉路口渠化及标注设置图绘制完毕。

9.1.4 道路断面线型的绘制

道路横断面是指垂直于道路中心线方向的断面。公路与城市道路横断面的组成有所不同。公路横断面的主要组成有车行道(路面)、路肩、边沟、边坡、绿化带、分隔带、挡土墙等;城市道路横断面的组成有车行道(路面)、人行道、路缘石、绿化带、分隔带等。在高路堤和深路堑的路段,还包括挡土墙。

根据道路的设计标高(公路为路基边缘线,城市道路为道路中心线)和横断面土石方的不同填挖情况,横断面有三种基本形式:路堤式、路堑式、半填半挖式。在地形平坦的城市道路,其横断面一般均贴近地面布置,地面的雨、雪水用地下管道排除。根据不同的交通组织设计,车行道在横断面上的布置有四种方式:

(1) 单幅式:所有车辆都在同一个车行道平面上混合行驶的断面形式。这种断面方式用地较少,投资省,但对向行驶车辆的干扰多,多用于交通量不大的次要道路。

(2) 双幅式:由中间一条分隔带或绿化带将车行道分为单向行驶的两条车行道的断面形式。该断面形式可避免对向行驶车辆的干扰,但机非车辆仍混合行驶。对单幅式或双幅式道路,如果车行道较宽,可划出分道线,将机动车和非机动车分道行驶。

(3) 三幅式:由两条分隔带或绿化带将车行道分为三部分的断面形式。其中,中间部分为机动车道,双向行驶,道路中央最好划出分道线;两侧部分为非机动车道,单向行驶。这是一种使用效果较好的断面布置形式,也有利于绿化、地上杆线和地下管线的设置。

(4) 四幅式:由三条分隔带或绿化带将车行道分为四部分的断面形式。其中,靠近中央分隔带的两条车道为机动车道,靠近路边的两条车道为非机动车道。这是渠化交通和完全分道行驶的理想布置形式,但用地较多。

对于道路横断面的具体布置形式,可根据地形、地物和交通组织等具体情况,进行对称布置,也可以不对称布置。

【实例 9-4】 根据规范要求,绘制如图 9-14 所示的高速公路横断面图。

操作步骤:

(1) 根据图形结构及绘图需要,先创建如下 4 个图层:1 路基边坡护栏(设置该图层属性为黑色、细实线);2 路面(设置该图层属性为青色,细实线);3 尺寸标注(设置该图层属性为红色);4 文字标注(设置该图层属性为绿色)。

(2) 选中"1 路基边坡护栏"图层,在该图层中按照标注尺寸的要求绘制道路的路基、边坡和护栏,同步绘制通信管线、纵向盲沟、横向排水管等。

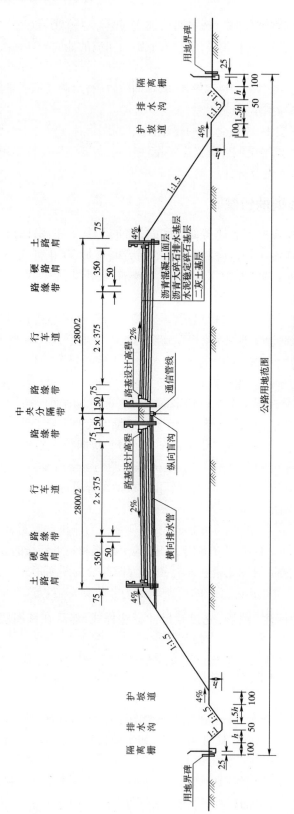

图 9-14 高速公路路基标准横断面图（尺寸单位：cm）

(3)选中"2 路面"图层,分别绘制二灰土底基层、水泥稳定碎石基层、沥青大碎石排水基层、沥青混凝土面层。

(4)选中"3 尺寸标注"图层,先设置尺寸标注样式,然后进行图中尺寸的标注。

(5)选中"4 文字标注"图层,设置文字标注样式,并进行图中文字内容的标注。至此,该高速公路横断面图绘制完毕。

9.2 道路交通标志结构图绘制

9.2.1 交通标志底板结构绘制

交通标志板的板材选择应根据公路等级、所在位置的气象条件、腐蚀程度、经济条件等因素综合确定。标志的底板可用铝合金板、合成树脂类板材制作。铝合金板应采用牌号为2024,T4 状态的硬铝合金板。有些地区为了减少二次被盗,采用比铝合金板的轻度要低很多的铝塑板材。一般结构的标志板应采用滑动槽钢加固,以方便与立柱连接。标志板背面可选用美观大方的颜色,铝合金板则可采用原色。通常,挤压成型铝合金板的断面形状如下图 9-15 所示,其他材料的标志板厚度可参照相关规定。

【实例9-5】 按照规范要求,绘制如图 9-15 所示的 150mm 宽的挤压成型铝合金板的横断面图和纵向剖面图。

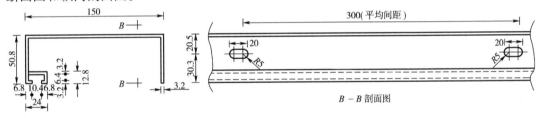

图 9-15 挤压成型铝合金板的横断面图和纵向剖面图(尺寸单位:mm)

操作步骤:

(1)创建一个名为"铝合金板"的图层,在该图层中分别选用实线和虚线两种线型,按照尺寸要求及绘图关系,运用【直线】工具并借助于【偏移】命令,分别绘制铝合金板的横断面图及纵向剖面图。

(2)再创建一个"尺寸标注"图层,先设置尺寸标注样式,然后在该图层中标注图形的尺寸。

(3)创建一个"文字标注"图层,适当设置文字标注样式,然后在该图层中添加剖面图的标识文字等。

至此,该图绘制完毕。

说明:对于面积在 $15m^2$ 以上的大型标志的板面结构,为便于运输、安装及养护,宜采用挤压成型铝合金板拼接而成。

9.2.2 交通标志基础结构绘制

使用钢管、H 型钢、槽钢等型钢作为标志牌的立柱或横梁,具有强度高、加工性能好的优点,但易于腐蚀,故应进行防腐处理。钢管混凝土则兼具了钢管和混凝土的优点,强度高,变形小,在标志牌的立柱高度大于10m时具有明显的优势。

交通标志一般应设置钢筋混凝土基础,位于软基路段的落地式交通标志可采用桩基础,而位于桥梁段的单柱式交通标志可采用钢支撑结构附着在桥梁上。

钢构件必须经防腐蚀处理才能使用,可采用热浸镀锌的工艺,立柱、横梁、法兰盘的镀锌量为$550g/m^2$,紧固件为$350g/m^2$。

【实例9-6】 绘制如图9-16所示的单柱式交通标志的支撑结构图。

操作步骤:

(1)根据绘图需要,首先创建8个图层:"1 标志牌及立柱"、"2 加劲法兰盘"、"3 立柱加劲肋"、"4 边坡"、"5 尺寸标注"、"6 文字标注"、"7 材料数量表"和"8 图框"。

(2)在"1 标志牌及立柱"图层中,使用0.3mm的粗实线分别绘制圆形标志牌、立柱、基础构造、加劲肋及螺栓、抱箍与紧固螺栓等整体结构的立面图、背面图和侧面图。

(3)在"2 加劲法兰盘"图层中,使用0.3mm的粗实线绘制加劲法兰盘立面图和侧面图。

(4)在"3 立柱加劲肋"图层中,同样使用0.3mm的粗实线绘制立柱加劲肋立面图和侧面图。

(5)在"4 边坡"图层中,使用0.3mm的粗实线绘制边坡并使用0.15mm的细实线进行图案填充。

(6)在"5 尺寸标注"图层中,适当设置尺寸标注样式,然后使用0.15mm的细实线为图形标注尺寸。

(7)在"6 文字标注"图层中,设置文字标注样式,并添加视图标注及技术说明等文字内容。

(8)在"7 材料数量表"图层中,使用0.15mm的细实线绘制"材料数量表",并在表中添加材料的名称、规格、单件重、件数、重量等文字内容与数据。

(9)在"8 图框"图层中,使用0.3mm的粗实线绘制一个A3标准图框,并将所绘图形移至图框内。至此,该支撑结构图绘制完毕。

【实例9-7】 按规范要求,绘制如图9-17所示的单柱式交通标志的基础结构图。

操作步骤:

(1)首先,根据绘图需要创建若干个图层:"1 结构物"、"2 配筋"、"3 尺寸标注"、"4 文字标注"、"5 材料数量表"、"6 图框"。

(2)在"1 结构物"图层中,分别绘制基础立面图和基础平面图、加劲法兰盘、底座法兰盘、螺栓及栓孔等结构图。

(3)在"2 配筋"图层中,绘制基础结构中的钢筋配筋图。

(4)在"3 尺寸标注"图层中,设置合适的尺寸标注样式,并为图形标注尺寸。

(5)在"4 文字标注"图层中,标注钢筋配筋编号,添加视图说明和附注中的文字内容等。

(6)在"5 材料数量表"图层中,绘制表格并添加材料名称、规格、单件重、件数、重量等文字内容和数据。

(7)在"6 图框"图层中,绘制或调用一个A3的标准图框,并将所绘图形移至图框内。至此,该基础结构图绘制完毕。

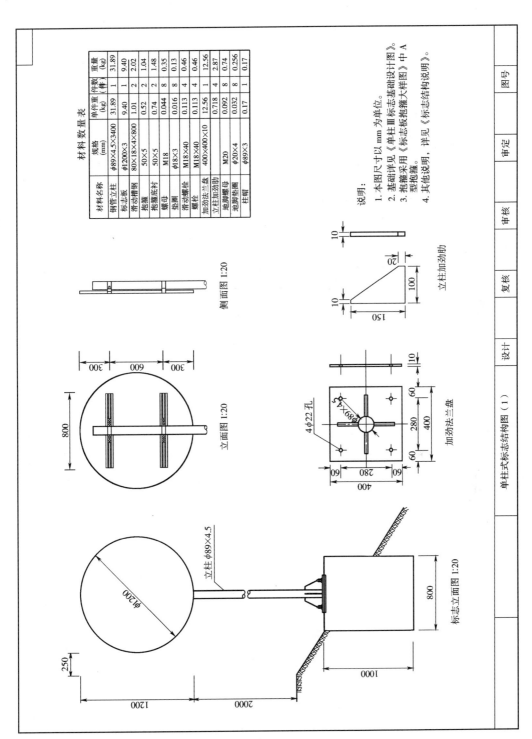

图 9-16 单柱式交通标志支撑结构图

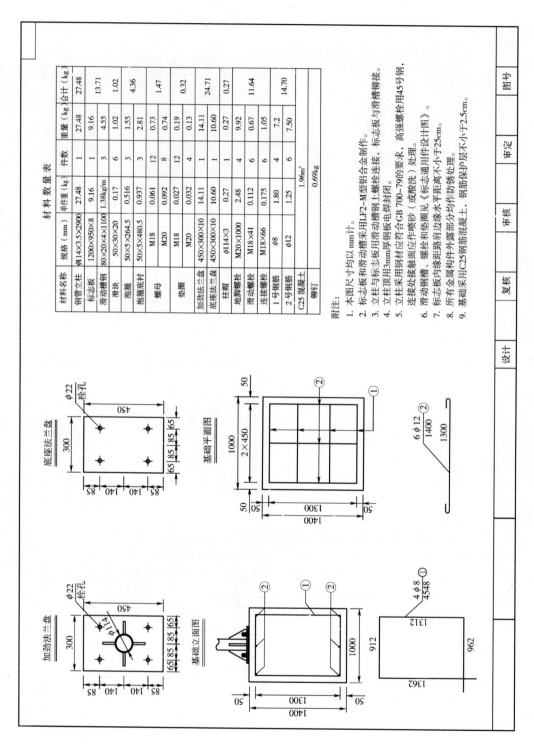

图 9-17 单柱式交通标志基础结构图

9.3 道路交通安全设施绘制

9.3.1 路基护栏绘制

根据碰撞后护栏的变形程度,护栏可分为柔性护栏、半刚性护栏和刚性护栏。柔性护栏是一种具有极大缓冲能力的韧性护栏结构,缆索护栏是柔性护栏中最具代表性的一种形式。半刚性护栏是一种连续的梁柱式结构,具有一定的刚性和柔性,主要是指波形梁钢护栏。梁柱式半刚性护栏又可分为二波波形梁护栏、三波波形梁护栏、管梁护栏和箱梁护栏等。刚性护栏是一种不变形的护栏结构,它又可分为混凝土墙式护栏、混凝土梁柱式护栏、桥梁用箱梁护栏和管梁护栏及组合式护栏,其中混凝土墙式护栏是刚性护栏的主要形式。这里重点介绍波形梁护栏的绘制方法。

常用的路侧波形梁护栏按防撞等级可分为 B、A、SB、SA、SS 五级,中央分隔带波形梁护栏按防撞等级可分为 Am、SBm、Sam 三级。

波形梁护栏由波形梁板、立柱、端头、紧固件、防阻块等构件组成。其中 B 级路侧波形梁护栏由二波波形梁板(310mm×85mm×3mm)、立柱(ϕ114mm×4.5mm)和托架(300m×70mm×4.5mm)等组成;A 级路侧波形梁护栏由二波波形梁板(310mm×85mm×4mm)、立柱(ϕ140mm×4.5mm)和防阻块(196m×178mm×200mm×4.5mm)等组成。

中央分隔带波形梁护栏则采用分设型或组合型,可根据中央分隔带的宽度、构造物和管线的分布加以确定。其中 Am 级中央分隔带分设型波形梁护栏由二波波形梁板(310mm×85mm×4mm)、立柱(ϕ140mm×4.5mm)和防阻块(196m×178mm×200mm×4.5mm)等组成;Am 级中央分隔带组合型波形梁护栏由二波波形梁板[2(310mm×85mm×4mm)]、立柱(ϕ140mm×4.5mm)和横隔梁(480m×200mm×50mm×4.5mm)等组成。

【实例9-8】 根据规范要求,绘制如图 9-18 所示的路侧 A 级波形梁护栏构造和中央分隔带组合型 Am 级波形梁护栏构造断面示意图。

操作步骤:
(1)绘制路侧 A 级波形梁护栏断面布置图。
①绘制路面、边坡及路缘石等,为边坡及路缘石的断面填充相应的图案及剖面线。
②按图示尺寸要求,绘制立柱,其中路面以下的部分过长可绘制成断开形式。
③依次绘制其他的紧固件、防阻块和波形梁板等构件图。
④标注图中的尺寸和文字说明等。
(2)类似地绘制中央分隔带分设型 Am 级波形梁护栏断面布置图。
①绘制路面、路缘石和中央隔离带,为中央隔离带及路缘石断面填出相应的图案及剖面线。
②按图示尺寸要求,绘制立柱,其中路面以下部分过长可绘制为断开形式。
③依次绘制紧固件、防阻块、钢板及波形梁板等其他构件图。
④标注图中尺寸和文字说明等。
至此,该两图绘制完毕。

【实例9-9】 按照图示要求,绘制如图 9-19 所示波形护栏标准段设计图。

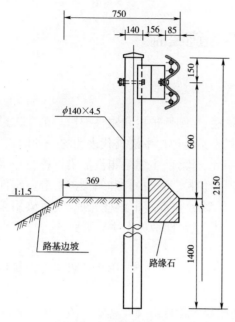

a) 路侧 A 级波形梁护栏断面　　　　b) 中央分隔带分设型 Am 级波形梁护栏断面

图 9-18　两种波形梁护栏断面布置图

操作步骤：

(1) 首先，按图示尺寸要求和投影关系，分别绘制加强型标准段的立面图和平面图。

(2) 绘制"一般路段上的波形护栏断面图"，包括基础、立柱、波形梁板及紧固件等，为各基础构件的断面图填充相应的图案。

(3) 绘制"特殊路段上的波形护栏断面图"，包括基础、立柱、波形梁板及紧固件等，为各基础构件的断面图填充相应的图案。

(4) 绘制"设集中排水路段上的波形护栏断面图"，包括基础、立道牙、立柱、波形梁板及紧固件等，为各基础构件的断面图填充相应的图案。

(5) 绘制"设路肩墙段的波形护栏断面图"，包括基础、地面、立柱、波形梁板及紧固件等，为各基础构件的断面图和地面填充相应的图案。

(6) 标注图形的相应尺寸。

(7) 绘制并填写"材料数量表"。

(8) 标注图中的所有文字说明和附注信息。

至此，全图绘制完毕。

波形梁护栏端部是波形梁护栏的重要组成部分之一，具有特殊的处理方法。对于路侧上游波形梁护栏的端部处理，宜设置为外展地锚式或圆头式，端头与护栏标准段之间应设置渐变段；路侧下游端即护栏设置结束端，一般按圆头端处理，并与标准段护栏成直线设置。对于中央分隔带起点、终点及开口处的护栏也应进行端头处理。标准路段采用分设型波形梁护栏时，其圆形端头及过渡段线形应与中央分隔带相一致，立柱间距为 2m；标准路段采用组合型波形梁护栏时，可以圆形端头开始或结束。

【实例 9-10】 按照图示尺寸与要求，绘制如图 9-20 所示的波形梁护栏外展地锚式端头结构的设计图。

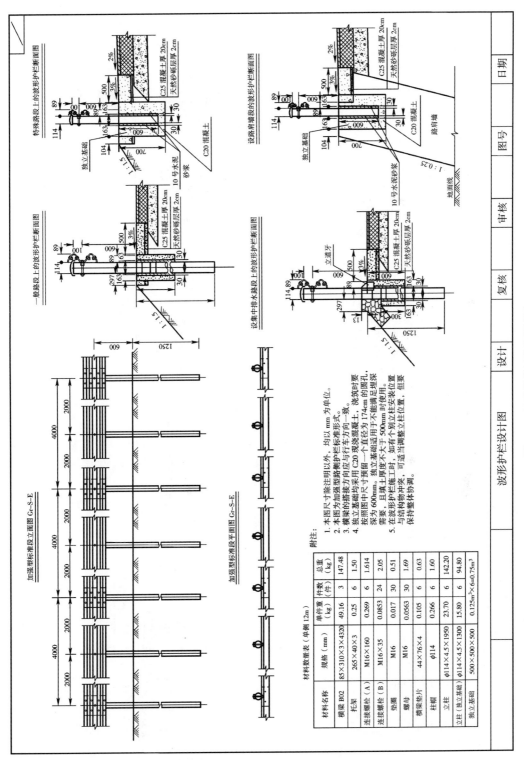

图 9-19 波形护栏标准段设计图

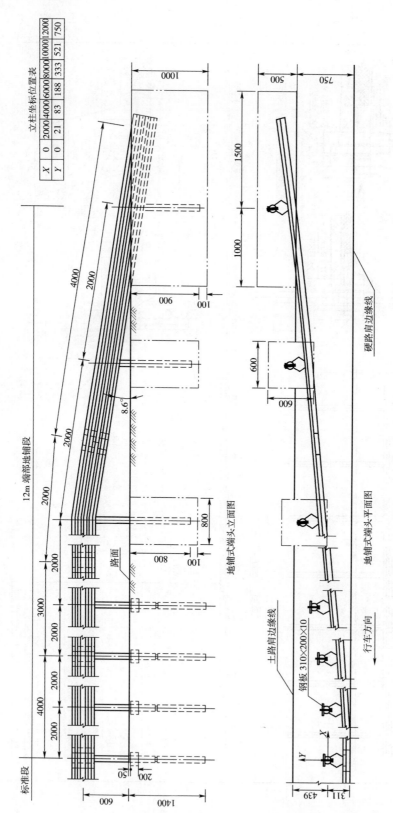

图 9-20 波形梁护栏外展地锚式端头结构设计图

操作步骤：

(1) 首先，按照图中"立柱坐标位置表"中所给出的 X、Y 坐标值，在地锚式端头平面图中确定各立柱中心的位置，并绘制各立柱的平面图，然后绘制硬路肩边缘线、土路肩边缘线、立柱基础以及相应的钢板、波形梁板等平面图。

(2) 按照尺寸要求和投影关系，分别绘制地锚式端头立面图中的路面、立柱、波形梁板等，为路面填充相应的图案。

(3) 标注图形中各项尺寸。

(4) 标注图中的行车方向及所有的文字注释内容。

至此，全图绘制完毕。

9.3.2 迫紧器绘制

公路路面在加铺或罩面后，部分交通安全设施，如护栏的高度、交通标志的高度均会受到一定程度的影响。对于这种情况，在设计时可考虑采用一定的措施，如适当增加交通标志的高度，混凝土护栏适当加高并采用单坡型，波形梁或缆索护栏立柱适当加长并预留连接孔，也可以采用迫紧器抽换式混凝土基础来安装立柱等。

【**实例 9-11**】 迫紧器通常可由铸钢材料制作，试按照图示尺寸与要求，绘制如图 9-21 所示的 ϕ140 规格的迫紧器抽换式混凝土基础示意图。

操作步骤：

(1) 创建"1 混凝土基础"图层，在该图层上绘制混凝土基础的立面图，并为混凝土基础的立面图填充相应的图案。

(2) 创建"2 迫紧器示意图"图层，按照投影关系分别绘制迫紧器安装示意图的立面图和平面图，并均采用半剖视视图。

(3) 创建"3 上迫紧器"图层，分别绘制上迫紧器的立面图和侧面图，其中立面图的上部结构采用局部剖视，同时绘制上迫紧器的"A 大样"图。

(4) 创建"4 下迫紧器"图层，分别绘制下迫紧器的立面图和侧面图，其中立面图的上部采用半剖视图。

(5) 创建"5 迫紧器钢筋架"图层，按照投影关系单独绘制迫紧器钢筋架的立面图和平面图。

(6) 创建"6 尺寸标注"图层，为图形标注结构尺寸。

(7) 创建"7 文字标注"图层，标注文字内容，至此绘图完毕。

9.3.3 隔离封闭设施绘制

隔离设施又称隔离栅，是阻止人畜进入公路、防止非法占用公路用地的基础设施。它可有效地排除横向干扰，避免由此产生的交通延误或交通事故，保障公路效益的发挥。

隔离栅有金属网、刺铁丝网和常青绿篱三大类。金属网按网面材料的不同又可进一步分为电焊网、钢板网、编织网等形式。常青绿篱在南方地区与刺铁丝网配合使用，具有降低噪声、美化路容和节约投资的功效。

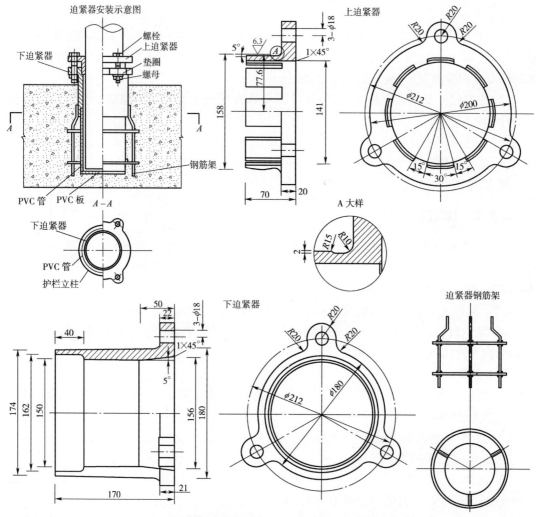

图 9-21　迫紧器抽换式混凝土基础示意图（φ140 规格）

在隔离设施设置过程中,当隔离栅遇到桥梁、通道时,应朝桥头锥坡或端墙方向围死,不应留有让人、畜可以转入的空间。隔离栅与涵洞相交时,如沟渠较窄,隔离栅可以直接跨过。地形起伏较大,隔离栅不易施工的路段,可根据需要把隔离栅设计成阶梯的形式。

【实例 9-12】　按照图示尺寸与结构的要求,绘制如图 9-22 所示的编织网隔离栅立柱大样图。

操作步骤:

(1) 创建"1 隔离栅立柱大样"图层,在该图层上按投影关系绘制隔离栅立柱大样图的立面图和侧面图。

(2) 创建"2A 点大样"图层,绘制 A 点大样及 B-B、C-C 剖视图。

(3) 创建"3B 点大样"图层,绘制 B 点大样图。

(4) 创建"4 弯钩扣串联"图层,绘制弯钩扣串联螺丝安装示意图。

(5) 创建"5 弯钩扣网"图层,绘制弯钩扣网安装示意图。

(6) 创建"6 尺寸标注"图层,为图形标注结构尺寸。

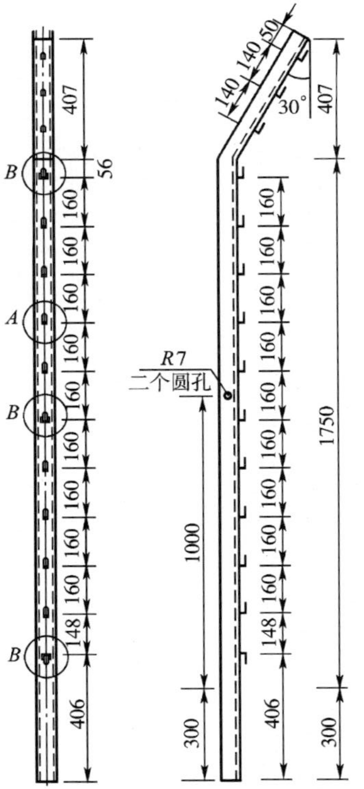

隔离栅立柱大样

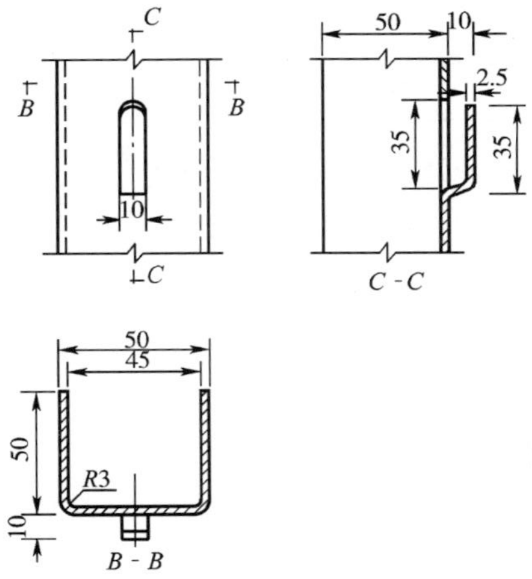

A 点大样

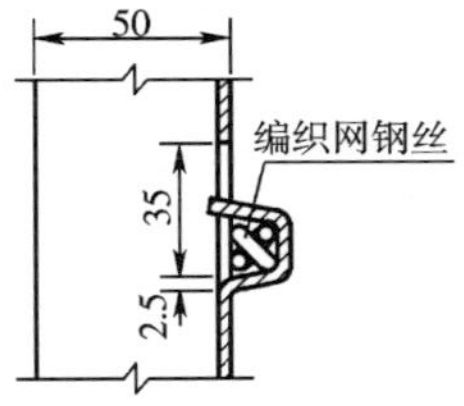

弯钩扣网安装示意图

一根立柱材料数量表

材料名称	规　格	单位	数量	重量
立柱	50×50×2.5×2520	kg		7.42
无斜撑立柱基础	300×300×500	m^3	0.045	
有斜撑立柱基础	400×400×600	m^3	0.096	

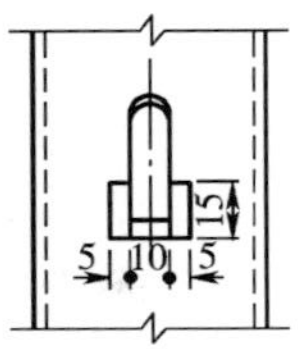

B 点大样

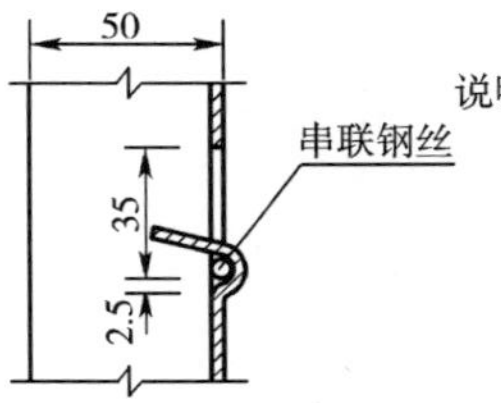

弯钩扣串联钢丝安装示意图

说明：

1. 本图尺寸均以mm为单位。
2. 所有弯钩的尺寸均为35×10，如 *A* 点大样。
3. 加工完毕后进行热浸镀锌，镀锌层重量为 $500g/m^2$。
4. 编织网张拉紧并就位后，应将对应于立柱弯钩处的每根编织网钢丝和串联钢丝挂在立柱弯钩上，将立柱上所有的弯钩压下扣紧编织网钢丝，并将 *B* 点处的串联钢丝压入槽内。

		隔离栅立柱大样图	设计		复核		审核		审定		图号

图 9-22　编织网隔离栅立柱大样图

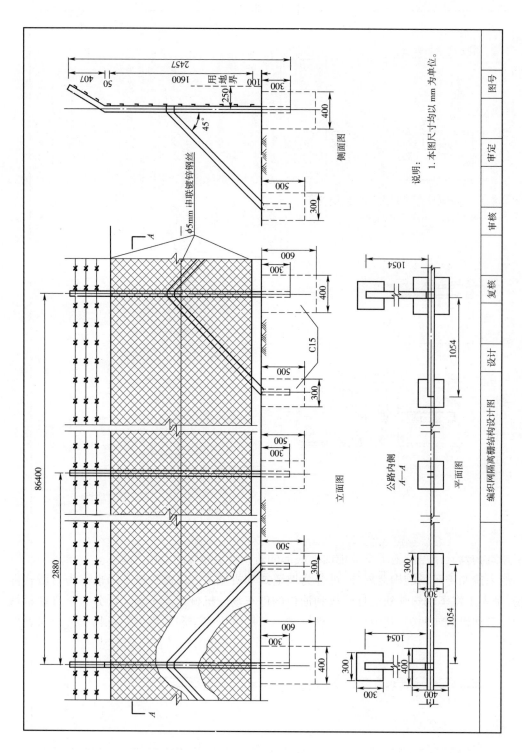

图 9-23 编织网隔离栅结构设计图

(7)创建"7 材料表"图层,绘制"一根立柱材料数量表"表格并添加内容。
(8)创建"8 文字标注"图层,标注文字及说明内容。
至此,绘图完毕。

【实例9-13】 按照图示尺寸与结构要求,绘制如图9-23所示的编织网隔离栅结构设计图。

操作步骤:

(1)创建"1 混凝土基础"图层,在该图层上先确定各桩基础的位置,然后按投影关系分别绘制混凝土基础的立面图和平面图。

(2)创建"2 立柱"图层,绘制立柱组件的立面图、平面图和侧面图,包括立柱和支架等构件。

(3)创建"3 金属网"图层,在立面图中绘制金属网边框及剖面线位置,并为其填充金属网图案;在平面图中绘制相应的金属网图。

(4)创建"4 铁丝网"图层,绘制立面图上部的铁丝网线。

(5)创建"5 标注尺寸"图层,标注图形尺寸。

(6)创建"6 标注图层"图层,标注说明文字等。

至此,绘制完毕。

9.4 道路收费与服务设施绘制

9.4.1 机动车停车场绘制

机动车停车场可划分为路内停车场和路外停车场。路内停车场是指在道路的一侧或两侧划定的供车辆停放的场地;路外停车场则是指与道路毗邻而又在车行道以外专辟的停放车辆的场地,通常由停车地、出入口通道以及收费设施、修理站、给排水与防火设备、电话、监控报警装置、绿化等附属设施等组成。路外停车场按照空间位置又分为地面停车场和停车库。地面停车场指布置在地面的露天停车场;而停车库又可分为停车楼和地下汽车库。

此外,根据与地面建筑的关系,汽车库还可以分为单建式和附建式两种。单建式汽车库是指独立的停车楼或地面上没有建筑物的地下汽车库,附建式汽车库是利用地面上多层或高层建筑物及其裙房的地下室或地面上底部的若干楼层布置的专用汽车库。

如果按照停车场的构造划分,可分为坡道式和机械式。坡道式停车场也称为自骏式停车场,是人工将车辆驾驶到达且停放到泊位的停车场。机械式停车场又可分为全自动机械式和半自动机械式两类,其中全自动机械式停车场是指完全利用机械设备将车辆运送且停放到指定泊位或从指定泊位取出的停车设施,即汽车的竖向和水平移动都是机械化的;半自动机械式停车场是指停车场内安装有机械停车设备,并通过驾驶员自行驶入和驶出停放车辆的停车设施,即汽车仅在楼层之间的竖向移动是机械化的。

【实例9-14】 按照图示要求,绘制如图9-24所示的地面机动车停车场平面图。

操作步骤:

(1)创建"1 停车场绿化带"图层,按照图中尺寸要求,绘制停车场周边及出入口的绿化带,并为之填充绿色。

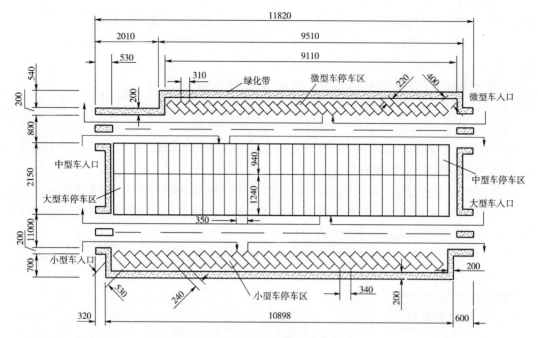

图 9-24 机动车停车场平面图(尺寸单位:cm)

(2)创建"2 停车位"图层,在该图层上先利用【矩形阵列】功能绘制停车场中间区域的大型车泊车位和中型车泊车位,泊车位的方向为垂直式;再分别在两侧区域绘制小型车泊车位和微型车泊车位,泊车位方向均为 45°斜列式。

(3)创建"3 车行道"图层,选择 0.2mm 多段线绘制行车道的中心线;再选择 0.4mm 的多段线绘制各车道的地面导向箭头及行车引导线。

(4)创建"4 文字"图层,在该图层上为停车场标注出入口及停车区等文字说明。

(5)创建"5 尺寸"图层,在该图层上为停车场及泊车位标注尺寸。

9.4.2 高速公路服务区平面布设图绘制

高速公路服务区的形式多种多样。如果按照服务区的总体平面布局方式可划分为:

(1)双侧分离式服务区,即服务区及设施分别建设于高速公路的两侧,双向车辆和人员分别通过匝道进入各自一侧的服务区,各使用其一侧的服务设施,如图 9-25a)所示。

(2)单侧集中式服务区,即服务区集中建设于公路的一侧,同侧车辆通过匝道直接进入服务区,而另一侧车辆则通过立交方式跨线进入服务区,双向车辆和人员共用同一套服务设施,如图 9-25b)所示。

(3)主线上跨式服务区,即服务区的餐厅和休息厅等高跨于主线上空,双向车辆通过匝道分别进入各自一侧的服务区停车场,人员则通过各自一侧大厅入口的升降设施进入跨线餐厅和休息厅,如图 9-25c)所示。

如果按照服务区与主线的相对高程可划分为:

(1)线侧平式服务区,即服务区位于高速公路一侧或两侧,且室外地面标高与高速公路路面标高大致相平,此时宜同时采用双侧分离式平面布局,如图 9-25d)所示。

(2)线侧下式服务区,即服务区位于高速公路的一侧或两侧,其室外地面标高低于高速公路路面标高一层左右,这种情况宜采用单侧集中式平面布局,如图9-25e)所示。

(3)线侧上式服务区,即服务区位于高速公路一侧或两侧,其室外地面标高高于高速公路路面标高一层左右,这种情况下同样宜采用单侧集中式平面布局,如图9-25f)所示。

如果按照服务区的场地道路与主体建筑之间的位置关系,可以划分为外向式布局服务区和内向式布局服务区。

(1)外向式布局为贯穿场地的道路位于主线与服务区主体建筑之间,停车场位于主体建筑和贯穿道路之间,即自主线由内向外分别布置贯穿道路、停车场和主体建筑,如图9-25g)所示。

(2)内向式布局为贯穿场地的道路位于主线和服务区主体建筑外侧,停车场也位于主体建筑和贯穿道路之间,即自主线由内向外分别布置主体建筑、停车场和贯穿道路,如图9-25h)所示。

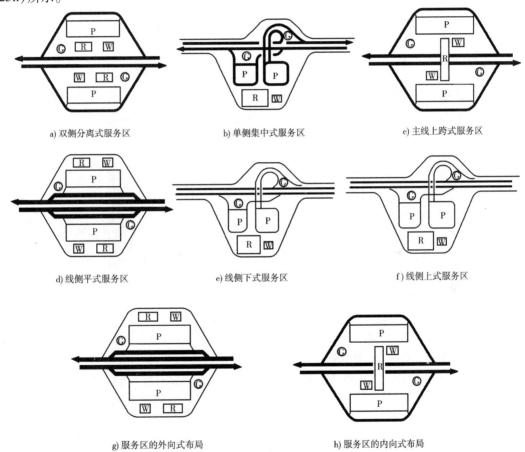

图9-25 高速公路服务区布设形式
P-停车场;G-加油站;W-公厕;R-餐厅

高速公路服务区的设施主要包括车辆停车场、休息厅、餐厅、商店、公共厕所、加油站、修理站、广场和休息庭院等。通常将休息厅、餐厅和商店等集中设置于主体建筑中,而公共厕所可以附设于主体建筑中,也可以独立设置。

【实例9-15】 绘制如图9-26所示的高速公路服务区总体平面布置示意图。

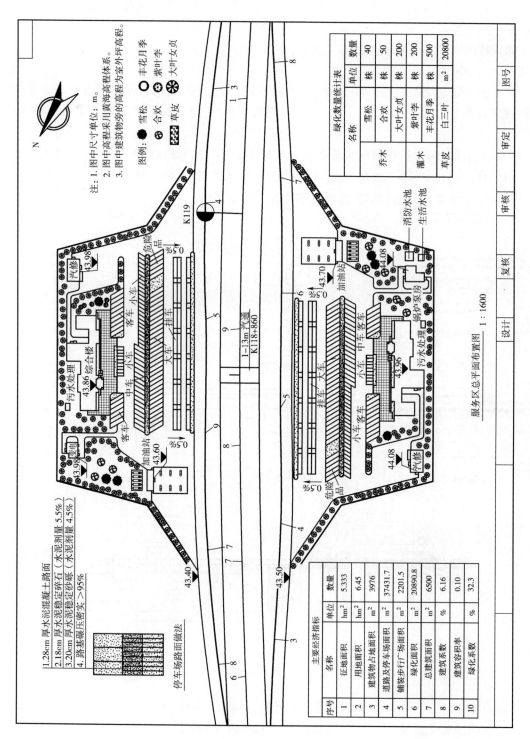

图 9-26 高速公路服务区总体平面布置示意图（尺寸单位：m）

操作步骤：

(1) 创建"1 边界与绿化带"图层，按照图中尺寸要求，绘制停车场周边及出入口的绿化带，并为之填充绿色，同时绘制高速公路车道及贯穿场地的道路。

(2) 创建"2 建筑物"图层，绘制服务区内的综合楼、加油站、污水处理房、汽修厂等建筑设施。

(3) 创建"3 停车场"图层，绘制大车、中车、小车、客车泊车位布局，其中泊车位方向有平行型、垂直型、45°和60°倾斜型。

(4) 创建"4 图例"图层，绘制"停车场路面做法"示例、图例、指北针标志等。

(5) 创建"5 图表"图层，绘制"绿化数量统计表"等表格，并填写文字与数据。

(6) 创建"6 尺寸标注"图层，标注相关的尺寸和标高。

(7) 创建"7 文字标注"图层，标注文字注释和图例说明。

至此，全图绘制完毕。

9.4.3 收费系统组成与收费站设计图绘制

1) 收费系统组成示意图

收费车道设备的配置和功能与收费制式有关。开放式收费按车型一次性收费，不需要通行卡，车道设备配置重点放在识别车型和准确收费上，并且每个收费车道的设备配置完全一样。封闭式收费需同时确认车型的行驶里程，因而要增加读、写通行卡数据和控制信息的能力，设备配置重点为识别车型、读写信息和准确收费。由于入口车道和出口车道的流程不同，所以配备的设备也不尽相同。

入口车道负责对进入本站的车辆判别车型，将车辆信息和本站信息写入通行卡中，然后放行车辆。入口车道的硬件设备主要包括车道控制计算机、收费终端、收费专用键盘、通行卡读写机、自动栏杆、手动栏杆、车辆检测器、信号灯、对讲设备、声光报警器等，如图 9-27 所示。

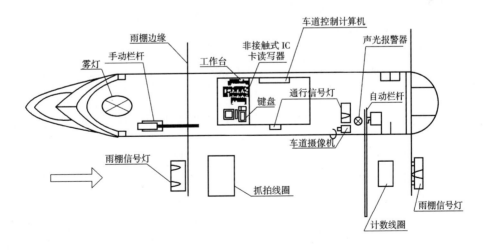

图 9-27 入口收费车道设备组成

出口车道主要是检验车辆携带的通行卡,校核车型并计算和收取通行费,打印收费票据,放行车辆。因此,出口车道在硬件上除具备与入口车道相同的设施外,还配备费额显示器、收费票据打印机和字符叠加器,如图9-28所示。由于出口收费涉及现金,对出口车道的监控系统要求很高,通常要求必备收费车道摄像机和对讲机。

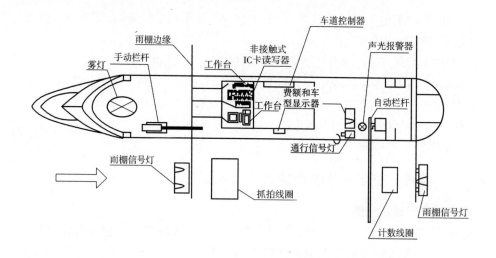

图9-28 出口收费车道设备组成

2)收费站总体平面位置图绘制

收费站总体平面布置图应包括:收费站办公楼及其附属建筑物、出入车道、必要的生活及文体活动场所和收费中心岛等的设置情况。其中,对于部分规模较小的收费站,可采用办公和住宿集于一栋楼的方式;而规模较大的收费站,则可采用办公、居住分开设置的方式。收费站房建设规模须按《公路工程建设项目用地指标》(建标〔2011〕124号)相关规定执行。配电房、水泵房、食堂、车库等附属建筑物应与收费站房分开布置,一般设置在站房区的后部或侧面。站房区还应设有一定的停车位和出入车道,设置良好的绿化、环保及安全等设施,使出入站房区的工作车辆流向合理,安全、舒畅、方便。

【实例9-16】 绘制如图9-29所示的收费站总平面布置图。

操作步骤:

(1)创建"1 平面图"图层,按照图中尺寸要求,绘制收费站的边界围墙、篮球场、绿化区、车道与收费中心岛等。

(2)创建"2 建筑物"图层,绘制各建筑物的平面布置图。

(3)创建"3 图例"图层,绘制图例、指北针等。

(4)创建"4 图表"图层,绘制图纸图表,并填写文字与数据。

(5)创建"5 尺寸标注"图层,标注图中平面尺寸。

(6)创建"6 文字标注"图层,标注文字注释和其他文字说明。

至此,全图绘制完毕。

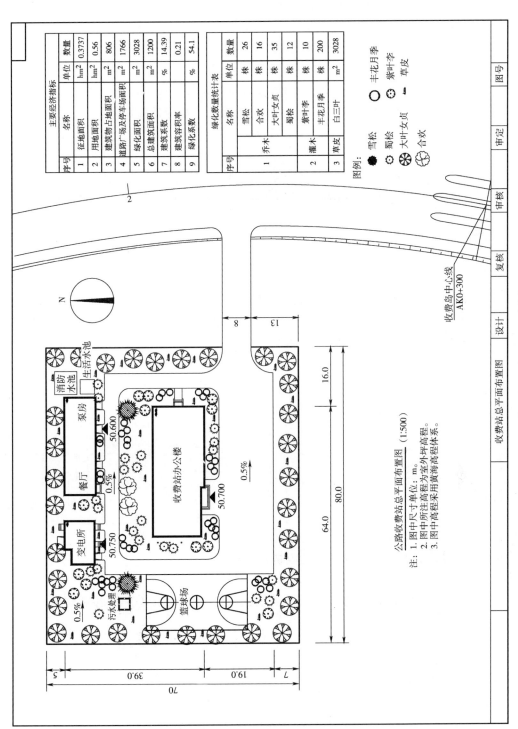

图 9-29 收费站平面布置图(尺寸单位:m)

9.5 机电设施设备图绘制

高速公路机电系统主要包括监控系统、收费系统、通信系统三个子系统以及供配电系统。交通监控系统一般由监控中心和外场设备两部分组成。监控中心由计算机系统、闭路电视监视控制设备、投影设备、不间断电源系统等组成。监控软件工程是交通监控系统的灵魂工程,它采集外场设备检测到的信息,进行分析处理,生成相应的控制方案,通过外场的情报板等设备发布路况信息。高速公路收费系统是高速公路建设费用回收的途径,收费系统一般采用"收费车道—收费站—各运营公司收费中心—收费结算中心"的四级收费体制。各级站点的核心都为计算机设备,这些设备通过以太网交换机连成网络。通信系统主要是为高速公路运营管理及监控、收费系统提供必要的话音业务及数据、图像信息传输通道,它是保障高速公路安全、高速、畅通、舒适、高效运营及实现现代化交通管理必不可少的手段。

下面举例说明典型的机电系统设计图的绘制。

9.5.1 小型可变信息标志的绘制

信息发布系统主要为监控决策人员和驾驶员提供信息。提供给管理人员的交通信息在监控中心或分中心以地图板或大屏幕投影仪的方式显示,提供给驾驶员的路况及限速等诱导信息通常由可变信息板和可变警告标志显示。其中,小型可变信息板的安装与基础结构图绘制如下。

【**实例 9-17**】 绘制如图 9-30 所示的小型可变信息标志安装图。

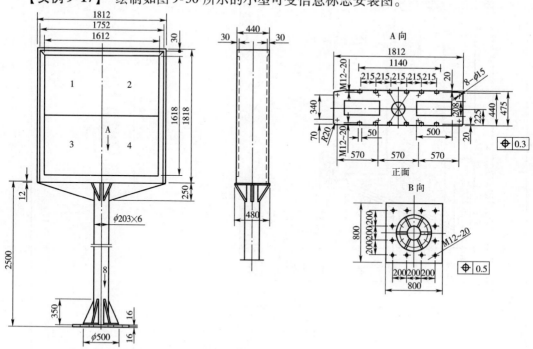

图 9-30 小型可变信息标志安装图

操作步骤:

(1)创建"立面"图层,在该图层中按照图示尺寸绘制"小型可变信息标志安装图"的立面图。(注:先绘制信息面板、立柱和底板等部件的立面图,而上下加强筋暂不绘制,需要后续根据"A 向"和"B 向"图的投影关系相互配合绘制)。

(2)创建"侧面"图层,在该图层中依据与立面图的图形对应关系和尺寸,分别绘制该可变信息标志的信息面板和立柱等的侧面图,上部加强筋可暂时不绘制。

(3)创建"A 向"图层,在该图层中按照尺寸要求绘制信息面板俯视投影图,注意上部加强筋由于被遮挡,应按照虚线绘制。

(4)创建"B 向"图层,在该图层中,按照尺寸要求绘制底板俯视图。

(5)再回到"立面"图层中,分别根据"A 向"与"B 向"图中加强筋的投影关系,依次绘制立面图中立柱上下端各加强筋的位置图。

(6)同理,在"侧面"图层中,根据"A 向"图中加强筋的投影关系,绘制侧面图中立柱上端各加强筋的位置图。

(7)创建"标注"图层,设置尺寸标注样式,为图中图形标注尺寸与文字要求。

至此,全图绘制完毕。

9.5.2 自动栏杆及手动栏杆结构图

自动栏杆安装在收费道尾部,由栏杆机和栏杆组成。当操作员确定收费操作完成后,启动栏杆立即升起。车辆检测器检测到车辆驶离时,栏杆自动回落。

手动栏杆安装在车道前部,用于在车道关闭时阻挡车辆通行、封闭车道。手动栏杆为定制产品,杆体的悬臂杆贴有红白相间的反光膜和一个"禁止驶入"反光标志。杆臂长 3~4m,可以覆盖收费车道。

【实例 9-18】 绘制如图 9-31 所示的手动栏杆结构图。

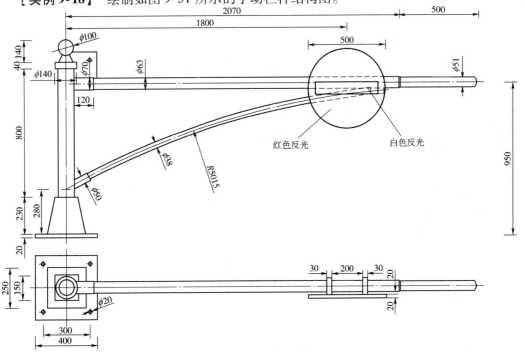

图 9-31 车道手动栏杆结构图

操作步骤：

（1）首先，依据投影关系和图示尺寸，绘制图中立柱、球头、底座和螺孔等结构的立面图与平面图。

（2）绘制横杆、曲杆和禁止驶入标志组件的立面图和平面图。

（3）标注图形尺寸。

（4）标注图中文字。

9.5.3　收费站机房平面布置图

计算机系统是收费站及分中心的主要组成部分，包括硬件和软件。硬件一般指收费计算机系统及其外部设备，包括服务器、管理计算机、多媒体计算机、打印机、网络设备及其他辅助设备；软件包括操作系统、数据库系统、网络通信及收费控制、管理软件等。如果采用以收费站为主的收费监控模式，一般在站长室设置一台具有视频图像显示功能的计算机，除检索收费数据外还具有切换控制、观察收费站摄像机视频图像的功能。

【**实例 9-19**】　绘制如图 9-32 所示的收费机房平面布置图。

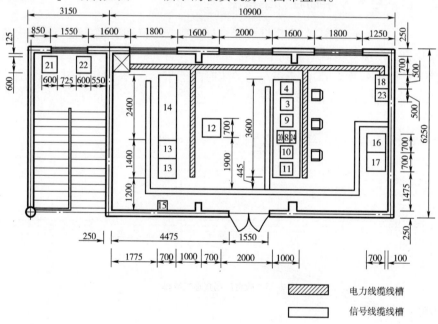

图 9-32　收费机房平面布置图（比例:1：1000）

1-服务器；2-磁盘阵列；3-业务管理计算机；4-激光打印机；5-财务管理计算机；6-财务打印机；7-IC卡读写器；8-内部对讲机；9-车道状态监控计算机；10-收费监视管理计算机；11-喷墨打印机；12-主监视器；13-19寸机柜（含路由器、光端机、以太网交换机、服务器等）；14-监视器墙；15-监视摄像机；16-光纤配线架；17-ONU；18-配电箱；19-出线槽；20-报警主机；21-UPS主机；22-UPS电池柜；23-UPS配电箱；24-遥控键盘

注：1. 财务管理计算机5、财务打印机6、IC卡读写器7和票据室摄像机可根据需要移至财务室或票据室，具体安装位置根据现场情况而定。

2. 视频阵列、光端机、视频分配器、字符叠加器、服务器1、磁盘阵列2、交换机和硬盘录像机等安装在监视器墙下的机柜内。

3. 设备安装位置可根据具体情况适当调整。

操作步骤：

（1）创建"墙体"图层，按照图示尺寸和结构，绘制收费机房的墙体与门窗图。

（2）创建"线缆"图层，绘制电力线缆线槽图。

（3）创建"信号"图层，绘制信号线缆线槽图。

（4）创建"布局"图层，绘制收费机房中计算机、打印机等设备布置平面示意图。

（5）创建"楼梯"图层，绘制收费机房的楼梯。

（6）创建"尺寸"图层，标注图中尺寸。

（7）创建"文字"图层，标注图中说明及其他注释文字。

9.5.4 收费广场接地汇流排图

【**实例 9-20**】 绘制如图 9-33 所示的收费广场接地汇流排。

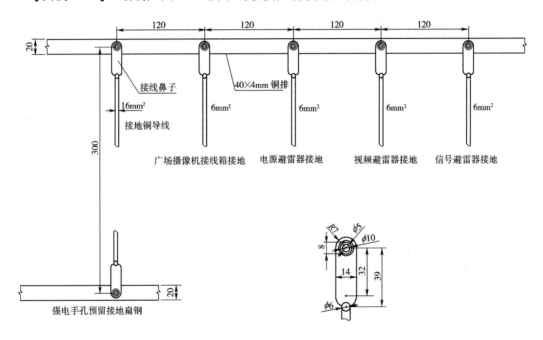

图 9-33 收费广场接地汇流排

操作步骤：

（1）创建"铜排"图层，按照图中尺寸要求，绘制 40×4mm 铜排和强电手孔预留接地扁钢。

（2）创建"接地"图层，绘制 16mm^2 接地铜导线和接线鼻子，同时绘制其他几个 6mm^2 的避雷器接地端子。

（3）创建"大样"图层，绘制接线鼻子大样图。

（4）创建"尺寸"图层，标注图形尺寸。

（5）创建"文字"图层，标注文字注释与说明。

至此，全图绘制完毕。

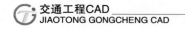

本 章 小 结

本章通过各类交通工程综合实例图的绘制,重点介绍了交通工程实用图形的绘制方法与技巧,目的是便于读者加强对工程绘图深度的认识,巩固所学 AutoCAD 的绘图技术,提高交通工程绘图的综合应用能力。通过本章的学习,在熟练掌握交通工程绘图基本方法的基础上,全面提升交通工程 CAD 的综合应用能力及绘图技巧。

参 考 文 献

[1] 程绪琦,王建华,刘志峰,等. AutoCAD2010 标注教程[M]. 北京:电子工业出版社,2010.
[2] 程光远. AutoCAD2010 绘图实用速查通典[M]. 北京:电子工业出版社,2010.
[3] 姜勇,王辉辉. AutoCAD 快捷命令速查手册[M]. 北京:人民邮电出版社,2010.
[4] 开思网. AutoCAD2010 应用大全[M]. 北京:中国青年出版社,2010.
[5] 龙马工作室. AutoCAD2010 完全自学手册[M]. 北京:人民邮电出版社,2010.
[6] 戴学臻. 交通工程 CAD 基础教程[M]. 北京:人民交通出版社,2012.
[7] 程光远. 手把手教你学 AutoCAD2010 建筑实战篇[M]. 北京:电子工业出版社,2010.
[8] 郑益民. 公路工程 CAD 基础教程[M]. 北京:人民交通出版社,2001.
[9] 唐铮铮. 道路交通标志和标线手册[M]. 北京:人民交通出版社,2009.
[10] 中华人民共和国国家标准. GB 5768.2—2009 道路交通标志和标线 第 2 部分:道路交通标志[S]. 北京:中国标准出版社,2009.
[11] 刘会学. 公路交通标志和标线设置手册[M]. 北京:人民交通出版社,2009.
[12] 孟祥海,李洪萍. 较高工程设施设计[M]. 哈尔滨:哈尔滨工业大学出版社,2008.
[13] 周蔚吾. 干线公路指路标志设置指南[M]. 北京:人民交通出版社,2009.
[14] 中华人民共和国国家标准. GB 50688—2011 城市道路交通设施设计规范[M]. 北京:中国计划出版社,2011.
[15] 张秀媛,董苏华,蔡华民,等. 城市停车规划与管理[M]. 北京:中国建筑工业出版社,2006.